Uni-Taschenbücher 644

D1694427

Eine Arbeitsgemeinschaft der Verlage

Wilhelm Fink Verlag München
Gustav Fischer Verlag Stuttgart · Jena · Ulm
A. Francke Verlag Tübingen und Basel
Paul Haupt Verlag Bern · Stuttgart · Wien
Hüthig Fachverlage Heidelberg
Leske Verlag + Budrich GmbH Opladen
Lucius & Lucius Verlagsgesellschaft Stuttgart
J. C. B. Mohr (Paul Siebeck) Tübingen
Quelle & Meyer Verlag · Wiesbaden
Ernst Reinhardt Verlag München und Basel
Schäffer-Poeschel Verlag · Stuttgart
Ferdinand Schöningh Verlag Paderborn · München · Wien · Zürich
Eugen Ulmer Verlag Stuttgart
Vandenhoeck & Ruprecht in Göttingen und Zürich

Ulrich Peter Ritter
Karl Georg Zinn

Grundwortschatz wirtschaftswissenschaftlicher Begriffe Englisch-Deutsch Deutsch-Englisch

6., bearbeitete und erweiterte Auflage

Lucius & Lucius Stuttgart

Anschriften der Autoren:

Professor Dr. Ulrich Peter Ritter
Fachbereich Wirtschaftswissenschaften der
Johann-Wolfgang-Goethe-Universität
Schumannstraße 60
60054 Frankfurt

Professor Dr. Karl Georg Zinn
Institut für Wirtschaftswissenschaften der
Rheinisch-Westfälischen Technischen Hochschule
Templergraben 55, 52062 Aachen

1. Auflage 1978
2. Auflage 1980
3. Auflage 1984
4. Auflage 1989
5. Auflage 1991

CIP-Titelaufnahme der Deutschen Bibliothek

Ritter, Ulrich Peter:
Grundwortschatz wirtschaftswissenschaftlicher Begriffe : englisch-deutsch, deutsch-englisch / Ulrich Peter Ritter ; Karl Georg Zinn. – 6., bearb. und erw. Aufl. – Stuttgart : Lucius & Lucius 1997
(UTB für Wissenschaft : Uni-Taschenbücher ; 644)
ISBN 3-8252-0644-0
NE: Zinn, Karl Georg :; HST; UTB für Wissenschaft / Uni-Taschenbücher

© Lucius & Lucius Verlagsgesellschaft mbH · Stuttgart · 1997
Gerokstraße 51 · D-70184 Stuttgart
Das Werk einschließlich aller seiner Teile ist urheberrechtlich geschützt. Jede Verwertung außerhalb der engen Grenzen des Urheberrechtsgesetzes ist ohne Zustimmung des Verlags unzulässig und strafbar. Das gilt insbesondere für Vervielfältigungen, Übersetzungen, Mikroverfilmungen und die Einspeicherung und Verarbeitung in elektronischen Systemen.
Satz: Sibylle Egger, Stuttgart
Druck und Einband: Clausen & Bosse, Leck
Umschlaggestaltung: Alfred Krugmann, Stuttgart
Printed in Germany

Vorwort

Die 6. Auflage dieses Wörterbuchs ist gründlich durchgesehen und erheblich erweitert worden. Annähernd 800 Begriffe wurden in beide Teile neu aufgenommen, wobei darauf geachtet wurde, den Nutzwert im Bereich der Betriebswirtschaftslehre zu erhöhen.

Beim Nachschlagen ist zu bedenken, daß Übersetzungen von Worten und Begriffen keine Etiketten sind, die identischen Gegenständen in einer anderen Sprache aufgeklebt werden. Die Zuordnung stellt niemals eine Gleichung, sondern nur eine ungefähre Entsprechung dar. Das gilt ganz allgemein im Hinblick auf den Bedeutungsgehalt von Übersetzungen einzelner Wörter. Speziell für die wirtschaftswissenschaftliche Fachsprache gilt es außerdem auch, den regionalen (insbesondere englischen versus amerikanischen) und individuellen Sprachgebrauch zu beachten wie auch die Besonderheiten einzelner Schulen und Disziplinen. Dabei ist der Kontext, d. h. der Zusammenhang zu beachten, in dem ein Wort verwendet wird. Im Zweifelsfall erschließt man sich diesen über die Sachregister der einschlägigen Lehrbücher. Das gilt auch für Definitionen und Erläuterungen zu den Begriffen. Wir haben diese nur gelegentlich und in sehr knapper Form dann gegeben, wenn uns eine Klärung auf anderem Wege nicht ohne weiteres möglich erschien.

Die Wortlisten sind nach folgendem Schema zusammengestellt:
Im englisch-deutschen Teil erscheinen die Worte in rein alphabetischer Reihenfolge, unabhängig von Wortsinn und Worttyp; es erscheint also der Begriff "natural rate of interest" unter N und nicht unter R (rate) oder I (interest). Erscheint der gleiche Begriff zweimal, so erfolgt ein Verweis auf den zuerst genannten englischen Begriff durch einen Pfeil. Auf Unterscheidungen zwischen englischem und US-amerikanischem Gebrauch wird durch den in Klammern gesetzten Hinweis (GB) bzw. (US) hingewiesen. Unterschiedliche Schreibweisen werden durch Klammern angegeben: program(m)e, behavio(u)r, labo(u)r. Die Wiederholung eines Wortes oder Wortteils wird durch eine Tilde bzw. einen Gedankenstrich angezeigt.
Dagegen sind die deutschen Begriffe unter dem ersten Hauptwort zu finden, also "natürlicher Zins" unter "Zins, natürlicher". Lediglich wenn zwei Begriffe untrennbar zusammengehören, sind sie unter dem ersten Wort eingeordnet, also z. B. "Schwarzer Markt" unter "S". Da man in solchen Fällen unterschiedlicher Meinung sein kann, empfiehlt es sich, u. U. auch unter dem ersten Wort bzw. dem ersten Hauptwort nachzusehen.
Für Ihre Hilfe danken wir Irmgard Daum, Dipl.-Kfm. Clemens Baader, André Maassen, Michael Philipp und Dipl.- Volksw. Volker Schmitt. Hinweise auf Ergänzungen, Unkorrektheiten etc. nehmen wir weiterhin dankbar entgegen.

Prof. Dr. Ulrich Peter Ritter | Prof. Dr. Karl Georg Zinn

Englisch–Deutsch

A

A/C → account current
A+G (administration and general) · Verwaltung und Allgemeines
A/P → account payables; → account purchases
A/S → account sales
a-shares · stimmrechtlose Aktien
AAGR → annual average growth rate
ABA (American Business Association) · amerikanischer Unternehmerverband
abandonment · Eigentumsaufgabe (z.B. an einem Wrack)
abandonment of a theory · Verwerfung einer Theorie
aberration · Abweichung
ability to invest · Investitionsfähigkeit, Investitionsmöglichkeit
ability to pay · Zahlungsfähigkeit, Leistungsfähigkeit (Steuerlehre)
ability-to-pay taxation · Leistungsfähigkeit(sprinzip) in der Besteuerung
abolition of tariffs · Aufhebung der Zölle
aboriginal costs · Anschaffungskosten
above-the-line advertising · klassische Anzeigenwerbung
abscissa · Abszisse, x-Achse
absenteeism · Abwesenheit, Personalausfall
absolute advantage · absoluter Kostenvorteil
absolute rent · Absolute Rente
absolute value · absoluter Wert (Arbeitswert i.S. Ricardos)
absorption · inländische Endnachfrage
absorption approach · Absorbtionstheorie (Zahlungsbilanz)
absorption costing · Voll-/Durchschnittskostenrechnung
absorptive capacity · Absorptionsfähigkeit (Entwicklungstheorie), Aufnahmefähigkeit eines Landes für produktionssteigernde Investitionen
abstaining → abstention
abstention · Enthaltung, Konsumverzicht
abstinence · Konsumverzicht, Enthaltsamkeit
abstinence theory of interest · Abstinenztheorie des Zinses, Wartetheorie des Zinses
abstract labour · abstrakte Arbeit (Marx)
abstract of account · Kontoauszug
accelerated depreciation · degressive Abschreibung, vorzeitige (erhöhte) Abschreibung
acceleration · Beschleunigung
acceleration of an increase in money supply · Beschleunigung der Geldvermehrung
acceleration principle · Akzelerationsprinzip
accelerator · Akzelerator
accelerator coefficient · Akzelerator(größe)
acceptance · 1. akzeptierter Wechsel, Akzept 2. Annahme (einer Theorie)
acceptance of contractual offer · Vertragsannahme
acceptance test · Marktaufnahmetest
acception region · Annahmebereich
access Zugriff
access time · Zugriffszeit (EDV)
access to the market · Marktzugang
accession rate · Einstellungsquote (bei Neueinstellungen)
accession treaty · Beitrittsvertrag (EU)
accident insurance · Unfallversicherung
accident prevention · Unfallverhütung
accomodating transactions · Ausgleichstransaktionen (Zahlungsbilanz)
accomodation · Übergangsfinanzierung
accomodation bill · verbürgter Wechsel
accomodation party · Wechselbürge, (Wechsel-)Begünstigte(r)

account · Konto
account current laufende Rechnung, Kontokorrent
account day · Abrechnungsdatum für alle Wertpapiertransaktionen
account payable(s) · ausstehende Rechnung(en), Verbindlichkeit(en)
account purchases · Abrechnung des Einkaufskommissionärs, Einkaufskonto, Wareneingangskonto
account sales · Abrechnung des Verkaufskommissionärs, Verkaufskonto
account service · Kundenberatung
accountancy · Rechnungswesen; Buchführung, Buchhaltung
accountant · Buchsachverständige(r), Rechnungs- und Wirtschaftsprüfer(in), Revisor(in)
accounting · Buchführung
accounting date · Abschlußstichtag, Bilanzstichtag
accounting department · Buchhaltung
accounting depreciation · bilanzielle Abschreibung
accounting directive · Bilanzrichtlinie
accounting for changing price levels · inflationsbezogenes Rechnungswesen
accounting period · Rechnungsperiode (Buchhaltung), Rechnungsjahr
accounting price · Schattenpreis
accounting ratios · finanzwirtschaftliche Kennzahlen
accounting system · Buchhaltung
accounts payable → account payables
accounts receivable · einbringbare Forderungen, Außenstände, Aktivforderungen
accrual basis · Periodeneinheitsprinzip
accruals · Rechnungsabgrenzungsposten, antizipative Posten
accrued charges · aufgelaufene Kosten
accrued expenses · antizipatorische Passivposten
accrued interest · aufgelaufene Zinsen
accrued interest principle · Zinsbuchungen (in der Zahlungsbilanz) nach Entstehungszeitpunkt
accrued items → accruals
accrued payables · antizipative Passiva
accumulated depreciation · Wertberichtigung (des Anlagevermögens)
accumulated work · vorgetane Arbeit
accumulation · Akkumulation, Anhäufung
achievement · Leistung
achievement motivation · Leistungsmotivation
acid-test · Stichtest, Feuerprobe, (US): Finanzierungsregel: Verhältnis von liquiden Mitteln und den kurzfristigen Forderungen zu den kurzfristigen Verbindlichkeiten
acid-test ratio · Liquiditätsgrad (-kennziffer) im Sinne des acid-test
acknowledg(e)ment · Kenntnisnahme; (Empfangs)bestätigung; Annahme (einer Theorie)
acquisition · 1. Erwerb, Ankauf (z.B. einer Unternehmung) 2. Beschaffung 3. Errungenschaft
acquisitive capital · Erwerbskapital
acquisitive society · Erwerbsgesellschaft
acquittance · Tilgung, Abtragung
acquittance release · Schuldenerlaß
across-the-board · allgemein, Grobschätzung
act · Gesetz
Act of God · höhere Gewalt
act of war · Kriegshandlung
action planning · Maßnahmeplanung: Ergänzung zum Zielplan der Unternehmung
activation research · Kaufentschlußanalyse: Erinnerungsmethode zur Prüfung der Werbewirkung
active balance · laufender Zahlungsbilanzüberschuß
active market · Aktien mit hohen Börsenumsätzen; reger Markt

active population · Erwerbsquote
activist policy · Fiskalpolitik
activity · Tätigkeit, Aktivität: ein Vorgang, der Zeit benötigt (Netzplantechnik)
activity analysis · Aktivitätsanalyse: Lösung von Produktions- und Allokationsproblemen mit Hilfe der linearen Programmierung
activity chart · Arbeitsgliederungsplan
activity lead · Aktivitätsniveau
activity level · Beschäftigungsgrad
activity rate → labo(u)r force → participation rate
activity ratios · Oberbegriff für Finanz-Indikatoren, die die Effizienz des Betriebsvermögens messen
activity ray · Prozeßstrahl
actual- · Real~, Ist~, Effektiv~
actual/360 · Eurozinsmethode (act/360)
actual costs · Ist-Kosten, effektiv entstandene Kosten, Herstellungskosten, Selbstkosten
actual depreciation · wirkliche Wertminderung
actual earnings · Effektivlohn
actual rate of output · Ist-Ausstoß
actual stock · Istbestand
actual total loss · Totalschaden (Seeversicherung)
actuary · Versicherungsmathematiker (in)
ad-valorem duty · Wertzoll
ad-valorem tax · Wertsteuer
adaptable · anpassungsfähig
adaption · Anpassung, Gewöhnung
adaptive expectation · Erwartungsanpassung(sprinzip), adaptive Erwartung
adding-up theorem · Eulersches Theorem, Additionstheorem
additional capital allowance · Sonderabschreibung
additional contribution · Zusatzbeitrag
additional depreciation · Sonderabschreibung
ad hocery · Ad hoc-Argumentation
adjacent · anliegend, benachbart
adjustable parities · anpassungsfähige Paritäten
adjustable peg · Stufenflexibilität
adjusted gross income · bereinigtes Bruttoeinkommen
adjusting entry · Berichtigungsbuchung
adjustment · Angleichung, Anpassung; Bereinigung
adjustment policy · Anpassungspolitik
adjustment rate · Anpassungsrate
administered prices · administrierte Preise: ursprünglich für die durch die öffentlichen Hände gesetzten Preise (Gebühren, Tarife etc.) benutzt, heute auch für Preise auf oligopolistischen Märkten
administered rate of interest · administrierter Zins (Zentralbank)
administration · 1. Leitung, Verwaltung, Behörde 2. (Bundes)regierung
administrative accounting · Finanzbuchhaltung
administrative council · Verwaltungsrat
administrative expense · Verwaltungsaufwand
admission of stocks to quotation · Zulassung von Aktien zur Börsennotierung
ADP-application systems · ADV-Anwendungssysteme
adulteration · Fälschung, Verschnitt
adulteration of food · Verderben von Lebensmitteln, Lebensmittelverfälschung
advance · 1. Ausleihung, Bankkredit 2. Voraus-
advance booking · Vorverkauf, Vorausbestellung
advance corporation tax · vorausgezahlte Körperschaftssteuer
advance payment · Vorauszahlung

advanced capital · vorgeschossenes Kapital (Marx)
advanced technology · moderne Technologie
advanced vocational training · Fortbildung
adverse balance · Zahlungsbilanzdefizit, allgemein: Verlustsaldo
adverse selection · 1. adverse Selektion (Informationsasymmetrie zwischen Verkäufer und Käufer) 2. Negativauslese – Verdrängung eines qualitativ hochwertigen Angebots aufgrund unzureichenden Qualitätswissens der Nachfrager 3. negative Risikoauslese (Problem bei Versicherungen)
adverse trade balance · passive Handelsbilanz
ad(vertisement) · Anzeige, Inserat, Annonce
advertising · Anzeigenwerbung, Reklame im weiteren Sinne: allgemeine Werbung
advertising agency · Werbeagentur
advertising campaign · Werbekampagne
advertising consultant · Werbeberater(in)
advertising department · Werbeabteilung
advertising expenditures · Werbungsausgaben, Werbungskosten
advertising expenses → advertising expenditures
advertising media · Werbeträger
advertising research · Werbeforschung
advice · Empfehlung, Rat
advice notice · Benachrichtigung, Ausführungsanzeige
advise fate · Scheckbestätigung
advisory board (advisory committee) · Beratungsgremium, Beirat
AEC → Atomic Energy Commission
affidavit · (eidesstattliche) Versicherung, Affidavit
affiliated company · Tochtergesellschaft
affluence · Überfluß
affluent society · Überflußgesellschaft (Galbraith)
AFL-CIO · (American Federation of Labor-Congress of Industrial Organisations) (US) – Gewerkschaftsdachverband
after-hours dealings · Nachbörse
after-sales service · Service(-Angebot), Kundendienst zu einem Produkt
after trade · Außenhandelssituation (im Gegensatz zur Autarkie)
age distribution · Altersstruktur
age exemption · Altersfreibetrag
age structure · Altersstruktur
ageing (aging) · (biologische) Alterung
agency · 1. Agentur, Vertretung 2. Amt, Behörde
agency problem · Nutzenmaximierung und optimale Vertragsgestaltung zwischen Prinzipal und Agent bei ungleicher Informationsverteilung (principal agent theory)
agency theory · Prinzipal-Agent-Theorie
agenda · Tagesordnung
agglomeration · Agglomeration, Ballungsraum
agglomeration costs · Agglomerationskosten
agglomeration economies · Agglomerationsersparnisse, Fühlungsvorteile
aggregate · Aggregat
aggregate concentration · Meßzahl bzw. Index für die Gesamtkonzentration einer Volkswirtschaft, Region und dgl.
aggregate demand · Gesamtnachfrage
aggregate demand curve · Gesamtnachfragekurve
aggregate economics · Makroökonomie
aggregate income · Volkseinkommen
aggregate output · Sozialprodukt

aggregate social capital · gesellschaftliches Gesamtkapital (Marx)
aggregate supply · gesamtwirtschaftliches Angebot (Binnenproduktion plus Importe)
aggregate supply curve · Gesamtangebotskurve
aggregation · Aggregation: Zusammenfassung ökonomischer Größen zur Gewinnung neuer Größen (z.B. Verbrauchseinheiten zum Sektor Haushalt)
aggregative index · Generalindex, aggregierter Index
agreement · Vereinbarung, Abkommen
agricultural bank · Landwirtschaftsbank
agricultural commodities market · Agrarmarkt
agricultural labo(u)rer · Landarbeiter(in)
agricultural policy · Agrarpolitik
agricultural surplus · landwirtschaftlicher Überschuß
agriculture · Landwirtschaft
aid · Hilfe, Hilfsmittel
aid program(me) · Hilfsprogramm
aid recipients · Entwicklungshilfe-Empfänger (neue Bezeichnung für Entwicklungsländer)
aid tying · Entwicklungshilfe-Bindung
aim · Ziel, qualitatives Globalziel
air consignment note · Luftfrachtbegleitschein
air pollution · Luftverschmutzung
algol (algorythmic language) · ALGOL: maschinenunabhängige, problemorientierte Programmier- und Pseudosprache
algorithm · Algorithmus
alien corporation · ausländische Gesellschaft (US)
alienation · Entfremdung
all-stage turnover tax · Allphasen-Umsatzsteuer
all-time high (all-time low) · absoluter Höchst(Tiefst)stand
alleviation · Milderung, Erleichterung, Linderung
allocation · Allokation: Zuweisung der Faktoren/Güter auf verschiedene Verwendungszwecke und/oder Standorte
allocation branch · Allokationsabteilung (Musgrave)
allocation of overheads · Geschäftskostenaufteilung
allocation of time · Zeitallokation
allocative efficiency · Allokationseffizienz
allotment · Zuweisung; Zuteilung, Anteil
allotment of pay · teilweiser Gehaltsverzicht
allowance · Freibetrag, Zuschuß
alms · Almosen
alms house · Armenhaus
alteration · (Ver)änderung
alternate hypothesis · Prüf-, Testhypothese
amalgamation · Fusion
amendments (to the Constitution) · Verfassungsänderungen durch Ergänzungen
American auction · Amerikanisches Zuteilungsverfahren (bei Pensionsgeschäften der Zentralbank
American Federation of Labo(u)r · (AFL) Gewerkschaftsverband (USA)
amortization · Tilgung, Amortisation, Abschreibung
amortized cost · Buchwert
amount · Menge, Betrag, Summe
amount of capital goods · Kapitalstock
amplifier · Verstärker
analog computer · Analogrechner
analysis of expenses · Kostenanalyse
analysis of information flow · Informationsflußanalyse
analytical job evaluation · Arbeitsplatzbewertung, analytische

animal spirits (J. Robinson, J. M. Keynes) · irrationales Reflexverhalten im Gegensatz zum Nutzenmaximierungskalkül
announcement effect · Ankündigungseffekt, Signalwirkung
annual accounts · Jahresabschluß
annual allowance · Abschreibungsbetrag pro Jahr
annual average growth rate · durchschnittliche Jahreszuwachsrate
annual economic report · Jahreswirtschaftsbericht
annual general meeting · Hauptversammlung
annual inventory · jährliche Bestandsaufnahme, Inventur
annual price increase · jährlicher Preisanstieg
annual rate · Berechnung auf Jahresbasis; Jahresrate
annual rate of interest · Jahreszinssatz
annual report · Jahresbericht, Geschäftsbericht (einer AG)
annual salary · Jahresgehalt
annual stocktaking · jährliche Bestandsaufnahme/Inventur
annuity · konstante jährliche Zahlung, Rente
annuity bonds · Rentenanleihen
annuity value · Rentenbarwert
anomie (anomy) · Anomie (E. Durkheim), Disorientierung, Gesetzlosigkeit, Zügellosigkeit
antagonistic contradiction · antagonistischer Widerspruch
anti-trust legislation · Kartellgesetzgebung
anti-trust policy · antimonopolistische und generell wettbewerbssichernde Maßnahmen; Wettbewerbspolitik
anticiclical quasi-surtax · Konjunkturzuschlag
anticipated profit · erwarteter Gewinn
anticipation survey · Stimmungstest, Konjunkturbefragung
anticipation term · Erwartungsgröße, Erwartungsvariable, Erwartungswert, Ex-ante-Größe
anticipatory data → anticipations term
antimonopoly legislation · Antimonopolgesetzgebung
antithesis · Antithese
apologia (apologetics, apology) · Apologie, Apologetik, Entschuldigung, Rechtfertigung, Verteidigung
Appelate Body · Berufungsinstanz (der Welthandelsorganisation)
application · Antrag, Bewerbung
application and allotment · Auflage und Zuteilung (von neuen Wertpapieren)
application form · Antragsformular
applied economics · angewandte Volkswirtschaftslehre
applied statistics · angewandte/ praktische/materielle Statistik
appraisal · Abschätzung, Bewertung
appraisal method · Methode zur Leistungsbeurteilung einer Person
appreciation · Werterhöhung, Wertzuschreibung, Wechselkursaufwertung bei freier Kursbildung (entspricht der Revaluation bei festen Kursen)
apprentice · Lehrling
apprenticeship · Lehre
apprenticeship place · Lehrstelle
approach · Ansatz, Betrachtungsweise
appropriation · 1. Mittelzuweisung (durch das Parlament) 2. Aneignung
appropriation account · Gewinnverwendungsrechnung
approval · Zustimmung, Genehmigung
approximation · Annäherung, Schätzung, Überschlagrechnung
APQLI → Augmented Physical Quality of Life Index
aptitude test · Eignungstest
arable · fruchtbar, ackerbar
arbiter (arbitrator) · Sachverständige(r), Schiedsrichter(in)

arbitrage · Arbitrage
arbitration · 1. Schiedsgerichtsverfahren, Schlichtung 2. Schiedsgerichtsbarkeit 3. Schiedsspruch 4. Bankarbitrage
arc elasticity · Bogenelastizität: Elastizitätsberechnung für endlich kleine Größen
area sample · Flächenstichprobe
area-development planning · Raumplanung
argument (of a function) · Argument (einer Funktion)
Ariel (GB, London) · Bezeichnung für ein computerisiertes System des Wertpapierhandels
arithmetic mean · arithmetisches Mittel
arithmetic progression · arithmetische Reihe
armament (arms) industry · Rüstungsindustrie
arms race · Rüstungswettlauf
arrangement · 1. Kreditvereinbarung mit einer Bank (einschließlich der Rückzahlungsregelungen) 2. (Gläubiger)vergleich 3. Ab-, Übereinkommen
array · Zahlenfolge, Matrix
arrears · Zahlungsrückstände
articled clerk · Praktikant(in) in einer Kanzlei (Anwaltsbüro, Wirtschaftsprüfer)
articles of association · Satzungsbestimmungen, Satzungsartikel
articulation statement · Darstellung einer Kapitalflußrechnung durch Aufzeichnen der Umsätze in Matrixform
artisan · selbständiger Handwerker
as-is merchandise · 1. Ausschußware 2. „wie gesehen" (z.B. bei Gebrauchtwagen)
ascertainment error · Beobachtungsfehler, Erhebungsfehler
ASE (American Stock Exchange) · Amerikanische Wertpapierbörse
ask(ed) price · Briefkurs
askew · schief (verteilt)
asking price · Verhandlungspreis; verlangter Preis
assart · Rodungsland, urbargemachter Grund und Boden
assay · Feingehaltsprüfung
assay office · amtliche Prüfstelle für den Edelmetallgehalt
assembler · Assembler: der Umwandlung symbolischer Instruktionen dienendes Programm, das eine maschinenorientierte Sprache in eine für einen Computer verständliche Sprache übersetzt
assembly · Versammlung
assembly costs · Fertigungskosten
assembly line · Fließband
assembly line production · Fließbandproduktion, Bandfertigung, Bandstraße
assessed tax · veranlagte Steuer
assessment · 1. Einschätzung, Taxierung 2. Steuer-, Abgabenerhebung
assessor of taxes Taxator, Steuereinschätzer
asset allocation · Finanzmittelallokation bei Investmentfonds, Vermögensstrukturierung
Asset-Backed Securities (ABS) · Wertpapiergesicherte Forderungen
asset demand for money · Spekulationsnachfrage nach Geld
asset-formation · Vermögensbildung
asset-formation policy · Vermögenspolitik
asset-stripping · Aufkauf eines Unternehmens und anschließende Anlagenausschlachtung
asset turnover rate · Quotient zwischen Gesamtertrag und Betriebsvermögen
assets · Aktiva, Aktivposten in der Bilanz, Vermögensposten
assignats · Assignaten: Banknoten der franz. Revolutionsregierungen

assignment · Zession, Übertragung, Abtretung, Zuweisung, Aufgabe, Auftrag
assignment of accounts · Abtretung von Forderungen
assignment problem · Zuordnungsproblem, Erkennungsproblem
assisted areas · Unterstützungsgebiete
associate status · 1. Assoziierten-Status (Zollunion) 2. Teilhaber-Stellung
associated company · Beteiligungsgesellschaft
association · Verband, Vereinigung, Gesellschaft
associationism · Assoziationismus, Assoziismus, Genossenschaftssozialismus
assumed mean · angenommener Mittelwert
assumption · Annahme, Prämisse; Oberbegriff zu Definition und Hypothese
assurance · Lebensversicherung, Assekuranz
Atomic Energy Commission · Atom-Energie-Behörde
atomistic competition · atomistischer, vollständiger Wettbewerb
attachment · Beschlagnahmung, Einkommenspfändung
attitude survey · Meinungsumfrage
attribute nicht-quantifizierbare Eigenschaft (z.B. Geschlecht)
auction · 1. Auktion, Versteigerung 2. Walras'sche Gleichgewichtspreisbildung
audience measurement · Werbewirkungsanalyse
audit(ing) · Rechnungsprüfung, Revision
auditor · Rechnungsprüfer(in) für Bilanz und Rechnungswesen; Wirtschaftsprüfer(in)
auditor's report · Wirtschaftsprüfungsbericht, Wirtschaftsprüfer-Bericht
Augmented Physical Quality of Life Index (APQLI) · menschlicher Ressourcenindex
austerity · extremes Sparprogramm, radikale Ausgabenkürzung
austerity policy · Austeritätspolitik, währungssichernde Politik der Ausgabenbeschränkung
autarky · Autarkie, Selbstversorgung
authorities · Behörden, höhere Ämter
authority (authorization) · Befugnis, Genehmigung, Ermächtigung
authorized capital · Summe aus ausgegebenem Grundkapital und genehmigtem Kapital
authorized capital stock · genehmigtes Grundkapital
authorized dealer · Vertragshändler(in)
autocorrelation · Autokorrelation
automatic control · Regelung (spezieller Fall der Rückkopplung)
automatic stabilizers · automatische Stabilisatoren
automatic teller · Geldautomat
automatic vending · Verkauf durch Automaten (vending machines)
automation · Automatisation, Automatisierung
autonomous investment · autonome Investition: reagiert nicht auf endogene Modellvariable; a.l. treten z.B. infolge von technischen Neuerungen oder zyklischen Staatsausgabeerhöhungen auf
autonomous movements · autonome (Zahlungsbilanz-)Transaktionen
autonomous transactions · autonomous movements
autonomous variable · unabhängige Variable
autonomous work groups · autonome Arbeitsgruppen
autonomy · Autonomie, Selbstverwaltung
autoregression · Autoregression
auxiliaries · Hilfsmittel
auxiliary trades · Nebengewerbe

availability · Verfügbarkeit, Erhältlichkeit
average capital-output ratio · (durchschnittlicher) Kapitalkoeffizient
average costs · Durchschnittskosten, Stückkosten (unit costs)
average cost pricing · Preisbildung auf Durchschnittskostenbasis; s.a. full cost principle
average fixed costs · durchschnittliche fixe Kosten
average price level · Gesamtpreisindex (Sozialprodukt), durchschnittliches Preisniveau
average product · Durchschnittsertrag
average productivity · (Durchschnitts-) Produktivität eines Faktors
average propensity to consume (A.P.C.) · durchschnittliche Konsumneigung
average propensity to export · durchschnittliche Exportquote
average propensity to save (A.P.S.) · durchschnittliche Sparneigung
average rate of profit · durchschnittliche Profitrate
average revenue · Stückerlös, Durchschnittserlös
average total costs · durchschnittliche Gesamtkosten
average variable costs · durchschnittliche variable Kosten
average volume of transactions · durchschnittliches Transaktionsniveau (Börse)
average wage level · durchschnittliches Lohnniveau
averaging · Verbilligung (eines Wertpapierportefeuilles durch Zukauf bei sinkenden Kursen)
averaging provision · Durchschnittserfüllung (bei Mindestreserven)
avocation · Nebenbeschäftigung
avoidable costs · Kosten, die bei völligem Verzicht auf eine bestimmte Produktion fortfallen; nicht notwendig identisch mit den variablen Kosten
award compensation · Abfindung
axiomatic welfare function · axiomatische Wohlfahrtsfunktion

B

baby bonds · gestückelte Schuldverschreibungen
back-door operation · Liquiditätsbeschaffung der Diskontbanken durch Schatzwechselverkauf zum Marktkurs an das Schatzamt, falls der Diskontsatz außergewöhnlich hoch liegt; s.a. frontdoor operation
backed · besichert
backed bond · durch Pfandbestellung (Hypothek) gesicherte Schuldverschreibung
back duty · Steuerrückstand
back-to-back credit · Gegenakkreditiv
back-up · Reserve
back-up storage · Reservespeicher
backlog · Arbeitsrückstand, Warenrückstände
backlog of orders · (unerledigter) Auftragsbestand
backpay · Nachzahlung von Lohnrückstand
backward bending supply curve · inverse (regressive) Angebotskurve
backward country · unterentwickeltes Land
backward integration · vertikale Konzentration in vorgelagerte Produktionsstufen
backward linkage · Verflechtungsbeziehung zur vorgelagerten (Liefer-) Industrie, beschaffungsmäßige Verflechtung
backward region · zurückgebliebene Region, Rückstandsgebiet
bad debts · uneinbringliche (dubiose) Schulden
bads · Ungüter (z.B. Umweltverschmutzung; soziale Kosten)

balance · 1. Saldo, Kontostand, Guthaben 2. Rechnungsabschluß
balance brought forward · Saldovortrag
balance carried forward · Saldoübertrag
balance of payments · Zahlungsbilanz; Unterteilung in current account = laufende Rechnung/Leistungsbilanz und capital account = Kapitalbilanz
balance of payments in equilibrium · ausgeglichene Zahlungsbilanz
balance of payments in surplus · aktive Zahlungsbilanz
balance of payments theory · Zahlungsbilanztheorie
balance of power · Machtgleichgewicht, -balance
balance of trade · Handelsbilanz
balance of unclassified transactions · ungeklärte Posten der Zahlungsbilanz
balance sheet · Bilanz
balance sheet accounts (permanent accounts) · Bestandskonten
balance with the central bank · Guthaben bei der Notenbank
balanced budget · ein durch regelmäßige (Steuer-)Einnahmen gedeckter Staatshaushalt
balanced budget-hypothesis · Haavelmo-Theorem
balanced budget multiplier theorem · Haavelmo-Theorem
balanced growth · gleichgewichtiges Wachstum (Entwicklungstheorie)
balanced sample · ausgewogene (angepaßte) Stichprobe
balancing item · Ausgleichsposten
balancing of the budget · Haushaltsausgleich
ballot · geheime Abstimmung
Bancor · Benennung der internationalen Reserveeinheit, wie sie nach dem Keynes-Plan bei den Bretton Woods-Verhandlungen vorgeschlagen und nicht akzeptiert wurde
bandwagon effect · Mitläufer-Effekt
bank account · Bankkonto, Bankeinlage
bank charges · Kontokosten (Zins und Gebühren); Transaktionskosten, Bankspesen
Bank Charter Act (1844) · Peelsche Bankakte
bank deposits · Bankguthaben, Kundenguthaben bei einer Bank; Unterteilung in current account/demand deposits (Sichtguthaben) und deposit account/time deposits (Termineinlagen)
Bank for International Settlements (BIS or BIZ) · Bank für Internationalen Zahlungsausgleich (BIZ)
bank loan · Bankkredit
bank note · Banknote
bank overdraft → overdraft facilities
bank rate · Zinssatz, zu dem Zentralbank den Privatbanken Geld zu Verfügung stellt; i.d.R. ist der Rediskontsatz gemeint
bank rate policy · Diskontpolitik
bank reserves · Liquiditätsreserven
bank statement · Bankauszug
bankable bill · bankfähiger Wechsel
banker's draft (bankdraft) · Bankscheck
banker's duty of secrecy · Bankgeheimnis
banker's order · Banküberweisung, Überweisungsauftrag
banker's ratio (US) · Finanzierungsgrundsatz bei Kreditwürdigkeitsprüfungen: Das Verhältnis von Umlaufvermögen zu kurzfristigen Verbindlichkeiten sollte zwei zu eins betragen
banker's reference · Bankauskunft
banking · Bankwesen, Bankgeschäft, Geschäftsverkehr mit einer Bank
banking sector · Bankensektor
bankrupt · insolvent
bankruptcy · Konkurs, Bankrott

bankruptcy notice · befristete Zahlungsaufforderung an einen Urteilsschuldner unter Androhung eines Konkursverfahrens
bankruptcy petition · Konkursantrag
bankruptcy proceedings · Konkursverfahren
bar chart · Säulendiagramm, Histogramm
bargain sale · Sonderverkauf, Verkauf zu ermäßigten Preisen
bargaining · Verhandlung
bargaining path · Verhandlungspfad, Kette von Preisangebot und Gegengebot
bargaining power · Verhandlungsstärke
bargaining theory of wages · Lohntheorie, die den Verhandlungsprozeß der Tarifpartner in den Vordergrund stellt
barrier to exit · Marktaustrittshindernis (z.B. hoher Kapitalverlust bei technisch unteilbaren Anlagen)
barriers to entry · rechtliche, technische und/oder ökonomische Hindernisse, die den Marktzugang für eine Firma mit besonderen Kosten belasten und u. U. völlig versperren
barriers to trade · Handelshindernisse, nicht tarifäre Handelshemmnisse
barter · Naturaltausch, Tausch
barter economy · Tauschwirtschaft
base activity · regionale Exportproduktion
base analysis · regionale Exportbasisanalyse
base coins · Falschmünzen
base component · Exportbasisanteil an der regionalen Wertschöpfung
base (basic) employment · exportabhängige Beschäftigung einer Region
base period · Basiszeitraum (z.B. Index)
base rate · 1. Leitzins für Kontokorrentkredite und Habenzinsen der Geschäftsbanken 2. Kreditzins für erstklassige Schuldner (syn.: prime rate)
base stock method · Lagerbewertung nach Einkaufspreisen
base theory · Exportbasistheorie
base year · Basisjahr (Index)
basic assumption · Grundannahme
basic capability · Grundbedarf, Mindestbedarf
basic data · Eckdaten
basic duty · Grundzollsatz, Ausgangszollsatz
basic food · Grundnahrungsmittel
basic goods sector · Grundstoffe produzierender Sektor
basic income · Basiseinkommen, exportabhängige Einkommen einer Region
basic industry · Basisindustrie, Grundstoffindustrie, Exportbasisindustrie (Raumwirtschaftstheorie)
basic materials industries · Grundstoffindustrien
basic motion time system (BMT) · System vorbestimmter Zeiten
basic need · Grundbedürfnis
basic objectives · Grundziele, Leistungsziele (in einer Unternehmung)
basic pension · Grundrente
basic rate base rate
basic research · Grundlagenforschung
basic scheme · Grundversorgungssystem
basic sector · Exportbasissektor
basic variable · Basisvariable (Simplexmethode)
basic wage rate · Ecklohn (i.S. eines Basislohns)
basics · Basisgüter (Sraffa)
basing point system · Quotenkartell mit kartellierten Nettopreisen und Frachtraten
basing-point pricing system · Preisabsprache auf oligopolitischen Märkten mit homogenen, transportkostenintensiven Gütern (z.B. Zement), bei der den Kunden standar-

disierte Transportkostenzuschläge zu dem kartellierten Basispreis berechnet werden; in USA und GB üblich
basis · Unterbau (Marx)
basis balance · Grundbilanz
basket of commodities · Warenkorb
batch · Gruppe, (Liefer)menge; Menge, die in einem abgrenzbaren Produktionsvorgang benötigt oder hergestellt wird); Stapel
batch processing · Stapelverarbeitung bei der elektronischen Datenverarbeitung
batch production · Serienproduktion
batch size · Serienumfang
BCD code (binary coded decimal-code) · Binärcode für Dezimalziffern
bear · Spekulant à la baisse; Gegensatz: bull
bear market · Baisse
bear operation · Baisse-Spekulation
bear point · Baissemoment, Tiefpunkt
bearer · Inhaber, Träger, Überbringer
bearer bonds (securities) · Inhaberschuldverschreibungen
beggar my neigbo(u)r policy · Versuch, durch Zollerhöhung, Abwertung etc. Handelsvorteile auf Kosten des Auslands zu erlangen; Leistungsbilanzüberschußpolitik
beginning inventory · Anfangs(lager)-bestand
behavio(u)ral assumption · Voraussetzung, Hypothese bezüglich der Verhaltensweise von Wirtschaftssubjekten, z.B. Nutzen- und Gewinnmaximierungshypothesen
behavio(u)ral coefficient · Verhaltenskoeffizient
behavio(u)ral equation · Verhaltensgleichung
behavio(u)ral model · Verhaltensmodell, Abbildung menschlichen Verhaltens in seinen Abläufen und Strukturen
behavio(u)ral theory of the firm · verhaltensorientierte Unternehmenstheorie: im Gegensatz zur klassischen Gewinnmaximierungshypothese werden verhaltenswissenschaftliche Erkenntnisse zur Beschreibung des Unternehmensverhaltens und der Unternehmensziele benutzt
bell-shaped curve · Glockenkurve
belligerent · kriegführende Partei (Staat) nach Völkerrecht
below-the-line promotion expenditure · Werbeaufwand durch Sachleistungen
belt conveyor · Förderband
bench mark · Vergleichs-/Erfolgsmaßstab (Leistungsvergleich mit Konkurrenten)
bench marking · Konkurrenzbeobachtung zwecks partiellem Leistungsvergleich betrieblicher Funktionen oder Abläufe
benchmark → reference value/figure
beneficiary · Bezugsberechtigte(r), Begünstigte(r), Nutznießer(in), Leistungsempfänger(in)
benefit · Vorteil, Nutzen, Begünstigung, Ertrag
benefit approach · Äquivalenzprinzip
benefit clause · Begünstigungsklausel
benefit cost ratio · Kosten-Nutzen-Verhältnis; Kennziffer für die Vorteilhaftigkeit einer öffentlichen Investition
benefit in kind non-cash benefit
benefit principle → benefit approach
benefit taxation · Verbrauchsprinzip der Besteuerung (z.B. Mineralölsteuer)
benefits · Nutzen, Ertrag, Vergünstigung
benefits-ceiling · Leistungsobergrenze
benevolent · wohltätig, gemeinnützig
bequest · Vermächtnis, Erbe
betterment · Bodenwertsteigerung (durch öffentliche Investitionen)
bias · Verzerrung, systematischer Fehler, Neigung
bid · (An)gebot, Offerte

bid price · Geldkurs, Rückkaufpreis
Big Board (NYSE) · Kurstafel der New Yorker Börse
Big Five (Big 5) · Bezeichnung der fünf größten englischen Geschäftsbanken: Midland, Barclays, Lloyds, Westminster und National Provincial; nach der Verschmelzung von Westminster und National Provincial: Big Four
big industry · Großindustrie
bilateral flow · gegenläufige Güter- und Geldströme
bilateral monopoly · bilaterales Monopol
bilateral trade · bilateraler Handel
bilateralism · Bilateralismus
bill · 1. Gesetzentwurf 2. Banknote 3. Rechnung
bill of exchange · Wechsel, Tratte
bill of lading · Frachtbrief, Konnossament
billion · Billion (GB), Milliarde (US)
bills payable · Wechselverbindlichkeiten
bills receivable · Wechselforderungen
bimetallism · Bimetallismus, Doppelwährung
binomial distribution (Bernoulli distribution) · Binomialverteilung
bipartisan · beide Parteien vertretend, überparteilich
birth control · Geburtenkontrolle
birth rate · Geburtenrate
bit (binary digit) · Bit; EDV: kleinste Einheit zur Darstellung von Binärdaten
biunique mapping · eindeutige Abbildung (Mengenlehre)
black box · Prozeßablauf, dessen Wesen und Form unbekannt ist
black economy · Schattenwirtschaft
black list · Schwarze Liste
black market · Schwarzmarkt
black marketeer · Schwarzhändler
blacking · Boykott
blackleg · Streikbrecher(in)
blank cheque · Blankoscheck
blanket · umfassend, allgemein, pauschal; blanko
blanket agreement · Manteltarifvertrag
bliss point · absolutes Nutzenmaximum eines Konsumenten (nur mög lich bei konzentrischen Indifferenzkurven)
block diagram(me) · Ablaufdiagramm
block floating · gemeinsames Floaten
blockade · Blockade
blockbuster · Kassenschlager
blocked account · Sperrkonto
blocked currency · nicht frei konvertierbare und transferierbare Währung
blue book · informelle Bezeichnung für die jährliche volkswirtschaftliche Gesamtrechnung Großbritanniens (National Income and Expenditure Accounts)
blue chip · Bezeichnung für die besten Standardaktien einer Volkswirtschaft, z.B. Großbanken, Daimler-Benz
blue collar worker · Arbeiter(in)
blue-sky law · Gesetz zum Schutz gegen betrügerische Aktien (US)
blueprint · 1. Entwurf(sskizze), Planung, Projektstudie 2. Licht(Blau) pause
BMT → basic motion time system
board · Behörde, Gremium, Ausschuß, Amt
board chairman · Vorstandsvorsitzender
board meeting · Vorstandssitzung
board member · Vorstandsmitglied
board of directors · Vorstand (eines Unternehmens)
board of management · Vorstand
board of supervisors · Aufsichtsrat
boardroom participation · Mitbestimmung in Führungsgremien
bogus company · Schwindelfirma
bona fide · gutgläubig, Treu und Glauben

bona fide business purpose · ernst gemeinter Geschäftszweck, -vorschlag
bond · 1. langfristige (Staats-)Anleihe, generell festverzinsliche Papiere 2. Ware unter Zollverschluß
bond indenture · Vertrag zwischen Schuldverschreibungsaussteller und -inhaber, Schuldverschreibungsvertrag
bond loans · Schuldverschreibungen, Obligationen
bonded arbiter · vereidigte(r) Sachverständige(r), vereidigter Schlichter, vereidigte Schlichterin
bonded goods · Waren unter Zollverschluß
bonded official · vereidigter Beamter, vereidigte Beamtin
bonded warehouse · Zollgutlager
bonding costs · Vertragskosten
bonus · Gratifikation, Bonus, Prämie
bonus issue · Gratisaktie
bonus scheme · Prämienlohn, Bonuslohn
book debt · Buchschuld
book-entry system · Buchübertragungssystem
book price · Listenpreis, Restverkaufswert
book value · Buch-, Bilanzwert
book-to-bill-ratio · Auftragseingang in Relation zu fakturierten Auslieferungen (Quotient aus) · stark konjunkturabhängig
bookkeeping · Buchhaltung
books of account · Geschäftsbücher
boom · Hochkonjunktur, Aufschwung
border tax · Exportsteuer
borrowed capital · Fremdkapital
borrower · Kreditnehmer(in), Schuldner(in)
borrowing · Kreditnahme
borrowing money from the central bank · Kreditaufnahme bei der Notenbank
borrowing rate · Habenzins
bottleneck · Engpaß, „Flaschenhals"
bottleneck inflation · sektorale Inflation
bottom stop · absolute Untergrenze
bottom-up planning · progressive Planung (von unten nach oben)
bottomry bond · Schiffshypothekenbrief
bounded rationality · begrenzte Rationalität
bounded rationality · beschränkte Rationalität
bounty · Produktionsprämie, Exportprämie, Bonus
bowed-out curve · konvexe Kurve
boycott · Boykott
bracket · Klasse(nintervall)
brainstorming · spontane Ideensammlung als Problemlösungsansatz
branch · Zweigniederlassung, Neben-, Zweigstelle
branch and bound technique · (spezielles) Entscheidungsbaumverfahren
branch banking · Filialbanksystem
branch establishment · Zweigniederlassung
branch manager · Filialleiter
branch of business · Branche
branch of industry · Wirtschaftszweig
brand · Marke, Markenartikel, Warenart
brand advertising · Werbung für Markenartikel
brand image · Markenimage
brand leader · Marktführer, dominierender Markenartikel auf einem Markt
brand loyalty · Markentreue
brand name · Markenname, Gütezeichen
branded good · Markenartikel
brassage · Münzprägekosten, Schlagschatz bei Edelmetallwährung; enthält nicht den Gold- bzw. Silberwert
breach of contract · Vertragsbruch, -verletzung
bread-board model · Testpackung

break-even chart · Umsatz-Kosten-Diagramm, in dem der Schnittpunkt von Umsatz- und Gesamtkostenkurve die Gewinnschwelle markiert, Gewinnschwellendiagramm

break-even level of income · Basiseinkommen(shöhe), Y = C

break-even point · Gewinnschwelle

breakaway union · Spaltergewerkschaft

breakdown · 1. Betriebsstörung, Panne (Maschinen-)Ausfall, Zusammenbruch 2. Aufschlüsselung, Zerlegung

bridging loan · Zwischenkredit, Überbrückungsanleihe

briefing · Anweisung; Einsatzbesprechung

broadcasting · Rundfunk(wesen)

broker · Makler(in): Vermittler(in) zwischen Käufer und Verkäufer auf hochorganisierten Märkten (Börsen)

brokerage · Kommissionsgebühr eines Brokers

bubble company · Scheinfirma, Briefkastenfirma

bubble policy · Emissionsverbund

budget · Haushaltsplan, Gegenüberstellung künftiger Einnahmen und Ausgaben; national budget: Staatshaushaltsplan

budget accounting · Zukunftsrechnung, die auf der Unternehmensplanung basiert, Plan-, Sollkostenrechnung

budget constraint · Bilanzgerade, Budgetlinie (Theorie des Haushalts), Haushaltsgerade

budget costs · Plankosten, Sollkosten

budget cuts · Haushaltskürzungen, Sparmaßnahmen

budget deficit · Haushaltsdefizit

budget equation · Budgetgleichung, Haushaltsgleichung

budget line budget constraint

budget period · Haushaltsperiode

budget restriction · Budgetrestriktion

budget surface · Haushaltsebene, Bilanzebene (analog zur Bilanzgeraden für drei und mehr Güter)

budget surplus · Budgetüberschuß, Haushaltsüberschuß

budget talks · Budgetverhandlungen

budgetary control · Finanzkontrolle

budgetary policy · Haushaltspolitik

budgeted expenditures · Sollausgaben

budgeted yield · Sollaufkommen

budgeting → budget accounting

buffer · Puffer

buffer stock · (strategische) Vorratslager, Marktausgleichslager

Bufferstock-Facility (IMF) · Fazilität (des IWF) zur Finanzierung von Rohstoffausgleichslagern

building and loan association building society

building industry proper · Bauhauptgewerbe

building society · Baugenossenschaft, Bausparkasse (GB): gemeinwirtschaftlich arbeitende Finanzierungsgesell schaften des Wohnungsbaus, die sich durch Spareinlagen refinanzieren

built-in-inflator · Lohn-Preis-Index

built-in obsolescence · geplanter Verschleiß

built-in stabilizers · eingebaute, automatische Stabilisatoren: antizyklisch wirkende, automatische Stabilisierungsmechanismen, z. B. Arbeitslosenversicherung, Steuerprogression

built-in technical progress · investitionsabhängiger (inkorporierter) technischer Fortschritt

bulk article · Massengut

bulk buying · Aufkauf in Bausch und Bogen

bulk buying agreement · Aufkaufabkommen

bulk carrier · Massengutfrachter

bulk purchase · Massenkauf

bulk tariff · (günstiger) Preis bei Massenabnahme

bulky goods · sperrige Güter
bull · Spekulant á la hausse; Gegensatz: bear
bull market · Hausse
bullion · Edelmetall in Barrenform, z.B. Barrengold
bumper crop · Rekordernte
buoyancy · 1. inflationsbedingter Anstieg des Steueraufkommens 2. sprunghafte Steigerung (Aktienmarkt)
burden of interest · Zinslast
burden of proof · Beweislast
burden of taxation · Steuerlast
Bureau of Statistics · Statistisches Amt (GB)
bureaucracy · Bürokratie
business administration · Betriebswirtschaftslehre
business agent · 1. Handelsvertreter(in) 2. Gewerkschaftsvertreter(in) (US)
business barometer · Konjunkturbarometer
business community · Geschäftswelt
business consultant · Unternehmensberater(in)
business cycle · Konjunkturzyklus
business cycle indicator · Konjunkturindikator
business day · Geschäftstag
business expenses · Betriebsausgaben
business finance · Unternehmensfinanzierung; grobe Unterteilung nach Fristigkeit und innerer bzw. äußerer Finanzierung (internal, external)
business game · Unternehmensplanspiel
business hierarchy · Betriebshierarchie
business indicators · Geschäftsbarometer
business outlook · Geschäftslage
business policy · Geschäftspolitik (i.S. von Unternehmensphilosophie)
business premises · Geschäftsräume, Geschäftsgrundstück
business reengineering · Reorganisation, Umstrukturierung, Hierarchieabbau und (radikaler) Umbau der Arbeitsabläufe in einer Unternehmung. Merkmale: Prozeß- und Kundenorientierung, Reintegration von Teilprozessen
business risk · Investitionsrisiko
business savings · Summe aus Abschreibungen und nicht ausgeschütteten Gewinnen; praktisch identisch mit → net cash flow
business sector · Unternehmenssektor
business struggle · Konkurrenzkampf
business survey · Konjunkturumfrage
business test → business survey
business unionism · sinngemäß: Gewerkschaft als Lohnmaschine; Bezeichnung für eine Gewerkschaftsideologie, die sich „unpolitisch" gibt und für Mitgliedsbeiträge Leistungen verkauft (Lohnerhöhungen, Arbeitszeitverkürzungen)
business unit · Betrieb(seinheit)
business woman · Geschäftsfrau, Unternehmerin
businessman · Geschäftsmann, Unternehmer
butter mountain · „Butterberg"
buy-back · Rückkauf
buyer's market · Käufermarkt, i.d.R. ein Markt mit tendenziellem Überangebot
buying (purchasing) behavio(u)r · Einkaufsverhalten
buying motive · Kaufmotiv
buying power · Kaufkraft
buying rate · Ankaufssatz
by-products · Nebenprodukte und Abfälle (waste products) bei verbundener bzw. Kuppelproduktion
byte · Byte; Speicherstelle (EDV)

C

calculated assets · Sollbestand der Aktiva
calculated risk · kalkuliertes Risiko
calculation · Kalkulation, Errechnung, Berechnung
calculator · Rechner
call money · Tagesgeld
call option · Kaufoption
call protection · Kündigungsschutz
callover · Geschäft auf Zuruf (Börse)
Cambridge-k · Kassenhaltungskoeffizient
cancellation · Annullierung, Stornierung
cancellation of order · Auftragsstornierung
canons of taxation · Grundsätze der Besteuerung
CAP → Common Agricultural Policy
capabilities · Fähigkeiten
capability poverty measure · Armut-an-Befähigungen-Maß
capacity · Kapazität
capacity bottleneck · Kapazitätsengpaß
capacity constraint · Kapazitätsbeschränkung
capacity costs · Kapazitätskosten, Fixkosten
capacity effect · Kapazitätseffekt
capacity for acts-in-law · Geschäftsfähigkeit
capacity limit · Kapazitätsgrenze
capacity output · Vollbeschäftigungsproduktion
capacity requirements · Kapazitätserfordernisse
capacity utilization (rate) · (Kapazitäts-) Auslastungsgrad
capacity working · Kapazitätsauslastung
capital · Kapital, Geldmittel, Nettobetriebsvermögen, Grundkapital
capital account · Kapitalbilanz
capital accumulation · Kapitalakkumulation
capital allowances · steuerrechtlich zulässige Abschreibung, Anlageabschreibung
capital appropriations · bereitgestellte Investitionsmittel
capital assets · Anlagevermögen
capital budget · Investitionshaushalt, -budget
capital budgeting · Investitionsplanung, Investitionspolitik (Firma)
capital charges · Kapitalkosten
capital coefficient · Kapitalkoeffizient
capital consumption · 1. Kapitalverzehr i.S. der Umwandlung von Kapital in produzierte Güter 2. Entsparen, d.h. Abbau von Kapital zugunsten von Konsum
capital deepening · Steigerung der Kapitalintensität, Verbesserungsinvestition zur Erhöhung der durchschnittlichen Lebensdauer der Anlagen ohne einen Kapazitätseffekt
capital depreciation · Kapitalverschleiß
capital employed · 1. gesamtes im Unternehmen eingesetztes Kapital 2. Summe aus Anlage- und Umlaufvermögen, vermindert um die kurzfristigen Verbindlichkeiten 3. → net assets
capital expenditure · Kapitalanlagen bzw. Investitionen des Unternehmens (ohne weitere Spezifizierung); Ausrüstungsinvestitionen
capital expenditure account · Investitionsrechnung
capital expenditure activity · Investitionstätigkeit
capital expenditure program(me) · Investitionsprogramm
capital export · Kapitalexport
capital flow · Kapitalwanderung; Kapitalfluß
capital formation · Kapitalbildung, Vermögensänderung, Nettoanlageinvestition; net~ ohne Abschreibung

capital gains · Kapitalgewinn, realisierte Wertsteigerung eines Aktivums
capital gains tax · Steuer, die auf Veräußerungsgewinne bestimmter Vermögenswerte erhoben wird
capital gearing · Anteil des festverzinslichen Kapitals am Gesamtkapital eines Unternehmens
capital good · Kapitalgut, Anlagegut
capital goods industry · Investitionsgüterindustrie
capital import · Kapitalimport
capital intensity · Kapitalintensität
capital investment · Investitionskapital, langfristige Kapitalanlage; Anlagevermögen
capital issue committee · Kapitalmarktlenkungsausschuß
capital leverage → capital gearing
capital levy · Vermögensabgabe, Vermögenssubstanzsteuer
capital loss · Kapitalverlust, monetäre Wertminderung eines Aktivums
capital malleability · Kapitalbeweglichkeit i.S. universeller Verwendbarkeit von Produktionsmitteln
capital market · Kapitalmarkt
capital movement · (internationaler) Kapitaltransfer
capital outlay · Kapitalausgaben
capital program · Investitionsprogramm
capital recapture rate · Kapitalrückfluß
capital recovery rate → capital recapture rate
capital redemption · Kapitalrückzahlung
capital reserves · gesetzliche Rücklagen
capital risk · Kapitalverlustrisiko
capital saturation · Kapitalsättigungspunkt (Grenzproduktivität des Kapitals = Null)
capital stock · 1. Stammkapital, gesetzliche Rücklage 2. Kapitalstock
capital stocks · Aktienkapital
capital structure · Kapitalstruktur (des Unternehmens)
capital surplus · Kapitalüberschuß, Rücklagen
capital transaction · Kapitaltransaktion
capital transfer tax · Vermögensübertragungssteuer
capital turnover · Kapitalumschlag
capital user costs · Kapitalnutzungskosten
capital widening · 1. Erweiterungsinvestition, die zu einer Erhöhung der Produktionskapazität führt. 2. Kapitalstockwachstum bei konstanter Kapitalintensität
capital yields tax · Kapitalertragssteuer
capital's share · volkswirtschaftliche Gewinnquote
capital-adjustment period · Kapital (Angebots-)anpassungszeit
capital-augmenting progress · kapitalvermehrend technischer Fortschritt, Solow-neutraler technischer Fortschritt
capital-intensive · kapitalintensiv
capital-intensive technology · kapitalintensive Technologie
capital-output ratio · Kapitalkoeffizient
capitalism · Kapitalismus
capitalist · Kapitalist(in)
capitalist economy · kapitalistisches Wirtschaftssystem
capitalization · 1. Kapitalausstattung eines Unternehmens 2. Nominalkapitalerhöhung durch Auflösung von Rücklagen, stillen Reserven (Gratisaktien) 3. Kapitalisation: Umrech nung einer laufenden Geldleistung auf den Kapitalwert
capitalization issue · Gratisaktie
capitalized value · Ertragswert eines Aktivums, Ertragsaktie
captive market · monopolistischer Markt
card rationing · Rationierung mittels Karten

cardinal utility · kardinaler Nutzen
care givers · Pflegepersonen
care goods · Pflegegüter
care services · Pflegedienste, -dienstleistungen
career · Karriere, Laufbahn
career costume · Berufskleidung
career patterns · typische Berufsverläufe
cargo · Fracht, Ladung
cargo cult · Cargo-Kult (Hirschman) „irrationaler" Glaube in schwach entwickelten Regionen, daß die Entwicklung der Infrastruktur automatisch privatwirtschaftliche Investitionen zur Folge hat
carriage · Transport, Beförderung, Wagen
carriage expense · Frachtkosten, Transportkosten
carrier · Spediteur
carry-back · (Verlust)rücktrag (s.a. loss carry-over)
carry-over · 1. Übertrag 2. Angebot aus der Vorjahresernte
cartel · Kartell; syn.: trust, ring, pool
cartesian product · Mengenprodukt, kartesisches Produkt
cascade tax · (kumulative) Umsatzsteuer, auch: turnover tax
CASE → **computer aided software engineering**
case method · Fallmethode (Ausbildung), Ausbildungsmethode mit Hilfe von Fallstudien
case of hardship · Härtefall
case study · Fallstudie – erkenntnistheoretisch: Beispiel – Illustration – Tiefenstudie zur Generierung von Hypothesen
cash · Bargeld, gesetzliches Zahlungsmittel bei der Schuldtilgung, flüssige Mittel, Kasse
cash and carry · Barverkauf (zum Mitnehmen)
cash-and carry warehouse · (Verbraucher-)Abholmarkt
cash balances theory · Kassenhaltungstheorie
cash base · (Bar-)Geldbasis
cash before delivery · Kasse vor Lieferung (Handelsklausel). Vorauskasse, Vorauszahlung
cash benefit · Geldleistung
cash bonus · Sonderausschüttung in bar
cash-buy-bonds · Barrückkauf (von Problemkrediten)
cash cows · Unternehmen mit hohen Liquiditätsreserven
cash desk · Kasse(nschalter)
cash discount · Barrabatt, Skonto
cash dispenser (CD) → automatic teller
cash dividends paid · ausgeschüttete Dividende
cash drops · Agrarprodukte für Exporte (speziell zur Devisenbeschaffung der Entwicklungsländer)
cash flow · Summe aus Gewinn (vor Steuern) und Abschreibungen, Geldstrom der Bruttoerträge
cash fond · Investment Fonds für Bankguthaben
cash management · Liquiditätssteuerung
cash on delivery · Kasse bei Lieferung, Lieferung per Nachnahme
cash price · Barzahlungspreis
cash ratio · Bargelddeckungsrate (Bank)
cash reserves · Barreserven
cash surplus · Liquiditätsüberschuß
cash transaction · Barverkauf, Kassageschäft
cash with order (cash w/o) · Barzahlung bei Auftragseingang
cashier · Kassierer(in)
cashier's cheque (-check) · voll gedeckter Bankscheck
casual work → odd jobs
catallactics · Katallaktik
catalogue · Katalog, Verzeichnis
caucus · Vorversammlung

causality · Kausalität
cause and effect · Ursache und Wirkung
caveat emptor · Mängelprüfungspflicht des Käufers
CBD → cash before delivery
CDs → certificate of deposits
ceiling · Deckelung, Decke, Obergrenze
ceiling control · Plafondierung
ceiling of the economy · volkswirtschaftliche Kapazitätsgrenze
ceiling price · Höchstpreis
cell · 1. Matrixelement 2. Besetzungshäufigkeit
cell production · Arbeitsgruppen- Produktion
census · Befragung, Zählung, Zensus
Census Bureau · Statistisches Amt (US)
census of distribution · Handelszensus
census of population · Volkszählung
census of production · Industriezensus
central bank · Zentralbank
central bank money stock · Zentralbankgeldmenge
central bank notes · Zentralbanknoten
central bank policy · Zentralbankpolitik
central government · Zentralregierung
central planning · zentrale Planung, staatliche Wirtschaftsplanung
central processing unit (CPU) · zentrale Recheneinheit (EDV)
central rate · Leitkurs
central securities depository (CSD) · Wertpapierverwahrstelle, zentrale
central-place hierarchy · Hierarchie zentraler Orte
central-place theory · Theorie zentraler Orte (Christaller)
centralism · Zentralismus
centralization · Zentralisierung
centralized collective bargaining · zentrale Tarifverhandlungen durch die Dachverbände der Sozialpartner
centralized purchasing · zentraler Einkauf
CEO → chief executive officer
certificate · Zeugnis, Bescheinigung
certificate of beneficial interest · Genußschein
certificate of deposits (CDs) · Inhaberpapier für ein Terminkonto; Einlageschein für Termingelder (in USA üblich); Sparbriefe (von Volksbanken und Sparkassen)
certificate of indebtedness · Schuldschein
certificate of origin · Ursprungszeugnis (Zoll)
certified check · (Bank)bestätigter Scheck (US) (in der BRD: nur durch die Landeszentralbanken ausgestellt)
certified public accountant · Rechnungs- und Wirtschaftsprüfer(in) (US)
CGA (colo(u)r) graphics adapter) · Grafikkarte, maximal 4 Farben und 320mal 200 Pixel
chain of command · Befehlskette
chain store · Filiale einer Ladenkette
chaining · Einlage-Kreditkette (die zum Eurodollarmarkt führte), Kreditkettenbildung, Verkettung
chair · Vorsitz
chairman · Vorsitzender
chairperson · Vorsitzende(r)
chairwoman · Vorsitzende
challenge · Herausforderung, Wagnis
chamber of commerce · Handelskammer
chance variable · Zufallsvariable, stochastische Größe
Chancellor of the Exchequer · Schatzkanzler(in) (GB)
changeover costs · Umrüstkosten
changeover time · Rüstzeit
changes in volume · Mengenänderung
channel of distribution · Absatzweg, Vertriebssystem
chapel · Kleingewerkschaft (GB)

chapter · 1. Abschnitt 2. Ortsverband, Bezirk
charge · 1. Berechnung 2. Gegenposten in der Buchhaltung, Lastschrift
charitable trust · wohltätige Stiftung
charity · Wohltätigkeit, Karitas
charity market · Wohltätigkeitstransfer einer Volkswirtschaft
chart · Tabelle, Diagramm
chartered accountant (GB) · Rechnungs- und Wirtschaftsprüfer
cheap money · billige Geldsätze
cheap money policy · Niedrigszinspolitik
check-off · Abrechnung der Gewerkschaftsbeiträge durch den Arbeitgeber
checking account · Girokonto, Scheckkonto
checking deposits (US) · Scheckeinlagen
checkpoint · Fixpunkt in einem EDV-Programm
chief executive officer · Hauptgeschäftsführer(in); Vorstandsmitglied
child allowance · Kinderfreibetrag
child labo(u)r · Kinderarbeit
child labo(u)r law · Kinderarbeitsgesetz
choice of technique · Technikwahl
choice-theory · Entscheidungs-, Wahlhandlungstheorie
church rate → church tax
church tax · Kirchensteuer
cif (cost insurance freight) · Kosten, Versicherung, Fracht: Warenwert incl. Versicherung u. Fracht, Klausel im internationalen Handel für die Übernahme der Kosten für Transport und Versicherung der Ware bis zum Bestimmungshafen
CIO (Congress of Industrial Organizations) · Industriegewerkschaft (USA)
circular · ringartig; Rundschreiben
circular chart · Kreisdiagramm
circular flow · Kreislauf
circular flow of goods · Güterkreislauf
circular flow of income · Einkommenskreislauf
circular flow of money · Geldkreislauf
circular flow of the economy · Wirtschaftskreislauf
circulating (fluid) capital · 1. Umlaufkapital 2. zirkulierendes Kapital (Marx)
circulation period of capital · Zirkulationsperiode des Kapitals
citizens' action group · Bürgerinitiative
city size · Stadtgröße
civil law · Zivilrecht, bürgerliches Recht
civil liberties · bürgerliche Freiheiten
civil servant · öffentlicher Bediensteter
civil service · öffentlicher Dienst
claim · Anspruch, Forderung, Anrecht
claim for compensation(s) → compensation(s) claim
claim for damages · Schaden(s)ersatzanspruch
clandestine work/employment · Schwarzarbeit
class consciousness · Klassenbewußtsein
class of expenditure · Ausgabengruppe, -kategorie
class structure · Klassenschichtung
class struggle · Klassenkampf
classes of contribution · Beitragsklassen
classes of income · Einkunftsarten
classical · klassisch
classical organization theory · klassische Organisationstheorie (Fayol etc.)
classical range · klassischer Bereich (der LM-Kurve im Hicks-Diagramm)
Classical School (of Economics) · klassische Nationalökonomie
classified advertisements · Kleinanzeigen
clawback · Besteuerung von Wohlfahrtstransfers
clean floating · sauberes Floaten

clearance · Verzollung, Zollabfertigung, Clearing, Verrechnung
clearance sale · Räumungsverkauf
clearing · 1. Verrechnung, gegenseitige Forderungsaufrechnung 2. Markträumung; markträumend
clearing bank · private Depositenbank
clearing house · Girozentrale, Clearinghaus
clerical staff · Büro-/Schreibpersonal
clerical work · Büroarbeit, Schreibarbeit
clericalism · Klerikalismus
client · Kunde, Kundin, Klient(in)
cliometrics · Kliometrie (ökonomische Wirtschaftsgeschichte)
cloakroom theory of banking · (falsche) Ansicht, daß Banken nur soviel Kredit geben können wie ihnen an Bargeld zufließt
clock card · Stechkarte
close working relations · gute (enge) Arbeitsbeziehungen
close(d) company · Gesellschaft, die von wenigen Anteilseignern beherrscht wird (Begriff aus dem englischen Unternehmenssteuerrecht)
close-down · Stillegung
close-out netting · Liquiditäts-Netting bei Zahlungsunfähigkeit
closed economy · geschlossene Volkswirtschaft (ohne Außenhandel)
closed loop · geschlossener Regelkreis
closed shop · gewerkschaftspflichtiger Betrieb
closing entries · Abschlußbuchungen
closing inventory · Schlußinventur
closing prices · Schlußkurse (Börse)
closing the sale · Geschäftsabschluß
closure · Stillegung
cluster analysis · Clusteranalyse, Klumpenauswahlverfahren
cluster sampling · Klumpenstichprobe
clustering analysis · Sammelanalyse, Gruppenanalyse, bündelnde Analyse
co-determination · Mitbestimmung
co-operative · Genossenschaft
co-operative association → co-operative
co-operative association for production · Produktionsgenossenschaft
co-operative movement · Genossenschaftsbewegung
co-operative society → co-operative
co-ordination · Koordinierung
co-ownership · Miteigentum
co-partnership · Belegschaftsbeteiligung (am Unternehmen)
co-worker · Mitarbeiter(in)
coal ecquivalent · Steinkohlenäquivalent, Steinkohleneinheit
coalition · Koalition
COBOL (Common Business Oriented Language) · problemorientierte Programmiersprache
cobweb chart · Spinnweb-Diagramm
cobweb theorem · Spinnweb-Theorem
COD → cash on delivery
code · Chiffre, Code, Vorwahlnummer
code of practice · Verhaltensgrundsätze, Richtlinien
codetermination act · Mitbestimmungsgesetz
codified knowledge · kodifiziertes, formales Wissen
coefficient of determination · Determinationskoeffizient (r^2)
coexistence · Koexistenz
coherence · Vereinbarkeit, Zusammenhang, Übereinstimmung
coherent · zusammenhängend, übereinstimmend
cohesion · Kohäsion
coin · Münze
coinage · Prägung
coincidence of wants · Bedürfniskoinzidenz, Naturaltausch
coincident indicator · Präsenzindikator (Konjunktur)
collaboration · Zusammenarbeit
collateral · Sicherheit(en), Deckung, Pfand
collateral loan · Lombardkredit

collateral security · Pfand
collateral trust bonds · durch Effektenlombard gesicherte Schuldverschreibungen
collection · Sammlung, Erhebung, Inkasso
collection of fixed-term deposits · Termineinlagen-Hereinnahme
collection-only cheque (-check) · Verrechnungsscheck
collective agreement on working conditions · Manteltarifvertrag
collective bargaining · Tarifverhandlungen, Kollektivverhandlungen
collective bargaining agreement · Tarifabkommen
collective bargaining agreement in law · Kollektiv bzw. Tarifverträge, die für allgemeinverbindlich erklärt wurden bzw. gelten
collective needs · Gemeinschaftsbedürfnisse
collective ownership · Gemeineigentum
collective property · Gemeinschaftseigentum
collective wage agreement · Lohntarifvertrag
collectivism · Kollektivismus
collinearity · Kollinearität
collusion · (offene) kartellierte Zusammenarbeit von Oligopolisten
collusive tendering · Ausschreibungsabsprache (z.B. bei öffentlichen Bauvorhaben)
colo(u)r graphics adapter → CGA
column · Spalte (Matrix)
column vector · Spaltenvektor
combine · Kombinat, Konzern
Combine Committee · Zusammenschluß von shop stewards auf Unternehmens- bzw. Konzernebene (beschäftigt sich mit alternativen Produktionen, sozialnützlichen Gütern, Beschäftigungssicherung) (GB)
command economy · Kommandowirtschaft
command planning system · Befehlswirtschaft, Zentralverwaltungswirtschaft
commerce · Handel
commercial · Werbespot
commercial (merchant) capital · Handelskapital
commercial acceptance credit · Warenrembourskredit
commercial advertising · (kommerzielle) Werbung, Reklame
commercial arbitration · Schiedsgericht(swesen)
commercial bank · Geschäftsbank
commercial credit · Handelskredit
commercial crisis · Handelskrise
commercial paper · Geldpapier (z.B. Scheck, Wechsel)
commercial papers · Finanzwechsel (Fremdfinanzierungspapier eines Unternehmers)
commercial power of attorney · Bevollmächtigung, Vertretungsmacht
commission · 1. Provision 2. → committee
commitment · Verpflichtung
committee · leitender Ausschuß, Komitee
commodity · Gut (good), Ware
commodity aid program(me) · Warenhilfeprogramm (z.B. ERP)
commodity bundle · Güterbündel
commodity exchange · Warenbörse
commodity fetichism · Warenfetischismus
commodity money · Warengeld
commodity pattern · Exportgüterstruktur
commodity production · Warenproduktion
commodity reserve currency · Warenreservewährung
Common Agricultural Market · Gemeinsamer Agrarmarkt
Common Agricultural Policy (CAP) · Agrarpolitik der Europäischen Gemeinschaft

common denominator · gemeinsamer Nenner
common good · Gemeinwohl
common land · Allmende, Gemeindeland
Common Market · Gemeinsamer Markt (Europäische Gemeinschaft)
common ownership · Gemeinschaftseigentum
common pricing · Preisabsprache, gemeinsames Preisangebot (Preiskonsortium)
common share · Stammaktie, allg. Form der Aktie ohne Sonderrechte
communication network(s) · Kommunikationsnetz, -beziehungen
communications mix · Palette von Werbemitteln
communism · Kommunismus
community indifference curves · gesellschaftliche (soziale) Indifferenzkurven, Skitovsky
commutative justice · Gerechtigkeit, kommutative (T. v. Aquin)
company · Gesellschaft, Firma
company agreement · Betriebsvereinbarung
company union · „gelbe" Gewerkschaft, Arbeitgeber-Gewerkschaft
comparative advantage · komparativer Vorteil
comparative advertising · vergleichende Werbung
comparative cost · komparative Kosten
comparative cost advantages · komparative Kostenvorteile
comparative static equilibrium analysis · komparativ-statische Gleichgewichts-Analyse
comparative statics · komparative Statik
comparator · Meßfühler (Regelkreis)
comparison test · Warenvergleichstest
compatibility · Kompatibilität
compensating error · ausgleichsfähiger Fehler
compensating item · Ausgleichsposten in der Zahlungsbilanz
compensation · Schadenersatz, Ausgleichszahlung; Abfindung; Vergütung
compensation(s) claim · Ersatz-, Regreßanspruch
compensatory dumping · Preisdifferenzierung multinationaler Firmen zwischen nationalen Märkten
compensatory duty → countervailing duty
compensatory finance · antizyklische Finanzpolitik
Compensatory Financing Facility (IMF) · Fazilität (des IWF) für kompensierende Finanzierung von Exporterlösausfällen
compensatory policy · antizyklische Politik
competition · Wettbewerb
competition from abroad · Konkurrenz des Auslands
competitive advantage · Wettbewerbsvorteil
competitive claims · Konkurrenzangebote
competitive demand · Zusatznachfrage (infolge zusätzlicher Käufer)
competitive devaluation · Abwertung zur Verbesserung der Exportfähigkeit
competitive (exchange) economy · Wettbewerbswirtschaft
competitive market · Wettbewerbsmarkt
competitive price · Wettbewerbspreis
competitive struggle · Konkurrenzkampf
competitiveness · Wettbewerbsfähigkeit
competitor · Konkurrent(in)
compiled · 1. gesammelt, zusammengestellt 2. übersetzt (EDV)
compiler · Programm, mit Hilfe dessen die Programmiersprachen in die Maschinensprache des jeweiligen

Computerfabrikats übersetzt werden (EDV)
complaint · Beanstandung, Beschwerde, Reklamation, Mängelrüge
complement · Komplement (einer Teilmenge), Komplementärgut
complementarity · Komplementarität
complementary demand · komplementäre Güternachfrage
complementary good · Komplementärgut
complexity · Komplexität
composite demand · zusammengesetzte Nachfrage (z.B. nach Kohle für Chemie und für Elektrizität)
composite flow · Summe aus privater und öffentlicher Entwicklungshilfe
compositional fallacy · Aggregationsfehlschluß von der Mikro- auf die Makro-Ebene
compound interest · Zinseszins
compound multiplier · Multiplikator unter Einschluß induzierter Investitionen, Gesamtausgabenmultiplikator
comprehensive insurance · kombinierte Haftpflicht- und Kaskoversicherung
comptroller · Rechnungs-, Kostenprüfer(in); Bilanzprüfer(in) (US); Revisor(in)
Comptroller General · Präsident(in) des Bundesrechnungshofs (US), Präsident(in) des Patentamtes (GB)
compulsion of labo(u)r · Zwangsbewirtschaftung der Arbeitskraft
compulsive consumption · Kaufsucht, zwanghafter Konsum
compulsory · Zwangs~, Pflicht
compulsory arbitration by the government · staatliche Zwangsschlichtung
compulsory education · Schulpflicht
compulsory insurance · Pflichtversicherung
compulsory saving · Zwangssparen
computation · Rechnung, Berechnung
computation of taxable income · Ermittlung des steuerlichen Einkommens
computer · Elektronenrechner
computer aided software engineering (CASE) · Computer unterstützte Softwareentwicklung
computer language · Computersprache
computer teller → automatic teller
computer-aided systems design · computerunterstützte Systeme
computing · 1. Rechnen (auch mit einer elektronischen Datenverarbeitungsanlage) 2. Abschätzen 3. way of ~: Berechnungsmethode
concentration · Konzentration
conceptual framework · konzeptueller Rahmen
concerted action · konzertierte (abgestimmte) Aktion
concessionary element · Transferanteil (einer Entwicklungshilfeleistung z.B. Kredite mit Niedrigstzinsen)
conciliation · Schlichtung
concrete and abstract value · konkrete und abstrakte Arbeit (Marx)
conditional sale agreement · Kaufvertrag unter Eigentumsvorbehalt
conditioned · bedingt
conditions of repayment · Rückzahlungsbedingungen
conditions of sale · Verkaufsbedingungen
condominum · 1. gemeinsame Hoheit mehrerer Staaten über ein Gebiet 2. Gemeinschafts-, Miteigentum 3. Eigentumswohnung
confederation · Staatenbund, Konföderation; Verband
Confederation of British Industries · Bundesverband der britischen Industrie
confidence interval · Vertrauensbereich, -intervall, Konfidenzintervall
confidence limit · Vertrauensintervallgrenze

confirmation · 1. Bestätigung 2. Kenntnisnahme
confiscation · Beschlagnahme, Verfallserklärung, Einziehung, Konfiszierung
confiscatory tax · konfiskatorische Steuer
conflict of objectives · Zielkonflikt
congealed labo(u)r · vergegenständlichte Arbeit
congested area · Agglomerationsgebiet, Ballungsgebiet
conglomerate · diversifizierter (zusammengewürfelter) Konzern, Mischkonzern
conscious parallelism · abgestimmtes Verhalten von Konkurrenten
conserver society · umweltschonende Gesellschaft(sordnung) (energie- und rohstoffsparend)
consignee · Empfänger von Waren
consigner · (Ab-)Sender, Verfrachter
consignment · Übersendung
consignment note · Warenbegleitschein
consol · fundierte Staatsanleihe (GB)
consolidated accounts · konsolidierte Konten
consolidated balance sheet · Konzernbilanz, konsolidierte Bilanz
consolidated earnings statements (US) · Nachweis über den Reingewinn
consolidated policy · konsolidierte Bilanzmethode, Bilanzkonsolidierung
consolidation · 1. Konsolidierung, (Be)festigung 2. Fusion
conspicuous consumption · Demonstrationskonsum, demonstrativer (Prestige-) Konsum (Veblen)
constant capital · konstantes Kapital
constant returns to scale · konstante Skalenerträge
constant sum game · Fixsummenspiel
constitution · Satzung, Verfassung
constitutional contract · Verfassungsvertrag
constrained maxima · Maxima bei (einschränkenden) Nebenbedingungen
constraint · Restriktion, Beschränkung
construction industry · Baugewerbe
construction mortgage · Bauhypothek
consultant · Gutachter(in), Berater(in)
consulting engineering · Industrieberatung
consumer · Verbraucher(in), Konsument(in)
consumer advertising · Verbraucherwerbung
consumer behavio(u)r · Konsumentenverhalten
consumer's choice · Konsum(enten)-wahl
consumer credit · Konsumentenkredit (einschließlich des „Anschreibens" beim Kaufmann)
consumer durables · langlebige Gebrauchsgüter
consumer expenditure · gesamtwirtschaftliche Konsumausgaben
consumer good · Konsumgut
consumer market · Verbrauchermarkt
consumer nondurables · Verbrauchsgüter
consumer panel · 1. Gruppe von Musterhaushalten (zur Ermittlung von Standardwarenkörben) 2. repräsentative Testgruppe von Konsumenten (Marktforschung)
consumer(s') preference · Konsumentenpräferenz
consumer price index · Verbraucherpreisindex, Lebenshaltungskostenindex
consumer protection · Verbraucherschutz
consumer research · Konsumgütermarktforschung, Verbraucherforschung
consumer(s') sovereignty · Konsumentensouveränität; Konsumfreiheit
consumer surplus · Konsumentenrente (A. Marshall)

consumption · 1. Gesamtwirtschaftlicher Verbrauch (privat und öffentlich) 2. Konsum i.S. des Konsumierens
consumption expenditure · Konsumausgaben
consumption function · Konsumfunktion
consumption line · Verbrauchskurve, Konsumlinie
consumption term · Bezeichnung der Konsumvariablen
contact · Verbindung, Kontakt
container · Container, Behälter
contamination (of rivers) · Verseuchung (der Flüsse)
contango · Reportprämie, Kursaufschlag (GB)
content analysis · systematische Methode zur Bestimmung des Inhalts von Anzeigen in der Werbeforschung
contestable market · anfechtbarer Markt (Wettbewerbstheorie)
contingency · Zufallabhängigkeit, Eventualausgaben; Kontingenz
contingency planning · Ausweichplanung
contingency reserve · Sicherheitsrücklage, Delkredererückstellung
contingency table · Kontingenztafel, Frequenzverteilungssystem
contingent commodities · Güter, situationsabhängige, kontingente (z.B. Regenschirm bei gutem und schlechtem Wetter)
contingent market · Risikomarkt
contour line · Isokurve, Sammelbezeichnung für alle Indifferenzlinien
contraband · Konterbande, Schmuggelgut, Bannware
contract · Vertrag, Arbeitsvertrag
contract curve · Kontraktkurve, Tauschlinie (Wohlfahrtstheorie)
contract for services · Werkvertrag
contract of apprenticeship · Lehrvertrag
contract of employment · Arbeitsvertrag
contract work · Akkordarbeit
contracting · 1. Akkordwesen 2. Vertragswesen
contracting department · Einkaufsabteilung (für Dienstleistungen und Akkordarbeiten)
contraction of liquidity · Schrumpfen der Liquidität
contractor · Lieferant(in)
contractual income · kontraktbestimmtes Einkommen
contractual situation · Bedingungen, unter denen ein Gesellschaftsvertrag geschlossen wird
contradiction · Widerspruch
contributed capital · eingebrachtes Kapital
contribution · Beitrag, Zuschuß
contribution analysis · Vollkostenrechnungsanalyse
contribution margin · Deckungsbeitrag, Erfolgsbeitrag
contribution pricing · Preisbildung auf Basis von Deckungsbeiträgen
contribution rate · Beitragshöhe
contributions deduction scheme · Abrechnung der Gewerkschaftsbeiträge durch den Arbeitgeber
control · Steuerung
control engineering · Maßnahmen zur laufenden Fertigungskontrolle
control system · Steuerungssystem
control unit · Steuereinheit
controllable decision variable · Instrumentvariable in Entscheidungsmodellen
controlled economy · gelenkte Wirtschaft
controlled sample · statistisch gelenktes Stichprobenverfahren
controller · 1. Stellglied (Regelkreis) 2. Leiter des gesamten internen und externen Rechnungs-, Daten und Finanzwesens in Unternehmen nach amerikanischem Muster. Seine Auf-

gabe ist die Informationsvermittlung und -aufbereitung für Entscheidungssituationen des Managements 3. → comptroller
conurbation · Ballungsgebiet
convenience food · Fertiggericht(e)
convenience goods · Bedarfsdeckungs-, Verbrauchsgüter
conventional fine · Konventionalstrafe
conventional necessities · Güter des gehobenen Bedarfs
convergence · Konvergenz
convergence criteria · Konvergenzkriterien
conversationist · Umweltschützer
conversion · Umwandlung, Umstellung, Schuldablösung, Umtausch von Wertpapieren (Sorten) in andere
convertibility · Konvertibilität, Einlösbarkeit
convertible bond · Wandelschuldverschreibung
convertible debenture · Wandelanleihe
conveyancing · Eigentumsübertragung
cooling-off period · Abkühlungsfrist
cooperative credit bank · genossenschaftliche Kreditbank
cooperatively planned action → concerted action
copetition · Wortschöpfung aus cooperation und competition: Unternehmungen, die auf einem oder mehreren Märkten untereinander in Wettbewerb stehen, auf einem dritten Markt jedoch Partner sind
copyhold · Lehnsgut
core competence · Kernfähigkeit einer Firma
core employees · Stammbelegschaft, Kernbelegschaft
core pension system · Rentenpflichtversicherung
corner · temporäres (Anbieter-) Monopol, das durch Aufkauf und/oder Hortung bestimmter Güter zustande kommt (Rohstoffmärkte)
corporate governance (US) · Verwaltungs- oder Herrschaftsstruktur eines Unternehmens
corporate income tax · Körperschaftssteuer (US)
corporate internship · Praktikum
corporate planning · langfristige Unternehmensplanung
corporate rate · Sondertarif für Großbetriebe (von Zulieferbetrieben) (US)
corporate state · Ständestaat
corporate strategy · Unternehmensstrategie
corporate tax (GB) · Körperschaftssteuer
corporation · Körperschaft; (US): Aktiengesellschaft
corporation tax → corporate tax
corporatism · Korporatismus
correlation · Korrelation, mathematischer Zusammenhang zwischen zwei oder mehreren statistischen Reihen
correlation surface · Korrelationsebene
correspondent banking · Korrespondenzbankbeziehung
correspondent central banking model · Korrespondenz-Zentralbankmodell
corvée · Fron(arbeit)
cosine · Cosinus
cost accountant · Betriebsbuchhalter(in)
cost accounting · Kostenrechnung
cost allocation · Kostenumlage, Kostenaufschlüsselung, Kostenzuteilung
cost analysis · Kostenanalyse
cost breakdown · Kostenaufstellung
cost centre (~ center) · Kostenstelle
cost centre (~ center) accounting · Kostenstellenrechnung
cost containment · Kostendämpfung
cost containment mechanism · Kostenbegrenzung(spolitik)
cost control → cost accounting
cost curve · Kostenkurve
cost element · Kostenbestandteil

cost of capital · 1. durchschnittliche Kapitalkosten effektiver Zinsbelastung unter Berücksichtigung der verschiedenen Finanzierungsquellen eines Unternehmens 2. Kosten für zusätzliches Kapital
cost of collection · (Steuer-)Erhebungskosten
cost of funds · Finanzierungskosten
cost of living · Lebenshaltungskosten
cost of purchase · Anschaffungskosten
cost of sales · Vertriebskosten
cost price · 1. Selbstkostenpreis, Einstandspreis 2. Kostpreis (Marx)
cost ratio · Produktivität(skennziffer), Ertrags-Kosten-Verhältnis
cost shifting · Kostenverlagerung, -überwälzung
cost unit · Kostenträger
cost value · Kostenwert
cost variance · Kostenabweichung
cost(s) · 1. Kosten (sowohl Opportunitätskosten als auch bewerteter Güterverzehr) 2. Kostenbetrag, Ausgaben, Auslagen, Aufwendungen
cost-benefit-analysis · Kosten-Nutzen-Analyse
cost-of-living index → consumer price index
cost-of-production theory of value · Produktionskostentheorie des Wertes
cost-of-service principle · Äquivalenzprinzip
cost-plus pricing · Zuschlagskalkulation
cost-plus system · Preisvereinbarungen bei öffentlichen Aufträgen, wobei der Preis als Summe aus Kosten und einem (vereinbarten) Gewinnzuschlag ermittelt wird
cost-push inflation · Kosteninflation
cost-unit accounting · Kostenträgerrechnung
cost-volume-profit analysis · Umsatz- und Gewinnplanung mit proportionalen und fixen Kosten
costing · Kalkulation, Berechnung, Errechnung
cottage industry · Heimindustrie, kleine Hausindustrie
Council of the Stock Exchange · Börsenvorstand (London)
counselling · Beratung
counter · Theke, Schalter, Ladentisch
counter trading · zwischenstaatlicher Tauschhandel
counter-cyclical policy · antizyklische Politik
counter-offer · Gegenangebot
counterfactual analysis · Alternativmodelle (in der wirtschaftsgeschichtlichen Forschung)
counterfeit money · Falschgeld
counterpart funds · Gegenwertmittel
counterparty · Geschäftspartner
countertrade · Kompensationsgeschäft(e), Gegengeschäft(e)
countervailing duty · Vergeltungszoll, Ausgleichszoll (i.S. einer Einfuhrausgleichssteuer), Ausgleichsabgabe, Retorsionszoll
countervailing power · gegengewichtige Macht, Gegenmarktmacht, Abwehrkartell (US)
countries in transition · Übergangsländer
coupon · Kupon, Gutschein, Rabattmarke, Zinsschein
coupon tax · Kuponsteuer
course of manufacture · Produktionsprozeß
covenant · Vertrag, Abmachung, Vereinbarung; Satzung, Statut
cover · Quotient aus Gesamtgewinn und ausgeschüttetem Gewinn
coverage · Deckung (z. B. von Kosten, Risiko)
coverage · Deckung, Versicherungsschutz
covered warrants · gedeckte Optionsscheine
CPA → certified public accountant
CPU → central processing unit

craft (handicraft) · Handwerk
craft certificate · Facharbeiterbrief
craft union · Fachgewerkschaft
crash (of a bank, of a stock market) · (Bank-, Börsen)krach
crawling floating · Stufenflexibilität (der Wechselkurse)
crawling peg · mittelfristig garantierte, geplante stufenweise Wechselkursänderung
creation of money · Geldschöpfung
creative destruction · schöpferische Zerstörung (Schumpeter)
credence goods · Vertrauensgüter: Güter mit extrem ungleicher Informationsverteilung zwischen Anbietern und Nachfragern
credit · 1. Guthaben, Kredit, Gutschrift, Akkreditiv 2. Haben(seite) der Bilanz bzw. eines Kontos
credit account · Kreditkonto
credit approval · Kreditzusage im Export
credit base · Geldbasis, monetäre Basis
credit ceiling · Kreditplafondierung, -kontingentierung, -obergrenze
credit charges · Kreditkosten
credit contract · Kreditvertrag
credit control · Kreditkontrolle; Kreditpolitik der Zentralbank
credit creation · Kreditschöpfung
credit entry · Gutschrift
credit expansion · Kreditexpansion
credit facility · Kreditfazilität
credit insurance · Kreditversicherung
credit limit · Kreditlimit
credit line · Kreditspielraum, Kreditrahmen
credit money · Kreditgeld, Giralgeld, Buchgeld
credit multiplier · Kreditschöpfungsmultiplikator, Giralgeldschöpfungsmultiplikator
credit note · Gutschrift(-smitteilung)
credit rating · Kreditwürdigkeit, gesellschaftlicher Ruf
credit restriction · Kreditrestriktion, Kreditdrosselung
credit squeeze → credit restriction
credit standing → credit rating
credit transfer · bargeldlose Überweisung
credit worthiness · Kreditwürdigkeit
creditability → credit worthiness
creditor · Gläubiger
creditor country · Gläubigerland
creditor nation · Land mit einem Zahlungsbilanzüberschuß (Gläubigerland)
creeping inflation · schleichende Inflation
crisis · Krise
crisis management · Krisenmana gement, Unternehmensführung unter Krisenbedingungen
crisis of confidence · Vertrauenskrise
criteria of convergence · → convergence criteria
cross-elasticity · Kreuzelastizität
cross-elasticity of demand · Kreuzpreiselastizität der Nachfrage
cross-investment · Kapitalbewegungen zwischen Industrieländern
cross product set · Mengenprodukt
cross rate · Kursverhältnis zweier Währungen im Verhältnis zu einer dritten Währung, Kreuzkurs, Usancenkurs
cross-reference · Querverweis
cross section · Querschnitt
cross-section study · Querschnittsuntersuchung
cross-section(al) analysis · Querschnittsanalyse
crossed cheque · Verrechnungsscheck (GB)
crowding out · Verdrängung (z. B. zwischen Kreditnehmern)
crowding out · Verdrängung privater Kreditnehmer durch öffentliche Kreditaufnahme
crude birthrate · Geburtenziffer (auf 1000 Einwohner)

crude deathrate · Sterbeziffer (auf 1000 Einwohner)
crude (oil) · Rohöl
crude quantity theory (of money) · naive Quantitätstheorie
crude trade · Außenhandelsziffern ohne Bereinigung der CIF- und FOB- Differenzen
crystallized labour · vergegenständliche Arbeit (Marx)
cubic function · kubische Funktion
cultivation · Bewirtschaftung
culture → cultivation
cumulative causation · kumulative Verursachung (Myrdal)
curb · Be-, Einschränkung
curbing · Zurückdrängen, in die Schranken verweisen, hindern
currency · Währung
currency appreciation · Währungs- bzw. Wechselkursaufwertung (bei flexiblen Kursen)
currency depreciation · Währungs- bzw. Kursverfall (bei flexiblen Kursen)
currency note · Banknote, Wechselkurs
currency reform · Währungsreform
currency snake · Währungsschlange
currency speculator · Währungsspekulant(in)
currency substitution · Währungsersatz
current account · 1. laufendes Girokonto, Sichteinlagen, täglich fällige Gelder, Kontokorrentkonto 2. Leistungsbilanz
current account deposit · Einlagen auf Kontokorrentkonten
current assets · Umlaufvermögen (Bilanz)
current balance · Leistungsbilanzsaldo
current business expenses · Betriebsausgaben
current expenditure · Ausgaben für laufenden Verbrauch (Haushalt, Unternehmen)
current income financing → pay-as-you-go
current liabilities · kurzfristiges Fremdkapital (bis zu einem Jahr)
current money figure · laufende Preise (im Gegensatz zu preisbereinigten Größen)
current price · Tagespreis
current ratio · 1. Liquiditätskennziffer 2. Finanzierungsgrundsatz der US-Banken bei Kreditwürdigkeitsprüfungen (Verhältnis von Umlaufvermögen und kurzfristigen Verbindlichkeiten im Verhältnis 2:1)
current tax year · laufendes Steuerjahr
current transactions · laufende Vorgänge/Umsätze
current transfers/transfer payments · laufende Transferzahlungen
current yield → net yield
curvature → curve
curve · Kurve, Krümmung
curvilinear function · nichtlineare, aber näherungsweise linearisierbare Funktion
cusp · symmetrischer Kurvenwendepunkt
custodian · Treuhänder(in), Depotbank
custodianship · Effektenverwaltung, Depotgeschäft
custody · Depotverwahrung
custom-built · Einzelanfertigung
customer · Kunde, Kundin
customer engineering · Außendienst, Kundendienst
customer prepayment · Anzahlung, Kundenanzahlung
customs and excise · Aufkommen an indirekten Steuern und Zöllen
customs drawback · Zollrückvergütung, z.B. bei Wiederausfuhr
customs duty · Zoll(steuer)
customs entry (GB) · Zolldeklaration
customs of trade · (übliche) Geschäftsbedingungen
customs policy · Zollpolitik

customs union · Zollunion
cut-off point · Schwelleneinkommen bei negativer Einkommensteuer (M. Friedman)
cut-off principle · statistisches Konzentrationsprinzip, Datenverdichtung
cut-off rate · endogener Zinssatz (Joel Dean)
cut-rate price · schärfstens kalkulierter Preis
cut-throat competition · Vernichtungswettbewerb
cuts · Ausgabenkürzungen
cyberbanking · Telebanking, Abwicklung von Bankgeschäften über Telekommunikation
cybernetics · Kybernetik
cycle · Kreislauf
cyclical budgeting · Budgetausgleich, zyklischer
cyclical fluctuation · zyklische Fluktuation, Konjunkturschwankung
cyclical shock absorber · Konjunkturpuffer
cyclical unemployment · konjunkturelle Arbeitslosigkeit
cyclical voting · zyklisches Wahlverhalten (Intransitivität bei paarweisen Entscheidungen)

D

d/p → documents against payment
DAC (Development Assistance Commitee) · DAC, Entwicklungshilfeausschuß
daily hours of work · tägliche Arbeitszeit
daily working hours → daily hours of work
dairy products · Milchprodukte
damage · Schaden
damped oscillation · gedämpfte Schwingung/Schwankung
danger money · Gefahrenzulage
data · Daten, Angaben, Unterlagen
data bank · Datenbank
data base · Datenbasis
data files · Datenspeicher
data mining · Datenbergbau; Graben nach Wissen in mit Hilfe der Computertechnik angehäuften Datenmassen mittels Mustererkennung z. B. im Finanzwesen, Kursanalysen, Kreditprüfungen, Datenbanken
data processing · Datenverarbeitung
day book · Journal
day-count convention · Zinsberechnungsmethode s. Eurozinsmethode
day labourer · Tagelöhner
daylight credit · Innertageskredit
daylight exposure → daylight credit
daylight overdraft → daylight credit
day shift · Tagschicht
DCE → domestic credit expansion
de facto recognition · Defacto-Anerkennung
de-skilling of labo(u)r · Dequalifikation der Arbeitskräfte (Marx)
dead line · Fristablauf, (endgültiger) Termin
deadweight · Mitnahmeeffekt
deadweight debt · (öffentliche) Schuld aus Kreditaufnahmen für laufende Ausgabe (ohne entsprechende Vermögensbildung im öffentlichen Sektor)
deadweight losses · gesamtwirtschaftliche Folgekosten (z.B. Wachstumshemmung durch Subventionen, Sozialtransfers u.a.)
dealer · Händler(in)
dealings for the account (settlement) · Termingeschäfte
dear money · teures Geld, knappes Geld, restriktive Geldpolitik
death benefit · Hinterbliebenenversorgung
death duty · Erbschaftssteuer
death grant · Sterbegeld
debasement (of coinage) · Münzverschlechterung

debasement of money · Verschlechterung des Geldes
debate on the budget → budget debate
debenture bonds · auf Inhaber lautende Schuldverschreibungen ohne besondere Sicherheit; Stückelung in gleich hohe Beträge
debenture capital · Anleihekapital
debenture stocks · auf den Inhaber lautende Schuldverschreibungen; Stückelung in verschieden hohe Beiträge
debentures · Anleihen, festverzinsliche Wertpapiere (langfristige Finanzierung, 10-40 Jahre Laufzeit), Obligationen
debit · Soll, Belastung, Debet
debit and credit · Soll und Haben
debit entry · Lastschrift
debit note · Belastungsanzeige
debt · Schuld
debt buy-back · Schuldenrückkauf
debt conversion · Schuldablösung, Umschuldung, Eintausch bzw. Umwandlung von Wertpapieren in andere
debt financing · Fremdfinanzierung
debt investment · Wertpapierinvestition, speziell Darlehensvergabe
debt management · Staatsschuldenpolitik, Anleihepolitik der öffentlichen Hände, Staatsschuldenverwaltung
debt policy · Schuldenpolitik
debt ratio → debt-equity ratio
debt refunding · Umschuldung
debt service · Schuldendienst
debt to equity → debt-equity ratio
debt-equity ratio · Verschuldungsgrad
debt-equity swap · Umschuldung: Schuldenumwandlung in Investitionskapital durch Schuldenrückkauf
debt-equity swap · Umwandlung von Schulden in Investitionskapital
debt-for-debt-swaps · Schuldumwandlung, Wandlung von Problemkrediten in Anleihen
debtor · Schuldner
debtor nation · Land mit einem Zahlungsbilanzdefizit (Schuldnerland)
debts estimated to be doubtful · zweifelhafte Forderungen
debugging · Fehlersuche und -behebung in EDV-Programmen
decasualisation · Festanstellung (von Gelegenheitsarbeitern)
decencies · Komfortgüter (zwischen Grundbedarf und Luxus)
decentralization · Dezentralisation
decentralized decision making · dezentrale Entscheidungsstruktur, Marktsteuerung, freie Marktwirtschaft
decentralized planning · dezentrale Planung
decision maker · Entscheidungsfindung; Entscheidungssubjekt, personaler Entscheidungsträger
decision-making process · Entscheidungsprozeß
decision-making unit · Entscheidungsinstanz, funktionaler Entscheidungsträger
decision model · Entscheidungsmodell
decision node · Entscheidungsknoten
decision rule · Entscheidungsregel
decision situation · Entscheidungssituation
decision-table technique · Entscheidungstabelle Technik
decision theory · Entscheidungstheorie
decision tree · Entscheidungsbaum (mit Wahrscheinlichkeiten)
decision variable · Instrumentvariable (Entscheidungsmodell)
declaration · 1. Erklärung, Verkündung 2. Verzollung, Zollerklärung
decline · Rückgang, Abschwung
decline of business · Schrumpfung des Geschäftsvolumens
decline of industries · Niedergang (Schrumpfung) von Industriezweigen

declining balance method (of depreciation) · progressive Abschreibungsmethode
decomposition · Zerlegung, Disaggregierung
decomposition of tasks · Aufgliederung der Aufgaben
deconsolidated accounts · disaggregierte Rechnung, nichtkonsolidierter Abschluß
decreasing returns · abnehmende Erträge
decreasing returns to scale · abnehmende Skalenerträge
decumulation · allmähliche Reduktion (Gegensatz: accumulation)
deductable · absetzungsfähige Leistung/Betrag
deductible expenses · abzugsfähige Ausgaben
deductible tax · abzugsfähige Steuer
deduction · Abzug
deduction (of tax) at source · Quellenabzugsverfahren (Steuer)
deduction card · Lohnsteuerkarte
deduction of input tax · Vorsteuerabzug
deductive method · deduktive Methode
default · 1. (finanzielle) Handlungsunfähigkeit 2. Verzug 3. Zahlungsunfähigkeit, Ausfall
defect · Fehler, Mangel
deferred annuity · Anwartschaftsrente
deferred bond · 1. US: Obligation mit Zinsauszahlung nach bestimmten Bedingungen 2. Obligation mit allmählich ansteigender Verzinsung
deferred charges · aktive Rückstellungen, transitorische Rückstellungen
deferred demand · aufgeschobene Nachfrage
deferred expenses · transitorische Aktiva
deferred incomes · transitorische Passiva
deferred rebate · kumulativer Rabatt für wiederkehrende Käufe
deficiency payments · Verlustausgleichssubventionen; Agrarpreissubventionen in der Form eines Differenzbetrages zwischen (höherem) Erzeugerpreis und Marktpreis; garantiepreisbezogene Einkommenstransfers
deficiency-of-demand unemployment · konjunkturelle Arbeitslosigkeit
deficit · Defizit, Fehlbetrag
deficit financing · defizitäre Politik der öffentliche Haushalte; auch: compensatory finance, pump priming
deficit spending · Verausgabung von öffentlichen Haushaltsmitteln zur Konjunkturbelebung in Zeiten wirtschaftlicher Depression
defined contribution · Pensionsvermögenszuschuß des Arbeitgebers
defined-benefit-system · Pensionssondervermögen (Unternehmen)
definitional equation · Definitionsgleichung
deflate · eine Deflation herbeiführen
deflation · 1. Deflation (Konjunktur) 2. Deflationierung (Preisbereinigung monetärer Größen in einer Zeitreihe)
deflator · Deflationierungsfaktor, Preisbereinigungsfaktor
deflection of trade currents · Handelsablenkung (Zollunion)
degeneracy · Entartung
degree of freedom · Freiheitsgrad (einer Gleichung)
delay · Verzögerung; Verzug
delegate · Delegierte(r), Vertreter(in)
delivery · (Aus-)Lieferung
delivery note · Lieferschein
delivery-versus-payment system (DVP) · Lieferung gegen Zahlung (L/Z)
demagogy · Demagogie
demand · (wirksame) Nachfrage
demand analysis · Bedarfsanalyse
demand coverage · Bedarfsdeckung

demand curve · Nachfragekurve
demand curve for money · Geldnachfragekurve
demand deposit · Sichteinlagen, sofort fällige Guthaben
demand for goods · Güternachfrage
demand for labo(u)r · Nachfrage nach Arbeitskräften (bei gegebenem Lohn)
demand for money · Geldnachfrage
demand forecasting · Bedarfsprognose
demand function · Nachfragefunktion, in der mehrere nachfragebestimmende Größen enthalten sind.
demand management · Nachfragesteuerung
demand price · Preis, den ein Käufer zu zahlen bereit ist
demand schedule · Nachfragetabelle: Gegenüberstellung der bei verschiedenen Preisen absetzbaren Mengen (empirische Grundlagen einer Nachfragekurve)
demand shift · Nachfrageverlagerung, ~verschiebung
demand-deficiency unemployment · Nachfragemangel-Arbeitslosigkeit
demand-pull inflation · Nachfrage(sog)inflation
demand-shift-inflation → mixed inflation
demand-side economics · nachfrageorientierte Wirtschaftstheorie und -politik
demarcation dispute · Auseinandersetzung darüber, welche Gewerkschaft für eine (neue) Arbeit zuständig ist; Phänomen in einem System von Berufsgewerkschaften (GB)
dematerialisation · Dematerialisierung
demesne · Fronhof, Eigengut des Grundherren
demographic statistics · Bevölkerungsstatistik
demonetization · Demonetisierung (Gold), Aufhebung der Geldeigenschaft
demonstration effect · Demonstrationseffekt (Konsum)
demurrage · Konventionalstrafe für Liefer-/Leistungsverzug; Liege-, Standgebühren (bei Überschreitung einer Lagerfrist)
denationalisation · Reprivatisierung, Entsozialisierung
denomination · Stückelung, Nennwertbezeichnung
denominator · Nenner (Bruch)
department · 1. Verwaltungs-, Betriebsabteilung 2. Ministerium (US) 3. Geschäftszweig, -kreis
department of (social) production · Produktionsabteilung (Marx)
department store · Warenhaus
dependence · Abhängigkeit, Zusammenhang
dependent variable · abhängige Variable
depletion · Substanzverlust, Erschöpfung natürlicher Ressourcen (z.B. Erzvorkommen)
depopulation · Abwanderung, Entvölkerung
deposit · Anzahlung, Bankeinlage
deposit accounts · Termineinlagen (verzinslich, Kündigungsfrist)
deposit at call (GB) · Sichteinlage
deposit currency · Giralgeld, Buchgeld
deposit facility · Umschuldungskredit, Einlagenfazilität
deposit liability · Einlageverpflichtung
deposit money → deposit currency
deposit multiplier · Kreditschöpfungsmultiplikator, Giralgeldmultiplikator
deposit notice · Terminguthaben, Kündigungsguthaben, Termingeld
depository · Verwahrstelle
deposit rate · Habenzins
depreciable value · Abschreibungsgrundwert, abzuschreibender Wert
depreciation · 1. Abschreibung, Wertminderung; reducing-balance-method = degressive A. 2. Währungsabwertung, Kursverfall bei flexiblen

Wechselkursen (entspricht Devaluation bei festen Kursen)
depreciation according to plan · ordentliche Abschreibungen
depreciation allowance · Abschreibungsrate, -satz
depreciation charge · Abschreibungsquote, -betrag
depreciation on replacement value · Abschreibung vom Wiederbeschaffungswert
depreciation reserve · Wertberichtigung des Anlagevermögens, Anlage-Abschreibungen
depreciation value · Abschreibungsgrundwert
depressed area · Rückstandsgebiet
depression · Depression, längerfristige Konjunkturflaute
depth interviews (market research) · Tiefeninterview
derating · (Steuer-)Befreiung von der Kommunalabgabe (GB)
deregulation · Deregulation
derivates · Derivate – früher von einem Basisgeschäft abgeleitete Termingeschäfte, heute auch ohne diese stattfindende spekulative Finanzinstrumente (Optionen, Swaps, Futures)
derivation · Ableitung (Funktion)
derivative · Differentialquotient, Ableitung, abgeleiteter Wert
derivative deposits · abgeleitetes/sekundäres Giralgeld, abgeleitete Depositen
derived demand · 1. abgeleitete Nachfrage (eines Produktionsfaktors von der Nachfrage nach Finalgütern) 2. verbundene Nachfrage (bei Komplementärgütern)
descriptive science · beschreibende Wissenschaft (z.B. Statistik) (J.B. Say)
descriptive statistics · beschreibende (deskriptive) Statistik
deseasonalised item · saisonbereinigte Größe
deserving poor · Sozialhilfeberechtigte („gute“ Arme)
design of the detail structure · Gestaltung der Detailstruktur
design of the structural framework · Gestaltung der Rahmenstruktur
design strategy · Gestaltungsstrategie
design tactics → design strategy
designer · Konstrukteur(in), Gestalter(in)
desire to invest · Investitionslust
desired investment · freiwillige (erwünschte) Investition
desired savings · freiwillige (erwünschte) Ersparnis
desk research · sekundärestatistische Auswertung
desk-top-publishing → DTP
destination · Bestimmungsort, Ziel
destination of output · Inputsektor, empfangender Sektor
destitute · soziale Armut, Almosenempfänger, ärmste Bevölkerung
destitution · Elend, bitterste Not
destocking · Lagerabbau
destruction of money · Geldvernichtung
detailed design level · detaillierte spezielle Ebene
deterioration of the value of money · Geldentwertung
determinant · Determinante, Bestimmungsgröße
determination of national income · Nachfrageabhängigkeit des Volkseinkommens
deterministic function · determinierte Funktion
deterrent · Abschreckungsmittel, abschreckend
detriment · negative Externalität, Abträglichkeit, Nachteil
devaluation · Währungsabwertung (bei festen Wechselkursen)
devaluation of money · Geldentwertung

developer · Grundstücks-Entwicklungsgesellschaft, Firma zur Grundstückserschließung
developing country · Entwicklungsland (unterhalb der Schwelle des sich selbst tragenden Wachstums)
development area · Fördergebiet
development area policy · Strukturpolitik
development gains tax · Bodenwertzuwachssteuer
development planning · Entwicklungsplanung
deviance-amplifying · verstärkende (positive) Rückkopplung
deviation · Abweichung
device · Vorrichtung, Gerät
diagram(me) · Diagramm, Grafik, Schaubild
dialectical materialism · dialektischer Materialismus
diary method · Methode zur Erforschung des Verbraucherverhaltens, Tagebuchmethode
dictatorship of the proletariat · Diktatur des Proletariats
diet · legislative Versammlung eines Staates (Reichstag, Landtag, etc.)
diff swaps · Dividenden Stripping – Verkauf von Wertpapieren kurz vor Dividendenfälligkeit und Rückkauf nach Dividendenzahlung
differential advantage · Wettbewerbsvorteil
differential calculus · Differentialrechnung
differential coefficient · Differentialquotient
differential rent · Differentialrente
diffusion · Zerstreuung, Ausbreitung, Zersplitterung
diffusion index · Diffusionsindex
diffusion of purchasing power · Streuung der Kaufkraft
diffusion theory of taxation · Diffusionstheorie (Steuerüberwälzung)
digit · Ziffer
digital computer · Digitalrechner
dilutee · angelernter Arbeiter, angelernte Arbeiterin, Umschüler(in)
dilution · Dequalifikation (durch technische und organisatorische Änderungen), Rückstufung eines Arbeitsplatzes
dimensions of diffusion · Streuungsausmaße, Streuungsdimensionen
diminishing balance depreciation → declining balance depreciation
diminishing marginal returns · abnehmende Grenzerträge
direct access · direkter Zugriff
direct collection · direktes Inkasso
direct cost · Einzelkosten, variable Kosten
direct cost center · Hauptkostenstellen
direct costing · Teilkostenrechnung
direct guiding of lending · direkte Kreditlenkung
direct investment · Direktinvestition(en) (Kapitalexport)
direct labo(u)r (cost) · Fertigungslöhne
direct materials cost · unmittelbarer Materialaufwand
direct merchant · Versandhändler
direct-requirement matrix · Direktbedarfsmatrix
direct taxation · direkte Besteuerung (Lohn-, Einkommens-, Körperschaftssteuer; Vermögenssteuer)
directly unproductive profit-seeking activities (DUP) · Rentensuche, unproduktive
dirty floating · schmutziges Floaten
disability · Invalidität, Unfähigkeit
disability insurance · Invalidenversicherung
disabled person · Invalide
disadvantage · Nachteil
disarmament · Abrüstung
disaster area · Katastrophengebiet
discharge → dismissal
disclosure · Offenlegung, Berichterstattung
discommodities → bads

discontinuity · Diskontinuität, Unstetigkeit (eines Kurvenverlaufs bzw. einer Entwicklung)
discontinuous variable · diskrete Variable
discount · 1. Ermäßigung, Rabatt, Abschlag vom Nominalpreis; Skonto, Disagio 2. Diskont
discount brokerage · Wertpapiertransaktionen ohne Beratung
discount charge · Diskontgebühr
discount house · 1. Discount-Laden, Billigladen 2. spezielle Londoner Banken, die im kurzfristigen Geldgeschäft und mit kurzfristigen Wertpapieren operieren
discount market · Markt für kurzfristige Wertpapiere (Wechsel, Schatzwechsel); oft synonym zu Geldmarkt (money market) benutzt
discount policy · Diskontpolitik
discount rate · 1. Diskontsatz der Zentralbank, Rediskontsatz 2. Skontosatz 3. Preisermäßigung(en)
discount window · Kreditfazilität bei der Zentralbank (Diskont- und Lombardkredit)
discounted cash flow method · Barwertrechnung
discounted future income stream · diskontiertes Zukunftseinkommen
discounting · 1. Abzinsung, Berechnung des Gegenwartswertes eines ertragbringenden Aktivums 2. Auswirkung künftiger Preis- bzw. Ertragsänderungen von Wertpapieren, Devisenkursen etc. auf den heutigen Markt 3. in den USA Bezeichnung für ein Lombardgeschäft, bei dem als Sicherheit Buchforderungen abgetreten werden
discounts and advances · Diskont- und Lombardkredite
discrete variable → discontinuous variable
discretionary economic policy · diskretionäre Wirtschaftspolitik
discretionary income · disponibles Einkommen
discretionary (market) power · Preissetzungsmacht der Großunternehmen (wörtlich: willkürliche Marktmacht)
discretionary measure · diskretionäre Maßnahme
discretionary provision · Kannbestimmung in Verträgen
discretionary stabilizer · wirtschaftspolitische ad-hoc-Maßnahme, diskretionärer Stabilisator
discriminating duty · diskriminierender Zollsatz
discrimination · Diskriminierung; Herabsetzung, Herabwürdigung; subjektive Unterscheidung
discursive techniques · diskursive Techniken
diseconomies of scale · Kostenprogression
disembodied technical progress · kapitalunabhängiger technischer Fortschritt
disequilibrium · Ungleichgewicht
disguised unemployment · versteckte/verborgene Arbeitslosigkeit, Unterbeschäftigung
dishoarding · Enthorten
disincentive · Leistungshemmung, leistungshemmender Faktor
disinflation · Inflationsabbau durch gezielte Maßnahmen
disintermediation · Kreditrückgang im Sinne einer Verminderung der über Kapitalsammelstellen laufenden Transaktionen
disinvestment · Desinvestition
disk (computers) · Platte
dismal science (Carlyle) · pejorative Bezeichnung für den malthusianischen Pessimismus
dismissal · Entlassung
dismissal without notice · fristlose Kündigung

dispatch · 1. (Waren-)Versand; Absendung 2. Depesche
dispensable · erläßlich, ersetzbar, entbehrlich
dispensation · Austeilung, Verteilung
dispersion · Streuung
displacement of labo(u)r · Arbeitsplatzvernichtung (durch Rationalisierungsinvestitionen), Freisetzungen
display · Auslage, Ausstellung, (optische) Informationsdarstellung jeglicher Art, speziell an Maschinen sowie auf Werbeträgern
disposable capital · Eigenkapital, über das die Hauptversammlung verfügen kann
disposable goods · Einweggüter, Wegwerfprodukte
disposable income · verfügbares Einkommen (Haushalte)
disposables · Verbrauchsgüter (des Konsums)
disposal · Entsorgung
dispossession · Besitzentziehung, Enteignung
dispute · Kontroverse, Auseinandersetzung
Dispute Settlement Body (DSB) · Streitschlichtungsorgan (der Welthandelsorganisation)
dissaving · Entsparen
distortion · Verzerrung, Verdrehung
distressed area · Rückstands-, Notstandsgebiet
distributable income · ausschüttbarer Gewinn
distributed lag · periodenübergreifender Verzögerungseffekt
distributed lag bias · Verzerrung durch einen Verzögerungseffekt (z.B. in einer Schätzfunktion)
distribution · Verteilung
distribution according to need · Bedarfsprinzip (jeder nach seinen Bedürfnissen)
distribution channel · Absatzweg
distribution cost · Vertriebskosten
distribution mix · Kombination der Vertriebssysteme bzw. Absatzwege
distribution of wealth · Vermögensverteilung
distributional adjustment · Verteilungskorrektur, -anpassung
distributions · Ausschüttungen
distributive justice · ausgleichende Gerechtigkeit
distributive shares · funktionale Verteilungsquoten (funktionale Einkommensverteilung)
distributor · Verteiler, Zwischenhändler
disturbance · (Gleichgewichts)störung
disturbance term · Störgröße (Ökonometrie)
disutil · negative Nutzeneinheit
disutility · Gegensatz von Nutzen i.S. von Leid, Mühe; negativer Nutzen
divergence · Divergenz, Scherenentwicklung
diversification · 1. Erweiterung der Produktpalette (Diversifikation), Sortimentserweiterung, -variierung 2. Risikostreuung (eines Portefeuilles)
diversion of manpower · Arbeitskräfteverteilung
divestitute · Konzentrationsverminderung durch Verkauf von Konzernbetrieben
divestment · Abstoß von unrentablen oder für das Unternehmen unpassenden Betrieben bzw. Betriebsteilen
divide and reign · teile und herrsche
dividend · Dividende, Gewinnauszahlungen an Aktionäre
dividend cover · Quotient aus Gewinn und Dividendenausschüttung
dividend limitation · (staatliche) Dividendenbegrenzung
dividend stripping · Verkauf inländischer Wertpapiere von Ausländern an Inländer kurz vor Dividendenfälligkeit und Rückkauf nach Dividendenzahlung
dividend warrant · Dividendenschein, Kupon, Gewinnanteilschein

dividend yield · Effektivrendite; Dividende bezogen auf den Marktpreis einer Aktie
dividends on shares · Aktiendividenden
divisibility · Teilbarkeit
division · 1. Abteilung, Sparte (Organisation) 2. Division (mathem.)
division of labo(u)r · Arbeitsteilung
divisional organisation structure · arbeitsteilige Organisationsstruktur
divisionalisation · Divisionalisierung
doctrine of exclusive representation · Prinzip der ausschließlichen Vertretung
document · Urkunde, Dokument
documents against payment · Kasse gegen Dokumente
dole · Arbeitslosenunterstützung, Spende, Almosen
dole queue · Arbeitslosengeldempfänger(zahl), Arbeitslose
dollar abundance · Dollarüberfluß
dollar area · Dollarblock
dollar crisis · Dollarkrise
dollar gap · Dollarlücke
dollar parity · Dollarparität
domain · 1. Domäne, Herrschaftsbereich 2. Definitionsbereich (mathematische Funktion)
domestic activity · Binnenkonjunktur
domestic care · häusliche Pflege
domestic commerce · Binnenhandel
domestic concept · Inlandskonzept
domestic consumption · Binnenkonsum
domestic content · inländischer Wertschöpfungsanteil eines Produkts
domestic credit expansion (DCE) · Geldmengenwachstum, das um die Geldmengenwirkung der Veränderung der Währungsreserven bereinigt ist
domestic expenditure · inländische Verwendung
domestic investment · Inlandsinvestitionen
domestic labo(u)r · Haus(halts)arbeit
domestic liquidity · Inlandsliquidität
domestic market · Binnenmarkt, Inlandsmarkt
domestic price level · Inlandspreisniveau
domestic production · Inlandserzeugung
donation · Schenkung, (Geld)spende
donee country · Empfängerland
donor country · Geberland
doom school · Wachstumspessimisten, „Untergangsschule"
dormant account · inaktives Konto
dose of reflation · Konjunkturspritze
dotted line · punktierte Linie
double coincidence · doppeltes Zusammentreffen (Naturaltausch)
double counting · Doppelzählungen
double-digit inflation (rate) · zweistellige Inflationsrate
double-entry bookkeeping · doppelte Buchführung
double pricing · doppelte Preisauszeichnung (optische Preisreduzierung)
double taxation · Doppelbesteuerung
double taxation agreement · Doppelbesteuerungsabkommen
double time · Lohnzuschlag (für Feiertags-, Nachtarbeit etc.)
Dow-Jones Industrial Average · Dow- Jones-Index: gibt ungefähren Überblick der wichtigsten Kursbewegungen auf Grund der Gewichtung der an der New Yorker Börse erfaßten Aktien (US)
down payment · Anzahlung
downfall (of a society) · Niedergang (einer Gesellschaft)
downshifting · Herunterschalten, Verzicht auf Einkommen zugunsten von mehr Freizeit
downstream industries · nachgelagerte Industrien
downstream investment · Investitionen in nachgelagerte Produktionen

downswing · (konjunktureller) Abschwung
downturn · Rückgang, Abschwung
downward rigidity · Rigidität gegenüber Abwärtsbewegungen (z.B. bei Löhnen und Preisen)
draft · 1. Tratte, Wechsel 2. Entwurf, Skizze
drawback · 1. Nachteil 2. Zollrückvergütung (für Re-Exporte)
drawee · Bezogener, Trassat
drawing authorization · Ermächtigung zum Einziehen eines Wechsels
drift · Drift, (ungelenktes) Treiben
drop in · Störsignal in der EDV
drop in price · Preisrückgang
drop out · Signalausfall in der EDV
drop-out rate of capital · (makroökonomische) Verschrottungsrate
DTP (desktop publishing) · Textgestaltung am PC
dual character (of commodities) · Doppelcharakter (der Waren)
dual economy · duale Wirtschaft
dual problem · Dualproblem
dual standard · Doppelwährung
dual system · 1. Dual-, Binärsystem 2. Lohnrechnungsverfahren mit zwei Möglichkeiten
dual variable · duale Variable
dualistic development · Dualistische Entwicklung (Entwicklungstheorie)
due at call · täglich fällig
dummy tender · Scheinangebot
dummy variable · Dummyvariable, Hilfsvariable, Schlupfvariable
dumping – Dumping · 1. Unterbieten von Preisen 2. Ausfuhr von Waren zu Schleuderpreisen
dumping price · Dumpingpreis, Schleuderpreis
dun · 1. dringende Zahlungsaufforderung 2. drängender Gläubiger
dunning letter · Mahnschreiben, -brief
duopoly · Duopol
duplicate · Duplikat; Zweitschrift
duplicator · Vervielfältigungsapparat
durability · Lebensdauer, Haltbarkeit
durable goods · dauerhafte Konsumgüter, langlebige Gebrauchsgüter
Dutch auction · holländische Auktion; Auktion, bei der eine Reduktion des (zu hohen) Ausrufepreises erfolgt, bis sich ein Käufer findet; Holländisches Zuteilungsverfahren (Pensionsgeschäfte der Zentralbank)
duty · 1. Gebühr, Taxe, Abgabe 2. Zoll
dynamic analysis · dynamische Analyse
dynamic equilibrium · dynamisches Gleichgewicht
dynamic model · dynamisches Modell
dynamic peg · stufenweise Wechselkursänderung
dynamic programming · dynamische Optimierung, Methode der Unternehmensforschung
dynamic programming models · dynamische Programmierungsmodelle
dynamic system · dynamisches System
dynamics · Dynamik

E

ear bashing · Seelenmassage (in der Wirtschaftspolitik), Maßhalteappelle
ear stroking → ear bashing
early shift · Frühschicht
early socialists · Frühsozialisten
early-warning system · Frühwarnsystem
earmarked · vorgemerkt, eingeplant
earmarking · Zweckbindung von Mitteln
earned income · Arbeitseinkommen
earnest money · Angeld, Anzahlung
earning assets · werbende Aktiva, produktive Anlagen
earning power · Ertragsfähigkeit, -kraft, Ertragspotential einer Investition, Rentabilität

earning yield · Ertragsergebnis
earnings · Gewinne, Einkommen
earnings-and-cost approach · Verteilungsansatz der Volkseinkommensrechnung
earnings of management · Unternehmerlohn, kalkulatorisches Unternehmergehalt
earnings-related insurance scheme · lohngekoppeltes Versicherungssystem
easy market · Markt mit hohem Geldangebot und niedrigem Zinssatz
easy money · Niedrigzins(politik)
echo-phenomenon (of replacement investments) · Echo-Effekt (der Ersatzinvestitionen)
eco-nut · Umweltschutzapostel
ecologist→ conservationist
ecology · Ökologie
econometrics · Ökonometrie
economic · ökonomisch, wirtschaftlich
economic accounting · Volkswirtschaftliches Rechnungswesen
economic activity · ökonomische Aktivität
economic and social objectives · wirtschaftliche und soziale Ziele
economic and social policy · Wirtschafts- und Sozialpolitik
economic and social structure · wirtschaftliche und soziale Struktur
economic base ratio · regionaler Exportbasiskoeffizient
economic chain costing · Kostenkontrolle über alle Fertigungsstufen hinweg
economic committee · Wirtschaftsausschuß (Betriebsverf.-Gesetz) (FRG)
economic contribution · volkswirtschaftlicher Beitrag
economic crisis · Wirtschaftskrise
economic cycle · Konjunkturzyklus
economic development · wirtschaftliche Entwicklung
economic efficiency · Wirtschaftlichkeit, ökonomisch effiziente Faktorkombination, Allokation
Economic European Area (EEA) · Europäischer Wirtschaftsraum (EWR-Länder)
economic expansion · wirtschaftliche Expansion
economic geography · Wirtschaftsgeographie
economic good · ökonomisches (knappes) Gut
economic growth · wirtschaftliches Wachstum
economic history · Wirtschaftsgeschichte
economic indicator · Konjunkturindikator
economic justice → distributive justice
economic life · Nutzungsdauer (eines Aktivums)
economic miracle · Wirtschaftswunder
economic morphology · Marktmorphologie
economic order quantity (EOQ) · optimale Bestellmenge
economic performance · Wirtschaftsentwicklung einer Volkswirtschaft (beurteilt nach den Größen des magischen Vierecks)
economic planning · gesamtwirtschaftliche Planung
economic policy · Wirtschaftspolitik
economic policy tool · wirtschaftspolitisches Instrument
economic prospects · Konjunkturaussichten
economic rationality · wirtschaftliche Rationalität
economic reform · Wirtschaftsreform
economic refugee · Wirtschaftsflüchtling
economic region of production · Bereich sinkenden, aber noch positiven Grenzertrags (Ertragsgesetz)
economic rent · 1. Differentialrente; generell jener Rentenanteil eines

Faktoreinkommens, der aufgrund relativer Seltenheit zustande kommt (z.B. Differenz zwischen dem Einkommen eines Herzspezialisten und dem Durchschnittseinkommen der Internisten) 2. Seltenheitsrente
economic self-sufficiency · Selbstversorgung, wirtschaftliche Autonomie
economic structure · Wirtschaftsstruktur
economic study · Rentabilitätsuntersuchung (Investitionsrechnung)
economic summit · (Welt)wirtschaftsgipfel
economic system · Wirtschaftssystem
economic table · tableau économique
economic theory · Volkswirtschaftstheorie
economic trend · Konjunktur
economic unit · Wirtschaftseinheit, Wirtschaftssubjekt
economic warfare · Wirtschaftskrieg
economical · sparsam
economically non-active population · Nicht-Erwerbspersonen
economics · Wirtschaftswissenschaft, Volkswirtschaftslehre
economics of control · planorientierte/interventionistische Marktwirtschaft (A. P. Lerner)
economics of education · Bildungsökonomie
economics of human capital → economics of education
economics of industrial organization · Industriepolitik, sektorale Strukturpolitik
economies of scale · Kostendegression
economies of scope · Verbundvorteile, die sich durch Koppelung eines Geschäftsbereichs mit anderen Unternehmensbereichen ergeben
economise · einsparen
economist · Volkswirtschaftler(in), Volkswirt(in)
economy · Wirtschaft, Volkswirtschaft
economy of time · Ökonomie der Zeit
ecosystem · Ökosystem
ECR → efficient consumer response
ECSC → European Coal and Steel Community
educational economics → economics of education
educational leave · Bildungsurlaub
EEC → European Economic Community
effect · Wirkung
effective demand · wirksame Gesamtnachfrage
effective function · tatsächliche Funktion
efficiency · Wirtschaftlichkeit
efficiency term · Wirkungsgrad
efficiency unit · Leistungseinheit
efficiency wages · Akkordlöhne, Leistungslöhne
efficient consumer response (ECR) · Kundenorientierung, effiziente Reaktion auf Kundennachfrage · logistisches Konzept zur Verbesserung des Zusammenspiels zwischen Endverbrauchern, Handel, Herstellern und Zulieferern
effluent charge · Emissionssteuer
EGA → enhanced colo(u)r graphics adapter
elastic demand · elastische Nachfrage
elasticity · Elastizität
elasticity approach · Elastizitätstheorie (Zahlungsbilanz)
elasticity of demand · Nachfrage-Elastizität, Preiselastizität der Nachfrage
elasticity of factor substitution · technische Substitionselastizität, faktorielle Substitionselastizität
elasticity of production · Produktionselastizität
elasticity of substitution · Substitutionselastizität
elasticity of supply · Angebotselastizität
electorate · Wählerschaft, Wähler
electronics · Elektronik

element · Element, Bestandteil
elemental breakdown · Zerlegung eines Arbeitsvorganges in einzelne Arbeitsabschnitte
elementary form of value · einfache Wertform (Marx)
eligibility criteria · Auswahlkriterien
eligible liabilites · mindestreservepflichtige Einlagen/Verbindlichkeiten
eligible paper · rediskont- und lombardfähiges Wertpapier
embargo · Embargo, Liefersperre, Nachrichtensperre
embodied technical progress · investitionsabhängiger/inkorporierter technischer Fortschritt
emergence · Emporkommen, Entstehung
emergency · Notlage, Notfall
Emergency Powers Act · Notstandsgesetz
emerging markets · Märkte, entstehende, aufstrebende · Kapitalmärkte Asiens, Lateinamerikas, Afrikas und Osteuropas
EMI → European Monetary Institute
eminent domain · staatliches Enteignungsrecht
emoluments · Bezüge (allgemeiner Begriff); Einkommen; Nebeneinkünfte; Aufwandsentschädigungen
empirical testing · empirische Überprüfung von Theorien
employed labo(u)r force (GB) total employed persons (US) labo(u)r force
employed person · unselbständig Tätige(r)
employee · Arbeitnehmer(in), Angestellte(r)
employee benefits · Sachbezüge für Angestellte
employee meeting · Betriebsversammlung
employee participation · Mitbestimmung
employee protection act · Gesetz zum Schutz der Arbeitnehmer
employee suggestion schemes · betriebliches Vorschlagswesen
employees in employment (GB) · Lohnarbeiter
employer · Arbeitgeber(in), Unternehmer(in)
employer of the last resort · Staat als „letzter" Arbeitgeber
employer tenure · Betriebszugehörigkeit(sdauer)
employers' association · Arbeitgeberverband
employers' federation · Arbeitgeberverband (stets nationale Ebene)
employment · Beschäftigung, Beschäftigungsverhältnis, Anstellung, Tätigkeit
employment agency · Stellenvermittlung(sbüro)
employment exchange · Arbeitsamt
employment level · Beschäftigungsniveau
employment office → employment exchange
employment overhead · Personalgemeinkosten
Employment Service Agency · Anstalt für Arbeitsvermittlung
empty set · leere Menge (Null der Mengenlehre)
EMS → European Monetary System
encirclement · Einkreisung
enclave-type development · gegen die Umgebung abgeschottete enklavenartige Entwicklung einer Region, einer Stadt oder eines Wirtschaftsbereichs
end consumer · Endverbraucher
end-of-day · Tagesschluß
end-of-pipe treatment · Umweltschutzinvestitionen (die zusätzlich erfolgen, also noch keinen umwelt freundlicheren Produktionsprozeß bedeuten)
end product · Endprodukt

end user → end consumer
end-of-the-pipe technique · nachsorgende Umwelttechnik
endogenous variable · endogene Variable
endorsement · Indossament, Giro, Bestätigung, Billigung
endowment · Pfründe, Ausstattung
endowment assurance (GB) · Lebensversicherung
endowment insurance (US) → endowment assurance
endowment policy · Lebensversicherungspolice
energy equivalent · Steinkohlenäquivalent, Steinkohleneinheit
energy gap · Energielücke
enhanced colo(u)r graphics adapter (EGA) · Grafikkarte, 16 Farben und 640mal 350 Pixel
enhancement (credit) · (Problem-) Kredithilfen durch steuerliche Abschreibungsregelung
enigmatical character of the equivalent form · das Geheimnis der Äquivalentform (Marx)
Enlarged Access Policy (of the IMF) · erweiterter Zugang zu den Fondsmitteln (des IWF)
enlightener · Aufklärer (18. Jahrh.)
enlightenment · Aufklärung (18. Jahrh.)
enterprise · Unternehmen (im Unterschied zum Betrieb)
entity · Körperschaft, Einheit
entrained wants · Folgebedürfnisse
entrepoît · Zollager
entrepoît port · Freihafen
entrepreneur · Eigentümer-Unternehmer
entrepreneurial and property income · Einkommen aus Unternehmertätigkeit und Vermögen
entrepreneurial regime · Unternehmerregime, Innovationen in derselben Branche
entrepreneurship · Unternehmertum
entry · Buchung, Eintragung
enumeration · Aufzählung, Enumeration, Liste
envelope curve · Hüllkurve
environment · Umwelt, Umgebung
environmental economics · Umweltökonomie
environmental impact analysis · Analyse der Umweltwirkungen
environmentalist→ conservationist
environmental policy · Umweltpolitik
environmental pollution · Umweltverschmutzung
environmental protection · Umweltschutz
environmental restrictions · Umweltschutzauflagen
equal opportunity → equity of opportunities
equal pay · Lohngleichheit für gleiche Leistung, Prinzip „gleicher Lohn für gleiche Arbeit"
equalization (US) → equalization claims
equalization account · Interventionsfonds des britischen Schatzamtes zur Wechselkursregulierung
equalization claims (GB) · Ausgleichsforderungen (Deutsche Bundesbank)
equalization of burden fund · Lastenausgleichsfonds
equalizer · Ausgleichs-, Entzerrungsfaktor
equation · Gleichung
equi-marginal principle · Equimarginalprinzip
equidistant · äquidistant, abstandsgleich; parallel
equilibrium · Gleichgewicht
equilibrium growth · gleichgewichtiges Wachstum
equilibrium interest rate · Gleichgewichtszins
equilibrium level · Gleichgewichtszustand, Gleichgewichtsniveau
equilibrium position of the firm · Unternehmensgleichgewicht

equilibrium price · Gleichgewichtspreis
equilibrium quantity · Gleichgewichtsmenge
equimarginal sacrifice · gleiches Grenzopfer (Steuertheorie)
equipment · Anlagen, Ausrüstung, Ausstattung
equipment analysis · Maschinenbelegungsplan in der Fertigungsplanung
equities · Aktien, Dividendenpapiere
equity · 1. Billigkeit, Gerechtigkeit, Gleichheit 2. Grund-, Eigenkapital; Netto-, Reinvermögen
equity bank · Beteiligungsbank
equity capital · Eigenkapital
equity financing · Eigenfinanzierung
equity of opportunities · Chancengleichheit
equity-offering stock · junge Aktien, Kapitalerhöhung
equity price risk · Aktienkursrisiko
equivalent · Gegenwert, äquivalent
ergonomics · Ergonomie, Arbeitswissenschaft
ERP → European Recovery Program
erratic trading · sprunghafter (Wertpapier-)Handel
error · 1. (statistischer) Fehler 2. Störgröße (Regelkreis)
error term · Störvariable, Irrtumsvariable
escalation clause · Gleitklausel (Preise), Wertsicherungsklausel
escalator clause → escalation clause
essence and appearance (essence and phenomenon) · Wesen und Erscheinung
essential feature · wichtiges Merkmal
essentialist argument · Definitionsstreit, Begriffsdisput
essentials · das Unabdingbare, wesentliche Punkte
established brand · gut eingeführte Marke
establishment · 1. Betrieb, Anlage 2. Gründung 3. herrschende Ordnung; Führungsschicht, Herrscherclique
estate · Vermögen, Erbschaft
estate duty · Erbschaftssteuer, Nachlaßsteuer
estimate (of cost) · Kostenvoranschlag
estimation · Hochrechnung, Schätzfunktionsberechnung
estimation of (a) parameter(s) · Parameterschätzung
estimator · Schätzgröße, Schätzfunktion
ethics · Ethik
euro area · Euro-Währungsraum
euro-commercial papers · kurzlaufende Wertpapiere (Finanzwechsel) des Euromarkts
euronote facilities · Fazilitäten stellen eine Art Kreditrahmen dar, in dessen Höhe kurzlaufende Wertpapiere ausgegeben werden
European Atomic Energy Community · Europäische Atomgemeinschaft (Euratom)
European Coal and Steel Community (ECSC) · Montanunion, Europäische Gemeinschaft für Kohle und Stahl
European Currency Unit (ECU) · Europäische Währungseinheit (EWE)
European Economic Community (EEC) · Europäische Wirtschaftsgemeinschaft (EWG)
European Free Trade Association (or EFTA) · Europäische Freihandelszone (EFTA)
European Monetary Institute (EMI) · Europäisches Währungsinstitut
European Monetary System (EMS) · Europäisches Währungssystem (EWS)
European Monetary Union · Europäische Währungsunion
European Recovery Program (ERP) · Europäisches Wiederaufbauprogram (Marshall-Plan)

European Unit of Account (ERE) · europäische Rechnungseinheit
evaluation · Aus-, Bewertung
evolution · Evolution
exaggerated expectations · übertriebene Erwartungen, erhöhte ~
excess capacity · Überkapazität, i.e.S. Produktion unterhalb der Schwelle, von der an sich die Vorteile der Massenproduktion einstellen (als Folge eines überbesetzten Marktes mit monopolistischem Wettbewerb)
excess capacity theorem · Überschußkapazitäts-Theorem
excess demand · Übernachfrage, Überschußnachfrage, Nachfrageüberhang
excess liquidity · Überliquidität
excess profits tax · Kriegsgewinnsteuer, Übergewinnsteuer
excess reserves · Überschußreserven
excess supply · Überangebot, Angebotsüberhang
excessive purchasing · Kaufkraftüberhang
excessive purchasing power · überschüssige Kaufkraft
exchange · Tausch
exchange control · Devisenkontrolle, Devisenbewirtschaftung
exchange economy · tauschwirtschaftliches System, Tauschwirtschaft
exchange equation · (Fisher's) Verkehrsgleichung
exchange-for-value settlement system · Wertaustauschsystem
exchange of assets · Aktivatausch, Uminvestition
exchange of equivalents · Äquivalententausch
exchange of goods · Güteraustausch
exchange opportunity line · Tauschmöglichkeitskurve
exchange possibility curve → exchange opportunity line
exchange rate · Wechselkurs
exchange rate policy · Wechselkurspolitik
exchange ratio · Austauschverhältnis
exchange restrictions → exchange control
exchangeable value · Tauschwert
exchequer · 1. Konto der englischen Regierung bei der Bank of England, Zentralbankkonto des Staates 2. Fiskus
excise duty · Verbrauchssteuer
exclusion principle · Ausschlußprinzip, Exklusionsprinzip (Individualgüter)
exclusive agency · Generalvertretung, Alleinvertretung
exclusive dealing · Markenbindung des Handels (z.B. Vertragswerkstätten der Autofirmen)
execution · Ausführung, Durchführung
executive · Führungskraft, leitender Angestellter, leitende Angestellte
executive (director) · Vorstandsmitglied, Mitglied der Geschäftsleitung, Geschäftsführer(in)
executive board · Vorstand
exhaustive expenditure · Staatsausgaben für Güter und Leistungen (ohne Transfer), Summe aus Staatsverbrauch und Staatsinvestition
exhaustive expenditure multiplier · Staatsausgabenmultiplikator
exhibition · Ausstellung
exhibitor · Aussteller
exhibits · 1. ausgestellte Waren 2. Beweis-Ausstellungen
exit bonds · Ausstiegsanleihe
exogenous money → outside money
exogenous variable · exogene Variable
expanded form of value · entwickelte (entfaltete) Wertform (Marx)
expanded reproduction · erweiterte Reproduktion (Marx)
expansion · Ausweitung, Ausbreitung, Expansion, Vergrößerung

expansion of assortment · Sortimentsausweitung
expansion of international liquidity · Ausweitung der internationalen Liquidität
expansion of the money supply · Geldschöpfung
expansion path · Expansionspfad, Skalenlinie, Niveaulinie, Expansionskurve
expansionary measures · expansive Maßnahmen
expectational model · Modelle mit Erwartungsgrößen
expectational series · Zeitreihe von Erwartungsgrößen
expectations · Erwartungen
expectations of profit · Gewinnerwartungen
expected value · Erwartungswert (Statistik)
expenditure · Ausgaben, Aufwand
expenditure approach · Verwendungsrechnung des Volkseinkommens
expenditure cuts · Ausgabenkürzungen
expenditure on buildings · Bauinvestitionen
expenditure pattern · Ausgabenstruktur
expenditure reducing policy · nachfragereduzierende Wirkung (Wechselkurspolitik)
expenditure switching policy · nachfrageumlenkende Wirkung (Wechselkurspolitik)
expenditure tax · Verbrauchssteuer
expenditures · Verbrauch i.S. von Ausgaben, → expenditure
expense account · Spesenabrechnung
expense distribution sheet · Betriebsabrechnungsbogen (BAB)
expense ratio(s) · Kostenkoeffizient(en), -quote(n)
expenses · Ausgaben, Spesen, Auslagen, Unkosten, Aufwendungen
expenses in employment · Werbungskosten
experimental gaming · Planspiele
experimental sciences · Wissenschaft von den Wirkungen der Dinge aufeinander, wozu Politische Ökonomie zählt (J.B. Say)
expiration · Ablauf, Erlöschen
explained variable · abhängige Variable, Zielvariable
explanatory variable · unabhängige/erklärende Variable
exploitation · Ausbeutung (Marx)
explosive cobweb · explodierendes Spinnwebsystem
exponential growth · exponentielles Wachstum
exponential smoothing · Methode der Bedarfsvorhersage
export base · Exportbasis (einer Region)
export base ratio → economic base ratio
export base theory · Exportbasis-Theorie (Regionalplanung)
export content · Exportquote, Exportanteil
export division · Exportabteilung
export incentives · Exportbegünstigungen (z.B. durch Subventionen, Kredite, Steuerpräferenzen)
export-led growth · exportinduziertes Wachstum
export licence · Ausfuhrgenehmigung
export multiplier · Außenhandels-(Export)multiplikator
export of goods · Warenexport
export promotion · Exportförderung
export refund · Exportvergütung
export surplus · Exportüberschuß, (positiver) Außenbeitrag
exportability · Exportfähigkeit
exporter · Exporteur
exporting country · Ausfuhrland
expropriation · Enteignung
expulsion · Ausschluß, Ausweisung

extended co-determination · erweiterte Mitbestimmung
extended family · „Groß"-familie
Extended Fund Facility (of the IMF) · Erweiterte Fondsfazilität (des IWF)
extension · Verlängerung, Ausdehnung
extension path → expansion path
extensive margin · Schnittpunkt der Grenz- und Durchschnittsertragskurve (Ertragsgesetz); Wendepunkt der Gesamtertragskurve
external accounts · Ausländerguthaben
external assets · Auslandsaktiva
external benefits · positive externe Effekte, externe (volkswirtschaftliche) Ersparnisse
external costs · volkswirtschaftliche Kosten, Sozialkosten, externe Kosten
external debt · äußere (externe) Schuld
external deficit · Zahlungsbilanzdefizit (Syn.: balance of payments deficit)
external economies → external benefits
external economies of scale · extern bedingte Kostendegression
external effects · externe Effekte
external equilibrium · außenwirtschaftliches Gleichgewicht
external finance · Fremdkapital
external financing · Außenfinanzierung
external migration · Außenwanderung
external position · außenwirtschaftliche Position
external surplus · Zahlungsbilanzüberschuß (synonym: balance of payments surplus)
external transactions · Außenwirtschaft, Außenhandel
external value of money · Außenwert des Geldes
externalities → external effects
extractive production · Urproduktion
extraordinary depreciation · Sonderabschreibung
extraordinary general meeting · außerordentliche Hauptversammlung (AG)
extrapolation · Extrapolation

F

face value · Nominalwert
facility · Einrichtung, Vorrichtung
fact-finding survey · Lagebericht, Untersuchungsgutachten, -analyse
faction · Fraktion, politische Gruppe
factor earnings approach · Verteilungsansatz der Volkseinkommensrechnung nach Faktoreinkommen
factor endowment · Faktorausstattung eines Landes
factor income · Leistungseinkommen
factor intensity · Faktorintensität
factor-intensity criterion · Faktor- Intensitätskriterium: Beurteilungskriterium für die Produktion eines Gutes nach dem Einsatz und der Intensität der benötigten Faktoren
factor markets · Faktormärkte
factor mobility · Faktormobilität
factor movement · Faktorverschiebung, Faktorwanderung
factor payments · Faktorpreise, Faktoreinkommen
factor price equalization theorem · Faktorpreis-Ausgleichs-Theorem
factor shares · funktionale Verteilungsquoten
factorage · Kommissionsgeschäfte
factoring · Forderungsverkauf, Einziehung von Rechnungen durch besondere (Factoring-)Firmen
factors of performance · Erfolgsfaktoren
factors of production · Produktionsfaktoren i.S. von inputs
factory · Fabrik, -anlage, Werk
factory act · Fabrikgesetz

factory agreement · Betriebsvereinbarung
factory cost · Produktionskosten
factory girl (veraltet) · Fabrikarbeiterin
factory hand · Fabrikarbeiter(in)
factory inspector · Gewerbeaufsichtsbeamter, (-beamtin), Fabrikinspektor(in)
factory legislation · (Fabrik-) Industriegesetzgebung
factory operation rate · Kapazitätsauslastung der Industrie
factory-outlet · Fabrikverkaufsstelle, Direktverkauf zu Herstellerpreisen
factory system · Fabriksystem
factory woman · Fabrikarbeiterin
factory worker · Fabrikarbeiter(in)
factory workman → factory worker
fair · 1. Messe, Ausstellung 2. gerecht; anständig 3. durchschnittlich
fair deal · Sozialinterventionismus (Truman 1949)
fair quality · durchschnittliche Qualität, Verarbeitung
fair share policy · Soziale Symmetrie i.S. einer ausgewogenen Einkommenspolitik
fair sharing · gerechtes (Ver)teilen
fair trade · Lauterkeit des Wettbewerbs
fair trade agreements · Zolltarifabkommen
fair trade policy · Außenhandelspolitik auf der Basis gegenseitiger Vorteile (Reziprozität)
Fair Trade Regulation Rules (US) · Verbraucherschutzklauseln im US-Wettbewerbsrecht
fall-back pay · garantierter Mindestlohn
fall in prices · Preissturz, Preisrückgang
fallacy · Trugschluß, Fehlschluß, Täuschung
falling market · Baissemarkt
falling rate of profit · (Theorem der) fallende(n) Profitrate
fallow · brach, inaktiv, ungenutzt
false trading · Ungleichgewichtstransaktion, wirtschaftliches Handeln bei Ungleichgewichtspreisen, z.B. Mengeneffekte statt Preiseffekte bei Nachfrageverschiebung
falsification · Falsifikation, Widerlegung
falsification of competition · Wettbewerbsverzerrung
family allowance · Familienbeihilfe
family care · häusliche Pflege
family helpers · mitarbeitende Familienangehörige (im Familienbetrieb)
family life-cycle · Nachfragezyklus in Abhängigkeit von den Stadien der Familienentwicklung
family of curves · Kurvenschar
family workers → family helpers
famine · Versorgungslücke (speziell bei Nahrungsmitteln), Hungersnot
fare · Fahrpreis, Fahrgeld
farmstead · Bauernhof, -gut
fast food · Schnellgericht(e)
fast-moving consumer goods (FMCG) · Waren mit hoher Umschlagsgeschwindigkeit
fast-selling item · „Selbstläufer", reißend absetzbares Produkt, „Renner"
fatigue · Ermüdung (Arbeitswissenschaft)
fault · Fehler
favo(u)ritism · Vettern-, Parteienwirtschaft
fear of inflation · Inflationsfurcht
feasibility · Ausführbarkeit, Zulässigkeit
feasibility study · Untersuchung über eine Projektdurchführungsmöglichkeit
feasible region · zulässiger Lösungsbereich
feasible solution · zulässige Lösung
featherbedding · Anstellung/Beibehaltung nicht benötigter Arbeitskräfte

feature · Merkmal, (herausragende) Eigenschaft
fecundity · Fruchtbarkeit
Federal Advisory Council · Beirat des Bundesbankrats (US)
Federal Agency (US) · Bundesbehörde
Federal Association of German Industry · Bundesverband der deutschen Industrie (BDI) (FRG)
Federal Bank · Bundesbank (FRG)
federal budget · Bundeshaushalt
Federal Central Bank → Federal Reserve
Federal Council · Bundesrat (FRG)
Federal Diet · Bundestag (FRG)
Federal Environment Agency · Umweltbundesamt
federal excise tax · Verbrauchssteuer
federal funds · Zentralbankgeld der Banken
federal gift tax · Schenkungssteuer
federal government · Bundesregierung (FRG; US)
federal income tax · (Bundes-)Einkommensteuer
Federal Insurance Contributions Act (Social Security) · Sozialversicherungsgesetz (US)
Federal Labo(u)r Office · Bundesanstalt für Arbeit
Federal Reserve · Bundesbank, Notenbank, Zentralbank
Federal Reserve Board · Zentralbankrat (US)
Federal Reserve Notes · Zentralbanknoten (US)
Federal Savings and Loan Insurance Corporation · Bundesaufsichtsamt für Bausparkassen (US)
Federal Trade Commission · Bundeskartellamt (US)
federal treasury bills · Bundesschatzbriefe
Federal Works Agency · Bundesamt für Arbeitsbeschaffung (US)
federation · 1. Föderation, Bundesstaat 2. Verband, Vereinigung
fee · Gebühr, Beitrag, Honorar
fee invoice · Honorar-, Gebührenrechnung
feedback · Rückkopplung, Rückmeldung
feedback effect · Rückkopplungseffekt (Entwicklungstheorie – Hirschman): Nachfrage bzw. angebotsorientierte produktionsanregende Auswirkungen einer Investition auf Lieferanten bzw. Abnehmer → backward and forward linkages
feedback loop · Regelkreis
feedback signal · Stellgröße (Regelkreis)
fellow traveller · Sympathisant(in) kommunistischer Parteien
fence merchandise · Hehlerware
fertility → fecundity
fertility rate · Fruchtbarkeitsziffer (Geburten auf 1000 Frauen im gebärfähigen Alter)
fetichism of commodities · Warenfetischismus
FFE → furniture, fixtures and equipment
fiat money · ungedecktes Staats- oder Zentralbankgeld (gesetzliches Zahlungsmittel) mit Annahmegarantie, Nominalgeld; manipulierte Währung
FICA → Federal Insurance Contributions Act
fictious profit · Scheingewinn
fictitious unemployment · versteckte Arbeitslosigkeit
fiduciary agent · Treuhänder(in)
fiduciary coemption · Kauf für einen Dritten
fiduciary issue · fiduziäre Geldmenge, nicht durch Edelmetalle gedeckte Banknoten
field force (marketing) · Außendienstkräfte
field research · Primärerhebung
field sales manager · Außendienstleiter(in)
field store · Auslieferungslager

field survey · Absatzforschung, Marktforschung
fifo → first-in-first-out
file · Ablage, Archiv, Akte
final · endgültig
final consumer · Endverbraucher(in)
final consumption pattern · Endnachfragestruktur
final demand · Endnachfrage
final good · Endprodukt
final inventory · Endbestand (Lager)
final manufacturing estimates · endgültige Produktionsplanung in der Fertigungsplanung
final products · Finalgüter, Güter des Endverbrauchs
final resting point · (letzter) Steuerbelasteter (Begriff aus der Steuerinzidenzlehre)
final salary · Endgehalt
final settlement · Endgültige Erfüllung
final transfer · Endgültige Übertragung
final utility · Grenznutzen
finance · 1. Geldwirtschaft, Finanzwesen, Geldwesen 2. Geld, Geldmittel 3. Finanzwissenschaft
finance act · Haushaltsgesetz
finance broker · Finanzmakler
finance house · Finanzierungsinstitut
finance market · Finanzmarkt
finance requirements · Finanzbedarf
financed from general taxation · finanziert aus allgemeinen Steuern
financial accounting · Finanzbuchführung, -haltung
financial activities · Finanzbuchhaltung (US)
financial aid · Finanzhilfe
financial assets · Geldvermögen
financial bookkeeping · Finanzbuchführung
financial derivates · Terminkontrakte mit Finanzwerten (Optionen auf Indikatoren von Aktien, Wechselkursen, Zinssätzen etc) · siehe → derivates
financial flow · Kapitalstrom, Kapitalbewegung
financial futures · handelbare standardisierte Finanzkontrakte mit festem Fälligkeitsdatum, von denen sich die Vertragspartner per Gegengeschäft vor dem Fälligkeitsdatum trennen können; Termingeschäfts-Aktiva: standardisierte Mengen von Anleihen, Aktien, Währungen oder Edelmetallen, die auf einen künftigen Zeitpunkt hin gehandelt werden zur Absicherung von Kurs- und Zinsrisiken
financial gearing · Fremdkapitalwirkung auf die Eigenkapitalrentabilität
financial holdings · finanzielle Beteiligung
financial intermediaries · Geld- und Kapitalvermittlungsstellen (Banken, Versicherungen etc.)
financial investment · Finanzinvestition, Geldanlage
financial leverage → financial gearing
financial management · Finanzplanung einer Firma, Finanzverwaltung
financial market · Finanzmarkt
financial ratios · 1. allgemein: finanzwirtschaftliche Kennziffern des Betriebes 2. speziell: Kennziffern zur Beurteilung der Kreditwürdigkeit
financial relations · Geschäftsbeziehungen zwischen Betrieb und Bank
financial resources · Finanzierungsquellen, sämtliche dem Unternehmen zur Verfügung stehenden Mittel
financial service · Finanzdienstleistung
financial statement · Rechnungsaufstellung (US), Vermögenslage-Bericht, Vermögensstatus
financing sector · Finanzierungsrechnung, Finanzierungssektor (volkswirtschaftliches Rechnungswesen)
fine tuning · Feinsteuerung (Wirtschaftspolitik)
fineness · Feingehalt
finished good · Fertigerzeugnis

finished product → finished good
firm → company
firm optimum · Unternehmensoptimum
first-in-first-out · bilanzmäßige Vorratsbewertung unter der Annahme, daß die zuerst gekauften Waren zuerst verbraucht werden
fiscal drag · expansionsbedingte Steuerprogression (expansionsdämpfender Automatismus analog den built-in-stabilizern im Abschwung)
fiscal harmonization · Harmonisierung der Steuern
fiscal measure · steuerliche Maßnahme
fiscal policy · Fiskalpolitik, Finanzpolitik unter stabilitäts- bzw. konjunkturpolitischen Gesichtspunkten
fiscal year · Haushaltsjahr
Fisher diagram · Fisher-Diagramm, Zeitpräferenzkurve des Haushalts
fitting a curve · Kurvenanpassung
fixation of capital · Kapitalbindung
fixed assets · Sachanlagevermögen (Bilanz); i.d.R. Nettowerte
fixed budget · fester (starrer) Haushalt(splan)
fixed capital · Fixkapital
fixed capital formation · feste Kapitalbildung, Fixkapitalbildung
fixed charges → fixed cost
fixed claims · kontraktbestimmte Einkommen
fixed cost · Fixkosten, Generalunkosten, feste Kosten
fixed deposits · Festgelder
fixed exchange rate · fester Wechselkurs
fixed liabilities · langfristige Verbindlichkeiten
fixed parity · feste Parität
fixed proportion · Limitationalität
fixed proportions production function · limitationale Produktionsfunktion (Produktionsfunktion mit limitationalen Faktoren)
fixed rate tender · Mengentender, Festsatztender
fixture · feste Einrichtung, Inventarstück, immobile Anlage
fixtures and fittings · Betriebs- und Geschäftsausstattung
flag of convenience · „Billigflagge"
flat tax · Einheitssteuer
flat-rate · Kleinverbrauchertarif (Gas, Strom etc.)
flat-rate benefits · Grundleistungen, Pauschalleistungen
flat-rate contribution · Grundbeitrag
flatation · Preisflaute, stabile Preissituation
flexibilisation · Flexibilisierung
flexibility · Flexibilität, Anpassungsfähigkeit
flexible exchange rate · flexibler Wechselkurs
flexible working hours scheme · gleitende Arbeitszeit
flextime · Gleitzeit
flight from currency · Kapitalflucht
flight of capital → flight from currency
flip-flop-floater · langlaufender Schuldtitel mit variabler Verzinsung, der in ein identisches Papier mit kürzerer Laufzeit umgetauscht werden kann und umgekehrt
float · die Summe der abgebuchten, aber noch nicht gutgeschriebenen, schwebenden Zahlungen im bargeldlosen Zahlungsverkehr
flo(a)tation · Unternehmensgründung, Anleihebegebung
floatation · Kapitalbegebung, erstmalige Kapitalauflage einer Gesellschaft
floating · Floating: Schwankungen einer Währung im Verhältnis zum Goldpreis oder einer anderen Währung
floating a loan · eine Anleihe auflegen
floating assets · flüssige Anlagen (Anlagewerte)
floating capital · Umlaufkapital (working capital)

floating debt · schwebende Staatsschuld
floating exchange rate · freier flotierender Wechselkurs
floating rate notes · variable verzinsliche Anleihen, deren Verzinsung in Anlehnung in bestimmten Zeitabständen neu festgesetzt wird
floating the rate of exchange · Freigabe des Wechselkurses
floor price · Mindestpreis, Mindestkurs
flow account · Stromgrößenrechnung
flow chart · Flußdiagramm
flow concept · Flußgrößen-Ansatz (z.B. Einkommen)
flow item · Flußgröße (z.B. Volkseinkommen)
flow-line production → assembly line production (US)
flow-of-fund accounts · Geldstromrechnung, Finanzstromrechnung
flow-of-fund approach · Verwendungsrechnung des Volkseinkommens
flow of investment · Investitionsstrom, -fluß
flow pollutants · abbaubare Schadstoffe
flow statement · Kapitalflußrechnung
flow statistics · Verlaufsstatistik
flowing exchange rate · fließender Wechselkurs
fluctuation · Schwankung
fluctuation margin · Schwankungsbreite, Bandbreite
fluctuations in foreign exchange income · Fluktuationen bei den ausländischen Deviseneinnahmen
fluctuations of the money supply · (plötzliche) Unruhe auf Finanzmärkten (z.B. Devisenmarkt)
fluid assets → floating assets
flurry → fluctuations of the money supply
flux of money · Geldumlauf
fly-by-night worker · Schwarzarbeiter
fob → free on board
focal point · zentraler Punkt, Brennpunkt
folder · Aktendeckel, Prospekt
follow-up · weiteres Nachgehen, Nachkontrolle (Organisation)
follow-up advertizing · Erinnerungswerbung
food aid · Nahrungsmittelhilfe
Food Stamp · Nahrungsmittelgutschein (für Arme in den USA)
food-stamp program (US) · staatliche Nahrungsmittel-Beihilfe
foodstuffs · Lebens-, Nahrungsmittel
footloose industry · standortungebundene Industrie
for-profit agency · gewinnorientierte ... (Geschäftsstelle, Vertretung, Büro, Agentur)
forced currency · uneinlösliche Banknoten/Währung
forced frugality · Zwangssparen, unfreiwillige Ersparnis, erzwungene Ersparnis
forced loan · Zwangsanleihe
forced saving → forced frugality
forces of production · Produktivkräfte (Marx)
forecast · Vorhersage, Voraussage, Prognose
foreclosure · Verfallserklärung
foreign aid · Auslands-, Entwicklungshilfe
foreign assets position · saldierte Auslandsguthaben
foreign balance · Zahlungsbilanz
foreign capital · Auslandskapital
foreign claims · Auslandsforderungen
foreign competition · ausländische Konkurrenz
foreign currency · Devisen
foreign currency account · Devisenkonto
foreign exchange (receipts, earnings) · Deviseneinnahmen
foreign exchange control · Devisenkontrolle

foreign exchange illusion · Devisenillusion
foreign exchange market · Devisenmarkt
foreign-exchange rate risk · Wechselkursrisiko
foreign exchange reserves · Devisenreserven
foreign exchange swap · Devisenswap
foreign experts · ausländische Experten
foreign funds · Sorten, Devisen
foreign investment · Auslandsinvestitionen (Direktinvestitionen und Portfolioinvestitionen)
foreign make · Auslandsfabrikat
foreign resident's account · Ausländerkonto
foreign sector · Außenwirtschaftsbereich
foreign trade · Außenhandel
foreign trade multiplier · Exportmultiplikator: Investitionsmultiplikator unter Berücksichtigung aller außenwirtschaftlichen Rückwirkungen
foreign worker · Gastarbeiter(in), Wanderarbeiter(in)
foreign workers' remittance · Gastarbeiterüberweisung
foreman · Vorarbeiter(in), Werkmeister(in), Meister(in)
foreshadowing indicator · Frühindikator
forestalling · projektionsorientierte Wirtschaftspolitik; Gegensteuerung, um unerwünschte Trends umzubiegen
forestry · Forstwirtschaft
forethought · Vorsorge, Vorbedacht, Voraussicht
forfeiture · Verwirkung, Strafe, Verfall
forgery · Fälschung
form and content · Form und Inhalt
form utility · verarbeitungsbedingter Nutzen
formation of capital · Kapitalbildung
formation of prices · Preisbildung
formula flexibility · Formelflexibilität, indikatorgebundene Maßnahmen der Wirtschaftspolitik
FORTRAN (formula translation) · problemorientierte Programmiersprache
forward contract · Terminabschluß
forward cover · Kurssicherung
forward exchange · Termindevisen
forward exchange market · Devisenterminmarkt
forward integration · vertikale Konzentration in nachgelagerte Produktionsstufen
forward linkage · Verflechtungsbeziehung zu nachgelagerten Industrien, absatzmäßige Verflechtung → linkage effect
forward market · Terminmarkt
forward price · Terminpreis (Warenbörse)
forward rate · Devisenterminkurs (s. Termingeld)
forward sales · Terminverkauf
forward transaction · Termingeschäft
forwarding agent · Spediteur
forwarding department · Versandabteilung
forwarding instructions · Versandvorschriften
fostering · Förderung, Begünstigung, Unterstützung
foundation · 1. Stiftung 2. Gründung 3. Fundament
fourth estate · Vierter Stand
fraction · Bruch
framework · Gerüst, Gefüge, (Struktur)rahmen
franchise · 1. politisches Wahlrecht 2. Lizenvergabe
franchising · Übertragung von Verkaufsrechten, Konzessionserteilung
fraternal insurance · Versicherung(sverein) auf Gegenseitigkeit (synonym: mutual insurance)
fraud · Betrug, Schwindel
fraudulent bankruptcy · betrügerischer Bankrott

FRB → Federal Reserve Board
free choice of the job · freie Wahl des Arbeitsplatzes
free competitive social market economy · freie soziale Marktwirtschaft
free currency · frei konvertierbare Währung
free depreciation · Bewertungsfreiheit
free economy · Freiwirtschaft (S. Gesell)
free enterprise economy · kapitalistische Marktwirtschaft, freie Marktwirtschaft
free forces of economy · freies Spiel der Kräfte in der Wirtschaft
free goods · freie Güter
free market · freier Markt, d.h. Markt ohne staatliche Interventionen
free market economy · freie Marktwirtschaft
free movement · Freizügigkeit
free movement of capital · freier Kapitalverkehr
free of tax · steuerfrei
free on board (fob) · internationale Handelsklausel: Verkäufer trägt die Kosten und Gefahren für die Ware bis zum Schiff, während der Käufer das Schiff chartern muß
free port · Freihafen
free reserves · Überschußreserven (im Gegensatz zur Mindestreserve)
free rider · Trittbrettfahrer
free trade · Freihandel
free-trade area · Freihandelszone
free wage negotiations · freie Lohnverhandlungen
free will → freedom of will
freedom of (the) will · Willensfreiheit
freedom of association · Koalitionsfreiheit
freedom of bequest · Testierfreiheit
freedom of consumption · Konsumfreiheit
freedom of contract · Vertragsfreiheit
freedom of depreciation · Abschreibungsfreiheit
freedom of entry · freier Marktzutritt für jeden Anbieter
freedom of establishment · Niederlassungsfreiheit
freedom of movement · Freizügigkeit
freedom of movement for capital and labo(u)r · Freizügigkeit von Kapital und Arbeitskraft
freelance consultants · freiberufliche Berater
freight · Fracht(gut), -kosten
frequency · Häufigkeit
frequency distribution · Häufigkeitsverteilung
frequency response · Reaktionsgeschwindigkeit (Regelkreis)
friction · Friktion, Reibung, Behinderung
frictional unemployment · friktionelle Arbeitslosigkeit
friendly society → fraternal insurance
fringe benefits · lohnunabhängige Einkommens(vor)teile, z.B. betriebliche Sozialleistungen
front-door operation · Liquiditätsbeschaffung der Diskontbanken durch Verkauf von Schatzwechseln an die Zentralbank (Bank of England), und zwar zum Rediskontsatz
frozen account · Sperrkonto
frozen assets · nicht flüssige (eingefrorene) Guthaben
full cost · Vollkosten
full employment · Vollbeschäftigung
full-cost pricing · Vollkostenrechnung, ~kalkulation der Preisbildung
full-cost principle · Vollkostenrechnung
full-cost theory of value · Faktorkostentheorie des Wertes (J. S. Mill)
full-employment budget · (fiktiver) Staatshaushalt unter Vollbeschäftigungsbedingungen
full-employment equilibrium · Vollbeschäftigungsgleichgewicht
full-gold standard · Goldwährungssystem

full-line forcing · monopolistische Praxis, den Käufer zum Kauf von Komplementärgütern desselben Herstellers zu veranlassen (z.B. Film und Entwicklung)

full-time officials · hauptamtliche Funktionäre

function · 1. Funktion (mathematisch) 2. Zweck

functional distribution (of income) · funktionale Einkommensverteilung

functional finance · Fiskalpolitik i.S. gesamtwirtschaftlich orientierter Budgetfinanzierung des Staates (A.P. Lerner)

functional organization · funktionale Organisation

functions chart · Funktionsplan/Übersicht

fund · Kapital, Mittel, Gelder

funded debt · fundierte/konsolidierte Staatsschuld

funding · 1. Schuldenkonsolidierung, Konsolidierung von kurzfristigen Schulden, 2. Kapitaldeckungsverfahren (der Sozialversicherung)

funding operations · Schuldenkonversion zur Konsolidierung der Schuld

funds · Geldmittel, Kapital, Staatspapiere

funds flow analysis · Kontrolle der Zahlungsein- und ausgänge (entsprechend ihrer Ursachen im Unternehmen)

funds statement · Bewegungsbilanz, Finanzflußrechnung

funds transfer system (FTS) · Überweisungssystem

funk money · heißes Geld

furniture, fixtures and equipment · Betriebseinrichtung

further training institutes · Weiterbildungsinstitute, Fortbildungsinstitute

fusion · Fusion, Verschmelzung, Vereinigung

futures · 1. Kontrakte auf Warenterminmärkten, Termingeschäfte, 2. Terminware

futures contract contract for futures

futures market · Terminmarkt

G

gage · Spurweite, Eichmaß, Maß(stab)

gain · Gewinn, Vorteil, Zuwachs

gain in productivity · Produktivitätssteigerung

gain sharing · Gewinnbeteiligung der Arbeitnehmer

gainful occupation · Erwerbstätigkeit

gainfully active population · Erwerbstätige

gains from specialisation · Spezialisierungsgewinne, -vorteile

gains from trade · Wohlstandseffekte des Außenhandels

galloping inflation · galoppierende Inflation

game theory · Spieltheorie

gap · Lücke, Bezeichnung für Blockzwischenraum auf magnetischen Bändern (EDV)

gap in the budget · Finanzierungslücke, Haushaltsdefizit

gap in the market · Marktlücke

garbage-in garbage-out (GIGO) · „Abfall rein, Abfall raus" beschreibt die Tatsache, daß bei schlechten Daten auch das Produkt der Computer-Analyse wertlos ist

gasoline tax · Kraftstoffsteuer

GATT (General Agreement on Tariffs and Trade) · Allgemeines Zoll- und Handelsabkommen

gauge → gage

gearing · 1. Anteil des festverzinslichen Kapitals am Gesamtkapital des Unternehmens 2. den Erfordernissen anpassend

gender empowerment index · Maß der Ermächtigung der Geschlechter
general borrowing agreement · Allgemeine Kreditvereinbarungen (Int. Währungsfonds und Zehnerklub 1962; AKV)
general equilibrium · totales mikroökonomisches Gleichgewicht; Gleichgewicht auf allen Märkten
general equilibrium analysis · Analyse des mikroökonomischen Totalgleichgewichts (Walras)
general expenses · Gemeinkosten
general form of value · allgemeine Wertform (Marx)
general manager · Generaldirektor
general meeting · Hauptversammlung
general partnership · offene Handelsgesellschaft
general power of attorney · Generalvollmacht
general rate of profit · allgemeine Profitrate
general reserve · allgemeine, frei verfügbare Rücklagen
general sales tax · allgemeine Umsatzsteuer
general solution · allgemeine Lösung
general strike · Generalstreik
general terms · allgemeine (Geschäfts-, Vertrags)bedingungen
general transactions tax · allgemeine Verkehrssteuer
genesis · Genesis, allmähliche Entwicklung
gentlemens' agreement · stillschweigende Abmachung
geographical mobility of labo(u)r · regionale Arbeitskräftemobilität
geometric mean · geometrischer Mittelwert
geometric progression · geometrische Reihe (z.B. Multiplikatoranalyse)
German Trade Union Congress · Deutscher Gewerkschaftsbund (DGB) (FRG)
Germanic Confederation · Deutscher Bund (1815-66)
gestation lag gestation period
gestation period · Ausreifungszeit (Investition), Gestationsperiode
Giffen effect · Giffen Effekt
gift tax · Schenkungssteuer
GIGO → „garbage-in garbage-out"
gilt-edged security · Staatsanleihe (GB)
giro (GB) → bank transfer (US)
giro system · Zahlungsverkehr durch Überweisungen
global fundamental design level · globale prinzipielle Gestaltungsebene
global sourcing · weltweite Zulieferung
glut · Überangebot, -sättigung
GNP → gross national product
GNP use · Verwendung des BSP
go-slow · Bummelstreik
goal · Ziel
goal conflict · Zielkonflikt
going price · aktuell gültiger Preis
going rate · üblicher (Lohn-)Tarif
gold and foreign exchange reserves · Währungsreserven eines Landes inkl. eventueller Währungskredite
gold bullion standard · Goldkernwährungssystem
gold currency standard · Goldumlaufswährung
gold drain · Goldabzug
gold exchange standard · Golddevisenwährung, Golddevisenstandard
gold export point · Goldausfuhrpunkt
gold import point · Goldeinfuhrpunkt
gold reserves · Goldreserven
gold spiecie standard → gold currency standard
gold standard · Goldstandard, Goldwährungssystem
gold stock · Goldvorrat
gold value · Goldwert
golden handshake · Abfindung für vorzeitiges Ausscheiden leitender Angestellter

golden rule · goldene Regel
good · Gut, Ware
good will · guter Ruf, öffentliches Vertrauen einer Unternehmung; imaginärer (ideeller) Firmenwert
goods in progress · Halbfabrikate, Zwischenerzeugnisse
goods of daily use · Waren des täglichen Bedarfs
goods of massconsumption · Massenkonsumgüter
goods-producing industry · Produzierendes Gewerbe
GOP → gross operating profit
governer · Regler
government bank notes · Zentralbanknoten
government bond · Staatsschuldverschreibung
government borrowing · Staatsverschuldung
government consumption · öffentlicher Verbrauch, Staatsverbrauch
government controlled · vom Staate kontrolliert
government expenditure · Staatsausgabe
government expenditure function · Staatsausgabenfunktion
government expenditure multiplier · Staatsausgabenmultiplikator
government intervention · Eingriff der Regierung
government investment · öffentliche Investitionen
government owned · (in) Staatsbesitz
government revenue · Staatseinnahmen
government sector · staatlicher Sektor
government security · Staatspapier
government stock · Summe aller an der Börse gehandelten Staatspapiere
government subsidy · Staatssubvention
government worker · Regierungsangestellte(r)
grace period · 1. tilgungsfreie Periode (Kredit), Zahlungsaufschub 2. Schonzeit
grade A · Güteklasse A
gradient · Neigung, Steigung
grading · Klassifikation, Qualitätsabstufung
graduated tariff · Stufentarif
graft · Korruption, Amtsmißbrauch, Bestechung(sgeld) (US)
grain · 1. Getreide, Korn 2. Gewichtseinheit (ca. 0,065g)
grampies (growing retired active moneyed people in an excellent state) · Senioren: wachsende Gruppe wohlhabender, gesunder Ruheständler
grand total · Endsumme
grant · Zuschuß, Hilfszahlung
grant element · Transferanteil (z.B. Zinssubvention als Teil einer Leistung bei der Entwicklungshilfe)
grants economics · Transferökonomie
grants-in-aid · zweckgebundene Zuweisungen im vertikalen Finanzausgleich
graph · Graphik, Schaubild, Diagramm
graphic · graphische Darstellung
gratuitous · ohne Gegenleistung
graveyard shift · Nachtschicht
gravity model · Gravitationsmodell (Regionalwissenschaft)
Great Depression · Weltwirtschaftskrise
greed(iness) · Gier, Habsucht
green tax · Ökosteuer
green-conscious · ökobewußt
greenback · Dollar(note) (US)
greenhouse effect · Treibhauseffekt
greenshoe · Plazierungsreserve (bei Aktienemission)
Gresham's Law: bad money drives out good · Gresham's Gesetz: schlechtes Geld verdrängt das bessere (Münzverschlechterung)
grey market · Seniorenmarkt
grid line · Rasterlinie

grievance · Beschwerde (Arbeitsrecht, i.d.R. Arbeitnehmer gegen Arbeitgeber)
grievance committee · Schlichtungsausschuß
grievance procedure · Beschwerdeverfahren
gripe → grievance
gross dividend · Bruttodividende
gross domestic capital formation · Bruttoinlandsinvestition
gross domestic fixed investment pattern · Struktur der Bruttoinlandsanlageinvestitionen
gross domestic investment → gross domestic capital formation
gross domestic product (GDP) · Bruttoinlandsprodukt, Bruttosozialprodukt zu Marktpreisen
gross domestic product at factor cost · Bruttosozialprodukt zu Faktorpreisen
gross fixed capital formation · Bruttoanlageinvestition
gross income · Bruttoeinkommen
gross incremental capital-output ratio · makroökonomischer Kapitalkoeffizient: Quotient aus dem Zuwachs von Bruttoinvestition und Bruttosozialprodukt
gross investment · Bruttoanlageinvestition
gross margin · Bruttohandelsspanne
gross national income · Bruttoinländerprodukt
gross national product (GNP) · Bruttosozialprodukt, Bruttoinländerprodukt
gross national product deflator · Deflator (Deflationierungsfaktor) für die Preisbereinigung des Bruttoinländerprodukts
gross national product gap · Vollbeschäftigungslücke, Differenz zwischen faktischem und Vollbeschäftigungseinkommen
gross national product in constant prices · Bruttosozialprodukt zu konstanten Preisen
gross national product in current prices · Bruttosozialprodukt zu laufenden Preisen
gross operating profit · Bruttobetriebsgewinn
gross output · Bruttoproduktionswert
gross product → gross output
gross profit · Bruttogewinn
gross receipts · Bruttoeinnahmen
gross sales · Bruttoumsatz
gross saving and investment accounts · Vermögensänderung(skonto) der volkswirtschaftlichen Gesamtrechnung (US)
gross settlement system · Brutto-Abwicklungssystem
gross value added → gross product
gross yield · Bruttoertrag
groun rent · Grundrente, Bodenrente, Landpacht-Zins
group balance sheet · Konzernbilanz
group incentives · Gruppenprämie
group method of training · Gruppendynamische Lehrmethode
group of affiliated companies · Konzern
Group of Ten · Zehnergruppe
group rationing · Produktgruppenrationierung
group working · (halb-)autonome Arbeitsgruppen
growth · Wachstum
growth chart · Arbeitsplanungs- und Kontrolldiagramm
growth limits · Grenzen des Wachstums
growth mentality · Wachstumsmentalität
growth model · Wachstumsmodell
growth poles · Wachstumspole (Entwicklungstheorie): Rasch wachsende ökonomische Zentren, die an ihr Umland Wachstumsimpulse abgeben

growth rate · Wachstumsrate
growth term · Wachstumsgrad
guarantee · Bürgschaft, Garantie
guarantee fund · Garantiefonds
guarantee model · Garantiemodell
guaranteed prices · Garantiepreise
guaranteed wage · garantierter Mindestlohn
guardian's allowance · Vormundschaftsbeihilfe
guesstimate · grobe Schätzung
guidance · Führung, Weisung, Lenkung
guide price · Richtpreis (EG-Agrarmarkt)
guideline · indikative Richtlinie, Leitlinie
guideline · Richtlinie
g(u)ild · Gilde, Zunft, Innung

H

habit of consumption · Konsumgewohnheit
habit-persistance-hypothesis · Stabilitätsthese des Konsumverhaltens (T.M. Brown)
haggling · Feilschen
haircut · Sicherheitsabschlag
hall-mark · Feingehaltsstempel
handicraft · Handarbeit
handicrafts · Handwerk
handling charge · Umlagekosten, Kontoführungsgebühr
Hanseatic League · Hanse(-Bund)
haphazard sample · Zufallsstichprobe
hard cash · Bargeld
hard-core (of) inflation · Inflationssockel
hard currency · harte Währung
hardgoods · devisenstarke Waren
hard selling · Anwendung von aggressiven Verkaufsmethoden
hard-to-fill · schwer besetzbar
hard-to place · schwer vermittelbar (Arbeitskräfte)
hardware · maschinentechnische Ausstattung einer EDV-Anlage
harmonic mean · harmonisches Mittel
harmonization (harmonisation) chart · Harmonisierungsübersicht/Harmonogramm
harmonization of taxes · Harmonisierung der Steuern, Steuerharmonisierung
Harrod-Domar-model · Harrod- Domar-Modell
haulage · Straßentransport
haulage contractor · Transportunternehmen
hazard · Risiko
head office · Hauptbüro, Zentralstelle
head tax · Kopfsteuer
head-word · Stichwort
headhunter · Personalabwerber(in)
headquarters · Unternehmenszentrale, Hauptniederlassung
health hazard · Gesundheitsrisiko
health insurance · Krankenkasse, Krankenversicherung
health service · Gesundheitswesen
heavy (large scale) consumer · Großverbraucher
heavy industry · Schwerindustrie
heavy worker · Schwerarbeiter(in)
hedge · (Waren-)Termingeschäft, um sich vor preisbedingten Verlusten zu schützen
hedge funds · Absicherungsfonds – ursprünglich zur Risikoabsicherung, jetzt auch der Spekulation dienende Investmentfonds
hedging (a rate) · Kursabsicherung
hedonistic principle · hedonistisches Prinzip
hellowing · Produktionsverlagerung ins Ausland und Reimport
help-wanted advertisements · Stellenanzeigen
heterogeneous goods · heterogene Güter
HFI → **Human Freedom Index** ·
hidden hand → invisible hand

hidden inflation · versteckte, latente Inflation
hidden labo(u)r force → marginal labo(u)r force labo(u)r reserve
hidden (secret) reserves · stille Reserven
hidden taxes · verdeckte Steuern
hidden unemployment → disguised unemployment
hierarchal levels · hierarchische Ebenen
hierarchy of authority · Entscheidungshierarchie
hifo → highest-in-first-out
higgling → haggling
high-consumption economy · Verbraucherwirtschaft, verbrauchsorientierte Wirtschaft
high gearing · Erhöhung der Fremdkapitalanteile; der Kapitalintensität
high-grade investments · erstklassige Kapitalanlagen
high-powered money · Bargeld, Zentralbankgeld
high-pressure economy · hochindustrialisierte Wirtschaft
high-pressure selling · Verkauf um jeden Preis
high-productivity sector · Hochleistungssektor
high-yield bonds · hochverzinsliche Obligationen
high technology · Großtechnologie, hochentwickelte Technologie
higher goods · Güter höherer Ordnung
highest-in-first-out (hifo) · bilanzmäßige Vorratsbewertung unter der Annahme, daß die am teuersten eingekauften Waren zuerst verkauft werden
hinterland · Einzugsgebiet (eines Geschäfts bzw. einer Stadt)
hire purchase · Ratenkauf, Abzahlungskauf, Mietkauf
hiring contract · Anstellungsvertrag
hiring freeze · Einstellungsstopp
histogram · Säulendiagramm, Histogramm: graphische Darstellung einer Häufigkeitsverteilung in Säulenform
historic-cost depreciation · Abschreibung nach Anschaffungswerten
historic(al) costs · Anschaffungskosten
historical materialism · historischer Materialismus
Historical School of Economics · Historische Schule (Schmoller)
history of economic thought (theory) · Dogmengeschichte, Geschichte der wirtschaftswissenschaftlichen Lehrmeinungen
history of political economy → history of economic thought
HMO (Health Management Organization) · Gesundheitsamt, -behörde, US-amerikanisches Krankenversicherungssystem mit Vertragsärzten und Vertragskrankenhäusern
hoard · horten
hoarding · Horten
hog-cycle phenomenon · Schweinezyklus
hold-up · Stockung, Stauung; Überfall
holder · Inhaber
holding company · Holding: Verwaltungsgesellschaft für Aktien von Tochtergesellschaften
holding gain · Bewertungsgewinn
holding of money · Kassenhaltung
holiday allowance → vacation allowance
home economics · Hauswirtschaftslehre, Ökonomie des Familienlebens
home-industry · heimische Industrie
home loan · Wohnungsbaudarlehen
home market · Binnenmarkt, Inlandsmarkt
home office · Stammhaus, Hauptbüro
home population (GB) → non-institutional population (US)
home wage-earning · Heimarbeiterlohn, Heimarbeit

home worker · Heimarbeiter(in)
homeless · Obdachlose(r)
homogeneity · Homogenität, Gleichartigkeit
homogeneity of the degree k · Homogenität vom Grade k
homogeneous goods · homogene Waren
homogeneous product · homogenes Gut (vollständiger Wettbewerb)
homothetic production function · linear-homogene Produktionsfunktion
horizontal integration · Verschmelzung von Konkurrenzfirmen
horizontal union · Berufsgewerkschaft
hot bill · (Schatz-)Wechsel, der noch nicht am Geldmarkt abgesetzt wurde
hot issues · neu ausgegebene Aktien von Gesellschaften, die noch nicht lange existieren
hot money · heißes Geld, zins- oder spekulationsinduzierte kurzfristige internationale Kapitaltransfers
hourly earnings · Stundenlöhne
hourly productivity of labour · Stundenproduktivität
House floor (USA) · Plenum des Repräsentantenhauses
house-to-house selling · Tür-zu-Tür Verkauf
household · Haushalt
household essentials · lebenswichtige Haushaltungsgüter (z.B. Strom, Wasser)
household insurance · Hausratsversicherung
household sector · Haushaltssektor
household theory · Haushaltstheorie
householder · Haushaltsvorstand
housing · Wohnungsbau, Wohnungswesen, Wohnmöglichkeiten
housing act · Wohnungsbaugesetz
housing policy · Wohnungsbaupolitik
housing rehabilitation · Wohnungssanierung
housing shortage · Wohnungsnot, Wohnungsmangel
housing start · Baubeginn
human capital · Humankapital: Kenntnisse, Techniken und Fertigkeiten, über die die Arbeitskräfte eines Landes (eines Unternehmens) verfügen
Human Development Index · Index der menschlichen Entwicklung
Human Development Report · Bericht über die menschliche Entwicklung
Human Freedom Index (HFI) · Freiheitsindex
human relations · zwischenmenschliche Beziehungen; Betriebsklima
human resources · Personalressourcen
human resources department · Personalabteilung
human resources development · Personalentwicklung
human resources management · Personalentwicklung
human resources management · Personalmanagement
humanizing of work · Humanisierung der Arbeit
hunting and gathering economies · Jäger- und Sammlerwirtschaft
hunting ground agreement · Gebietskartell
hyper-surface · Hyperraum (math.)
hyperemployment over-full employment
hyperinflation · Hyperinflation
hypermarket · Großmarkt (mindestens 25 Kundenkassen)
hypothecary credit · Hypothekarkredit
hypothecated asset · sicherungsübereigneter Vermögensgegenstand
hypothecation · Hypothekisierung; Lombardierung
hypothesis · Hypothese

I

IC → integrated circuit
ICOR → incremental capital-output ratio
idealism · Idealismus
identity · Identität
identity equation · Identitätsgleichung
identity matrix · Einheitsmatrix
identure · Vertrag(surkunde)
idle capacity · Leerlaufkapazität
idle money · gehortetes Geld (z.B. Keynes' Spekulationskasse)
idle time · Leerlaufzeit
illicit work · Schwarzarbeit
illiquidity · Illiquidität
ILO → International Labour Organization, International Labour Office
image · Image, Erscheinungsbild, Abbildung (Mengenlehre)
imbalance · Ungleichgewicht
IMF International Monetary Fund
immanent contradiction · Grundwiderspruch
immigration · Immigration, Einwanderung
immiserization · wachsende Verelendung (Marx)
immiserizing growth · Wohlstandsverluste durch Außenhandelswachstum
immobility · Immobilität
impact · Auswirkung
impact effect · Anstoßeffekt: kurzfristiger Effekt einer Datenänderung im Gegensatz zum längerfristigen Effekt (long-term effect), z.B. kurzfristige Preisänderung infolge einer Nachfrageerhöhung
impact multiplier · Anstoßmultiplikator (Wirkung in der 1. Periode)
impact price elasticity · Initialpreiselastizität
impaired capital · vermindertes Kapital
impairment of value · Wertminderung
imparity principle · Imparitätsprinzip
impartial chairman · Vorsitzender des Schlichtungsausschusses (USA)
impartial chairperson · Vorsitzende(r)
impedance · Scheinwiderstand, außersektoraler Störeinfluß
impediments to trade → barriers to trade
imperfect competition · unvollständige (monopolistische) Konkurrenz (Wettbewerb)
imperfect information · unvollkommene Information
imperfect market · unvollkommener Markt, Markt mit monopolistischem Anbieterverhalten
impersonal account · Sachkonto
impetu to trade · Handelsauftrieb, -anreiz
implementation · Ausführung, Erfüllung
implication · Verwicklung, Teilnahme, Folgerung
implicit costs · kalkulatorische Kosten
implicit interest · kalkulatorischer Zins
implicit item · kalkulatorischer Posten
import deposits · Importdepots in Form von Waren- oder Bardepots zur Erschwerung der Einfuhr
import duty · Importzoll, Einfuhrabgaben
import levy · (Import-)Abschöpfungsbetrag (EG-Agrarmarkt)
import licence · Importgenehmigung
import of goods · Warenimport
import quota · Importkontingent, Einfuhrquote
import restriction · Importrestriktion, Einfuhrbeschränkung
import surcharge · Einfuhrzusatzabgabe; temporäre Importabgabe im Unterschied zu einem dauerhaften Importzoll
import tariff · Einfuhrzoll
imposition · Auferlegung (von Steuern, Zöllen, etc.)
impossibility theorem (Arrow) · Unmöglichkeitstheorem

impoverishment of the working class · Verelendung der Arbeiterklasse
imprest system · Betriebskostenkontrollsystem
impulse buying · Impulskauf
impulse goods · spontan gekaufte Waren
imputation · 1. Zurechnung (Grenznutzenschule) 2. Auszahlungszuweisung (Spieltheorie)
imputation system · Körperschaftssteueranrechnung (auf die Einkommensteuer)
imputation theory · Zurechnungstheorie (österreichische Grenznutzenschule)
imputations → implicit costs
imputed costs · kalkulatorische Kosten
imputed interest → implicit interest
imputed item → implicit item
imputed price · Schattenpreis
imputed rent · kalkulatorische Miete (z.B. für Eigentumswohnungen)
imputed transactions · unterstellte Transaktionen
in-company training · innerbetriebliche Weiterbildung
in-house consumption · Eigenverbrauch
in-kind benefits · Sachleistungen
in-migration · regionale Zuwanderung
in-plant · innerbetrieblich
in-plant training · betriebliche Ausbildung
inactive money · gehortetes Geld
incapacity · Unfähigkeit – Rechts-, Geschäftsunfähigkeit
incentive · Anreiz (z.B. Lohnanreiz)
incentive for capital expenditure · Anreiz für Investitionen
incentive for saving · Sparanreiz
incentive scheme · Prämiensystem
incentive system · leistungsbezogenes Entlohnungssystem
incentive to buy · Kaufanreiz
incidence · Inzidenz, Eintreten, Wirkung
incidence of taxation · Steuerinzidenz, Steuerwirkung
incidental costs · Nebenkosten
incidental expenses of production · faux frais, unproduktive Kosten (Marx)
incipiency doctrine · Fusionskontrolle, vorbeugende
income · Einkommen, Einnahmen, Einkünfte, Erträge
income averaging · Durchschnittsbesteuerung
income bracket · Einkommensschicht, -gruppe, -klasse
income constraint · Einkommensrestriktion
income distribution · Einkommensverteilung
income effect · Einkommenseffekt einer Preisänderung (Mikroökonomie) im Unterschied zum Substitutionseffekt
income elasticity of demand · Einkommenselastizität der Nachfrage
income from abroad · Einkommen aus dem Ausland
income from all sources · Einkommen aus allen Quellen
income from employment · Einkommen aus unselbständiger Arbeit
income from real property · Einnahmen aus Grundbesitz
income from self-employment · Einkommen aus selbständiger Tätigkeit
income gearing (income leverage) · Fremdkapitalwirkung auf die Eigenkapitalrentabilität
income payment · Einkommenszahlung
income policy · Einkommenspolitik, → incomes policy
income ratio(s) · Ertragskoeffizienten, -quoten
income redistribution · Redistribution, Sekundärverteilung, Einkommensumverteilung
income schedule · Einkommenstabelle

income statement · Gewinn- und Verlustrechnung (US)
income subsidy · Einkommenssubvention
income tax · Einkommensteuer
income tax bracket · Einkommensteuer-Stufe
income tax obligation · Einkommensteuerpflicht
income tax relief · Einkommensteuererleichterung
income tax return · Einkommensteuererklärung
income unit · Bezeichnung des Einkommensteuerzahlers (gemeinsam veranlagte Ehepaare etc.)
income velocity of circulation · Kreislaufgeschwindigkeit des Geldes
income velocity of money · Umlaufgeschwindigkeit des Geldes
income-expenditure model · (Keynes') makroökonomisches Einkommensmodell
incomes policy · Einkommenspolitik durch Steuervariationen, die sich nach Lohn- und Preispolitik der Unternehmen richten
inconsistency · Inkonsistenz, Unvereinbarkeit, Unbeständigkeit; Bezeichnung für die Zinsunabhängigkeit von Sparen und Investieren (Keynes)
incorporation · Körperschaftsgründung, Eintragung, Registrierung
incoterms (international commercial terms) · Standardregeln für die Auslegung von neun Lieferklauseln im internationalen Handel
increase in population · Bevölkerungszuwachs
increase in taxes · Steuererhöhung
increasing returns to scale · steigende Skalenerträge
incremental capital-output ratio (I.C.O.R.) · marginaler Kapitalkoeffizient
incremental cost → marginal cost
incremental costs · Umstiegskosten der Umstellung auf umweltverträgliche Produktionsverfahren
incremental product · Grenzprodukt
indemnity · Abfindung, Schadensersatz
indemnity fund · Streikkasse
indemnity period · Haftungsdauer
independent contractor · Werkvertrag-Nehmer/Verpflichteter
independent variable · unabhängige Variable
index linking · Indexbindung
index number · Indexzahl
index of retail prices · Einzelhandels-(Verbraucher-)preisindex
index of stocks · Aktienindex
index of wholesale prices · Großhandelspreisindex
index-linked · der Inflationsrate angeglichen
indexation · Indexbindung (z.B. von Löhnen)
indexing → indexation
indicative planning · indikative Planung
indicative targeting · indikative Zielvorgabe
indicator · Indikator, Meßgröße
indifference analysis · Indifferenzkurvenanalyse
indifference curve · Indifferenzkurve
indifference hyper-surface · Indifferenz(hyper)ebene (bei mehr als zwei Gütern)
indifference map · Indifferenzkurvenschar
indifference surface · Indifferenzebene (bei 2 Gütern)
indirect cost · Gemeinkosten
indirect cost center · Hilfskostenstelle, Nebenkostenstelle
indirec labour costs · Gemeinkostenlöhne
indirect material cost · Materialgemeinkosten
indirect tax · indirekte Steuer

indirect taxation · indirekte Besteuerung (Umsatz-, Verbrauchssteuern)
indispensable · unerläßlich, nicht ersetzbar, unentbehrlich
individual contract · Einzelvertrag
indivisibility · Unteilbarkeit (der Produktionsfaktoren)
induced development · induzierte Entwicklung
induced investment · induzierte Investition
induced mechanism · induzierter Mechanismus
inducement to buy · Kaufanreiz
inductive method · induktive Methode
industrial accident · Betriebsunfall, Unfall am Arbeitsplatz
industrial action · Streikmaßnahmen
industrial classification · Industrieklassifikation
industrial conflict · Arbeitskonflikt, -kampf
industrial conscription · Arbeits-, Dienstverpflichtung
industrial court · Arbeitsgericht
industrial democracy · Wirtschaftsdemokratie
industrial dispute · Arbeitskampf
industrial dynamics · Methode zur Analyse von industriellen Systemen (Forester) mit Hilfe eines Simulationsverfahrens
industrial engineering · Fertigungsplanung; Anwendung von technischen und wirtschaftswissenschaftlichen Prinzipien zur Rationalisierung industrieller Arbeitsprozesse
industrial espionage · Industriespionage
industrial estate · (geplantes) Industriegelände, Gewerbegebiet mit zentralen Einrichtungen
industrial goods · Investitionsgüter
industrial health · betriebliches Gesundheitswesen
industrial injuries plan · Berufsunfallversorgung
industrial injuries scheme · Berufsunfallversorgung
industrial injury · Arbeitsunfall
industrial life · Arbeitsleben
industrial market · Investitionsgütermarkt, Investitionsindustrie
industrial market research · Produktionsgütermarktforschung
industrial park · Industriepark (US); → industrial estate
industrial peace · Arbeitsfrieden
industrial policy · Industriepolitik
industrial relations · Beziehungen zwischen den Sozialpartnern (Arbeitgeber und Arbeitnehmer)
industrial reserve army · industrielle Reservearmee
Industrial Revolution · Industrielle Revolution
industrial system of accounts · Industriekontenrahmen (IKR) (FRG)
industrial targeting · verbraucherbezogene Exportanreize; branchenbezogener Protektionismus (Exporthilfe)
industrial training · gewerbliche Ausbildung
Industrial Training Board · Ausbildungskammer
industrial union · Industriegewerkschaft, Einheitsgewerkschaft
industrialist · Industrieller
industrialized countries · Industrieländer
industry · Industrie, Wirtschaftszweig
industry level industrywide
industry-wide agreement · Tarifvereinbarungen für einen gesamten Industriebereich, Manteltarifvertrag
inefficiency · Wirkungslosigkeit, geringe Wirksamkeit, Ineffizienz
inequality · Ungleichheit
inertia · Trägheit, Immobilismus
infant industry · (schutzbedürftige) Industrie, vor allem in Entwicklungsländern

infant-industry argument · Erziehungszoll-Argument
inference · Folgerung, Schluß, Inferenz
inferential statistics · induktive Statistik
inferior goods · minderwertige Güter, inferiore Güter
infinite · unendlich
infinite series · unendliche Reihe
inflation · Inflation
inflation accounting · inflationsbezogenes Rechnungswesen
inflationary gap · Inflationslücke
inflationary policy · Inflationspolitik
inflationary pressures · inflationäre Kräfte, Inflationsdruck
inflationary spiral · Inflationsspirale
inflection point · Wendepunkt (Funktion)
inflession · Inflession: synchron verlaufende Inflation und Rezession
inflexibility · Anpassungsunfähigkeit
influx · Zufluß
influx of foreign capital · Zufluß ausländischen Kapitals
informal sector · informeller Sektor
information · Nachricht, Mitteilung, Wissen, Auskunft
information content · Informationsgehalt
information-market-techniques · Informationsmarkttechniken
information medium · Informationsträger
information processing · Informationsverarbeitung
information requirements · Informationsbedarf
information retrieval · Informationswiedergewinnung im Rahmen der EDV
information science · Informatik
information storage · Informationsspeicherung
information systems · Informationssysteme
information theory · Informationstheorie
infrastructure · Infrastruktur
ingenuity · innovativer Geist, Erfindergeist
ingot · Barren
inheritance tax · Erbschaftssteuer
initial allowance · Sofortabschreibung
initial capital stock · Gründungskapital
initial cost(s) · Anschaffungskosten
initial margin · Fester Abschlag
initial period · Anlaufzeit
initial value · Anfangswert
injections · Bezeichnung für die Summe aus Investitionen, Staatsausgaben und Exporten im Keynesschen Einkommensmodell
injunction · Auflage, zu erfüllende Bedingung
inland revenue · Aufkommen an direkten Steuern (einschließlich Schenkungs-, Erbschafts- und Stempelsteuern)
Inland Revenue Office · (britische) Einkommensteuerverwaltung, Finanzamt
innovation · Neuerung, Innovation, umgesetzte Erfindung
input · Einsatzmenge
input coefficient · Vorleistungsanteil, Vorleistungskoeffizient
input tax · Vorsteuer
input-output analysis · Input-Output-Analyse: Untersuchung von Liefer- und Empfangsbeziehungen
input-output coefficient · Verflechtungskoeffizient, Input-Output-Koeffizient
input-output structure · industrielle Verflechtungsstruktur
inquiry · Anfrage, Erkundigung
inside lag · Handlungslag, Handlungsverzögerung

inside money · Innengeld, endogenes Geld, das auf den Verbindlichkeiten eines Systems basiert (z.B. Giralgeld des privaten Bankensystems)
insider dealings · Aktiengeschäfte durch Eingeweihte
insider trading insider dealings
insolvency · Insolvenz
insolvent · zahlungsunfähig
inspection · Überwachung, Inspektion, Kontrolle
instal(l)ment · Abzahlung, Ratenzahlung
instal(l)ment credit · Ratenkredit, Teilzahlungskredit
instal(l)ment credit business · Teilzahlungsgeschäft
instal(l)ment payment · Ratenzahlung
installations · Anlagen, Einrichtungen
instant food · Fertiggericht(e)
Instinct · Bezeichnung für ein computerisiertes System des Wertpapierhandels (US, New York)
institution · Institution, Anstalt
institutional investor · Kapitalsammelstelle (Banken, Investmenttrusts etc.)
institutional monopoly · Meinungsmonopol
instruction · Anweisung; Ausbildung
instructor · Ausbilder(in)
instrument variable · Instrumentvariable
instrumental activities of daily living · Tätigkeiten der normalen Lebensteilnahme
instruments of labo(u)r · Arbeitsmittel
insurance business · Versicherungsgeschäft
insurance coverage · Versicherungsschutz
insurance policy · Versicherungspolice
insurance premium · Versicherungsprämie
intangible assets · immaterielle Anlagewerte (Bilanz)
intangibles · immaterieller Wohlstand
integer · ganze Zahl (math.)
integer multiple · ganzzahliges Vielfaches
integer programming · ganzzahlige Programmierung
integral calculus · Integralrechnung
integrated circuit (IC) · integrierte Schaltung, Chip
intellectual frame of reference · gedanklicher Bezugsrahmen
intensity of competition · Wettbewerbsintensität
intensive margin · Gesamtertragsmaximum; Nullpunkt des Grenzertrags
interbank facility · Geldhandelslinie
intercensal estimate · Fortschreibung (Zeitreihe)
intercept · Koordinatenabschnitt
inter-company comparison → inter-firm comparison
inter-company sales · konzerninterne Umsätze
interest · Zins
interest-bearing capital · Zinskapital (Marx)
interest equalization tax · Zinsausgleichssteuer (auf ausländische Wertpapiererträge)
interest on loans · Darlehenszinsen
interest rate · Zinssatz, -fuß
interest sensitivity · Zinsempfindlichkeit
interest yield · Zinsertrag
interested · (mit)beteiligt
interface · Interaktion, Schnittstelle
interference · staatliche Eingriffe
inter-firm cooperation · zwischenbetriebliche Zusammenarbeit
interfirm comparison · Betriebsvergleich
intergeneration equity · Intergenerationen-Ausgleich (Staatstätigkeit)
interim bond · vorläufiger Schuldschein
interim dividend · Zwischendividende
interim report · Zwischenbericht

inter-industry analysis · Input-Output-Analyse, Verflechtungsbilanzanalyse
interlocked capital · verschachteltes Kapital, Kapitalverflechtung
interlocking directorates · personelle Verflechtung der Führungsgremien der Aktiengesellschaften, Überkreuzverflechtungen
intermediary · Vermittler(in), Zwischenhändler(in)
intermediate good · Zwischenprodukt, Halbfabrikat
intermediate input · Vorleistung
intermediate lag · Anlaufverzögerung
intermediate output · intermediärer Ausstoß, Vorleistung
intermediate product → intermediate good
intermediate technology · alternative (angepaßte) Technologie
intermediate transactions · Vorumsätze
intermediation · Geld- und Kapitalvermittlung (Funktion der Banken als Kapitalsammelstelle und Kreditgeber)
internal audit · innerbetriebliche Rechnungsprüfung
internal calculation · innerbetriebliche Leistungsverrechnung
internal check · Betriebskontrolle, automatische Leistungskontrolle innerhalb eines Betriebes
internal control · innerbetriebliche Erfolgskontrolle (Oberbegriff zu → internal audit und → internal check)
internal debt · interne Schuld
internal economies of scale · interne Kostendegression
internal effects · interne Effekte: private Erträge oder Kosten
internal market · Binnenmarkt
internal price · Verrechnungspreis
internal rate of return · interner Zins
Internal Revenue Office · Finanzamt
Internal Revenue Service · Steuerverwaltung (US)
internal value · Inlandwert, Binnenwert
internalization · Internalisierung
International Bank for Reconstruction and Development · Internationale Bank für Wiederaufbau und Entwicklung, Weltbank
International Chamber of Commerce · Internationale Handelskammer
international commercial terms → incoterms
international commodity agreement · internationales Rohstoffabkommen
international company → multinational company
international competitiveness · internationale Wettbewerbsfähigkeit
international division of labo(u)r · internationale Arbeitsteilung
international economics · Außenwirtschaftstheorie, Außenwirtschaftspolitik, Theorie der internationalen Wirtschaftsbeziehungen
International Energy Agency (IEA) · Internationale Energiekommission
International Finance Corporation (IFC) · Internationale Finanzierungsgesellschaft der UNO
international financial reserves · Devisenreserven, -polster
International Labo(u)r Office · Internationales Arbeitsamt, Weltarbeitsamt
International Labo(u)r Organization · Internationale Arbeitsorganisation
international linkage · internationale Verflechtung
international liquidity · internationale Währungsreserven, Weltwährungsreserven, internationale Liquidität
International Monetary Fund · Weltwährungsfonds
international monetary system · internationales Währungssystem
international multiplier · internationaler Multiplikator; Multiplikator einer offenen Volkswirtschaft

international payments · internationale Zahlungen
international settlements · internationaler Zahlungsausgleich
international trade · internationaler Handel
international transmission of growth · internationale Übertragung des Wachstums
interpersonal comparison · intersubjektiver Vergleich
interplay · Zusammenspiel
interregional multiplier · interregionaler Multiplikator
intersection · Schnitt (zweier Kurven), Durchschnitt (Mengenlehre)
interval estimation · Intervallschätzung, Hypothesentest
intervention · (staatliche) Intervention, Einmischung
intervention board for agricultural produce · Einfuhr- und Vorratsstelle für landwirtschaftliche Erzeugnisse
intervention price · Interventionspreis (EG-Agrarmarkt)
interventionism · Interventionismus
interview · Interview, (Einstellungs-) Gespräch
intraday credit → daylight credit
intrinsic value · (stofflicher) Eigenwert, Substanzwert
introduction · Vorstellung, Einführung
inutility · Nutzlosigkeit
invalid · 1. Invalide, Invalidin 2. ungültig
invalidity · 1. Invalidität 2. Ungültigkeit
invention · Erfindung
inventories · Warenläger, Lagervorräte, Bestände
inventory · Inventar, Bestandsliste, Inventur
inventory accumulation · Lageraufbau, Aufbau der Lagerbestände
inventory changes · Lagerbestandsveränderungen
inventory cycle · Lagerzyklus
inventory decumulation · Lagerabbau, Abbau der Lagerbestände
inventory fluctuation · Lagerhaltungsschwankung
inventory investment · Vorratsinvestition, Vorratsveränderung
inventory investment cycle · Lagerzyklus
inventory loan · Lagerfinanzierung durch mittel- oder langfristigen Kredit
inventory par · Inventursoll(wert), Warensoll(wert)
inventory proceedings · Inventurarbeiten
inventory reserve · Rückstellungen in der Bilanz für Lagerabwertungen
inventory sheet · Inventarverzeichnis
inventory system · Lagerhaltungssystem
inventory taking · Inventur
inventory turnover (rate) · Umschlaghäufigkeit des Lagerbestandes, Quotient aus Durchschnittsumsatz und durchschnittlichem Lagerbestand
inventory valuation adjustment · Wertberichtigung des Vorratsvermögens
inverse of a matrix · invertierte Matrix, inverse Matrix
investigation · Untersuchung
investment · Investition, Anlage; Einlage, Beteiligung, Kapitaleinlage
investment abroad · Auslandsinvestition(en)
investment account · Vermögensrechnung, Vermögensveränderungskonto
investment allowance · Investitionsvergünstigung, Investitionsfreibetrag (Prozentsatz der Investitionssumme, der vom versteuerbaren Einkommen zusätzlich zur Abschreibung abziehbar ist)
investment anticipation · erwartete Höhe der Investition(en)
investment appraisal · 1. Rentabilitätsschätzung einer Investition 2. Investitionsberatungsfirma

investment criterion · Investitionskriterium
investment decision · Investitionsbeschluß
investment demand curve · Nachfragekurve für Investitionskapital bei verschiedenen Einsätzen
investment function · Investitionsfunktion
investment fund · Investmentfonds
investment good · Produktionsgut
investment grants · Investitionszuschüsse, staatliche Investitionshilfen (direkte Subventionen)
investment grants towards capital expenditure · Investitionszuschüsse zur Kapitalaufwendung
investment in human capital · Bildungsinvestition
investment in showpieces · Musterinvestition, „Parade"-Investition
investment incentive · Investitionsanreiz
investment income · Kapitaleinkünfte
investment income tax · Kapitalertragsteuer
investment multiplier · Investitionsmultiplikator
investment on equipment · Ausrüstungsinvestition(en)
investment opportunities · Investitionsgelegenheiten, ~möglichkeiten
investment opportunity curve · Beziehung von Investitionsvolumen und Investitionsrentabilität (I. Fischer)
investment-oriented economy · investitionsorientierte Wirtschaft
investment outlet · Anlagemöglichkeit
investment portfolio · Wertpapierportfeuille
investment ratio · Investitionsquote
investment-saving curve · Investitions-Spar-Kurve (IS-Kurve)
investment schedule · Investitionstabelle, Investitionsfunktion
investment tax credit · Steuerabzug für Investitionen, Investitionsprämie
investment trust · Investmentfonds
investor · Anleger(in), Investor(in)
investor protection · Anlegerschutz
invisible assets → intangible assets
invisible balance · Dienstleistungsbilanz, unsichtbare Ein- und Ausfuhr
invisible exports · unsichtbare Exporte, aktive Dienstleistungen
invisible hand · unsichtbare Hand (A. Smith)
invisible imports · unsichtbare Importe, passive Dienstleistungen
invisibles · unsichtbare Exporte und Importe, Dienstleistungsverkehr mit dem Ausland
invitation for (to) tender · Ausschreibung
invoice · Rechnung, Faktura
invoice price · Rechnungspreis
involuntary saving · Zwangssparen
involuntary unemployment · unfreiwillige Arbeitslosigkeit
IOU (I owe you) · Schuldschein
iron law of wages · ehernes Lohngesetz
irredeemable security · ewige Anleihe, Konsols
irregular economy · Schattenwirtschaft
irrevocable and unconditional transfer · unwiderrufliche und unbedingte Übertragung
irrigation · Bewässerung
IRS → Internal Revenue Service
IS schedule · IS-Kurve
ISDN (integrated services digital network) · internationales Breitbandübertragungsnetz
iso-cost curve · Isokosten-Kurve (-gerade); Isotime
iso-cost line → iso-cost curve
iso-expenditure line · Budgetlinie
iso-product curve · Isoproduktkurve, Isoquante
iso-profit curve · Isogewinnkurve
iso-utility curve · Indifferenzkurve

isodapane · Isogesamttransportkostenlinie, Isodapane
isolated selling · homogenes Monopol
isoquant · Isoquante, Isoproduktkurve
isoquant curve · Isoquante, Isoertragskurve
isoquant map · (graphische Darstellung einer) Isoproduktkurvenschar, Isoquantenschar
isotim · Kostenindifferenzkurve, Ausgabenindifferenzkurve, Isotransportkostenlinie
issue · 1. Ausgabe (Zeitung, Aktien) 2. Angelegenheit, Streit-, Kern-, Angelpunkt
issue price · Emmissionskurs
issuer · Emittent
issued capital · ausgegebenes Kapital
item · 1. Tagesordnungspunkt (Merkposten) 2. Bilanzposten 3. Gegenstand
itinerary · Route, Reiseplan

J

J-curve · zeitlicher Verlauf der Zahlungsbilanzentwicklung nach einer Abwertung in Kurvendarstellung (mit J-förmigem Verlauf)
jaw-bone (~ boning) · Wirtschaftssteuerung durch Überredung
JIT → just in time
job · Arbeitsplatz, Tätigkeit
job analysis · Arbeitsplatzanalyse
job costing · Einzel-, Auftragskalkulation
job description · Arbeitsplatzbeschreibung
job enlargement · horizontale Arbeitsfeldvergrößerung
job enrichment · vertikale Arbeitsausdehnung
job evaluation · Arbeits(platz)bewertung
job performance · Arbeitsleistung
job rate · Akkordrichtsatz (Lohnverfahren)
job rating · Arbeitsbewertung
job redesign · alternative Arbeitsgestaltung i.S. der Reduktion von Entfremdung
job rotation · Mitarbeiterschulung durch innerbetriebliche Stellenrotierung
job satisfaction · Arbeits(platz)zufriedenheit
job security · Arbeitsplatzsicherung
job specification · Anforderungsprofil
job-sharing → work-sharing
jobbing production · Auftragsfertigung, Einzel- oder Kleinserienfertigung
jobless benefits · Arbeitslosengeld
Johnson Act (US) · Gesetz über das Verbot der Kreditgewährung an sozialistische Staaten
joint action · Konzertierte Aktion
joint capital · Gesellschaftskapital
joint consultation · konzertierter Rat
joint control · Mitkontrolle
joint costs · Schlüssel-, Umlagekosten
joint credit · Konsortialkredit
joint demand · verbundene Nachfrage (Komplementärgüter)
joint floating · gemeinsames Floaten, Blockfloating
joint implementation · Umweltschutzkooperation: Erbringung von Vermeidungsleistungen der Industrieländer im Umweltschutz durch den Einsatz umweltfreundlicher Techniken in Entwicklungsländern; gemeinsame Umsetzung von Maßnahmen (z. B. Klimaschutz)
joint negotiating panel · gemeinsamer Verhandlungsausschuß
joint negotiation committee · gemeinsamer Verhandlungsausschuß
joint owner · Mitbesitzer(in)
joint product · Kuppelprodukt
joint production · verbundene Produktion

joint stock bank · (private) Depositenbank
joint stock company · Kapitalgesellschaft (US); OHG auf Aktien (GB)
joint supply · verbundenes Angebot
joint tax return · gemeinsame Steuererklärung
joint venture · Gemeinschaftsgründung; Beteiligungsgesellschaft
journal · Geschäftsbuch
journeyman · (Handwerks-)Geselle
junior partner · Juniorpartner(in): später (nach Geschäftsgründung) hinzugekommener Gesellschafter mit Minderheitsanteil
junk pile · Schrott-, Ausschußlager
just in time (JIT) · Zulieferung zum Zeitpunkt der Verwendung in der Produktion
just price · gerechter Preis
justice · Gerechtigkeit; Justiz

K

keep up with the Joneses · Jones- Effekt: Mitläufereffekt, Konsumkonformismus, Referenzgruppenkonsum
kerb market (GB) · Freiverkehrsbörse
key-account-management (KAM) · Kundengruppenmanagement (Konzentration von Marketingpolitik auf Hauptabnehmer)
key currency · Leitwährung
key-day (key-date) · Stichtag, Berichtszeitpunkt
key industrial emporium · wirtschaftliche Schlüsselstellung
key worker · hochqualifizierter Facharbeiter; Arbeiter für Spezialaufgaben
keynesian · keynesianisch
kick-back · Schmierprovision, illegale provisionsähnliche Zahlung
kindling the economy · die Wirtschaft anheizen, · ankurbeln
kinked demand curve · geknickte Nachfragekurve (Oligopol)
kite mark · (britischer) Standardnormstempel
knife-edge equilibrium · instabiler Wachstumspfad
knife-edge problem · Problem des „Wachstums auf des Messers Schneide" (Wachstumstheorie)
know-how · 1. Sachkenntnis, Fachwissen 2. theoretische Erkenntnisse und praktische Erfahrungen eines Unternehmens, die nicht rechtlich geschützt werden können
knowledge-based · wissensbasiert
knowledge-based system · wissensbasiertes System

L

label · Etikett, Aufkleber, Zettel
labo(u)r · 1. Arbeit(skraft) 2. Arbeitnehmerschaft
labo(u)r agreement · Tarifvertrag
labo(u)r-augmenting progress · arbeitsvermehrender technischer Fortschritt, Harrod-neutraler technischer Fortschritt
labo(u)r bureau · Arbeitsamt
labo(u)r cost · Arbeitslöhne, Lohnkosten
labo(u)r court · Arbeitsgericht
labo(u)r displacement · Freisetzung
labo(u)r dispute · Lohnstreit
labo(u)r economics · volkswirtschaftliche Theorie der Arbeit
labo(u)r exchange · Arbeitsvermittlung, Arbeitsamt
labo(u)r force · Arbeitspotential, Arbeitskräftepotential, Arbeitsheer
labo(u)r force time lost (US) · verlorene Arbeitszeit durch Arbeitslosigkeit und Kurzarbeit im Verhältnis zur tariflichen Arbeitszeit
labo(u)r-intensive industry · lohnkostenintensive Industrie

labo(u)r law · Arbeitsrecht
labo(u)r-management relations · Verhältnis zwischen den Tarifpartnern
Labo(u)r-Management Relations Act · Betriebs-Verfassungsgesetz
labo(u)r market · Arbeitsmarkt
labo(u)r money · Arbeitsgeld (Owen)
labo(u)r power · (Ware) Arbeitskraft
labo(u)r productivity · (gesamtwirtschaftliche) Arbeitsproduktivität
labo(u)r relations → labo(u)r-management relations
labo(u)r rent · Arbeitsrente (Marx)
labo(u)r representation · Arbeitnehmerschaftvertretung
labo(u)r supply · Arbeitsangebot
labo(u)r theory of value · Arbeitswerttheorie
labo(u)r turnover · betriebliche Fluktuationsrate der Arbeit
labo(u)r turnover rate · Fluktuationsrate
labo(u)rer · ungelernter Schwerarbeiter, ungelernte Schwerarbeiterin
lack of capital · Kapitalmangel
lag · Anpassungsverzögerung
laggard · langsam, träge, saumselig
lagged consumption function · verzögerte Konsumfunktion
lagged output term · verzögerte Ausstoßvariable
lagged variable · verzögerte Variable
lagging indicator · Spätindikator, verzögerter Indikator
Lagrangian optimization · Lagrange-Optimierung
lame duck · 1. nicht lebensfähige Firma (GB) 2. ruinierter (Börsen)spekulant 3. nicht wiedergewählter Politiker (US)
LAN (local area network) · lokales Netz
land hoarding charge · Baulandsteuer
land registration · Eintragung ins Grundbuch
land-use planning · regionale Planung
landed property · Landbesitz, Liegenschaften
landlady · 1. Vermieterin 2. (Groß)-grundbesitzerin
landlord · 1. Vermieter(in) 2. (Groß)-grundbesitzer(in)
landmark · Wendepunkt
lapse (of a patent) · Ablauf, Erlöschen (eines Patentes)
large landed property · Großgrundbesitz
large-scale production · Massenproduktion, Serienfertigung
last-in-first-out · bilanzmäßige Vorratsbewertung unter der Annahme, daß die zuletzt gekauften Waren zuerst verkauft werden
latecomer · Zuspätkommender; Nachzügler (Entwicklungstheorie)
launching · 1. Ingangsetzung, Starten 2. Stapellauf
law of comparative advantages · Gesetz der komparativen Vorteile
law of comparative costs · Gesetz der komparativen Kosten
law of contract · Vertragsrecht
law of demand · Nachfragesatz
law of diminishing marginal utility · Gesetz des abnehmenden Grenznutzens (1. Gossensches Gesetz)
law of diminishing returns · Gesetz vom abnehmenden Grenzertrag, Ertragsgesetz
law of indifference · Prinzip der Preisunterschiedslosigkeit
law of large numbers · Gesetz der großen Zahl
law of markets (Say's law) → Say's law
law of nature · Naturgesetz
law of substitution · 1. zweites Gossensches Gesetz (Equimarginalprinzip) 2. Theorem der effizienten Faktorkombination
law of supply · Gesetz des Angebots
law of the diminishing (tendancy of the) rate of profit · Gesetz des tendenziellen Falls der Profitrate (Marx)

law of the increasing misery of the working class · Verelendungsgesetz (Marx)
law of tort · Vermögensschadensrecht (GB)
law of value · Wertgesetz
law of variable proportions · Gesetz variabler Grenzerträge (schließt das Ertragsgesetz ein), Ertragsgesetz im weiteren Sinne
law on co-management · Gesetz über die Mitbestimmung
law on labo(u)r relations at the workplace · Betriebsverfassungsgesetz
lawsuit · Prozeß, Rechtsstreit
lay-off · zeitweilige Entlassung (wegen streikbedingter Unterbrechung der Vorproduktlieferungen)
LCM → lower-of-cost-or-market
LDC (Less Developed Country) · UN-Klassifizierung: Entwicklungsland (s. LLDC)
leading agreements · beispielsetzende Lohnrunde, deren Abschlüssen andere Gewerkschaften, Branchen etc. folgen
leading indicator · Frühindikator, prognostischer Indikator
leading sector · Wirtschaftssektor, in dem sich primär Wachstumsimpulse bemerkbar machen
leads and lags · 1. Variation der Devisenreservehaltung im Außenhandelsgeschäft, um Kursänderungen auszunutzen 2. (positive und negative) Phasenverschiebung
leadtime · Vorlaufzeit (z.B. zwischen Auftragserteilung und Liefertermin); Lieferzeit
leaflet · Prospekt, Werbezettel
leakage · einkalkulierter Warenverlust
leakage effects · Sickereffekte
lean management · schlankes („agiles") Management · in Japan entwickeltes Management-Modell · Merkmale u.a. flache Hierarchie, Einbeziehung der Mitarbeiter, Dezentralisierung der Entscheidungen und Prozeß- und Kundenorientierung sowie die Ausrichtung auf → lean production
lean production · schlanke Produktion – auf japanische Vorbilder zurückgehendes Produktionsmodell (Merkmale geringe Produktionstiefe, just-in-time Anlieferung, Modellvielfalt, flexible Produktionsverfahren, Qualitätskontrolle, Effizienz durch Kostensenkung)
leap frogging · Produktgenerationen-Sprung, Überspringen von Produktgenerationen zwecks werblicher Abwertung neuer Konkurrenzprodukte; Überspringen (von Gehaltsstufen)
lease · Pacht; Mietvertrag
leasehold · Erbpacht, Erbbaurecht
leasing · 1. Mieten, Miete; Vermietung 2. Pacht, Verpachtung 3. mietweise Überlassung von Investitionsgütern
least-cost combination · Minimalkostenkombination
least-outlay combination · Minimal(faktor)kostenkombination
least-square bias · Kleinstquadratbias, Kleinstquadratverzerrung
least-square estimator · Kleinstquadratschätzfunktion (Statistik)
least-square(s) method · Methode der kleinsten Quadrate
leave (of absence) · Urlaub (eines Arbeitnehmers) (US)
ledger · Buchhaltungsbuch
ledger type journal · amerikanisches Journal (Geschäftsbuch)
legacy · Legat, Vermächtnis
legal being · juristische Person
legal maximum price · gesetzlicher Höchstpreis
legal minimum price · gesetzlicher Mindestpreis

legal representative · 1. gesetzlicher Vertreter 2. Justitiar, Syndikus
legal reserve requirements · Mindestreservenerfordernis, Mindestreserve (US)
legal reserves · gesetzliche Rücklagen
legal risk · Rechtliches Risiko
legal tender · gesetzliches Zahlungsmittel
legal title · Eigentumsrecht
legal validity · Rechtswirksamkeit
legally fixed ratio of exchange · gesetzlich festgelegtes Aus-, Umtauschverhältnis
leisure · Muße, Freizeit
lender · Kreditgeber(in), Gläubiger(in)
lender of last resort · Kreditgeber(in) letzter Instanz
lending · Kreditvergabe
lending commitment · Kreditzusage
lending rate · Sollzins
less developed country → LDC
lessee · Pächter(in)
lessor · Verpächter(in)
letter of credit · Kreditbrief
level · 1. Niveau, Höhe 2. absoluter Wert
level of employment · Beschäftigungsstand
level of technology · Stand der Technik
levels function · Funktion mit absoluten Werten
levels of hierarchy · Hierarchieebenen
leverage · 1. Anteil des festverzinslichen Kapitals am Gesamtkapital des Unternehmens 2. Disproportionalität 3. Druckmittel
leverage · Hebelansatz, Hebelkraft, Hebelwirkung (Termingeschäfte)
leverage ratio · Verschuldungsgrad, Fremdkapital-Quotient (Fremdkapital durch Nettovermögen)
leverage risk · Verschuldungsrisiko
leveraged buyouts (LBO) · Unternehmensauskauf (i.d.R. kreditfinanziert)
leveraged position · disproportionale Gewinnsituation
levy · Wertsteuer, Abschöpfungsbetrag
liabilities · 1. Verbindlichkeiten, Haftpflicht, Haftbarkeit 2. Passivseite der Bilanz
liability · Passivum
liability for contributions · Beitragspflicht
liability insurance · Haftpflichtversicherung
liability to tax · Steuerschuld
licence · Konzession, Lizenz
licence duty · Konzessionsabgabe
licencing · Vermietung eines patent- oder urheberrechtlichen Verfahrens
licensing system · Konzessionsordnung
lien · Pfandrecht, Eigentumsvorbehalt
life (of a loan) → life span (duration)
life-cycle · Lebenszyklus, z. B. eines Produktes
life-cycle hypothesis · Lebenszyklushypothese (Konsumtheorie)
life insurance premium · Lebensversicherungsprämie
life of an asset · Lebensdauer eines Anlageguts
life span · Lebensdauer
life-time earnings · Lebenseinkommen
life-time labo(u)r income · Lebensarbeitseinkommen
lifo → last-in-first-out
light-industry products · Leichtindustrieprodukte
lightning strike · Blitzstreik
limit · Grenze, Preisgrenze
limit price · Höchstpreis
limit-pricing · monopolistische (Niedrig-)Preispolitik zur Abwehr potentieller Konkurrenten
limitation period · Verjährungsfrist
limitational input · limitationaler Input
limited · begrenzt, beschränkt

Limited (Ltd) · Gesellschaftsform mit beschränkter Haftung
limited liability · beschränkte Haftung der Eigner (z.B. GmbH)
limited partner · beschränkt haftender Gesellschafter, Kommanditist, Teilhaber
limited partnership · Kommanditgesellschaft
limited wants · begrenzte Bedürfnisse
limiting case · Grenzfall
line · Befehlskette
line function · unmittelbare Aufgabe einer Unternehmung, wie Beschaffung, Produktion und Absatz
line of business · Branche, Geschäftszweig
line of command · Instanzenweg
line of credit · Kreditlinie
line of equality · Gleichheitslinie, 45-Grad-Linie
line of goods · Warensortiment
line organisation · Linienorganisation
line relationship · (formale) Anweisungsbeziehung, Vorgesetzten-Untergebenen-Linie
line systems · Liniensysteme
linear function · lineare Funktion
linear programming (LP) · lineare Programmierung, lineare Optimierung, lineare Planungsrechnung, Linearplanung: mathematisches Verfahren zur Bestimmung optimaler Verhaltensweisen von Wirtschaftssubjekten
link · Verbindungsglied
linkage · 1. Verflechtungsbeziehungen zwischen Industrien 2. Koppelung (von Modellen)
linkage effect · Verflechtungseffekt (Entwicklungstheorie: Hirschmann) → backward -, → forward linkage
liquid assets · Aktiva hoher Liquiditätsstufe
liquidation · Firmenliquidation
liquidity · Liquidität
liquidity balance · Liquiditätsbilanz
liquidity preference · „Liquiditätsvorliebe"
liquidity ratio → acid test
liquidity risk · Liquiditätsrisiko
liquidity trap · Liquiditätsfalle
liquid ratio · Liquiditätskennziffer (Quotient aus Umlaufvermögen, vermindert um Lager- und Halbfabrikatbestände und kurzfristigen Verbindlichkeiten) syn.: acid-test ratio
little man · Kleinbürger, der kleine Mann
livelihood · Lebensunterhalt, Subsistenz, Auskommen, Existenz(grundlage)
livery companies · Bezeichnung der mittelalterlichen Gilden Londons
livestock · Vieh
living labo(u)r · lebendige Arbeit (Marx)
living wage · Subsistenzlohn
LLDC (Least developed country) · UN-Klassifizierung: am wenigsten entwickelten Entwicklungsland
LM schedule · LM-Kurve
load factor · Kapazitätsauslastungsquotient (Produktion/Kapazität x 100)
loading area · Ladefläche
loading capacity · Ladefähigkeit
loan · Anleihe, Kredit, Darlehen
loan account · Darlehenskonto
loan authorities · Anleihebehörden (Gemeinden und Gemeindeverbände)
loan capital · Kreditkapital
loan interest · Anleihzins
loan-market line · Kreditmarktlinie
loan shark · Kredithai
loanable funds · Summe aller für das Geld- und Kreditangebot maßgebenden Größen, z.B. Sparen, Enthorten, Geldmengenvermehrung
lobby · Lobby: Macht-, Interessengruppe (die Abgeordnete zu beeinflussen sucht)

local · 1. örtlich, lokal 2. Gewerkschaftsortsverband
local area network LAN
local public finance · Kommunalhauswirtschaft, kommunale Finanzwirtschaft
local tax · Gemeindesteuer
location · Standort
location analysis · Standortanalyse
location model · Standortmodell
location quotient · Standardquotient
location theory · Standorttheorie
lock-out · Aussperrung
locking-in-effect · Portfolio-Effekt (Kreditverfügbarkeitstheorie): Wertpapiere verlieren durch Kurssenkungen ihr Liquidationspotential
log rolling · Stimmentausch, gegenseitiger: Unterstützung z. B. von gut organisierten Minderheiten
logarithmic scale · logarithmischer Maßstab
loggar · Gerät zur Erfassung und Verarbeitung von Meßwerten in der EDV
logical tree · Entscheidungsbaum
logrolling · zeitweises Bündnis von Kongreßabgeordneten zur Durchsetzung von Gruppeninteressen
lombard rate · Lombardsatz
long bond · Anleihe mit über zwanzig Jahren Laufzeit
long cycle · Wellen, lange (Kondratieff)
long-dated gilt · börsengängiges Staatspapier mit über 10jähriger Laufzeit
long-dated gilt edged security → long-dated gilt
long firm → bogus company
long-range plan · langfristiger Plan
long-run · langfristige Periode, in der Preisänderungen auch zu Angebots- und Allokationsänderungen führen
long-run analysis · langfristige Analyse
long-run average costs · langfristige Durchschnittskosten
long-run costs · langfristige Kosten
long-run multiplier · dynamischer Multiplikator
long swings → long waves
long-term care insurance (LTC) · Pflegeversicherung
long-term contract · langfristiger Vertrag
long-term liabilities · langfristiges Fremdkapital, langfristige Verbindlichkeit
longevity · Langlebigkeit
longitudinal analysis · Längsschnittanalyse
longshoremen · Hafenarbeitergewerkschaft (US)
long waves · lange Wellen
loop · (Rückkopplungs-)Schleife
loophole · Schlupfloch, Lücke (z.B. Steuergesetzgebung)
loot · Plündergut
loss · Verlust
loss carry-over · Übertrag eines Verlustes
loss in the value of money · Geldentwertung
loss leader · Lockvogelangebot (Preis unter Kosten)
loss of production · Produktionsausfall
loss relief · Verlustabzug
lot · 1. Teil, Anteil 2. Waren-, Lieferposten, Partie 3. Gelände, (Grundstücks)parzelle
low · Tiefstand, niedrig
low gearing · Herabsetzung des Fremdkapitalanteils
low trust climate · schlechtes Betriebsklima (Distanz zwischen Management und Belegschaft)
low-consumption economy · Niedrigkonsumwirtschaft: nicht auf Verbrauchsgüterüberfluß ausgerichtete Wirtschaft

low-cost housing · sozialer Wohnungsbau
low-powered money · Geld mit niedrigem Kreditschöpfungsmultiplikator
low-pressure economy · träge Wirtschaft
lower-income bracket · unterer Einkommensbereich
lower intervention point · unterer Interventionspunkt
lower-of-cost-or-market principle · Niederstwertprinzip (Kostenrechnung)
lower-order good · Gut niederer Ordnung
lower price limit · Niedrigstpreisgrenze
LP → linear programming
LTC → long-term care insurance
LTD → Limited
lull · vorübergehendes Abklingen, Geschäftsstille, Flaute
lump sum · Pauschalbetrag
lump sum contract · Werkvertrag zu einem Pauschalpreis
lump sum tax · einmalige Steuer
lump-of-labo(u)r fallacy · Trugschluß, der auf der Annahme einer feststehenden Arbeitsmenge in einer Volkswirtschaft beruht
lumpen-proletariat(e) · Lumpen- Proletariat
luncheon vouchers · Essensmarken (für Belegschaftsangehörige)
Lundberg-Lag · Investitionslag, Lundberg-Lag: $I_t = f(C_{t-1}, I_{t-1})$
luxuries · Luxusgüter
luxury goods → luxuries
luxury tax · Luxussteuer

M

machine-down time · Maschinenstillstandszeit (z.B. für Reparaturen)
machine-idle time · Maschinenausfallzeit (z.B. wegen Zulieferausfällen)
machine language · Maschinensprache
machine loading · optimale Maschinenauslastung
machine wrecking · Maschinenstürmerei
macro-dynamics · makrodynamische Analyse
macroeconomic model of income determination · gesamtwirtschaftliches Kreislaufmodell (volkswirtschaftliche Gesamtrechnung)
macroeconomics · Makroökonomik, Makroökonomie
magic polygon · magisches Vieleck
mail order business · Versandgeschäft
mail order firm · Versandhaus
mailing list · Anschriftenkartei
main point · Schwerpunkt
mainstream corporation tax · Hauptkörperschaftssteuer
mainstream tax · Hauptkörperschaftssteuer
maintaining capital intact · Abschreibung im Rahmen der volkswirtschaftlichen Gesamtrechnung (Erhaltung der Produktionskapazität)
maintenance · Wartung, Instandhaltung
maintenance cost · Instandhaltungskosten
maintenance engineering · Maßnahmen der Instandhaltung und Pflege der Anlagen
maintenance margin · Nachschuß
maintenance period · Mindestreserveerfüllungsperiode, Mindestreservepflicht
maintenance shift · Wartungsschicht
major cycle · mittlere Konjunkturwellen (Juglar)
major shareholder · Hauptaktionär(in)
majority · Mehrheit, Majorität
majority holding · Mehrheitsbeteiligung
make-or-buy decision · Entscheidung über Eigenfertigung oder Kauf

make-work · Arbeitsbeschaffungspraktiken der Gewerkschaften
maker · Hersteller
making a loan · Kreditvergabe
making-up price · Abrechnungskurs
maladjustment · Fehlanpassung
maldistribution · Mißverteilung, schlechte Verteilung
maldistributionist theory · Theorie der nicht optimalen Verteilung
malleable capital · homogenes und unendlich teilbares Produktionskapital
malnutrition · Unterernährung
man-hour · Arbeitsstunde
managed currency · manipulierte Währung (interventionistisch regulierter Währungskurs)
managed money → managed currency
management · 1. Betriebsleitung, -führung 2. Arbeitgeberschaft (allgemeiner Begriff)
management appraisal · Bewertung der Management-Leistung
management audit · Prüfung der Management-Tätigkeit
management board · Vorstand
management by objectives (MBO) · Unternehmensführung durch Zielvorgaben
management consultant · Unternehmensberater(in)
management development · Planung der Aus- und Weiterbildung von Führungskräften
management education · Weiterbildung von Führungskräften
management game · Management – Planspiel
management of the economy · sinngemäß: staatliche Stabilitätspolitik
management style · Führungsstil
management-buy-in (MBI) · Betriebsübernahme durch außenstehendes Management
management-buy-out (MBO) · Betriebsübernahme durch Mitarbeiter
manager · Manager(in), Geschäftsführer(in), Filialleiter(in), Abteilungsleiter(in)
managerial grid · Verhaltensgitter, Matrixdarstellung des Führungsverhaltens, Management-Netz
managing director · Vorstandsvorsitzende(r) (GB)
mandatory · obligatorisch, verordnet, zwingend
manning level · Ebene für Personalentscheidungen
manor (GB) · Grundherrschaft(ssystem)
manorial system · Grundherrschaft (Feudalismus)
manpower · 1. Arbeitskraft 2. volkswirtschaftliches Arbeitskräftepotential
manpower planning · 1. Personalplanung 2. volkswirtschaftliche Planung der Beschäftigung
Manpower Services Commission · Landesamt für Arbeitsvermittlung und Berufsausbildung
mantissa · Mantisse
manual worker · Handarbeiter(in)
manual workers' union · Arbeitergewerkschaft, Gegensatz white collar union
manufactory · Manufaktur
manufacture · das Produzieren industrieller Erzeugnisse
manufactured goods (manufactures) · Fertigerzeugnisse, Industrieerzeugnisse, Manufakturwaren
manufacturer · Hersteller
manufacturing · weiterverarbeitende Industrie; produzierendes Gewerbe
manufacturing analysis · Arbeitsplanung innerhalb der Fertigplanung
manufacturing and extractive industry → (goods-producing) industry
manufacturing cost · Herstellungskosten

manufacturing planning · Fertigungsplanung
manufacturing process · Fertigungsverfahren, Herstellungsverfahren
manufacturing review · Arbeitsbericht
manufacturing worker · Produktions-, Fabrikarbeiter(in)
mapping · Abbildung, Funktion, Elementzuordnung (Mengenlehre)
margin · 1. (Gewinn-, Handels-) Spanne 2. Rand
margin of cultivation · Bebauungs-, (Produktions)grenze
margin of error · Fehlergrenze, -bereich
margin of fluctuation · Schwankungsbreite
margin of profit · Gewinnspanne
marginal · Grenzwert, Grenzrate, Veränderungsrate im Grenzbereich
marginal analysis · Marginalanalyse, Grenzbetrachtung
marginal approach · Lösung durch Differentiation
marginal borrower · Grenznachfrager nach Kredit, Grenzkreditnehmer
marginal buyer · Grenz-, Marginalkäufer, Grenz-, Marginalnachfrager
marginal capital-output ratio · Grenzkapitalkoeffizient
marginal cost(s) · Grenzkosten
marginal costing · Grenzkostenrechnung
marginal cost pricing · Marginalkostenpreis (vollständige Konkurrenz)
marginal disutility of labo(u)r · Grenzleid der Arbeit
marginal efficiency of capital · Grenzleistungsfähigkeit des Kapitals, interner Zinsfuß
marginal employment subsidies · Arbeitsplatzzuschüsse für strukturell schwache Arbeitsplätze und Problemgruppen
marginal firm · Grenzbetrieb
marginal growth contribution · marginaler Wachstumsbeitrag, besteht aus zwei Teilen 1. aus dem durch den Wert des gegenwärtigen Konsumstroms gegebenen Wirkungsgrad 2. aus dem aus zusätzlichem Konsum entstehenden Wachstumsgrad
marginal income · Grenzeinkommen
marginal interest rate · Marginaler Zinssatz
marginal land · Grenzboden
marginal lender · Grenzanbieter von Kredit, Grenzkreditgeber
marginal lending facility · Spitzenrefinanzierungsfazilität
marginal physical product · physisches (reales, naturales) Grenzprodukt
marginal physical productivity · physische Grenzproduktivität
marginal pricing · Festlegung des Verkaufspreises in Höhe der Grenzkosten
marginal producer · Grenzbetrieb, Grenzanbieter
marginal product · Grenzertrag (bei Vermehrung eines Faktors um eine Einheit)
marginal productivity · Grenzproduktivität
marginal productivity criterion · Grenzproduktivitätskriterium (Entwicklungstheorie)
marginal productivity of capital → marginal efficiency of capital
marginal productivity theory of wages · Grenzproduktivitätstheorie des Lohnes
marginal profit · Grenzgewinn
marginal propensity · Grenzneigung
marginal propensity to consume · marginale Konsumneigung, Grenzneigung des Konsums
marginal propensity to export · Grenzhang zum Export, marginale Exportquote
marginal propensity to import · Grenzhang zum Import, marginale Importquote

marginal propensity to invest · marginale Investitionsneigung
marginal propensity to save · marginale Sparneigung
marginal propensity to spend · marginale Ausgabenneigung
marginal rate · Grenzrate
marginal rate of substitution · Grenzrate der Substitution (Konsumtheorie)
marginal rate of taxation · Grenzsteuersatz
marginal reinvestment criterion · marginales Reinvestitionskriterium (Entwicklungstheorie)
marginal return · Grenzertrag
marginal returns to scale · Niveaugrenzprodukt, -ertrag, marginaler Skalenertrag
marginal revenue · Grenzerlös
marginal revenue product · Grenzwertprodukt
marginal seller · Grenz-, Marginalverkäufer; Grenz-, Marginalanbieter
marginal social cost · volkswirtschaftliche Grenzkosten
marginal social product · marginale gesellschaftliche Wohlstandszunahme infolge des Mehreinsatzes eines Faktors (Berücksichtigung externer Effekte)
marginal swap point quotation · Swapsatz, marginaler
marginal tax rate · Marginalsteuersatz
marginal theory of distribution · Theorie der Grenzproduktivität (Verteilungstheorie)
marginal utility · Grenznutzen
marginal utility school of economics · Grenznutzenschule
marginal value product → marginal revenue product
marginal yield · Grenzertrag
marginalism · marginale Betrachtungsweise, grenztheoretische Methode
marginalist · Vertreter der marginalen Betrachtungsweise
mark-down · Preisabschlag, Preisermäßigung
mark-up · Aufschlag; Bruttogewinnspanne, Handelsspanne
mark-up inflation · Gewinndruckinflation
marked cheque (check) · bestätigter Scheck (GB), gekennzeichneter Scheck (US)
marked inflation · versteckte, latente Inflation
market · Markt
marketable assets · Sicherheiten, marktfähige
market analysis · Absatzforschung, Marktforschung
market and non-market forces · Kräfte innerhalb und außerhalb des Marktes; Marktkräfte und marktunabhängige Einflußgrößen
market basket · Warenkorb, Waren- und Dienstleistungskorb
market coverage · Marktanteil
market demand · Marktnachfrage
market dominant (position) · marktführend, hoher Marktanteil
market economy · Marktwirtschaft
market failures · Marktversagen
market fluctuation · Konjunkturschwankung
market forces · Marktkräfte
market imperfection · Marktunvollkommenheit
market index · Börsenindex
market intervention · Marktintervention
market leader · Marktführer(in)
market mechanism · Marktmechanismus
market oriented · marktorientiert
market penetration · Marktdurchdringung (des Artikels im Bewußtsein der Marktteilnehmer)
market positioning · absatzpolitisches Erringen eines höheren Marktanteils, Verdrängungspolitik
market potential · Marktpotential

market price · Marktpreis
market report · Marktbericht
market research · Marktforschung, Absatzforschung
market saturation · Marktsättigung
market segmentation · Marktsegmentierung
market share · Marktanteil
market socialism · Marktsozialismus, sozialistische Marktwirtschaft
market structure · Marktstruktur
market supply · Marktangebot
market trend · Marktentwicklung
market value · Marktwert
marketable · marktfähig
marketable securities · kurzfristige Anleihen hohen Liquiditätsgrades (werden in der Bilanz wie Kasse gehandhabt)
marketing · 1. Absatz, Verkauf, Vertrieb 2. Gesamtheit aller Maßnahmen, ein Unternehmen auf die Erfordernisse eines Marktes auszurichten
marketing area · Absatzgebiet, Verkaufsbezirk
marketing audit · vertriebs- und marktpolitische Unternehmensanalyse
marketing chain · Handelskette
marketing mix · Absatzplanung, Kombination absatzpolitischer Instrumente
marketing plan · Absatzplan
marketing planning · Absatzplanung
marketing research · Absatzforschung, Marktforschung
marketplace · Markt, Marktplatz
marking to market · Marktpreisbewertung
markup pricing · Zuschlagskalkulation
married personal allowance · Steuerfreibetrag für Verheiratete
marxism · Marxismus
mass incomes · Masseneinkommen
mass of profit · Profitmasse (Marx)
mass picketing · Aufstellung von Streikposten
mass production · Massenproduktion
master budget · Gesamtetat
master craftsman · Meister(in)
Mater Foreign Exchange Swap Agreement · Rahmenvereinbarung über Devisenswaps
material analysis · Rohstoffeindekkungsplan bei der Fertigplanung
material product system (MPS) · Nationaleinkommensrechnung, volkswirtschaftliche Gesamtrechnung der Staatshandelsländer
material(s) control · Materialprüfung
materialist conception of history · materialistische Geschichtsauffassung, historischer Materialismus
materialized labo(u)r · vergegenständlichte Arbeit (Marx)
maternity allowance · Mutterschaftsbeihilfe
maternity grant · Mutterschaftszuschuß
Mater Repurchase Agreement · Rahmenvereinbarung über Pensionsgeschäfte
matrices · Matrizenrechnung
matrix · Matrix
matrix algebra · Matrizenalgebra
matrix notation · Matrix-Schreibart
maturity · 1. Fälligkeit(stermin), Restlaufzeit 2. Reifestadium
maturity date · Fälligkeitstag
maximization · Maximierung
maximum benefit · größtmöglicher Nutzen
maximum bid limit · Bietungshöchstbetrag
maximum period of repayment · Höchstdauer für die Abzahlung
MBI → management-buy-in
MBO → management-buy-out
mean · (arithmetischer) Mittelwert
mean deviation · (einfache) mittlere Abweichung, Streuungsmaß

mean(s) test · Bedürftigkeitsnachweis, Feststellung der Einkommens- und Vermögensverhältnisse
means · Mittel
means for deferred payments · Wertübertragungsmittel für spätere Zahlungen
means of production · Produktionsmittel
measure · 1. Maß 2. Maßnahme
measure of centra tendency · Mittelwert, Zentralwert
measure of dispersion · Streuungsmaß
measure of value · Wertmaßstab, Wertausdrucksmittel
measured income · tatsächliches (ex-post) Einkommen (Konsumtheorie)
mechanical engineering · Maschinenbau
media · Werbeträger, Medien
media analysis · Werbeträgeranalyse
media research · Werbeträger-Wirkungsforschung: Untersuchung von Zahl, Art und Verhalten der Leser, Hörer oder Zuschauer von Werbeträgern
median · Medianwert
mediation · Arbeitskampf-Schlichtung (neutraler Dritter)
mediator · Schlichter(in), Vermittler(in)
Medicaid · Gesundheitsdienst für Bedürftige (US)
Medicaid · Krankenfürsorge für Arme (USA)
Medicare · Krankenversicherungsprogramm für die medizinische Versorgung von Senioren (USA)
medium-dated gilt · börsengängiges Staatspapier von fünf bis zehn Jahren Laufzeit (GB)
medium-dated gilt edged security → medium-dated gilt
medium income groups · mittlere Einkommensgruppen
medium of exchange · Tauschvermittler, Zwischentauschmittel
medium range · mittelfristig(er Bereich)
medium-sized firm · mittlerer Betrieb
medium term · mittelfristig
medium-term note · Kassenobligation, Schatzanweisung
meeting demand, requirements, etc. · Nachfrage, Anforderungen, etc. gerecht werden
member (of set) · Element einer mathem. Menge
member bank · 1. Mitgliedsbank des US Federal Reserve Systems 2. britische Geschäftsbank, die der Girozentrale (bankers' clearing house) angeschlossen ist
member country · Mitgliedsland
member state · Mitgliedstaat
memo(randum) · 1. Aktenvermerk (innerorganisatorische Mitteilung) 2. Lieferschein (im Kommissionsverkauf) 3. Vereinbarung
memorandum of association · Satzung, Statut eines Unternehmens
memory · Computer-Speicher
mental and manual labo(u)r · geistige und manuelle Arbeit, Kopf- und Handarbeit
mercantile law · Sammelbegriff für Handels-, Verkehrs- und Seehandelsrecht
mercantile system · Merkantilismus, Kameralismus
merchandise · Waren, Handelsgüter
merchandise import · Warenimport
merchandising · 1. Verkaufsraumwerbung des Einzelhandels 2. Warenabsatz, Warenvertrieb, Vertriebsplanung, Verkaufspolitik
merchant · Kaufmann(-frau), Händler(in)
merchant bank · Handelsbank
merchanting trade (GB) · Transithandel

merger · Vereinigung, Verschmelzung, Fusion; Verschmelzungsvertrag; Fusionsvertrag
merit good · meritorisches Gut, quasiöffentliches Gut
merit payment · Leistungszulage
merit rating · Einstufung nach Leistung
merit want · quasi-öffentliches Bedürfnis, meritorisches Bedürfnis
meso-economic firm · Bezeichnung für Großunternehmen entsprechend ihrer Stellung zwischen Makro- und Mikroebene
metamorphosis · Metamorphose
metamorphosis of commodities · Warenmetamorphose (Marx)
métayage · Naturalpachtsystem
method of customs valuation · Verfahren der Zollbewertung
method of estimation · Schätzmethode
method of fluxions · Differential- und Integralrechnung
methodology · Methodologie
methods controversy · Methodenstreit
methods-time measurement (MTM) · Methoden-Zeitmessung: Verfahren zur Zerlegung manueller Arbeitsgänge in Grundbewegungen
microeconomics · Mikroökonomik, Mikroökonomie
middle management · mittlere Führungsschicht zwischen top management und Meistern (foremen), mittleres Management
middle price · Durchschnitt aus An- und Verkaufspreis eines Wertpapiers
middleman · Zwischenhändler(in), Handelsmann(-frau)
migrant worker → foreign worker
migrant workers' remittances · Gastarbeiterüberweisungen
milk lakes · „Milchsee" (Bezeichnung für die Milchüberproduktion der EG)
minimization · Minimierung
minimum (initial) deposit · Mindestanzahlung
minimum age · Mindestalter
minimum allotment · Mindestzuteilung
minimum economic size · wirtschaftliche Mindestgröße
minimum lending rate · Rediskontsatz der Bank von England (seit 1972)
minimum of subsistence · Subsistenzminimum
minimum pension age · Mindestrentenalter
minimum period of notice · Mindestkündigungsfrist
minimum price · Mindestpreis
minimum reserve ratio · Mindestreservesatz
minimum reserve requirements · Vorschriften über die Mindestreserven der Banken
minimum subsistence level · existenznotwendiger Lebensunterhalt, Existenzminimum
minimum wage · Mindestlohn
mining · Bergbau
minister of finance · Finanzminister(in)
minor cycle · kurze Konjunkturwellen (Kitchin)
minority · Minderheit, Minorität
minority interest · Minderheitsbeteiligung
mint · Münzprägeanstalt
mintage · Münzprägekosten, Schlagschatz
minutes of a meeting · Protokoll einer Sitzung
misallocation · Fehlleitung, Fehllenkung, Fehlinvestition
misapplication · Unterschlagung
missing factor income · statistische Einkommenslücke, nicht erfaßte Faktoreinkommen (z.B. Schwarzarbeit)
mix of goods · Warenkorb (Indexberechnung)
mixed carload · Stückgutsendung

mixed economic system · ökonomisches Mischsystem
mixed economy · gemischte Wirtschaftsordnung
mixed inflation → demand-shift inflation
MLR → minimum lending rate
mob-rule · Pöbelherrschaft
mobility of labo(u)r · Arbeitskräftemobilität
mobility of workers → mobility of labo(u)r
mode · Modalwert, dichtester Wert, häufigster Wert
mode of production · Produktionsweise (Marx)
modem · Modulator/Demodulator, Übertragungshardware für Einspeisung ins öffentliche Telefonnetz
moderation · Mäßigung
modern sector · industrieller Sektor (Entwicklungstheorie)
modest · bescheiden
modification · Erneuerung, Veränderung, Abänderung
modular housing (system) · Fertigbauweise, vorfabrizierte Wohnungseinheiten (s.a. prefabrication)
MOF → Multiple Option Financing Facility
mom-pop operation · „Tante-Emma"-Laden
monetarism · Monetarismus
monetary aggregate · Geldgesamtbestand
monetary base · Geldbasis, monetäre Basis
monetary conference · Währungskonferenz
monetary contraction · Einschränkung der Geldmenge
monetary control · Geldmengensteuerung
monetary correction · System der Wertsicherung durch Indexkoppelung
monetary crisis · Währungskrise
monetary economics · Geldtheorie; Geldpolitik
Monetary Financial Institution (MFI) · Monetäres Finanzielles Institut (MFI)
monetary flow · monetärer Strom, Geldstrom
monetary growth rate · Zuwachsrate der Geldmenge
monetary history · Währungsgeschichte
monetary inflation · Geldmengen-Inflation (Quantitätstheorie)
monetary policy · Währungspolitik, Geldpolitik; sinngemäß: Zentralbankpolitik
monetary reform · Währungsreform (Neufestsetzung der Geldeinheit)
monetary reserves · Währungsreserven
monetary theory · Geldtheorie
monetary union · Währungsunion
monetary variable · monetäre Variable, währungspolitische Größe
monetary wealth · Geldvermögen
monetization · Geldeigenschaft erlangen
monetization of the debt · Erhöhung des Zahlungsmittelumlaufs
money · Geld
money at call and short notice · Tagesgeld, kurzfristige Geldmarktkredite
money capital · Geldkapital
money changer · Geldwechsler
money economy · Geldwirtschaft
money flow · monetärer Strom
money gross national product · monetäres Bruttosozialprodukt
money holding propensity · Neigung zur Kassenhaltung
money illusion · Geldillusion
money in circulation · umlaufendes Geld, Transaktionskasse
money laundering · Geldwäsche
money laundry → money laundering
money lender · Geldverleiher

money market · Geldmarkt
money market conditions · Geldmarktkonditionen, Kreditbedingungen am Geldmarkt
money market fund · Geldmarktfonds – Investmentpapier eines Portefeuilles aus Geldmarktpapieren
money order · Geld-, Postanweisung
money output · monetär bewertete Produktionsmenge
money proper · Bargeld, Zentralbankgeld
money rent · Geldrente (Marx)
money stock · Geldvolumen
money substitute · Geldsurrogat
money supply · Geldangebot, Geldversorgung
money supply concept · Geldgesamtheit, Geldmengendefinition, Geldmengenbegriff
money supply expansion multiplier · Kreditschöpfungsmultiplikator, Geldschöpfungsmultiplikator
money unit · Währungseinheit
money value · Geldwert
money wage · Geldlohn, Nominallohn
moneyage · Münzgerechtigkeit
monitoring costs · Überwachungs- und Kontrollkosten
monoculture · Monokultur
monopolist · Monopolist
monopolistic competition · monopolistische Konkurrenz, monopolistischer Wettbewerb
monopoly · Monopol
monopsony · Nachfragemonopol, Monopson
monotonic function · monotone Funktion
monthly figures · Monatszahlen
monthly instal(l)ment · Monatsrate
monthly settlement · monatliche Abrechnung
moonlighting → illicit work
moral depreciation · moralischer Verschleiß (Marx)
moral hazard · Moralisches Wagnis, Risiko; subjektives Risiko (Versicherung), Risiko moralischen Fehlverhaltens
moral philosophy · Gesellschaftswissenschaften (Moralphilosophie: bezeichnete im 18. und 19. Jahrhundert das Gesamtgebiet von Theologie, Recht, Staatswissenschaft)
moral sentiments · ethische Empfindungen (Smith)
moral suasion · Wirtschaftssteuerung durch Überredung, „Seelenmassage", Maßhalteappelle
morphological analysis · morphologische Analyse
mortality · Sterblichkeits(ziffer), Sterbehäufigkeit
mortality table · Sterblichkeitstabelle
mortgage · Hypothek, Pfandrecht
mortgage bond · Hypothekenpfandbrief
mortgage loan · Anleihe, Kredit, gesichert durch Hypotheken und Grundpfandrechte
most favoured nation clause · Meistbegünstigungsregel, -klausel
most seriously affected countries · ölabhängige Entwicklungsländer
motion · Antrag (in einer Versammlung)
motion study · Bewegungsstudie (Arbeitswissenschaft), Zeitstudie
motivation(al) research · Motiv(ations)forschung (Marketing)
motive force · (technische) Antriebskraft, alle vom Menschen genutzten Bewegungskräfte (Zugtier, Wasser etc.)
motor insurance · Kraftfahrzeugversicherung
motor vehicle duty · Kraftfahrzeugsteuer
moving average · gleitender Durchschnitt
moving-belt production, production-line fabrication · Bandarbeit

moving parity · gleitende Parität
MP (Member of Parliament, GB) · Mitglied des Parlaments
MTM → methods time measurement
muddling through · Politik des Durchwurstelns, um Revidierbarkeit zu erhalten (Popper)
multi-collinearity · Multikolliniarität
multi-industry firm · Mischkonzern, diversifizierender Großkonzern
multi-market firm → multi-industry firm
multi processing · Verfahren in der EDV, mit dessen Hilfe zwei oder mehrere Datenverarbeitungssysteme zu einem System zusammengeschlossen werden, um eine Parallelverarbeitung zu ermöglichen
multi-quadrant aggregative model · mehrquadrantisches Aggregationsmodell
multi-valued function · mehrwertige Funktion
multilateral · multilateral
multilateral trade · multilateraler Handel
multinational company → multinational firm
multinational firm · multinationaler Konzern, „Multi"
multiple equilibrium · multiples Gleichgewicht · 1. bei mehreren Unternehmenszielen neben der Gewinnerwirtschaftung 2. mehrere Schnittpunkte von Grenzkosten- und Grenzerlöskurve
multiple exchange rates · multiple Wechselkurse
multiple-line system · Mehrliniensystem
Multiple Option Financing Facility (MOF) · Absicherungsfazilität, die dem Kreditnehmer im Gegensatz zur Note Issuance Facility (NIF) die Möglichkeit der Finanzierung des Kapitalbedarfs über eine Palette kurzfristiger Finanzierungsinstrumente eröffnet
multiple piecework system · Stücklohnverfahren
multiple-product-system · Mehrproduktfall, ~system
multiple-rate auction → American auction
multiple regression · multiple Regression, Mehrfachregression
multiple shops · Kettenläden (ältere Bezeichnung)
multiple stage sales tax · Mehrphasen-Umsatzsteuer
multiple taxation · Mehrfachbesteuerung
multiple unit retailing organization · Filialunternehmen im Einzelhandel
multiplier · Multiplikator
multiplier analysis · Multiplikatoranalyse
multiplier effect · Multiplikatorwirkung
municipal bond · Kommunalobligation
municipal corporation · Stadtverwaltung
municipal enterprise · Kommunalbetrieb
municipal housing construction · Wohnungsbau, kommunaler
municipal tax · Gemeindesteuer
Murphy's law · Murphys Gesetz („Was schiefgehen kann, wird auch schiefgehen")
mutual aid · gegenseitige Hilfe
mutual building association · Baugenossenschaft
mutual company · Gesellschaft auf Gegenseitigkeit (z.B. Genossenschaften)
mutual fund · Investmentfonds
myopia · Kurzsichtigkeit im Konsumverhalten (z.B. unzureichende Zukunftsvorsorge)

N

nadir · Tiefpunkt
NAIRU → non-accelerating inflation rate of unemployment
naive model · naives Modell
naive set theory · naive (d.h. nicht axiomatische) Mengenlehre
national accounting · volkswirtschaftliches Rechnungswesen
national accounts (statistics) · volkswirtschaftliche Gesamtrechnung
national banks · Banken mit bundesstaatlicher Konzession (US)
national budget · Nationalbudget
National Central Bank (NCB) · Nationale Zentralbank (NZB)
national currency · Landeswährung
national debt · Staatsschuld, Summe der öffentlichen Schulden
National Economic Development Council · Wirtschaftsrat (seit 1960) dem Staat, Verbraucher, Gewerkschaften und Arbeitgeber angehören (GB)
national health · Volksgesundheit
National Health Service · staatlicher Gesundheitsdienst
national income · Nationaleinkommen; wird, sofern nicht weiter spezifiziert, als Bezeichnung sowohl für das Brutto- als auch das Nettosozialprodukt zu Faktorpreisen benutzt
national income accounts · Volkswirtschaftliche Gesamtrechnung
national income accounts budget · Budget auf der Basis der volkswirtschaftlichen Gesamtrechnung
national income analysis · Volkseinkommensanalyse
national income theory · (makroökonomische) Einkommenstheorie
national insurance (GB) →social insurance (US)
National Insurance Act · Sozialversicherungsgesetz (GB)
national insurance card · Sozialversicherungskarte
national insurance contribution · Beitrag zur Sozialversicherung
national insurance number · Sozialversicherungsnummer
national planning · gesamtwirtschaftliche Planung
national product · Nationalprodukt, Sozialprodukt, Inländerprodukt
national wealth · Volksvermögen
nationalization · Verstaatlichung
nationalized industry · verstaatlichter Industriezweig
natural economy (proper) · Naturalwirtschaft
natural increase · natürlicher Bevölkerungszuwachs einer bestimmten Periode
natural interest rate · natürlicher Zins, originärer Zins
natural law · Naturrecht, Naturgesetz
natural level of unemployment · natürliche Arbeitslosigkeit (M. Friedman)
natural monopolies · Monopole, die aufgrund produktionstechnischer (unbegrenzt sinkender Grenzkosten) Bedingungen entstehen (z.B. Versorgungs- und Leitungsnetze)
natural order · natürliche Ordnung (Physiokraten)
natural price · durchschnittlicher Marktpreis
natural rate of interest · natürlicher Zins (Wicksell)
natural resources · Bodenschätze
natural right · Naturrecht
natural wastage · natürlicher Abgang von Arbeitskräften (z.B. Rentner)
nature of things (J. B. Say) · Natur der Sachen i.S. ihrer wesentlichen Eigenschaft, ihrer „Wahrheit"
NAWRU → non-accelerating wage inflation rate of unemployment
NC → numerical control

near money · Quasigeld: Aktiva hoher Liquiditätsstufe
near-term effect · kurzfristiger Effekt
necessaries · lebensnotwendige Güter
necessary good · notwendiges Gut (Einkommenselastizität zwischen Null und eins)
necessity → necessary good
NEDDY → National Economic Development Council
need · Bedarf
negation · Negation
negative cash flow · Überhang der Zahlungsausgänge gegenüber den Zahlungseingängen (z.B. infolge langfristiger Zahlungsziele)
negative income tax · negative Einkommensteuer (M. Friedman)
negative interest · Strafzinsen
negative investment · Desinvestition, negative Investition
negligence · Fahrlässigkeit, Unachtsamkeit
negotiable · 1. umsetzbar, verkäuflich, durch Indossament übertragbar 2. verhandlungsfähig, aushandelbar
negotiable instruments · Effekten
negotiated wage · (vereinbarter) Tariflohn
negotiating right · Verhandlungsrecht
neighbourhood effects · Externalitäten, externe Effekte
neoclassical growth theory · neoklassische Wachstumstheorie
nepotism · Vetternwirtschaft
net assets · Summe aus Anlagen- und Umlaufvermögen, vermindert um die kurzfristigen Verbindlichkeiten
net book amount · wertberichtigtes Anlagevermögen
net cash flow · Summe aus Abschreibungen und nicht ausgeschütteten Gewinnen
net current assets · Umlaufvermögen
net dividend · Nettodividende
net domestic product · Nettosozialprodukt zu Faktorpreisen
net earnings area · Gewinnzone
net earnings → take-home-pay
net economic welfare · bereinigte ökonomische Wohlfahrt (Samuelson)
net exports · Nettoexport, Außenbeitrag, Exportsaldo
net factor income from abroad · Saldo der aus dem Ausland gezahlten und aus dem Ausland empfangenem Faktoreinkommen
net financial investment · Finanzierungssaldo
net flow · Nettoleistung
net growth · bereinigtes (reales) Wachstum
net in-migration · positiver Wanderungssaldo
net income · Nettoeinkommen
net income from abroad · Nettoeinkommen aus dem Ausland (Saldo der Einkommen aus Arbeit und Vermögen aus dem Ausland)
net income ratio · Anteil des Nettoeinkommens am Erlös
net investment · Nettoinvestition (Zuwachs zum Kapitalstock)
net investment spending · Nettoinvestitionsausgaben
net invoice price · Nettorechnungswert
net loss · Nettoverlust
net loss for the year · Jahresfehlbetrag
net margin → net profit
net national product · Nettonationalprodukt, Nettosozialprodukt
net national product at market prices · Nettonationalprodukt, Nettosozialprodukt zu Marktpreisen
net operating income · Netto-Betriebserfolg, Nettoertrag
net out-migration · negativer Wanderungssaldo
net output · Nettoproduktionswert (Wertschöpfung)
net-present-value method · Kapitalwertmethode (Investitionsrechnung)

net private domestic investment (NPDI) · private Nettoinlandsinvestitionen
net profit · Reingewinn
net reproduction rate · Nettoreproduktionsrate
net return · Nettoertrag
net sales · Nettoumsatz
net social benefit · volkswirtschaftlicher, gesellschaftlicher Netto-Nutzen, volkswirtschaftlicher Wert
net tax liability · Nettosteuerschuld
net value added · Nettowertschöpfung, Nettoproduktionswert
net wage → take-home-pay
net worth · Nettoanteil, Eigenkapital einer Gesellschaft
net worth tax · Vermögensteuer
net yield · effektive Rendite
netting policy · Verrechnungspolitik, -system, -vereinbarung
network · 1. Netz(werk), System 2. Rundfunksender (US)
network analysis · Netzplantechnik
neutral rate of interest · Gleichgewichtszins
New Deal · „(Um)verteilung der Spielkarten", Reformprogramm des F. D. Roosevelt (1933)
new entrants · 1. neu ins Arbeitsleben tretende Personen (z.B. Schulabgänger) 2. Firmenneugründungen
New Industrial State · neuer Industriestaat (Galbraith)
New International Economic Order · Neue Weltwirtschaftsordnung (UNO 1974)
new money facility · Neukredit
New Town · Satellitenstadt (GB)
NIF → note issuance facilities
night-shift · Nachtschicht
night-watch state · Nachtwächterstaat
no-claims bonus · Schadensfreiheitsrabatt
no-rent land · rentenloses Land (Ricardo)
nodal region · Ballungsregion
nodality · Knotung, Polarisierung (einer Region)
node · Knoten, Agglomerationskern
noise · Störsignal
nominal account · Erfolgskonto
nominal balance · Sollbestand (Bilanz)
nominal capital · Grundkapital
nominal fee · Schutzgebühr
nominal gross national product · nominelles Bruttosozialprodukt
nominal price · nominaler Preis i.S. eines Listen-, Katalog-, Schätzpreises usw. (Gegensatz: Marktpreis)
nominal value · Nominalwert (eines Wertpapiers)
nominal yield · Nominalverzinsung (eines Wertpapiers)
nominee shareholder · Strohmann-Aktionär
non-accelerating inflation rate of unemployment (NAIRU) · inflationsneutrale Arbeitslosenquote
non-accelerating wage inflation rate of unemployment (NAWRU) · lohnneutrale Inflationsrate
non-basic employment · nahbedarfstätige Personen
non-basic income · Nahbedarfseinkommen
non-basic sector · Folgeleistungssektor, nahversorgender Sektor
non-basic variable · Nichtbasis-Variable (Lineare Programmierung)
non-basics · Nicht-Basisgüter (Sraffa)
non-cash benefit → benefit in kind
non-contributory pensions · freiwillige Pensionsleistungen des Arbeitgebers, Betriebsrenten (beitragsfrei für die Begünstigten)
non-disposable capital · Stammkapital, gesetzliche Rücklage
non-durable good · Verbrauchsgut
non-essential good · nicht lebenswichtiges Gut
non-excludability · Nichtausschließbarkeit (öffentliche Güter)

non-expectational model · (mechanische) Modelle ohne ex-ante-Größen
non-factor cost(s) · nichtfaktorbezogene Kosten
non-factor services · nicht faktorabhängige Dienstleistung, z.B. Finanzdienstleistung
non-governmental organizations (→ NGO) · nicht-staatliche Organisationen – unterstützen und kritisieren die Aktivitäten der Vereinten Nationen
non-income charges · einkommens-(gewinn-)unabhängige Belastung
non-income determinants · nicht einkommensbestimmte Determinanten
non-interest-bearing Treasury Bond · U-Schätze, U-Schein (unverzinsliche Schatzanweisung)
non-linear dynamics · nicht-lineare Dynamik komplexer Systeme
non-linear programming · nichtlineare Planungsrechnung
non-linearity · Nichtlinearität
non-manual workers' union · Angestelltengewerkschaft
non-market-clearing (prices) · nichtmarkträumende (Preise)
non-market forces · außerhalb des Marktes stehende Kräfte, marktunabhängige Einflußgrößen
non-monetary advantages and disadvantages · immaterielle (und daher nichtmonetäre) Vorzüge und Nachteile eines Arbeitsplatzes
non-monetary gold · nicht monetäres Gold
non-negativity requirement · Nichtnegativitätsbedingung
non-negotiable · nicht verhandlungsfähig; nur zur Verrechnung; nicht übertragbar
non-negotiable findings · Importkontrollzeugnis
non-operational · betriebsfremd
non-pecuniary advantages and disadvantages → non-monetary advantages
non-pecuniary costs and benefits · immaterielle Kosten und Erträge
non-price competition · alle Wettbewerbsmaßnahmen unter Ausschluß von Preiswettbewerb (Werbung, Produktvariation u.a.)
non-profit (making) organization · gemeinnützige Organisation
non-profit agency · Organisation ohne Erwerbscharakter, gemeinnützige Organisation (Agentur)
non-recurring profit · außerordentlicher Ertrag
non-recursive systems · nicht-rekursive Systeme
non-reproducable assets · nicht reproduzierbares Realvermögen (z.B. Bodenschätze, Kunstwerke)
non resident · Devisenausländer
non-resident convertibility · Ausländerkonvertierbarkeit
non-rivalness in consumption · Ausschluß der Konsumentenkonkurrenz (Kollektivgüter)
non-singular matrix · nicht singuläre Matrix
non-tariff barriers (NTB) · nichttarifäre Handelshindernisse
non-taxable income · steuerbefreites Einkommen (z.B. Arbeitslosenunterstützung)
non-transferable assets · nicht übertragbare Vermögenswerte
non-trivial solution · nicht-triviale Lösung
non-unique equilibrium → multiple equilibrium
non-voting shares · stimmrechtslose Aktien
nonbinding price recommendation · unverbindliche Preisempfehlung
noncash payment system · bargeldloser Zahlungsverkehr
nonrenewables · Ressourcen, erschöpfbare, nicht erneuerbare
nonwage benefits · Lohnnebenkosten

normal consumer · Normalverbraucher(in)
normal curve · Normalverteilungskurve
normal distribution · Gaußsche Normalverteilung
normal distribution curve · Normalverteilungskurve
normal good · Konsumgüter mit einer Einkommenselastizität der Nachfrage zwischen Null und Eins
normal working-day · normaler Arbeitstag
normative · normativ, wertend i.S. von Werturteilen
normative economics · normative Ökonomie
notarial charges · Notariatskosten
notary · Notar
notation · Schreibart, Anschreibart (von Gleichungen etc.)
note · Banknote, Wechsel
note issuance facilities (NIF) · Fremdkapitalbeschaffung ohne Banken; Absicherungsfazilität, die auf dem konzeptionellen Ansatz der RUF basiert. Sie unterscheidet sich von dieser hauptsächlich darin, daß die Notes nicht vom Sole Placing Agent sondern von einem Tender Panel am Primärmarkt plaziert werden
notes receivable · Schuldscheine, Solawechsel
notes to the financial statement · Anhang
notice · Kündigungsbescheid
notice clause · Kündigungsklausel
notice of assessment · Veranlagungsbescheid
notice period · Kündigungsfrist
notional function · Gleichgewichtsfunktion (Ungleichgewichtstheorie); konjunkturale geplante Funktion (partielle Angebots- und Nachfragefunktion ohne Ungleichgleichgewichte auf anderen Märkten, keine „Mengenrationierung“ auf irgendeinem Markt)
notional income · fiktives Einkommen (z.B. aus einer eigengenutzten Eigentumswohnung)
notional value · fiktiver Wert
novelty advertising · Einführungswerbung
NPDI → net private domestic investment
NRP (National Recovery Plan) → New Deal
NTB net-tariff barriers
null hypothesis · Nullhypothese
number of transactions · Handels-, Transaktionsmenge
numbered account · Nummernkonto (Schweiz)
numerator · Zähler
numerical control · numerische Steuerung (der Produktion)
nursing home care · Heimpflege
NYSE (New York Stock Exchange) · New Yorker Wertpapierbörse

O

oath of manifestation · Offenbarungseid
objective · Ziel, qualitatives Globalziel
objective function · Zielfunktion
obligation · 1. Pflicht, Verpflichtung 2. Schuldschein
obsolescence · Obsoleszenz, Verschleiß, Unbrauchbarkeit, technische Veralterung
obsolete · überholt, ausgedient, überflüssig geworden
occupancy · ursprüngliche Landnahme, Besitznahme, Okkupation
occupation · Beruf, Beschäftigung
occupational accident · Arbeitsunfall
occupational competence · berufliche Eignung
occupational disability · Berufsunfähigkeit
occupational disease · Berufskrankheit

occupational guidance service · Berufsberatungsdienst
occupational hazard · Arbeitsunfallrisiko, Berufsrisiko
occupational mobility of workers · berufliche Arbeitskräftemobilität
occupational pensions scheme · Betriebsrenten(-vereinbarung)
occupational retraining · Umschulung
occupational union · Berufsgewerkschaft
ochlocracy · Ochlokratie, Pöbelherrschaft (Entartung der Demokratie)
odd jobs → casual work
off-the-record statement · inoffizielle Aussage
offense · Verstoß, Vergehen
offensive · 1. Vorstoß, Offensive 2. offensiv
offer · (An)gebot, Offerte, Vorschlag
offer curve · Tauschkurve; Angebotskurve eines Angebotskurve eines Landes für ein Gut auf dem Weltmarkt
offering terms · Emissionsbedingungen
office hours · Geschäftszeit
Office of Management and Budget · Budgetamt (US)
office of public health · Gesundheitsamt
office worker · Bürokraft
official action · organisierte Kampfmaßnahme
official channel · Dienstweg
official reserves · amtliche Reserven
officialdom · Beamtentum
officialism · Bürokratismus
offset account · Verrechnungskonto
offset policy · Ausgleichspolitik im Finanzverkehr
offshore banking · Bankgeschäfte außerhalb der nationalen Grenzen bzw. der Währungsgesetzgebung eines Landes
ojt on-the-job-training
old-age benefit → old-age pension
old-age insurance · Altersversicherung
old-age pension · Altersrente
oligarchy · Oligarchie
old debt · Altschulden
oligopoly · Oligopol
oligopsony · Oligopson
OMB → Office of Management and Budget
on call · auf Abruf
on cost · Gemeinkostenzuschlag (zu den direkten Produktionskosten)
on offer · im Angebot
on par · 1. gleichwertig, Vergleich standhaltend 2. (Plan-)Sollerfüllung
on-the-job morale · Arbeitsmoral
on-the-job safety · Arbeitssicherheit
on-the-job-training · Ausbildung am Arbeitsplatz
one-crop system · Monokultur
one-line business · Fachgeschäft
one-off production · Sonderanfertigung, Auftragsproduktion
one-sector model · Einsektormodell
one-stage tax · Einphasensteuer
online · Direktleitung (EDV)
onset · erster Ansturm (Börse)
open cheque · Barscheck
open loop · offene Regelstrecke
open-market operations · Offenmarktgeschäfte, -politik
open market policy · Offenmarktpolitik
open-market value · Marktwert
open-mouth policy · Hochzinspolitik eines Landes, die zu Devisenzuflüssen führt und damit Abwertung anderer Währungen bewirkt
open price system · System offener Preise: Informationssystem innerhalb eines Unternehmensverbandes über Preise und Lieferbedingungen der Mitglieder
open pricing · Preismitteilungen zwischen Konkurrenten (Vorstufe zu Preisabsprachen)

open shop · nicht gewerkschaftspflichtiger Betrieb
open up new markets · neue Märkte erschließen
opening · 1. (Er)öffnung 2. offene Stelle
opening balance sheet · Eröffnungsbilanz
opening inventory · Anfangs-, Eröffnungsinventur
opening price · Eröffnungspreis (Börse)
opening stock · Anfangs-, Eröffnungsinventar
operating account · Gewinn- und Verlustrechnung
operating assets · Betriebsvermögen
operating budget · Betriebsvoranschlag für einen zur Ausführung beschlossenen Plan
operating capacity · Betriebskapazität
operating capital · Betriebskapital
operating chart · Arbeitsplan
operating costs · Betriebskosten, variable Kosten
operating efficiency · Wirtschaftlichkeit
operating expense ratio · Quotient zwischen variable Kosten und Erlös
operating expenses → operating costs
operating function · unmittelbare Aufgabe einer Unternehmung wie Beschaffung, Produktion und Absatz
operating income ratio · Quotient zwischen Erträgen und Erlösen
operating leverage · Hebelwirkung der Fixkosten
operating life · Nutzungsdauer
operating loss · Betriebsverlust, Geschäftsverlust
operating profit · Differenz aus Gesamtgewinn und variablen Kosten, Betriebsgewinn; Geschäftsgewinn
operating rate · Grad der Kapazitätsauslastung (US)
operating ratios · Meßziffern zur Effizienzbeurteilung (z.B. Kapazitätsauslastung, Lagerumsatz)
operating result · Betriebsergebnis
operating statement · Betriebsergebnisrechnung, ausführliche Gewinn- und Verlustrechnung
operating supply · Hilfs- und Betriebsstoffe
operating surplus · Betriebsgewinn, Geschäftsgewinn
operation · 1. Betrieb, Geschäft 2. Verfahren, Vorgang, Prozeß 3. Arbeitsgang
operation analysis · Betriebsanalyse
operation job card · Arbeitskarte
operational · 1. betriebsspezifisch, betriebs~ 2. in Betrieb(sbereitschaft)
operational audit · interne Revision
operational game · Unternehmensplanspiel
operational gearing · Hebelwirkung der Fixkosten für Betriebsanlagen
operational leverage → operational gearing
operational safe custody account · Dispositionsdepot
operations research (OR) · 1. Optimalplanung 2. Anwendung mathematischer Methoden zur Vorbereitung optimaler Entscheidungen
operator · 1. Fabrikant(in) 2. Börsenspekulant(in), Börsenspieler(in) 3. Operateur (z.B. einer EDV-Anlage)
opinion leaders · Meinungsbildner
opinion poll · Meinungsumfrage
opinion polling · Meinungsbefragung
opinion research · Meinungsumfrage
opportunity cost · Opportunitätskosten, Alternativkosten
opportunity curve · Budgetgerade, Einkommensgerade, Bilanzgerade (Indifferenzkurvenanalyse)
optimal quantity of money · optimale Geldmenge (M. Friedman)
optimality principle · Optimalitätsprinzip

optimisation of organisational rules · Optimisierung der Organisationsregeln
optimum lot size · optimale Losgröße
optimum order quantity · optimale Auftragsgröße
optimum pattern of production · optimale Struktur von Produktion und Handel
OR → operations research
order book · Auftragsbuch; Auftragsbestand, Bestand an unerledigten Aufträgen
order form · Auftragsformular, Bestellschein
order intake · Auftragseingang
order of merit-rating · Vergleichsindex eines Werbewirksamkeitstests
order of preference · Präferenzordnung
order position · Auftragslage
order to negotiate · anglo-amerikanische Sonderform des Akkreditivs
ordered array · Reihenfolge, Rangordnung
orderly marketing agreement · Selbstbeschränkungsabkommen, „freiwillige" Exportbeschränkung
orders on hand · Auftragsbestand
ordinal utility · ordinal meßbarer Nutzen
ordinary depreciation · Normalabschreibung
ordinate · Ordinate
ore deposit · Erzlager
organ company · Organgesellschaft (unter völliger Kontrolle der Muttergesellschaft)
organic composition of capital · organische Zusammensetzung des Kapitals (Marx)
organization (organisation) and methods (O and M) · Organisationsanalyse
organization chart · Organisationsplan
organization(al) development · Organisationsentwicklung
organization manual · Organisationshandbuch
organization structure → process organisation
organizational culture · Organisationskultur
organizational design · Organisationsgestaltung
organizational learning · organisationales Lernen, Organisationslernen, Lernen der Organisation
organizational structure · Organisationsstruktur
organized labo(u)r · gewerkschaftlich organisiert
organized market · organisierter Markt, Punktmarkt
origin · (Koordinaten-)Ursprung
origin (background), social · (soziale) Herkunft
original cost · Anschaffungskosten, Herstellungskosten
original goods · freie Naturgüter (z.B. Wasserquelle)
original producer · eigentumsfreie Naturgüter sowie Anbieter von Arbeit
orthodox monetary policy · orthodoxe Geldpolitik
oscillating system · Schwingungssystem
oscillation · Schwingung, Oszillation
oscillation component · Schwingungskomponente, oszillatorische Komponente
oscillatory model · oszillierendes Modell
other things remaining equal · ceteris paribus
out-of-court settlement · außergerichtlicher Vergleich
out-of-pocket costs · variable Kosten
out-turn · 1. Ist-Ergebnis, faktische Leistung 2. (tatsächliches) Steueraufkommen
out-work · Heimarbeit (Verlagssystem)

outlay tax · Ausgabensteuer
outlays · Kostenaufwand (bewerteter Güterverkehr), Ausgaben
outlet · Vertriebsstelle, Niederlassung, Zweigstelle; Absatzmarkt
outlier · Ausnahme · Ausreißer, statistischer · Sonderfall
outline collective agreement → umbrella agreement industry-wide-agreement
outpayment · Auszahlung
output · Ausstoß, Ausbringung
output capacity · Produktionskapazität, Stückleistung
output gap · Deflationslücke
output-income lag · Ertrags-Einkommens-Lag
output per man · Ausstoß je Arbeitskraft
output per man-hour · Ausstoß je Arbeitskraft pro Arbeitsstunde
output tax · Bruttomehrwertsteuer (GB)
outright purchase · fester Abschluß eines Kaufvertrages
outright transaction · definitiver Kauf/Verkauf
outside consultants · externe Berater
outside lag · Wirkungsverzögerung, Außenverzögerung
outside money · exogenes Geld eines Systems, z.B. Zentralbankgeld für das private Bankensystem (Gegensatz: inside money)
outsourcing · Fremdbeschaffung, Funktionsausgliederung (Übertragung auf spezialisierte Unternehmungen)
outstandings · Außenstände, ausstehende Gelder, unbeglichene Rechnungen
overaccumulation · Überakkumulation
overagio · Extraprämie, Aufgeld (GB)
overall unemployment · Gesamtarbeitslosigkeit
overcapacity · Überkapazität
overcapitalise · überkapitalisieren
overcharge of tax · Steuerüberzahlung
overdraft · Überziehungskredit, Kontokorrentkredit
overdrawn account · überzogenes Konto
over-full employment · Überbeschäftigung
overhead(s) → overhead cost(s)
overhead absorption · Gemeinkostenverrechnung
overhead capital · Allgemeinkapital
overhead cost(s) · Gemeinkosten; indirekte, dem Investitionsobjekt nicht zurechenbare Kosten
overhead rate · Gemeinkosten-Zuschlagssatz
overheated economy · überdrehte (heißgelaufene, abgenutzte) Wirtschaft
over-investment theory · Überinvestitions-, Überproduktionstheorie
overkill · Übertreiben eines Arguments, einer Propagandakampagne und dgl.; → overselling
overlapping authorities · Kompetenzgerangel
overloaded economy · Volkswirtschaft mit zurückgestauter Inflation
overmanning · Überbesetzung mit Arbeitskräften
overproduction · Überproduktion
over-saving theory · Theorie des Unterkonsums infolge ungleichmäßiger Einkommensverteilung
overseas income · Auslandseinkommen
overseer · Aufseher(in)
oversegmentation · Marktzersplitterung durch übermäßige Teilgruppenbildung der Abnehmer
overselling · überzogene Absatzpropaganda (bewirkt Abwehr beim Beworbenen)
overspill · (Bevölkerungs)überschuß, der auf benachbarte Gebiete ausweicht
overspill areas · Entlastungsgebiete

overstaffing → overmanning
overstock · Übervorratung
over-subscription · Überzeichnung (einer Anleihe)
over-the-counter market · 1. Börsenfachausdruck für den nicht zum offiziellen Handel zugelassenen Wertpapierhandel (US) 2. Wertpapiergeschäft am Bankschalter (GB)
overtime · Überstunden
over time · im Zeitablauf
overtime ban · Überstundenverweigerung; Überstundenverbot
overtime pay · Lohn für Überstundenarbeit
overtrading · Unterschreiten der finanziellen Kapazität (Liquiditätsschwierigkeiten infolge zu hoher Lagerhaltung)
overvaluation · Überbewertung
overvalued currency · überbewertete Währung
own capital · Eigenkapital
own make · Eigenfabrikat, eigenes Erzeugnis
owner · Eigentümer(in) (juristisch)
owners' (owner's) equity · Eigentümeranteil(sanspruch) am Nettovermögen
ownership · Eigentum (juristisch)
ownership and management · Eigentümer- bzw. Familienunternehmen
ownership structure · Eigentumsverhältnisse

P

P.A. (power of attorney) → proxy
p.a. → particular average
pacing · Zeitraumplanung
package deal · Verhandlungskompromiß, Koppelungsgeschäft
packaged good · abgepackte Ware
packaging · Verpackungsgestaltung
paid-in capital · Einlagekapital, eingezahltes Kapital
paid out · ausbezahlt, -gezahlt
paid up · abgezahlt, abgetragen
paid-up capital · begebenes Aktienkapital (im Gegensatz zum beschlossenen Kapital), eingezahltes Kapital
panel · 1. Ausschuß, Gremium 2. Befragtengruppe 3. Kassenärztliche Vereinigung (GB)
paper currency paper money
paper money · Banknoten, Papiergeld
paper profit · 1. unrealisierter Gewinn 2. Inflations(schein)gewinn: Scheingewinn infolge inflatorischer Preissteigerung und Unterbewertung von Materialien
par · Pari, Nennwert, Sollwert
par of exchange · Wechselkurs
par value · Ausgabewert eines Wertpapiers (Nominalwert)
paradigma-shift · Paradigma-Wandel
paradox of thrift · Sparparadoxon, Widersinn des Sparverhaltens
paradox of value · Wertparadoxon
paradox of voting (Arrow) · Abstimmungsparadoxon
parallel pricing · Preispolitik, gleichgerichtete (Oligopol)
parameter · Parameter
parent company · Muttergesellschaft, Obergesellschaft
pareto-optimality · Pareto-Optimalität
parity · Parität
parity of purchasing power · Kaufkraftparität
parity price · Paritätspreis (US)
part payment · Teilzahlung
part-time worker → short-time worker
partial derivative · partielle Ableitung
partial equilibrium · partielles Gleichgewicht
partial equilibrium analysis · partielle Gleichgewichtanalyse (Marshall), Partialanalyse

partial unemployment · partielle Arbeitslosigkeit
participating preference share (GB) · mit zusätzlicher Gewinnbeteiligung ausgestattete Vorzugsaktie (i.d.R. für Betriebsangehörige)
participation · Beteiligung
participation in decision-making · Entscheidungsbeteiligung
participation rate · Erwerbsquote; Erwerbstätigenquote; Quotient aus der Zahl der Personen im arbeitsfähigen Alter und der Gesamtbevölkerungszahl
participative management · Entscheidungs- und Verantwortungsprozesse durch innerbetriebliche Beteiligung der Mitarbeiter
particular average · bestimmter Durchschnitt
particular interests · Sonderinteressen, (verborgene Sonderinteressen)
partnership · 1. Partnerschaft, Zusammenarbeit 2. Personengesellschaft (KG, OHG)
party to contract · Vertragspartner(in)
passing along → passing on
passing from quantity into quality · Qualitätensprung, Umschlagen der Quantität in Qualität
passing on · abwälzen (z.B. Kosten)
passive · Bezeichnung für ein Defizit der Leistungsbilanz
path of the economy · Konjunkturverlauf, Trendlinie einer Volkswirtschaft
pattern · Muster, Schablone, Schema, Struktur
pattern of final consumption · Endnachfragestruktur
pauperism · Armut, Pauperismus
pawn shop · Pfandhaus
pawnbroker · Pfandleiher
pay · Lohn, Gehalt, Bezahlung
pay-as-you-earn system · Lohnsteuer-Abzugsverfahren: Quellenbesteuerung von unselbständigen Einkommen (GB)
pay-as-you-go · Lohnsteuerabzugsverfahren
pay-as-you-go system · Umlagensystem, Quellenbesteuerung (US)
pay-back · Frist, in der die Investitionskosten durch die kumulierten Nettoerlöse zurückfließen
pay-back period · Amortisationsdauer (Investitionsrechnung)
pay code · einkommenspolitische Normen für Löhne und Gehälter
pay cuts · Lohn- und Gehaltskürzung
pay increase · Lohnerhöhung
pay pause · Lohn- und Gehaltsstop
pay-day · 1. Zahltag, Erfüllungstag 2. Erfüllungstag bei Termingeschäften (Londoner Börse)
pay-off matrix · Auszahlungsmatrix (Spieltheorie)
pay-off period → pay-back period
pay-out time · Der Zeitraum, der notwendig ist, einen investierten Geldbetrag über verdiente Abschreibungen wieder zurückzugewinnen
payables · Fälligkeiten, Schulden
payee · Zahlungsempfänger
payer · Zahler
payment according to benefit received · Äquivalenzprinzip (Besteuerung)
payment by automatic debit transfer · Bankeinzug
payment by instal(l)ments · Ratenzahlung
payment by piecework · Stücklohn
payment by results · Stücklohn; Leistungslohn (im Dienstleistungssektor)
payment in advance · Vorauszahlung
payment in full · volle Zahlung
payment in kind · Trucksystem, Naturalentlohnung
payment interval effect · Zahlungsintervalleffekt
payment of wages · Lohnauszahlung
payment on account · à Konto- Zahlung

payment-pattern effect · Zahlungsrhythmuseffekt
payments during sickness and unemployment · Zahlungen bei Krankheit und Arbeitslosigkeit
payroll · Lohn-, Gehaltsabrechnung, Lohnliste
payroll deductions · Lohnsteuerabzüge; Abrechnung der Gewerkschaftsbeiträge durch den Arbeitgeber
payroll tax · Lohnsummensteuer
peaceful picketing · legale (gewaltlose) Abwehr von Streikbrechern
peak · Konjunkturgipfel, Zyklusspitze, Scheitel, Höhepunkt, Gipfel, oberer Wendepunkt der Konjunktur
peak capacity · Höchstleistungsgrenze
peak capitalism · Hochkapitalismus
peak demand · Spitzenbedarf
peak load · 1. Nachfragespitze 2. Höchstlast, Spitzenbelastung
peak of demand · Spitzenbedarf
peak of production · Produktionshöchststand
peculation · Veruntreuung
pecuniary return · monetärer Ertrag, monetär bewerteter Ertrag
pecuniary spill-over · monetärer externer Effekt
peddler (US), **pedlar** (GB) · Hausierer(in)
peer-group · Gleichaltrigengruppe
peg · fester Preis, fester Kurs, Parität
pegged rates · Wechselkurse, feste
pegging the exchanges · Wechselkursstabilisierung (durch Zentralbankinterventionen am Devisenmarkt)
penetration · Durchdringung
penetration pricing · Preispolitik bei der Einführung neuer Produkte
pension · Rente
pension age · Pensionsalter
pension benefits · Renten-, Pensionszahlung
pension fund · Pensionsfonds, -kasse
pension plan · Pensionsplan
pension scheme → pension plan
pensionable age · Pensionierungs-, Ruhestandsalter
pensionable earnings · pensionsanrechnungsfähiges Einkommen
peonage · Tagelohn, Schuldknechtschaft
per capita · pro Kopf
per capita income · Einkommen pro Kopf, Durchschnittseinkommen
perceivable risk · kalkulierbares Risko, übersehbares Risiko
percentage (rate) · Prozentsatz
percentile · Perzentil
perfect competition · vollkommener Wettbewerb, vollständ. Konkurrenz
perfect elasticity · vollkommene Elastizität, unendliche Elastizität
perfect flexibility · vollkommene Flexibilität
perfect information · vollkommene Information
perfect knowledge of a market · vollkommene Markttransparenz
perfect market · vollkommener Markt
performance · Leistung, Verhalten, Handlung, Erfüllung, Wertentwicklung
performance bond · Gewährleistungsgarantie
performance criteria · Durchführungsrichtlinien (z.B. Kreditkonditionen)
performance review · Leistungsbesprechung
peril point · kritische Schwelle von Zollsenkungen, von der an die Inlandsindustrien der Importkonkurrenz nicht mehr standhalten können (US)
period · Periode
period of depreciation · Abschreibungsdauer
period of guarantee · Garantiezeit
period of usefulness · Nutzungsdauer
perishable goods · leicht verderbliche Waren
permanent accounts · Bestandskonten

permanent assignment · feste Anstellung
permanent income · permanentes Einkommen, Dauereinkommen, langfristig erwartetes Einkommen
permanent income hypothesis · Dauereinkommenshypothese
permissible margin of fluctuation · zulässige Schwankung
permission · Genehmigung
permit → permission
perquisites · Nebeneinkommen, Sondervergütung (GB); Selbsterworbenes (US)
persistent stock pollutants · Schadstoffe, nicht abbaubare
personal account · Personenkonto
personal allowance · persönlicher Freibetrag, Steuerermäßigung wegen persönlicher Verhältnisse
personal consumption · privater Konsum
personal direct taxation · persönliche und direkte Besteuerung
personal distribution of income · personelle Einkommensverteilung
personal income · persönliches Einkommen
personal income tax · persönliche Einkommensteuer
personal loan · Personalkredit
personal property tax · Vermögenssteuer
personal sector · Teil der nicht profitwirtschaftlich arbeitenden Privatwirtschaft (z.B. private Wohlfahrtseinrichtungen), Haushaltssektor
personal selling · Direktverkauf
personal share (GB) · Namensaktie
personal tax · Personensteuer (z.B. Einkommenssteuer)
personnel · Personal
personnel department · Personalabteilung
personnel management · Personalverwaltung, Personalführung, Personalleitung
personnel representative · Belegschaftsvertreter
personnel selection · Personalauswahl
petit bourgeois · Kleinbürger
Petrodollars · Öl-, Petrodollar
petty bourgeois · kleinbürgerlich
petty cash · Bargeldkasse
Petty's Law · Zunahme des tertiären Sektors
phase · Phase
phasing out · 1. Gesundschrumpfung, gewolltes Auslaufen strukturschwacher Industrie 2. Auslaufen eines Produkts (i.d.R. durch neues Modell allmählich ersetzt)
Phillips loop · Phillips-Schleife
physical composition of capital · technische Zusammensetzung des Kapitals (Marx)
physical control · Bewirtschaftungsmaßnahme, naturale Produktionslenkung und Konsumrationierung
physical distribution · betriebliche Warenverteilung: die Überbrückung der räumlichen und zeitlichen Differenzen zwischen der Produktion von Gütern und ihrer Konsumtion
physical means · verfügbare Hilfsmittel
physical output · mengenmäßiger Ausstoß
physical person · Natürliche Person
physical production surface · Produktionsmengengebirge, Ertragsgebirge
physical stocktaking · Warenbestandsaufnahme
physiocrats · Physiokraten
picket · Streikposten
pie chart · grafische Darstellung von Prozentanteilen als Segmente eines Kreises („Tortenform")
piece-rate · Stücklohn
piecework · Stückarbeit, Akkordarbeit
pig cycle · Schweinezyklus
pilferage · Plünderung (in kleinen Mengen, z.B. von Material)
pilot lot · Nullserie, Versuchslauf

pilot production · Prototyp-Produktion
pilot projects · Pilot (Versuchs-)Projekte
Pink Book · populäre Bezeichnung der jährlichen Zahlungsbilanzstatistik Großbritanniens
pirating · Abwerbung von fremden Arbeitskräften
pixel · Kurzform von Picture, Element, Bildpunkt
place of jurisdiction · Gerichtsstand
placing · Plazierung einer Neu-Emission
plan · Plan
planned economy · Planwirtschaft
planned obsolescence · geplanter Verschleiß
planning · Planung, Entwurf einer Planung
planning agreement · freiwillige Planabsprache zwischen Regierung, Gewerkschaften und Großinvestoren (GB)
planning blight · (bauleit-)planungsbedingter Schaden (z.B. Fabrikneubau in der Nähe eines Wohnhauses)
plant · Betrieb
plant · Werk, Fabrik, Betriebsanlage, Betriebsstätte
plant agreement · Betriebsvereinbarung
plant bargaining talks · innerbetriebliche Tarifverhandlungen
plant capacity · Betriebskapazität; Fabrikkapazität
plant-lease · Verpachtung von Fabrikationsanlagen
plant management · Betriebs-, Produktions-, Fabrikleitung
plant, property and equipment (PPE) · langlebige Produktionsanlagen, Anlagevermögen
plastic credit · Kreditkarten
plastic money → plastic credit
pledge · 1. Zusage, Zeichnung 2. Pfand
plenty and dearth · Überfluß und Mangel
plethora · Kapitalüberfülle (Marx) (wörtlich: Blutandrang)
plough back profits · Reinvestierung von Gewinn
ploughed-back profit · einbehaltener Gewinn
plow back (US) → ploughed back profit
plutocracy · Plutokratie
point elasticity · Punktelastizität
point estimation · Punktschätzung
point of purchase · Verkaufsstelle, -moment
point of sale · Verkaufsplatz für Produkte
point-of-sale advertising · Werbung am Verkaufsort
point of tangency · Tangentenpunkt
point rationing · Produktgruppenrationierung
polarization · Polarisierung, widersprüchliche Entwicklung
polarization effect · Polarisierungseffekt
policy · Taktik, Politik, Versicherungspolice
policy-effect lag · Auswirkungsverzögerung politischer Maßnahmen
policy-holder · Versicherungsnehmer
policy mix · Abstimmung und Integration wirtschaftspolitischer Instrumente
policy of cheap money · Politik des billigen Geldes
policy of deficit spending · Defizitpolitik
policy of easy money · Politik des leichten Geldes
policy of exhortation · Wirtschaftssteuerung durch Überredung
policy of income distribution · Verteilungspolitik
policy of money supply · Geldmengenpolitik

policy simulation · wirtschaftspolitische Simulation
policy variable · Instrument(en)variable
political · politisch
political arithmetic · Politische Arithmetik: Bezeichnung für die statistischen Forschungen im 17. und 18. Jahrhundert
political economy · Nationalökonomie, Volkswirtschaftslehre, Politökonomie
political market · Markt für öffentliche Güter
political strike · politischer Streik
politico-economic effects · politisch-ökonomische Wirkungen
poll · Umfrage; Wahl, Wahlgang
poll tax · (kommunale) Kopfsteuer
polling · EDV: Abrufbetrieb von gespeicherten Daten bei mehreren geographisch getrennten Anlagen
polluter-pays principle · Verursacherprinzip
pollution · (Umwelt-)Verschmutzung
polypoly · Polypol
pool · Pool, Ring, kartellierte Absprache, Interessengemeinschaft, Kartell, (Einkaufs)genossenschaft
pool of fixed costs · Fixkostenblock
poorhouse · Armenhaus
popular front · Volksfront
population census · Bevölkerungsbefragung, Volkszählung
population density · Bevölkerungsdichte
population explosion · Bevölkerungsexplosion
population growth · Bevölkerungswachstum
population overspill · (abgewanderter) Bevölkerungsüberschuß
population potential · Bevölkerungspotential
population pressure · Bevölkerungsdruck
population projection · Bevölkerungsprognose
population pyramid · Alterspyramide
portfolio · Wertpapierportefeuille eines Investors
portfolio investment · indirekte Investition, Erwerb von Wertpapieren
portfolio management · Portefeuillezusammensetzung, -verwaltung
position · 1. Position, Posten, Stellung 2. Haltung, Stellungnahme
positional goods · Positionsgüter, deren Nutzen darin besteht, daß andere sie nicht haben (Titel, Antiquitäten, Brillanten)
positioning · absatzpolitisches Erringen eines klaren Marktanteils, Marktabgrenzung gegenüber Konkurrenzprodukten
positive economics · positive Wirtschaftstheorie (im Gegensatz zur normativen Ökonomie)
positive feed-back (process) · positive (verstärkende) Rückkopplung
possession · Besitz (juristisch)
possessor · Besitzer(in) (juristisch)
post constitutional · nach dem Zeitpunkt der Vereinbarung der Verfassung
post office savings bank · Postsparkasse
posted price · Listenpreis
poster · Plakat
posttest · Nachher-Prüfung
potential entrant · potentieller Anbieter, potentielle Anbieterin
potential gross national product · potentielles Bruttosozialprodukt
potential output · potentieller Ausstoß einer Volkswirtschaft oder eines Unternehmens
poverty · Armut
poverty test → means test
poverty trap · Lähmung der Arbeitsbereitschaft durch Fürsorgeleistungen etc. (wörtlich: Armutsfalle)
power · Macht · Energie, Potenz

power industry · Energieindustrie
power of attorney → proxy
power rate · Strompreis
power supply industries · Energieversorgungswirtschaft
power to the third · hoch drei
PPE → plant, property and equipment
PR → public relations
pre-announcing · Vorauswerbung, werbende Ankündigung künftiger Produktgenerationen
pre-emption · Vorkaufsrecht
pre-tax profit · Gewinn vor Steuerabzug
precautionary demand · Geldnachfrage aus Vorsorgegründen
precautionary motive · Vorsichtsmotiv (Kassenhaltung)
precondition · Voraussetzung
predation (Pareto) · Ressourcenverbrauch ohne Output
predatory competition · Verdrängungswettbewerb
predatory pricing · Vernichtungspreis, Preis unter Kosten
predetermined variable · exogen oder durch dynamische Funktionen bestimmte Variable in einem simultanen Gleichungssystem
prediction · Vorhersage
predictive record · (erwiesene) prognostische Effizienz
prefabrication · Fertigbau(weise)
preference scale · Nutzenskala
preference share · Vorzugsaktie
preferential creditor · bevorrechtigter Gläubiger
preferential debt · bevorrechtigte Konkursforderungen
preferential duty · Vorzugszoll
preferential price · Sonderpreis
preferred stock · Vorzugsaktien(kapital) (US)
preferred trading nation · bevorzugte Handelsnation
preindustrial sector · vorindustrieller Sektor (Entwicklungstheorie)
prejudice · Vorurteil
preliminary expenses · Gründungskosten (einer Firma)
premature retirement · vorzeitige Pensionierung
premium · 1. Versicherungsprämie 2. (positive) Differenz zwischen Kurs- und Nominalwert eines Wertpapiers; Kursaufschlag
premium exchange rate · Devisenvorzugskurs
premium paid on accident and health insurance policy · Prämien auf Unfall- und Krankenversicherungspolice
premium pay · Prämienlohn
premium savings bond (premium bond) · Prämienschein
prepaid · 1. kurzfristige Abgrenzungsposten 2. vorausbezahlt
prepaid premium · Vorauszahlung
preparatory work · Fertigungsvorbereitung, vorbereitende Arbeiten
prerequisite for development · Entwicklungsvoraussetzung
present value · diskontierter Gegenwartswert
present value of annuity · Rentenbarwert
preserved work · vorgetane Arbeit
president · Vorstandsvorsitzende(r)
pressure group · Interessengruppe
prestabilized harmony · prästabilisierte Harmonie
prestige good · Prestigegut
pretax profit · Gewinn vor Steuern
pretest · Vorprüfung
pretrial discovery · Beweisermittlungsverfahren
prevalence · Überlegenheit, Vorherrschaft; allgemeine Gültigkeit
preventive measure · Präventivmaßnahme
previous accumulation (A. Smith) · ursprüngliche Akkumulation
price · Preis

price administration · Preisadministration
price bid · Preisangebot
price ceiling · Preisobergrenze
price collapse · Preisverfall
price competition · Preiskonkurrenz, Preiswettbewerb
price control · Preiskontrolle, Preisüberwachung
price cut · Preissenkung
price deflator · Preisbereiniger, Deflationierungsfaktor
price discrimination · Preisdifferenzierung
price-earnings ratio · Kurs-Gewinn-Rate (Wertpapiere)
price elasticity of demand · Preiselastizität der Nachfrage
price estimate · Preiskalkulation
price ex works · Preis ab Werk
price expectation · Preiserwartung
price-fixing · Preisfestsetzung, staatliche Preisregelung
price floor · Preisuntergrenze
price freeze · Preisstop
price guarantee · Preisgarantie
price hike · (allgemeiner) Preisanstieg
price increase · Preissteigerung
price index · Preisindex
price indicator · Preisindikator
price intervention · Preisintervention
price leader · Preisführer
price leadership · Preisführerschaft
price leading · Preisführerschaft
price line · Bilanzgerade
price list · Preisliste
price maintenance · Preisbindung
price maker · Monopolist
price making · Preisfestsetzung
price mechanism · Preismechanismus
price method · Stücklohnverfahren (US)
price of production · Kosten plus Zuschlag eines Normalgewinns
price policy · Preispolitik
price range · Preisspanne
price ratio · Preisrelation
price reduction · Preisherabsetzung
price regulation · Preisregulierung
price restriction · Preisbeschränkung
price ring · Preiskartell
price rule · Preisvorschrift
price searcher · Preisfixierer, Monopolist
price setter → price searcher
price signal · Preissignal
price slump → price collapse
price stability · Preisstabilität
price supervision · Preisüberwachung
price support · Preisstützung, Intervertionspreissystem (Agrarpolitik)
price surveillance → price supervision
price-taker · Preisnehmer; Mengenanpasser
prices of production theory · Produktionspreistheorie (Marx)
pricing policy · Preispolitik eines Unternehmens
primary accumulation · ursprüngliche Akkumulation
primary commodity · Primärgut, Rohstoff
primary data · Primärdaten
primary deposits · durch Einzahlungen entstandene Einlagen, ursprüngliche Depositen, unmittelbares Giralgeld
primary export · primärer Export
primary factor of production · ursprünglicher Produktionsfaktor
primary fuel · Primärenergie (z.B. Kohle)
primary income · Primäreinkommen
primary input · primärer Input, primäre Aufwendungen
primary market · Primärmarkt, Markt für Neumissionen auf dem Wertpapiermarkt
primary money · originäres Geld, Primärgeld
primary producer · Erzeugerland von Primärgütern, Rohstoffland
primary production · Primärgüterproduktion, Rohstofferzeugung

primary products · Grundstoffe
primary sector · Urproduktion; Grundleistungssektor
primary trend · Grundtrend (z.B. bei Aktienkursbewegungen)
prime acceptances · Privatdiskonten
prime costs · 1. synonym zu variablen Kosten 2. variable Kosten plus der Fixkostenanteile, die bei Einstellung der Produktion einzelner Sparten fortfallen
prime rate · Eckkreditzinssatz, Sollzinsfuß für erste Adressen (US), Primärrate
primitive accumulation · ursprüngliche Akkumulation
principal · Darlehenssumme
principal agent theory · Prinzipal-Agent Theorie (→ agency problem, → agency theory)
principal budget factor · Hauptrestriktionsgröße für die Entwicklung eines Unternehmens (z.B. Absatz)
principal objective · Hauptziel
principal value · Kapitalwert
principle · Prinzip, Grundsatz
principle of caution · Vorsichtsprinzip
principle of efficiency · Leistungsprinzip
principle of equal advantage · Prinzip vom gleichen Vorteil
principle of prevention · Vorsorgeprinzip
principle of the lower of cost or market · Niederstwertprinzip
print-out · Computer-Ausdruck, -Bogen
prior charges · Summe aus Anleihezinsen und Vorzugsdividende
prior probability · a-priori-Wahrscheinlichkeit
priority · Priorität, Vorrang, Vorzug
prisoner's dilemma · Gefangenen-Dilemma
private company · Privatunternehmen
private consumption · privater Konsum
private costs · private Kosten, individuelle Kosten
private enterprise · 1. Privatwirtschaftssystem 2. privatwirtschaftliche Aktivität
private net product · Nettosozialprodukt zu Faktorpreisen (Pigou) im Unterschied zum „social net product", das die externen Kosten berücksichtigt
private ownership of the means of production · Privateigentum an den Produktionsmitteln
private property · Privateigentum, Sondereigentum
private sector · Privatsektor
private want · privates Bedürfnis, individuelles Bedürfnis
privately owned · in Privatbesitz
privileges · Privilegien, Erleichterungen, Begünstigungen
pro-cyclical · prozyklisch
pro-cyclical policy · prozyklische Politik
probability · Wahrscheinlichkeit
probability calculus · Wahrscheinlichkeitsrechnung
probability distribution · Wahrscheinlichkeitsverteilung
probability sample · Wahrscheinlichkeitsstichprobe
probationary period · Probezeit
procedure · Verfahren, Ablauf
procedure oriented language · verfahrensorientierte Programmiersprache
procedures · Verfahrensordnung in Verwaltungsabläufen
proceeds · Erlös, Ertrag
process · Vorgang, Prozeß
process chart · Ablaufplan
process control · Prozeßkontrolle
process industry · verarbeitende Industrie
process model · Ablaufmodell
process planning · Prozeßplanung
process ray · Prozeßgerade (Produktionstheorie)

proclaiming a state of emergency · Notstand ausrufen
procuration · Zeichnungsberechtigung, Unterschriftsvollmacht, Prokura
procurement · Beschaffung, Anschaffung
procurement tying · Beschaffungsbindung
prodigality · Verschwendung, Überfluß
produce · Produkt, Naturerzeugnis
produce exchange (market) · Warenbörse
producer · Hersteller, Erzeuger
producer price index · Erzeugerpreisindex
producer rent · Produzentenrente
producers' durable equipment · Ausrüstungsinvestitionen
producer's sovereignty · Produzentensouveränität
producer's surplus (A. Marshall) → producer rent
producing industries · Produktionswirtschaft
producing sector · produzierendes Gewerbe
product · 1. Erzeugnis, Produkt 2. Ertrag
product contour · Isoproduktkurve
product differentiation · Produktdifferenzierung
product exhaustion · Nullgewinn-System (Modelltheorie)
product for further processing · Vorerzeugnis
product liability · Produkthaftung
product mix · Produktionsprogramm
product mix planning · Planung eines gemischten Sortimentsangebots
product policy · Produktdifferenzierung, Produktpolitik
product test · Warentest
production · Erzeugung, Herstellung, Fertigung, Produktion, Fabrikation
production approach · Entstehungsrechnung
production budget · Produktionsbudget
production coefficient · Produktionskoeffizient, Vorleistungskoeffizient
production control · Überwachung des Produktionsablaufs
production cost · Herstellungskosten
production drop · Produktionsrückgang
production facility · Produktionseinrichtung, Produktionsstätte
production figure · Produktionsziffer, -rate
production frontier · Produktionskapazitätskurve
production function · Produktionsfunktion
production indifference curve · Transformationskurve, Produktionskapazitätskurve
production line · Fließband
production management · Organisation und Führung des Fertigungsbereiches einer Unternehmung
production overheads · Fertigungsgemeinkosten
production plan · Produktionsplan
production planning · Fertigungsplanung
production possibility boundary · Produktionsmöglichkeitskurve, Transformationskurve, Produktionsgrenze
production possibility curve → production possibility boundary
production possibility frontier → production possibility boundary
production potential · Produktionspotential
production process · Produktionsprozeß
production rate → production figure
production schedule · Produktionsplan
production statement (of a firm) · Produktionskonto (eines Unternehmens)

production surface · Ertragsgebirge
productive burden centre (~center) · Fertigungskostenstelle
productive capacity · Leistungsfähigkeit
productive expenditure · wachstumsfördernde Staatsinvestitionen
productive function · produktive Aufgabe
productive potential · volkswirtschaftliches Produktionspotential
productive power · Produktionskraft
productive resource · Produktivkraft, Produktionsfaktor
productive service · Faktorleistung, Produktivleistung
productivity · Produktivität, Ertragsfähigkeit, Rentabilität
productivity agreements/deals · Produktivitätsabkommen
productivity bargaining · 1. produktivitätssteigernde (Betriebs-)Vereinbarungen 2. produktivitätsorientierte Tarifpolitik
productivity curve · Ertragskurve
productivity deal → productivity agreement
productivity incentive system · Anreizsystem zur Produktivitätssteigerung
productivity theory of interest · Produktivitätstheorie des Zinses
professional qualification · berufliche Qualifikation, fachliche Eignung
professorial chair · Lehrstuhl
profit · Profit, Gewinn, Ertrag, Nutzen, Verdienst, Vorteil
profit and loss · Gewinn und Verlust
profit-and-loss account · Gewinn- und Verlustrechnung, Erfolgsrechnung; Erfolgskonto
profit before taxes · Gewinn vor Steuern
profit center · Erfolgsbereich einer Unternehmung
profit contribution · Deckungsbeitrag, Erfolgsbeitrag
profit expectation · Gewinnerwartung
profit incentive · Anreiz, um Profit zu erzielen
profit making · Gewinnerzielung
profit margin · Gewinnspanne
profit maximization · Gewinnmaximierung
profit motive · Gewinnstreben, Profitorientierung
profit-push-inflation → markup-inflation
profit rate · Profitrate (Marx)
profit sharing · Gewinnbeteiligung
profit taking · Gewinnmitnahmen (Aktienmarkt)
profitableness · Wirtschaftlichkeit, Rentabilität
profiteer · Schieber, Kriegsgewinnler
profits lost · entgangener Gewinn
prognosis · Prognose
program(me) · EDV: Programm
program(me) description · EDV: Programmbeschreibung, Programmdokumentation
program(me) evaluation and review technique (PERT) · Netzplantechnik
program(me) flow · Programmablaufplan
programmed instruction · programmiertes Lernen, programmiertes Lehrmaterial
programming criterion · Programmierungskriterium; Ausgangspunkt: Problem der Herstellung eines Gleichgewichts zwischen Angebot und Nachfrage verschiedener Güter und Faktoren
progressive scales of tax rates · progressiver Steuertarif
prohibition of interest · Zinsverbot
project management · Planung, Organisation, Durchführung und Kontrolle einer größeren Aufgabe innerhalb einer Organisation
project manager · Projektleiter(in)
project planning · Projektplanung

project tying · Projektbindung, Zweckbindung
projection · Vorhersage, Prognose
proletariat(e) · Proletariat
prolongation · Verlängerung
promissory note · Schuldschein, Eigen-, Solawechsel
promotion · Werbung, Beförderung, Förderung
promotional mix · Verkaufsförderungsmethoden
proof · 1. Korrekturabzug, Fotoabzug 2. Beweis
propensity · Neigung
propensity to consume · Konsumneigung, Konsumquote
propensity to export · Exportneigung, Exportquote
propensity to import · Importneigung
propensity to invest · Investitionsneigung
propensity to save · Sparneigung
propensity to spend · Ausgaben-, Konsumneigung
property · Eigentum(srecht), Titel, Vermögen, Vermögensgegenstand; Liegenschaften, Immobilien, (bauliches) Objekt
property rights · Verfügungsrechte, Eigentumsrechte
property tax · Vermögenssteuer, Grundsteuer
proportional rate · Proportionalsatz
proportional schedule of tax rates · proportionaler Steuertarif
proposed distribution of profit · Gewinnverteilungsvorschlag
proprietor · Eigentümer(in), Inhaber(in), Besitzer(in)
proprietor income · Einkommen aus Vermögen und Besitz
prospectus · Zeichnungsangebot (Aktien) in einer Zeitungsanzeige
prosperity · Prosperität, Hochkonjunktur
protection · Schutz
protection against dismissal · Kündigungsschutz
protectionism · Protektionismus
protective duty · Schutzzoll
protective food · bewirtschaftete Lebensmittel
provision · 1. Beschaffung 2. Vorrat 3. Provision 4. Provisorium
provisional transfer · Vorläufige Übertragung
proxy · Stellvertreter(in), Stellvertretung, Vollmacht
proxy variable · beobachtbare Größe/Variable, die stellvertretend für eine nichtbeobachtbare Variable steht
public · Öffentlichkeit, gemeinnützig, Staats~
public bond · Staatsschuldverschreibung (US)
public choice · kollektive Entscheidungen
public company · (eingetragene) Kapitalgesellschaft
public consumption · Staatskonsum
public debt · öffentliche Verschuldung
public deposits · Zentralbankguthaben der öffentlichen Hände
public enterprise · ökonomische Tätigkeit des Staates, öffentliche Unternehmen (gemischte Wirtschaft)
public expenditure(s) · Ausgaben der öffentlichen Hände und öffentlichen Unternehmen
public expenditure multiplier · Staatsausgabenmultiplikator
public finance · Finanzwissenschaft
public good · öffentliches Gut, Kollektivgut
public health office → office of public health
public interest · öffentliches Wohl
public investment · öffentliche Investition
public limited company · Aktiengesellschaft (GB)
public opinion · öffentliche Meinung
public overhead capital · Infrastruktur

public ownership · Staatsbesitz, öffentliches Eigentum
public relations · Kontaktpflege
public revenue · Staatseinnahmen
public sector · öffentlicher Sektor, Staatssektor
public sector borrowing requirement · Kreditbedarf der öffentlichen Hand
public service · öffentlicher Dienst
public spirit · Gemein(schafts)sinn
public utility · 1. öffentliches Versorgungsunternehmen 2. gesellschaftlicher Nutzen
public want · öffentliches Bedürfnis, Kollektivbedürfnis
public welfare · Sozialhilfe
public works · öffentliche Arbeiten (i.S. von Arbeitsbeschaffungsmaßnahmen)
publicity · Publizität, Reklame, Werbung
publisher · Verleger(in)
puffer · Person ohne Kaufabsicht, die nur bietet, um den Preis hochzutreiben
pull effect · Sogwirkung
pulverization · Zerfall, Zerlegung
pump priming · Ankurbelungsmaßnahme, konjunkturelle Initialzündung, Konjunkturspritze
punch(ed) card · Lochkarte
punch(ed) tape · Lochstreifen
purchase date · Kauftag
purchase order · Kaufauftrag, Kundenauftrag
purchase pattern · Käuferverhalten
purchase permit · Bezugsschein, Bezugsgenehmigung (Kriegswirtschaft)
purchase price · Einkaufspreis, Kaufpreis
purchase proposition · Verkaufsargumentation
purchase tax · Verbrauchssteuer, Kaufsteuer
purchasing · Beschaffung(swesen), Einkauf
purchasing officer · Einkäufer(in)
purchasing power · Kaufkraft
purchasing power parity theory · Kaufkraftparitätentheorie
pure competition · vollständige Konkurrenz, vollkommene homogene Konkurrenz
pure monopoly · homogenes Monopol
pure public good · spezifisch öffentliches Gut
pure theory of international trade · reine (reale, güterwirtschaftliche) Außenwirtschaftstheorie
purposive sample · bewußte Stichprobe
pursuit of profit · Gewinnstreben
purveyor · Lieferant
putting-out system · Heimarbeit (Verlagssystem)
putty-clay · wörtlich: Kitt-Ton 1. Irreversibilität der Technikwahl nach vollzogener Investition eines Unternehmens 2. Wachstumsmodell mit ex-post- Technikauswahl
pyramid selling (scheme) · Schneeball-Verkaufs-System (Kette von Verkäufern und Unterverkäufern)
pyramiding · 1. Unternehmensbeherrschung durch Holding-Gesellschaften, Verschachtelung 2. Benutzung noch nicht realisierter Gewinne zu neuen Spekulationen 3. Einlage-Kreditkette, Kreditkettenbildung

Q

quadrant · Quadrant
qualification · Qualifikation
qualification system · Qualifikationssystem/Qualifizierungssystem
quality · Qualität, Beschaffenheit, Güte
quality assurance analysis · Qualitätskontrolle
quality circle · Qualitätszirkel

quality control → quality assurance analysis
quality label · Gütezeichen
quality of life · Lebensqualität
quality specifications · Qualitätsnormen
quantitative restriction · Mengenbeschränkung
quantity · Menge, Quantität
quantity adjuster · Mengenanpasser
quantity control · Mengenregulierung
quantity demanded · Nachfragemenge
quantity discount · Mengenrabatt
quantity equation · Verkehrsgleichung
quantity rebate → quantity discount
quantity relative · Quotient aus Gegenwartsmenge und Menge der Basisperiode, Mengenmeßziffer
quantity supplied · Angebotsmenge
quantity theory of money · Geldmengentheorie, Quantitätstheorie des Geldes
quarter · 1. Viertel 2. (Jahres-)quartal 3. Vierteldollar (US)
quarterly figures · Vierteljahreszahlen
quartile · Quartil
quasi-private good · quasi-privates Gut, meritorisches Gut
quasi-private want · quasi-privates Bedürfnis, meritorisches Bedürfnis
quasi-public good · quasi-öffentliches Gut, meritorisches Gut
quasi-public want · quasi-öffentliches Bedürfnis, meritorisches Bedürfnis
quasi-rent · Quasirente (Marshall), temporärer Unternehmergewinn bei vollständigem Wettbewerb
questionnaire · Fragebogen
queuing · Warteschlange
queuing model · Warteschlangenmodell
queuing theory · Warteschlangentheorie
quick assets · Aktiva hoher Liquiditätsstufe (US)
quick (assets) ratio · Liquiditätsgrad, -kennziffer im Sinne des acid-test
quick tender · Schnelltender
quota · Importkontingent
quota of expenditure · Ausgabenquote
quotation · 1. Kursnotierung, Preisangabe 2. Börsenzulassung (Wertpapiere) 3. Klausel (eines Vertrages); Zitat
quoted price · Angebotspreis

R

R+D → research and development
rack-jobber · Großhändler, Herstellungsfirma, die bei einem Einzelhändler einen Teil der Verkaufsfläche anmietet, um dort Produkte auszustellen und anzubieten
radical equation · Wurzelgleichung
RAM → random access memory
ramification · Verzweigung, Abzweigung, (Company) Zweiggesellschaft
random · Zufall
random access · Zufallsauswahl
random access memory · Arbeitsspeicher, lösch- und beschreibbar
random check → random sample
random error · Zufallsfehler
random sample · (Zufalls-)Stichprobe
random selection → random sample
random variable · Zufallsvariable, -größe, stochastische Größe
randomisation · Zufallssteuerung, Anwendung des Zufallsprinzips
range · Bereich, Umfang, Reichweite, Spielraum; Auswahl, Sortiment, Palette; Spannweite, Variationsbreite
range noun · Spanne, Sortiment
rank order · Rangordnung
rank-and-file · Gewerkschaftsbasis
rank-and-file vote · Urabstimmung
rapid transportation · öffentlicher Nah-Schnell-Verkehr
rare commodity · Seltenheitsgut
rare good → rare commodity

ratchet effect · Sperrklinken-, Trägheitseffekt (Konsum)
rate · 1. Satz, (Zins-)Fuß 2. Rate, Prozentsatz, Geschwindigkeit, Tempo 3. Kurs, Preis 4. Tarif, Gebühr 5. Lokalsteuern, Gemeindesteuern (GB)
rate deficiency payment · Zuweisung im vertikalen Finanzausgleich
rate for central bank lending on securities · Lombardsatz
rate of absenteeism · Abwesenheitsquote, Fehlquote (Personal)
rate of depreciation · Abschreibungsrate
rate of exchange · Wechselkurs
rate of exploitation · Ausbeutungsrate, Mehrwertrate (Marx)
rate of growth · Wachstumsrate
rate of increase · Zuwachsrate
rate of increment · Zuwachsrate
rate of inflation · Inflationsrate
rate of interest · Zinssatz
rate of price rise · Rate des Preisanstiegs
rate of return · interner Zinsfuß, innerer Ertragssatz
rate of return function · Kapitalverzinsungsfunktion
rate of surplus value · Mehrwertrate, Ausbeutungsgrad (Marx)
rate of technical substitution · technische Grenzrate der Substitution
rate of time preference · Zeitpräferenzrate
rate on investment · interner Zinsfuß, innerer Ertragssatz
rate support grant · Globalzuweisung im Rahmen des britischen Finanzausgleichs an die Lokalbehörden
rate-of-return (on investment) · Kapitalrentabilität, Rendite, Kapitalertragsrate
rateable value (of premises) · Einheitswert (Grundstück)
rates · Zinspolitik, zinspolitische Maßnahmen der Notenbank
rating · Klassifizierung, Wertpapiereinstufung, Leistungsbewertung
rating authority · besteuernde Behörde
rating scale · Bewertungsskala
ratio · Quotient, Bruch, Verhältnis, Meßziffer
ratio delay studies · Multimomentverfahren der Arbeitswissenschaft zur Ermittlung der Arbeitszeit auf Stichprobenbasis
ratio function · Funktion mit Verhältniswerten
ratio of wages and salaries to national product · Lohnquote
ratio scale · logarithmischer Maßstab
ratio system · Kennzahlensystem
rational expectation · rationale Erwartung (alle Informationen werden berücksichtigt)
rational with respect to a stated end (purpose) · Zweckrationalität
rationality · Rationalität
rationalization · Rationalisierung
rationing by the purse · „Rationierung" nach dem Geldbeutel
raw material · Rohstoff
ray · Strahl, Halblinie
re-alignment · Neubereinigung
re-building · Wiederaufarbeitung von Produkten zwecks Wiederverwendung
re-conditioning → re-building
re-manufacturing → re-building
re-privatisation → denationalisation
reaction curve · Reaktionskurve (Duopol)
ready · 1. verfügbar, (einsatz)bereit 2. hohe Liquidität
real · real, mengenmäßig, gütermäßig
real account · Bestandskonto
real amount · Istbestand
real analysis · güterwirtschaftliche Analyse, reale Analyse
real assets · unbewegliches Vermögen
real balance effect · Realkassenhaltungseffekt
real balances · Realkassenhaltung

real bill · guter Handelswechsel
real capital · Realkapital, Sachkapital
real estate · Immobilien, Grundstück(e), Grundeigentum
real estate agent · Immobilienmakler
real flow · realer Strom
real gross national product · reales Bruttosozialprodukt
real income · Realeinkommen
real interest rate · realer Zinssatz, reale Verzinsung
real money supply · reale Geldmenge
real property → real estate
real property tax · Grundsteuer
real term · 1. reale Größe im Gegensatz zu Wertgrößen 2. preisbereinigte Größe (z.B. Produktions- oder Außenhandelsvolumen)
real theory of investment · reale Theorie des Zinses
real-time · Echtzeit
real time gross settlement system · RTGS-System, Echtzeit-Brutto-Abwicklungssystem
real-time processing · EDV: Real-Zeitverarbeitung, Echtzeitverarbeitung; Bearbeitungsverfahren bei einer Vielzahl von externen Stellen
real wage · Reallohn
realizable, payable · liquidierbar
realization crisis · Realisierungskrise, Absatzkrise (Marx)
realization rule · Realisationsprinzip
realized investment · realisierte Investition
reallocating of labo(u)r · Umgruppierung der Arbeitskraft
reallocation · Reallokation
reallocative incidence · Eintreten eines Umverteilungseffektes
realtor · Grundstücksmakler(in) (US)
realty · 1. Grundstücksgesellschaft (US) 2. → real estate
reasonability · Verantwortlichkeit, Vernunft
reassessment of eligibility · Berechtigungs(über)prüfung
rebate · Rückvergütung
recall test · Methode zur Ermittlung der Aufmerksamkeitswirkung von Werbemitteln
recapitalization · Refinanzierung
receipt · Quittung
receipts · Einnahmen
receivable suretyship · Bürgschaft in Form einer kumulativen Schuldübernahme
receivables turnover · Umschlagsfähigkeit der Forderungen, Forderungsumschlag
receivables turnover rate · Wirkungsgrad des eingesetzten Kapitals bei Kundenkrediten (Quotient zwischen Nettokundenkrediten und durchschnittlichen Außenständen)
recession · Rezession
recipient · Zahlungsempfänger(in)
recipient country · Empfängerland
recipient of income · Einkommensbezieher
reciprocal demand · reziproke Nachfrage (Außenhandel)
reciprocal trading · Gegenseitigkeitsabkommen
reciprocitation · Wechselwirkung
reciprocity · Reziprozität, Gegenseitigkeit (Außenhandelspolitik)
recognition lag · Erkennungsverzögerung
recommended retail selling price · unverbindliche Preisempfehlung
recompense · Entschädigung – Belohnung
reconciliation · Schlichtung – Vereinbarung
Reconstruction Loan Corporation · Kreditanstalt für Wiederaufbau (KfW) (FRG)
recontracting · 1. Walras'sche Gleichgewichtspreisbildung 2. Vertragserneuernd (US)
record · Aufzeichnung, Unterlage
recording · Aufzeichnung (Tonträger)

recovery (of the economy, of business activity) · Erholung (Konjunktur), Aufschwungphase
recovery cost · Wiederbeschaffungskosten
recovery value · Restwert
recreation · Erholung
recruiting · Rekrutierung, Anwerbung (von Arbeitskräften)
recursive system · rekursives System
redeemability · Einlösbarkeit
redeemable security · Wertpapier mit vereinbartem Einlösungstermin
redemption · Auslösung, Tilgung
redemption date · Rückzahlungszeitpunkt einer Anleihe etc.
redeployment · (organisierte) Umsetzung von Arbeitskräften, Umstrukturierung
rediscount · Rediskont
rediscount quota · Rediskontkontingent
rediscount rate · Rediskontsatz
redistribution · Neu-, Umverteilung
redistribution of income and wealth · Umverteilung von Einkommen und Vermögen
redistributive effect · umverteilende Wirkung, Redistributionseffekt
reducing-balance (depreciation)method · degressive Abschreibung
reduction (of skilled labour) · Reduktion (komplizierter Arbeit)
redundancy · 1. Redundanz 2. Bezeichnung für Arbeitskräfteüberfluß in einem Unternehmen infolge Rationalisierungen
redundancy payment · (gesetzliche) Abfindungszahlung für freigesetzte Arbeitskräfte bei Stillegungen (GB); entspricht etwa dem deutschen Sozialplan
redundancy payment fund · Kompensationsfonds für freigesetzte Arbeitskräfte (i.S. eines Sozialplans)
reference cycle · Referenzzyklus (konjunkturelle Präsenzindikatoren), Basiszyklus
reference value → benchmark
references · Literaturverzeichnis
refinancing operation · Refinanzierungsinstrument
refined birthrate · (geschlechts- oder altersspezifische) Geburtenziffer
refined deathrate · (geschlechts- und/oder alters-) spezifische Sterbeziffer
reflation · 1. Reflation (Zurückführung eines während einer Rezession oder Depression gesunkenen Preisniveaus auf die wünschenswerte Höhe) 2. expansive Konjunkturpolitik, Konjunkturbelebungsmaßnahmen, Lockerung der Geldpolitik
reflationary · reflationär, expansiv, stimulierend
reform bill · Reformgesetz
refraining from consumption · Konsumverzicht
refugee capital · fluktuierendes Geld, heißes Geld
refund · Rückvergütung, Erstattung
refusal (of goods) · Annahmeverweigerung (von Waren)
regime · 1. Regime: Mengenrationierungskonstellation in der Theorie der (makroökon.) Ungleichgewichte 2. Regime: staatliche Herrschaft 3. (eheliches) Güterrecht
region · Raum, Gebiet, Region
regional accounts · regionale Gesamtrechnung, regionalwirtschaftliche Gesamtrechnung
regional analysis · Regionalforschung
regional development corporation · regionale Entwicklungsgesellschaft
regional economics · Regionalökonomie
regional government multiplier · regionaler Multiplikator
regional planning → land-use planning
regional policy · Regionalpolitik

regional science · Regionalwissenschaft(en)
regional specialization · regionale Spezialisierung
registered trademark · eingetragenes Warenzeichen
registered unemployed · gemeldete Arbeitslose
registration · Registrierung
regression analysis · Regressionsanalyse
regressive scale of tax rates · regressiver Steuertarif
regressive supply curve · inverse (regressive) Angebotskurve
regrouping of labo(u)r · Umgruppierung der Arbeitskraft
regular depreciation · normale, regelmäßige Abschreibung
regulation · Regelung, Vorschrift
regulations on hire purchase terms · Teilzahlungsbedingungen
regulator · Bezeichnung für konjunkturpolitische Steuerzuschläge bzw -abschläge auf dem Weg der Rechtsverordnung
reimbursement · Entschädigung, Vergütung, Erstattung
reinsurance · Rückversicherung
reinvestment of profits · Reinvestition von Gewinnen
reisemark · Reisemark, allgemeine Bezeichnung für (verbilligte) Touristendevisen
REIT (real estate investment trust) · Immobilien-, Immobiliarinvestmentfonds
rejection (of goods) · Zurückweisung (von Waren)
related industry · Zulieferindustrie
relations of production · Produktionsverhältnisse (Marx)
relationship · Beziehung, Verhältnis
relationship banking · kundenorientiertes Bankgeschäft, auf einem Vertrauensverhältnis zwischen Bank und Kunden aufbauend
relative form of value · relative Wertform (Marx)
relative income · relatives Einkommen
relative income hypothesis · relative Einkommenshypothese
relative price · Quotient aus Gegenwarts- und Basisperiodenpreis
relative surplus population · relativer Bevölkerungsüberschuß
relaxation · Entspannung, Auflockerung
reliability · Zuverlässigkeit
reliability of operation · Betriebssicherheit
relief work (public) · (staatliche) Arbeitsbeschaffungsmaßnahme, (öffentliche) Notstandsarbeiten
relocation service · Umzugsbetreuung(sdienste)
remaining life → unexpired residual term
reminder · Mahnung, Erinnerung
remittance · Überweisung
remote access · Fernzugang
remote payment · Fernzahlung
removal (of taxes, duties, restrictions, etc.) · Beseitigung, Aufhebung (von Steuern, Zöllen, Beschränkungen etc.)
remuneration · Entgelt
renewal plan · Sanierungsplan
rent · Rente i.S. eines dauerhaften Ertrages eines Aktivums; Miete, Pacht
rent control · staatliche Mietpreisregulierung (Wohnraumbewirtschaftung), Mietpreisbindung
rent in kind · Naturalrente (Marx)
rent payments · Renteneinkommen (Miet- und Pachteinkommen)
rent regulation · (staatliche) Mietpreisfestsetzung (auf Antrag des Vermieters)
rent seeking · Suche nach gesichertem Einkommen
rent under lease · Pachteinnahme
rental · Pacht, Miete

renting · Vermietung von Anlagegütern u. Standardgütern
repacking · Rekombination von Finanzproduktmerkmalen s. a. Zerlegung
repair · Reparatur
repatriation · Kapitalrücktransfer
repayment · Rückzahlung, Erstattung
repayment time · Amortisationsdauer
repercussion · Rückwirkung, Rückstoß
replacement · Ersatz, Auswechslung
replacement cost · Wiederbeschaffungskosten
replacement-cost depreciation · Abschreibung nach Wiederbeschaffungskosten
replacement demand · Ersatznachfrage, Ersatzbedarf
replacement fund · Abschreibungsfonds
replacement investment · Ersatzinvestition, Reinvestition
replacement price · Wiederbeschaffungspreis
replacement theory · Erneuerungstheorie: Theorie über den Ersatz von Maschinen und Anlagen
replacement value · Wiederbeschaffungswert
replenishment · 1. Wiederauffüllung (eines Vorrats) 2. Refinanzierung des IWF bei Mitgliedern
replication · multiplikative Erhöhung der Ausbringungsmenge
repo operation · liquiditätszuführendes Pensionsgeschäft
report of findings · Importkontrollzeugnis
reported profits · ausgewiesene Gewinne
repossession · Wiedererlangung (der Besitzrechte, insbes. aufgrund Zahlungsunfähigkeit des Schuldners bei Termingeschäften)
representative · 1. Vertreter(in) (Firma) 2. Abgeordnete(r) (US)
representative firm · repräsentatives Unternehmen (A. Marshall)
repressed inflation · zurückgestaute Inflation
reproducible assets · reproduzierbares Realvermögen
reproduction on an extended scale · Reproduktion auf erweiterter Stufe
reproduction rate · Reproduktionsziffer, Reproduktionsindex
reproduction scheme · Reproduktionsschema (Marx)
reproductive debt · werbende Schulden (öffentlicher Kredit)
repurchase agreement · Rückkaufsvereinbarung
repurchase date · Rückkaufstag
repurchase price · Rückkaufspreis
reputation monopoly · Meinungsmonopol
required reserve · Mindestreservesoll
required reserve ratio · Mindestreservesatz
requirement · Anforderung, Bedarf
requisition · 1. Anforderung(smitteilung) 2. Requirierung, Erfassung
resale price · Wiederverkaufspreis
resale price maintenance · Preisbindung zweiter Hand, vertikale Preisbindung
rescinded · außer Kraft
rescission · Aufhebung, Nichtigkeitserklärung
rescue scheme · Sanierungs-, Rettungsplan
research · Forschung
research and development · (produktbezogene) Forschung und Entwicklung
reservation of ownership · Eigentumsvorbehalt
reserve account · Reservekonto
reserve army of unemployed labo(u)r · industrielle Reservearmee
reserve asset · Reservemedium, -mittel, Liquiditätsreserve
reserve base · Mindestreservebasis

reserve currency · Reservewährung
reserve holding · Reserveguthaben
reserve ratio(n) · Mindestreservesatz
reserve requirements · Mindestreserven
reserve transactions · Reservetransaktionen
reserves · Rückstellungen für unvorhergesehene Risiken, Reserven
resettlement · Wiedereingliederung, Umsiedlung
resettlement transfer schemes · Mobilitätsbeihilfen
reshuffling · Um-, Neubesetzung
resident convertibility · Inländerkonvertierbarkeit
resident direction · ortsansässige Betriebsleitung, Bezirksleitung
residential construction · Wohnungsbau
residential investment · Wohnungsbauinvestition(en)
residual · Restwert, Restgröße
residual costs · Residualkosten, Residualverlust, Nutzeneinbuße des Prinzipals
residual error · ungeklärte Differenz (z.B. ungeklärte Beträge der Zahlungsbilanz); unerklärte Streuung (einer Regression)
residual income · Residualeinkommen, Unternehmergewinn
residual item · Restposten
residual payment residual income
residual unemployment · Restarbeitslosigkeit, „Bodensatzarbeitslosigkeit"
residual value · Restwert
residue · Restbestand; Reststreuung
residuum · unterste Einkommensgruppe
resignation · Rücktritt, Demission
resistance to taxation · Steuerwiderstand
resource allocation · Allokation, Ressourcenverteilung
resource market · Faktormarkt
resources · Ressourcen i.S. der Leistungsfähigkeiten der Produktionsfaktoren
resources allocation · BWL: Kapazitätsbedarfsermittlung
responsive to cyclical fluctuations · konjunkturempfindlich, reagibel
rest-of-the-world account · Auslandkonto
restraint of trade · Wettbewerbsbeschränkung
restriction · Restriktion, Beschränkung
restrictive covenant · Zwangsklausel (Vertrag)
restrictive practices · Wettbewerbsbeschränkung, wettbewerbsbeschränkende Praktiken
restructuring · Umstrukturierung, Neuorganisierung
retail · Einzelhandel, Kleinhandel; Kleinverkauf, Ladenverkauf
retail gravitation · Anziehungskraft eines Einzelhandelsgeschäfts
retail price · Einzelhandelspreis
retail price index · Einzelhandelspreisindex, Verbraucherpreisindex
retail price maintenance · Preisbindung zweiter Hand
retail sale · Einzelhandelsumsatz
retail trade · Einzelhandel
retained earnings · einbehaltene Gewinne, nichtausgeschüttete ~
retained profits → retained earnings
retaliation · Vergeltung(smaßnahme) bei Handelsprotektionismus
retaliatory tariff · Vergeltungszoll; Retorsionszoll
retarded growth · verzögertes (verspätetes) Wachstum
retention · einbehaltener Betrag
retentions · Summe aus Abschreibungen und Gewinnen (net cash flow)
retinue · höhere (leitende) Angestellte(nschicht)
retired people · Ruheständler
retirement · Ruhestand, Pensionierung

retirement insurance · Ruhestandsversicherung
retirement pension · Altersruhegeld, Altersrente
retraining · Umschulung
return · Ertrag
return on capital employed · Rentabilität des bilanzmäßigen Eigenkapitals
return on equity ratio · Quotient aus Nettoerlösen und Eigenkapital
return on investment · Rendite, Kapitalertrag; Rückfluß des investierten Kapitals durch Erträge
returns to scale · Skalenerträge
reusability · Wiederverwendbarkeit
revaluation · Aufwertung
revealed preference · bekundete Präferenz, faktische Präferenz
revenue · 1. Erlös, Umsatz, Einnahmen 2. Steueraufkommen
revenue duty · Finanzabgabe
revenue expenditure · Betriebsausgaben
revenue stamp · Banderole
reverse (negative) income tax (RIT) · negative Einkommenssteuer, umgekehrte ~
reverse form · Verkehrte Form (Marx)
reverse multiplier · negativer Multiplikator
reverse repo operation · liquiditätsentziehendes Pensionsgeschäft
reverse take-over · Übernahme öffentlicher Unternehmen durch Privatfirmen, Kauf des großen durch das kleine Unternehmen
reverse transaction · befristete Transaktion (z. B. Pensionsgeschäft)
reverse yield gap · Bezeichnung für eine Dividendensituation, in der die Rendite von Dividendenpapieren unter der $2^1/_2$% Konsols (gilt-edged security) liegt (GB)
revival · Konjunkturaufschwung
revocation of authority · Widerrufung der Vollmacht
revolutionisation · Revolutionierung
revolving credit · periodische Erneuerung eines Bankkredits
revolving loan · feste Kreditzusage ohne bestimmte Terminierung
Revolving Underwriting Facility (RUF) · Finanzierungskonzept, bei dem das kapitalsuchende Unternehmen, unter Vermittlung einer Bank (Arrangeur) mit einer Bankengruppe einen Vertrag schließt
RGTS system → real time gross settlement system
Ricardo effect · Ricardo-Effekt
Rico Act (Racketeer Influenced and Corrupt Organization Act) · Maffiagesetz (USA)
ridge line · Scheidelinie, die jene Punkte einer Isoquantenschar verbindet, an denen die Grenzprodukte der Faktoren null sind (Begrenzung des Produktionsbereichs)
right of asylum · Asylrecht
right to organize · Grundrecht der Koalitionsfreiheit
right to work · 1. Recht auf Arbeit 2. freie Berufswahl
right to work legislation · gesetzliches Verbot des 'closed shop' (US)
rights issue · 1. Bezugsrecht-Angebot an die Aktionäre eines Unternehmens 2. Gratisaktien
rigidity of prices · Preisstarrheit
rigidity of supply · Inelastizität des Angebots
ring · Kartell (syn.: pool, cartel, trust)
rise · 1. Aufstieg 2. Ordinatenrichtung
risk · Risiko
risk analysis · Risikoanalyse
risk averse · risikofeindlich (-scheu)
risk aversion · Risikoaversion
risk capital · Risikokapital
risk prone · risikofreudig
risk proneness · Risikofreude
risk theory · Theorie des Risikos
RIT → reverse income tax
rival · Rivale, Konkurrent

rival commodities · enge Substitute, „rivalisierende Güter"
road tax · Kraftfahrzeugsteuer
road vehicle building · Straßenfahrzeugbau
rock-bottom price · absoluter Tiefstpreis
role conflict · Rollenkonflikt
rollback · (amtlich verordnete) Zurücknahme von Preiserhöhungen
rolling budget · überlappende (Finanz ~) Planung
rolling plan · rollender Plan
rolling-stock · Wagenpark, rollendes Material, speziell die beweglichen Betriebsmittel der Eisenbahn
ROM (road only memory) · Festspeicher, nur lesbar
Roosa-effect → locking-in-effect
rotation of crops · Wechselwirtschaft, Fruchtwechsel
round-about methods of production · Produktionsumwege, Umwegproduktion (unter Einsatz irgendwelcher Produktionsmittel)
round lot · gebräuchlichste Form der Globalaktie zu 1000 Anteilen (US)
routinized regime · Routineregime einer Produktion
row · Zeile (einer Matrix)
row vector · Zeilenvektor
rows and columns of a determinant · Zeilen und Spalten einer Determinante
royalties · Konzessionseinnahmen, Lizenzen, Tantiemen, Nutzungsgebühren
RUF Revolving Underwriting Facility
rule of inference · Ableitungsregel
ruling price · geltender, herrschender Preis
run · 1. Ansturm, Run 2. Abszissenrichtung
run-down processing → liquidation
runaway inflation · galoppierende Inflation
running costs · Betriebskosten

S

sabotage · Sabotage
saddle point · Sattelpunkt
safe pledge · Kaution
safeguard · Vorsichtsmaßnahme, Sicherstellung, Vorkehrung
safety effort · Risikooptimierung
safety measures · Sicherheitsmaßnahmen
safety on the job · Sicherheit am Arbeitsplatz
salaried man · Angestellter, Gehaltsempfänger
salary · Gehalt, Besoldung
salary promotion · Gehaltsentwicklung
salary review · Gehaltsüberprüfung
salary structure · Gehaltsstruktur
sale · Verkauf, Vertrieb, Absatz
sale and lease back · spezielles Leasing-Verfahren, in dem der Unternehmer aus seinem Betriebs- oder Privatvermögen Mobilien oder Immobilien verkauft und die verkauften Objekte als Mieter weiterbenutzt
sale by auction · Versteigerung, Verkauf auf einer Auktion
saleable value · Liquidationswert
sales agreement · Kaufvertrag
sales amount · Absatzmenge
sales audit · Absatzprüfung
sales budget · Absatzplan
sales control · Absatzkontrolle
sales costs · Absatzkosten
sales drive · Verkaufskampagne
sales elasticity · Absatzelastizität
sales force · Verkaufsaußendienst eines Unternehmens
sales forecast · Absatzprognose
sales management · Verkaufsleitung eines Unternehmens
sales manager · Verkaufsleiter(in)
sales people · Verkaufspersonal
sales planning · Absatzplanung

sales policy (selective) · Absatzpolitik, selektive Absatzpolitik
sales price · Absatzpreis
sales promotion · Verkaufsförderung, die über traditionelle Anzeigenwerbung hinausgeht (z.B. Schaufenster- und Verkaufsraumwerbung)
sales quota · Absatzquote
sales reprentative · Handelsvertreter(in)
sales revenue · Umsatzerträge
sales revenue maximization · Umsatzmaximierung (verstanden als Alternative zur Gewinnmaximierung)
sales talk · Verkaufsgespräch
sales tax · Umsatzsteuer, Verbrauchssteuer
sales territory · Verkaufsbezirk
sales volume · Mengenumsatz
salesman · Verkäufer, Handelsreisender, Vertreter
saleswoman · Verkäuferin, Handelsreisende, Vertreterin
salvage · 1. Bergungsprämie (Havarie) 2. Schrottwertanrechnung (Versicherungsschaden)
sample · 1. Stichprobe, repräsentativ ausgewählte Gruppe von Personen 2. Warenprobe, Muster
sample design · Stichprobenplan(ung)
sample survey · Repräsentativerhebung
sampling error · Stichprobenfehler
sampling size · Stichprobengröße (Umfang)
satellite industries · Satellitenindustrien; Nebenindustrien
satiation level · Sättigungsniveau
satiety · Übersättigung, Ekel, Sattheit, Überdruß
satisfaction · Bedürfnisbefriedigung
satisficing · Verhalten, das nicht die objektiv beste sondern die unter gegebenen Bedingungen befriedigende Lösung sucht
saturation · Sättigung
saturation of a market · Marktsättigung
saturation point · Sättigungspunkt
save as you earn · britisches (Prämien-) Sparsystem mit einer Art Indexbindung der Sparbeträge
saving · Sparen
saving bond · Sparbrief
saving proportion · gesamtwirtschaftliche Ersparnis
saving schedule · Spartabelle
saving through building societies · Bausparen
savings · Ersparnis(se)
savings account · Sparkonto
savings and loan association · Baufinanzierungsgenossenschaft (US)
savings bank · Sparkasse
savings deposits · Spareinlagen
savings intermediary · Kapitalsammelstelle
savings rate · volkswirtschaftliche Sparquote
Say's law of markets · Saysches Theorem
SBA → Small Business Association
scab · Streikbrecher
scab work · Streik-, Schwarzarbeit, Arbeit unter Tariflohn
scalar chain · Liniensystem (H. Fayol)
scalar product · Skalarprodukt (Matrizenrechnung)
scale · Maßstab, Umfang, Größe, Größenordnung, Produktionsniveau
scale effect · Kostendegression der Massenproduktion
scale line · Expansionspfad
scaler chain · Befehlskette
scarce · knapp
scarce currency · synonym zu: hard currency, harte Währung
scarcity · Knappheit
scarcity of goods · Güterknappheit
scarcity value · Seltenheitswert
scatter diagram(me) · Streudiagramm (Regression), Punktdiagramm

schedules · britische Einkommensteuerklasse nach (sechs) Einkommensarten
scheduling · Ablaufplanung
scheme · Projekt, Plan, Programm
scholasticism · Scholastik
school of thought · Lehrmeinung, wissenschaftliche Schule
science-based industries · (technologische) Wachstumsindustrie (z.B. Elektronik)
scientific management · systematische (wissenschaftliche) Betriebsführung
scientific socialism · wissenschaftlicher Sozialismus
scissors of price movements · Preisschere
scope · geistiger Bereich, Umfang, Sachgebiet
scoring technique · Punktbewertung
scrap · Schrott, Abfall, Ausschuß
scratch-pad memory · EDV: Schnellspeicher mit geringer Kapazität; Notizblockspeicher
scrip (dividend) · Zwischenschein (bei Aktien), Interimsschein; Gutschein
scrip issue · Gratisaktienausgabe
search process · Suchprozeß
search unemployment · Sucharbeitslosigkeit
seasonal adjustment · Saisonbereinigung (Zeitreihenanalyse)
seasonal fluctuation · Saisonschwankung, jahreszeitliche Schwankung
seasonal unemployment · saisonale Arbeitslosigkeit
SEC → Securities and Exchange Commission
secluding · abschließen, absondern
second life people → selpies
second partial derivative · zweite partielle Ableitung
second-best theory · Theorie des Zweitbesten
secondary boycott · indirekter Boykott
secondary consequence · Nebeneffekt, Nebenwirkung
secondary credit · Gegenakkreditiv (wird ausgestellt, wenn die Übertragbarkeit des Akkreditiv nicht ausdrücklich zugelassen ist)
secondary effect · Sekundäreffekt
secondary fuel · Sekundärenergie (z.B. Strom)
secondary market · Neben-Markt, der sich neben amtlich kontrollierten Märkten entwickelt, z.B. der Freiverkehr am Aktienmarkt
secondary production · Produktion des sekundären Sektors (Industrie)
secondary sector · sekundärer Sektor, Fertigungssektor
secondary strike · Sympathiestreik
secret reserves · stille Reserven
section · Abschnitt, Absatz
sector (public, private) · (öffentlicher, privater) Sektor, Bereich
sector of the economy · Wirtschaftszweig
sectoral inflation · sektoral induzierte Inflation
sectoring · Sektorbildung, sektorale Abgrenzung
secular inflation · säkulare Inflation
secular trend · säkularer Trend, langfristige Entwicklung
Securities and Exchange Commission (SEC) · Börsenaufsichtsbehörde (US)
securitization · Wertpapierunterlegte Kredite (Geldkapitalbeschaffung durch Ausgabe handelbarer Wertpapiere)
security · 1. allgemein: jedes Wertpapier, das den Anspruch auf Eigentum und/oder regelmäßige Erträge sichert 2. speziell: ertragbringendes Papier, das am Wertpapiermarkt gehandelt wird, vor allem als Aktie und Anleihe; Kreditmarktpapier
security of tenure · Mieterschutz
segregation · (Rassen-)trennung

seigniorage · Münzprägegewinn (ursprünglich: Ausprägungskosten)
seizure · Beschlagnahme, Sicherstellung, Pfändung
selective employment tax (SET) · Arbeitskraftsteuer
selective perception · selektive Wahrnehmung
selective sales policy · selektive Absatzpolitik
self-employed person · selbständig Tätige(r), Selbständige(r)
self-financing · Selbstfinanzierung
self-fulfilling prophecy · selbsterfüllende Prognose (R.K. Merton)
self-government · Selbstverwaltung
self-healing power · Selbstheilungskraft (der Marktwirtschaft)
self liquidating · sich selbst amortisierend, kostendeckend
self-management · (Arbeiter-)Selbstverwaltung
self-occupied → self employed person
self-reliance · Selbstversorgung, -hilfe, Autarkie
self-service · Selbstbedienung
self-sufficiency · Autarkie, Selbstversorgung, Eigenversorgung
self-supply · Eigenverbrauch
sell short · Leerverkauf vornehmen
sellers' market · Verkäufermarkt
selling costs · Absatzkosten, Verkaufskosten, Vertriebskosten
selpies · Senioren
semi-durable consumers' good · kurzlebiges Gebrauchsgut (z.B. Kleidung)
semi-finished product · Halbfertigfabrikat
semi-luxuries → semi-necessities
semi-manufactured good · Halberzeugnis, Halbfabrikat, Vorerzeugnis
semi-necessities · nicht lebenswichtige Güter mit unelastischer Nachfrage (z.B. Alkohol); Güter des gehobenen Bedarfs
semi-skilled worker · angelernter Arbeiter, angelernte Arbeiterin
semi-variable costs · (synonym: stepped costs) intervallfixe Kosten
senior citizens · Senioren
senior executive · leitende(r) Angestellte(r)
senior manager → senior executive
senior partner · bereits länger im Geschäft befindlicher Gesellschafter(in) mit Mehrheitsanteil
sensitive indicator · zukunftssensibler Frühindikator
sensitivity analysis · Sensitivitätsanalyse: Verfahren zur Analyse der Stabilität bzw. möglicher Änderungen von Optimallösungen bei Veränderungen der Ausgangsdaten
separability · Trennbarkeit
separable programming · separable Planungsrechnung
separable utility function · zerlegbare Nutzenfunktion
separation of ownership from control · Anonymisierung des Kapitalbesitzes, der zur Trennung von Unternehmer- und Eigentümerfunktion führt („Regime der Manager")
separation of powers · Gewaltenteilung
separation of tax sources · Trennsystem (nach Form des Finanzausgleichs)
sequencing · Abfolgeplanung
sequential analysis · Sequenzanalyse, Verlaufsanalyse; Sequentialtestverfahren, Sequentialanalyse
serfdom · Leibeigenschaft, Hörigensystem
serial manufacture · Serienproduktion
service · Dienst, Kundendienst
service charge · Bearbeitungsgebühr
service economy · Dienstleistungsgesellschaft
service industry · Dienstleistungsindustrie, Dienstleistungsgewerbe
service life · Nutzungsdauer

service-yielding assets · Dienstleistungsanlagen
services · Dienstleistungen
services sector · Dienstleistungssektor
servicing · Wartung
session · Tagung, Sitzung(speriode)
SET → selective employment tax
set · Menge
set of data · Datenkranz
set of equations · Gleichungssystem
set theory · Mengentheorie, Mengenlehre
set-up · Gliederung, Aufbau, Lage
settlement · 1. Abrechnung im Wertpapierhandel 2. Zahlungsausgleich
settlement account · Zahlungsausgleichskonto
settlement institution · Zahlungsausgleichsstelle
settlement risk · Erfüllungsrisiko
severance payment · Abfindungszahlung (Arbeitsvertrag)
shadow economy → black economy hidden economy → informal economy parallel economy invisible economy twilight economy → underground economy
shadow price · Schattenpreis
shadow wage · Schattenlohn
shake-out · Personalabbau, Umstrukturierung der Verwaltung
shake-up shake out
shaky currency · instabile Währung
share · Aktie, Anteil
share capital · Aktienkapital
share certificate · Aktienzertifikat
share circulation · Aktienumlauf
share index · Aktienindex (GB)
share indices · Aktienkurs-Indices
share of inheritance · gesetzliches Erbteil, Pflichtteil (US)
share of profits · Profitanteil, Profitquote
share of the state in distribution · Staatsquote, Staatsanteil
share premium · Emissionsagio
share tenancy · in Naturalien zahlbare Pacht (Feudalsystem)
share under an intestancy · gesetzliches Erbteil, Pflichtteil (GB)
shareholder · Aktionär
shareholder value orientation · Wert- bzw. Anlegernutzenorientierung · Konzept der Orientierung der Unternehmenspolitik an der Bewertung auf dem Aktienmarkt
shareholders' equity · Eigenkapital
shareholders' representative · Aktionärsvertreter
shares authorized · Nominalkapital
shares issued · ausgegebene Aktien
shift · 1. (Arbeits-)Schicht, Arbeitstag, 2. Wandel, Verlagerung, Verschiebung
shift-and-share analysis · Shift-Analyse, Verschiebungs-Analyse (Untersuchung der Verschiebung des relativen Anteils eines Teilaggregates am Gesamtaggregat)
shift in demand · Nachfrageverschiebung
shift in supply · Angebotsverschiebung
shift working · Schichtarbeit
shifting of a tax · Überwälzung einer Steuer
shipment · Versand, Lieferung
shipping · 1. Schiffahrt 2. → shipment
shipping conference · Schiffahrtskonferenz
shipping documents · Versandpapiere
shipyard · Werft
shock variable · stochastische Störvariable
shop audit · Bestandsüberprüfung im Einzelhandel
shop lifter · Ladendieb
shop stewards · gewerkschaftliche Vertrauensleute (sinngemäß), aber oft mit weitreichenden Funktionen; Betriebsobleute

shopfloor participation · Mitbestimmung am Arbeitsplatz
short seller · Leerverkäufer(in) (Börse)
short term (bond) fund · Kurzläuferfonds
Short Term Note Issuance Facility · andere Bezeichnung für → NIF
short-dated gilt · börsengängiges Staatspapier bis fünf Jahre Laufzeit (GB)
short-dated gilt edged security → short-dated gilt
short-period-flow equilibrium · kurzfristiges Gleichgewicht, ohne Kapitalstockänderung
short-range plan · kurzfristiger Plan
short-run · kurzfristig; die Periodenlänge ist i.d.R. auf den Zeitbedarf für bestimmte Anpassungen bezogen, z.B. Produktionsumstellungen
short-run analysis · kurzfristige Analyse
short-run costs · kurzfristige Kosten
short-run cost curves · kurzfristige Kostenkurven
short-term liabilities · kurzfristiges Fremdkapital
short-term loan · kurzfristige Ausleihungen
short-term planning · kurzfristige Planung
short-time worker · Kurzarbeiter(in)
short-time working · Kurzarbeit
shortage · Verknappung, Fehlbedarf, Mangel, Knappheit
shortage of skilled workers · Mangel an Fachpersonal
shortfall · Ausfall, Minderertrag
showroom · Ausstellungsraum
shrinkage · Schrumpfungsprozeß, Warendiebstahl-Verluste
shrinking process → shrinkage
shut-down · vorübergehende Stillegung
shut-down point · Betriebsminimum, Produktionsschwelle
sick-out · (Bummel)streik durch Krankmeldungen der Gewerkschaftsmitglieder
sickness benefit · Krankengeld
side condition · Randbedingung
side effect · Nebenwirkung
side letter · Nebenabrede
sideline · 1. Nebenberuf 2. Nebensortiment
sight deposits · Sichteinlagen
significance · Signifikanz (Statistik)
silent partner → sleeping partner
simple and skilled labour · einfache und komplizierte Arbeit (Marx)
simple commodity production · einfache Warenproduktion
simple interest · im Gegensatz zum Zinseszins die „einfache" Verzinsung des Kapitals
simple regression · Einfachregression, einfache Regression
simple reproduction · einfache Reproduktion (Marx)
simplex-method · Simplex-Methode: gebräuchlichste Methode zur Lösung linearer Optimierungsprobleme
simplification · Vereinfachung
simulation · Simulation; realitätsnahe Nachbildung eines Vorgangs oder Systems mit Hilfe von Modellen
simultaneous equations · simultanes Gleichungssystem
single-entry-bookkeeping · einfache Buchführung
single-product-system · Ein-Produkt-Fall
single-stage turnover tax · Einphasenumsatzsteuer
single tax · (synonym: impoît unique) Einsteuer (Physiokraten), Alleinsteuer
sinking fund · 1. Amortisationsfonds, Schuldentilgungsfonds 2. thesaurierte Sparraten plus Zinsen
sit-down strike · Streik ohne Verlassen des Arbeitsplatzes
site value · Bodenwert entsprechend dem Verwendungszweck (Einfluß des Bebauungsplans)

situation report · Lagebericht
skewed distribution · schiefe (anormale) Verteilung
skewness · schiefe (statistische) Verteilung
skilled staff · Fachpersonal
skilled trade · Fachberuf
skilled worker · Facharbeiter(in)
skills analysis · Ausbildungsoptimierungsanalyse
skimming price · überzogener Preis
skimming-off (of purchasing power) · (Kaufkraft-)Abschöpfung
slack · Leistungsreserven durch Leerlauf im Arbeitsprozeß
slack period · Flaute, Pufferzeit
slack variable · Schlupfvariable, Leerlaufvariable
sleeping partner · stiller Teilhaber, stille Teilhaberin
sliding parity · stufenflexibler Wechselkurs
sliding peg → sliding parity
sliding scale · gleitende Lohn-, Zoll- u.ä -sätze nach Maßgabe einer anderen Größe, z.B. Preisindex
slope · Steigung
slot machine · 1. Verkaufsautomat für verpackte Ware 2. Glücksspielautomat
slow business · stockendes Geschäft, Flaute
slowdown · Drosselung, Nachlassen des Wirtschaftswachstums, Verlangsamung der Konjunktur
sluggish economy · träge, schwerfällige Wirtschaft
sluggishness · Trägheit
sluice-gate price · Schleusenpreis (EG-Agrarmarkt)
slum clearance · Sanierung der Elendsviertel, der Slums
slump · 1. Kurs- oder Preissturz 2. Depression
slumpflation · Zusammentreffen von Inflation und scharfer Rezession
slush fund · Schmiergeldfonds
small and medium sized enterprises (SME) · KMU = Klein- und Mittelunternehmen
small business · gewerblicher Mittelstand
Small Business Association · gewerblicher Mittelstandsverband (der Klein- und Mittelbetriebe) (US)
small income relief · Steuererleichterung für kleine Einkommen
small industry · Kleinindustrie
small-scale production · Kleinbetrieb
SME → small and medium sized enterprises
SNIF → Short-Term Note Issuance Facility
social accounting · volkswirtschaftliche Gesamtrechnung, i.d.R. als Input- Output-Tabelle dargestellt
social accounts · (die Konten der) volkswirtschaftliche(n) Gesamtrechnung, volkswirtschaftliches Rechnungswesen
social aggregate · volkswirtschaftliches Aggregat, Globalgröße
social balance · Gleichgewicht zwischen privater Produktion und öffentlichem Leistungsangebot (Galbraith)
social balance sheet · Sozialbilanz
social benefits · 1. sämtliche Wohlstandssteigerungen, die aus einer öko nomischen Aktivität folgen 2. Wohlstandssteigerungen, die i.S. von externen Effekten Dritten zukommen; volkswirtschaftliche Ersparnisse, positive externe Effekte
social capital · (gesamtwirtschaftlicher) Kapitalstock
social choice → public choice
social class · soziale Schicht, Klasse
social costs · volkswirtschaftliche Kosten, im Unterschied zu den privaten Kosten; social costs sind somit nicht identisch mit dem Begriff der Sozialkosten, die zusammen mit den privaten Kosten die volkswirtschaftlichen Kosten bilden

social credit · Sozialkredittheorie (Douglas/Aberhart), ähnlich der Freiwirtschaftslehre (S. Gesell)
social discount rate · kalkulatorischer gesellschaftlicher Diskontsatz
social fetters upon the development of means of production · soziale Fesseln (der Produktionsmittelentwicklung)
social formation · Gesellschaftsformation (Marx)
social history · Sozialgeschichte
social income · Volkseinkommen
social indifference curve · volkswirtschaftliche, gesellschaftliche, soziale (Bergson-)Indifferenzkurve
social inflation · pejorative Bezeichnung für die in den USA steigenden Schadensersatzsummen für ärztliche Kunstfehler (US)
social insurance · Sozialversicherung
social labo(u)r · gesellschaftliche Arbeit
social marginal productivity · marginale Sozialproduktivität
social order · Sozialordnung
social overhead capital · allgemeines Sozialkapital; immaterielles und materielles Infrastrukturkapital
social partner · Sozialpartner(in)
social protection · soziale Sicherheit
social responsibility · soziale Verantwortung
social security · 1. Sozialversicherung (US) 2. Sozialfürsorge, Sozialhilfe
Social Security Act (USA 1. 1. 1937) · Sozialversicherungsgesetz
social security payroll tax · Arbeitgeberanteil bei der Sozialversicherung (US)
social security tax · Sozialversicherungssteuer
social want · spezifisch öffentliches Bedürfnis, kollektives Bedürfnis
social welfare · gesellschaftlicher Wohlstand, Gemeinwohl
social welfare function · gesellschaftliche bzw. soziale Wohlstandsfunktion
social welfare principle · Sozialstaatsprinzip
social welfare program(me) · Sozial-, Wohlfahrtsprogramm, „soziales Netz"
socialism · Sozialismus
socialists of the lectern · Kathedersozialisten
socialization · Vergesellschaftung, Sozialisierung
socialized production · vergesellschaftete Produktion
socially necessary labo(u)r · gesellschaftlich notwendige Arbeit
socially necessary labo(u)r-time · gesellschaftlich notwendige Arbeitszeit
society · Gesellschaft
socio-economic formation · sozioökonomische Formation
sociology of work · Industriesoziologie
soft currency · weiche Währung
soft goods · einmalig benutzbare Güter; kurzlebige Konsumgüter
soft loan · zinsbegünstigte Anleihe (Entwicklungspolitik)
software · nicht-maschinelles Zubehör einer EDV-Anlage, z.B. Programme
software maintenance · Software-Wartung
software services · Software-Programmpflege
software tool · Software-Werkzeug
soil · Boden, Erde
sole bill · Solawechsel
sole proprietor · Einzelkaufmann (-frau)
sole proprietorship → sole proprietor
sole trader → sole proprietor
solicitation of orders · Auftragsbesorgung, ~ -beschaffung
solidarity · Solidarität
solution · Lösung
solvency · Zahlungsfähigkeit
solvency risk · Solvenzrisiko

source data acquisition · Primärdatenerfassung
source language · EDV: vom Menschen lesbares Programm
source of energy · Energieträger
source of power → source of energy
source of revenue · Einnahmequelle
space · Raum
span of control · (Bezeichnung für die) Zahl der unmittelbaren Untergebenen, Kontrollbefugnis
spatial economics · Raumwirtschaftslehre
spatial economy · Raumwirtschaft
spatial mobility of labo(u)r · regionale Arbeitskräftemobilität
spatial structure · Raumstruktur
special charge · Sonderabgabe
special deposits · Mindestreserven, Sonderreserven
Special Disbursement Account · Konto (beim IWF) für Sonderverwendungen (Goldauktionserlöse)
special drawing rights · Sonderziehungsrechte (beim IWF)
special partner · stiller Gesellschafter
specialization · Spezialisierung (Arbeitsteilung)
specie · 1. Münzgeld 2. synonym zu: Gold als internationalem Zahlungsmittel
specie flow mechanism · Geldmengen-Preis-Mechanismus
specie points · Goldausfuhr-(einfuhr) -Punkte
specific duty · Mengenzoll; Gewichtszoll
specific factor of production · nicht substituierbarer Produktionsfaktor
specific rationing · produktspezifische Rationierung
specific tax · spezifische Steuer
specified reserve assets · vorgeschriebene liquide Anlageformen
specimen · Musterstück, Probestück
speculation · Vermutung, gewagtes Unternehmen, Spekulation
speculative cycle · Kreislauf der Spekulation
speculative motive · Spekulationsmotiv (Kassenhaltung)
speculator · Spekulant
spending behavio(u)r of consumers · Ausgabenverhalten der Konsumenten
spill-over (effect) · Nebeneffekt, externer Effekt
spillage · 1. Warenverlust infolge schlechter Verpackung 2. → spill-over
spin-off · Abstoßen von Geschäftszweigen oder Ausgliederung von Produktionsprogrammen, Übertragung von Innovationen aus einem Bereich in einen anderen (z.B. zivile Nebeneffekte der Rüstungsforschung)
spin-off product · Neben-, Abfallprodukt
splitting · 1. Aufspaltung der Einkommenbesteuerung eines Haushaltes in separate Besteuerungen der einzelnen Ehegatten 2. Teilung des Nennwertes einer Aktie bzw. Investmentanteils bei stark gestiegenem Kurswert
spoilage · natürlicher Verderb
spoiliation of the soil · Auslaugen des Bodens, Raubbau
spoils system · Vettern-, Parteienwirtschaft
sponsor · 1. Förderer, Geldgeber, Gönner 2. Bürge 3. reklamemachende Firma
spot · kurze Werbesendung in Rundfunk, Fernsehen
spot aid · Soforthilfe
spot check · Stichprobe, Prüfung an Ort und Stelle
spot goods · Kassawaren (im Gegensatz zu Terminwaren)
spot market · Kassa-, Lokomarkt (im Gegensatz zum Terminmarkt)
spot price · Kassapreis

spot rate · Platzkurs (stock exchange); Kassasturz
spread · 1. Streuung, Verteilung, Vielfalt 2. Abweichung 3. Marge, Preisdifferenz, Kursdifferenz
spread of interest rates · (Zins)streubreite
spread of risk · Risikostreuung
spreads · Zinskonditionen (bei internationalen Krediten), Zinsalternativen i.S. von Zuschlägen zu alternativ wählbaren Referenzgrößen (wie Prime-Rate, Libor, u.a.)
SQL (structured query language) · Abfragesprache für Datenbanken
square matrix · quadratische Matrix
square root · Quadratwurzel
squatter · Land-, Hausbesetzer(in)
squatting · illegale Landbesetzung
squeaky wheel principle · Investitionsprinzip, demzufolge zuerst die verschlissensten Anlagen bzw. Teile erneuert werden
squeeze · restriktive Wirtschaftspolitik, (Kredit-)Bremse
stability · Stabilität
Stability and Growth Law (FRG) · Stabilitätsgesetz
stability of value · Wertbeständigkeit
stabilization (stabilisation) · Stabilisierung
stabilization levy · Stabilitätsabgabe
stabilization loan · Stabilisierungsanleihe
stabilization policy · Stabilisierungspolitik, Konjunkturpolitik
stabilizer (stabiliser) · Stabilisator
stabilizing scheme · Stabilitätsprogramm
staff · (Mitarbeiter-)Stab
staff function · Stabsfunktion
staff manager · Personalchef(in)
staff relationship · Beratungsbeziehung (Organisation)
stage of distribution · Distributionsstufe (Absatzlehre)
stages of economic development · Wirtschaftsstufen (historische Schule), ökonomische Entwicklungsstufen (Marx)
stagflation · Stagflation
staggered working · Staffelung der Arbeitszeit
stagnation · Stagnation
stagnation thesis · Stagnationsthese
staking up · Anheizen
stamp duty · Stempelsteuer; Börsenumsatzsteuer (GB)
stand-by credit · Beistandskredit (zwischen Banken auf Gegenseitigkeit)
standard commodity · Standardgut (Sraffa)
standard costing · Normalkostenrechnung
standard deviation · Standardabweichung
standard of interest · Zinsfuß, -satz
standard of living · Lebensstandard
standard of output · Vorgabeleistung
standard of value · Wertausdrucksmittel
standard rate · Einheitssteuersatz, Einheitssatz
standard tender · Standardtender
standard terms and conditions · allgemeine Geschäftsbedingungen
standard time (for a job) · Vorgabezeit
standardization · Normung, Standardisierung
standards of performance · Leistungskennzahlen
standing · Bank- und Börsensprache: finanzielle Situation von Kreditinstituten
standing facility · Ständige Fazilität
standing order · Überweisungsauftrag, Dauerauftrag
standstill agreement · Stillhalteabkommen
staple product · wichtigstes (Export-) Produkt eines Landes
start date · Starttag
starting node · Startknoten

state capitalism · Staatskapitalismus
state central banks (subsidiaries of the Federal Reserve) · Landeszentralbanken (FRG)
state conciliation · staatliche Schlichtung (Arbeitskampf)
state of information · Informationsstand
State-of-the-Union-Message · Bericht zur Lage der Nation (US)
state of the world · Umweltzustand
state-owned enterprise · staatliches Unternehmen
state planning · (synonym zu: central planning) staatliche Planung (gemischte Wirtschaften, Planwirtschaften)
state sales tax · Umsatzsteuer
state subsidiary banks → state central banks
statement · 1. Aufstellung, Bilanz 2. Vermögensstand, Kontoauszug 3. Voranschlag 4. (mathematischer) Ansatz
statement of account · Kontoauszug
statement of condition · Bilanz (US)
statement of earned surplus · Posten für die Veränderung des Gewinnvortrags (US)
statement of income · Ermittlung des Periodengewinns in der GuV-Rechnung (US)
statement of profit and loss · Gewinn- und Verlustrechnung (US)
static analysis · statische Analyse
stationary economy · stationäre Wirtschaft
stationary model · stationäres Modell
stationary state · stationärer Wirtschaftszustand
stationery · Schreibwaren
statistical discrepancy · statistische Abweichung
statistical index · langfristiger Preisindex des britischen statistischen Amtes für ausgewählte Produkte (Lebensmittel, Rohstoffe)
statistical inference · statistische Schätzung, Berechnung der Schätzfunktion, statistisches Prüfungsverfahren, schließende Statistik
statistical method · statistische Methodenlehre, theoretische Statistik
statistical population · statistische Bevölkerung, Grundgesamtheit (in der Bevölkerungsstatistik)
statistical terms · statistische Fachbegriffe; · Maßstäbe
statistician · Statistiker
statistics · Statistiken, Statistik
status · Status, Stellung
status consciousness · Statusbewußtsein
status inquiry · Untersuchung der Kreditwürdigkeit
status symbol · Statussymbol
statutary pension insurance · Rentenversicherung
statutory · satzungsgemäß; gesetzlich
statutory agent · gesetzlicher Vertreter
steadiness · Solidität, Kontinuität
steady demand · stabile, unveränderte Nachfrage
steady-state economy · statische Gleichgewichtswirtschaft
steady-state growth · Wachstum mit konstanter Rate (Modelltheorie)
steepness of slope · Steigung (einer Kurve)
step-by-step filling of jobs · Schritt für Schritt Besetzung von Stellen
stepped costs · (synonym: semi-variable costs) intervallfixe Kosten
stepping-stone method · vereinfachte Rechenmethode der linearen Programmierung
steward → shop stewards
stickiness · Starrheit, Inflexibilität
stimulation · Anregung, Belebung, Anreiz, Stimulierung
stipulated damages · Konventionalstrafe
stipulation · Bedingung, Abmachung

stir → stimulation
stochastic function · stochastische Funktion
stochastic variable · Zufallsgröße, stochastische Variable
stock · 1. Wertpapier, Aktie 2. Warenlager, Lagerbestand, Vorrat 3. stock (item)
stock (item) · Bestandsgröße (z.B. Kapitalstock)
stock account · 1. Bestandsrechnung, -konto 2. Kapital-, Effektenkonto (GB)
stock-adjustment function · Kapitalanpassungsfunktion
stock analysis · Lagerbestandsanalyse (BWL); Bestands-Strom-Analyse (VWL); Synonym: inventory analysis
stock and flow analysis → stock analysis
stock car · 1. Serienauto 2. Viehwaggon
stock concept · Bestandsgrößen-Ansatz (z.B. Kapitalstock), Bestandsgrößenbasis
stock control · Bestandsüberwachung
stock corporation · Kapitalgesellschaft (US)
stock cover · Reichweite des Materiallagerbestands eines Unternehmens
stock exchange · Aktien-, Wertpapierbörse
stock holdings · Aktienbesitz
stock in trade · 1. Warenbestand 2. Betriebsmittel
stock jobber · Börsenmakler(in), -spekulant(in)
stock jobbing · Börsenspekulation
stock keeping · Lagerhaltung
stock level · Warenbestandsmenge
stock market credit · Lombardkredit
stock of capital · Kapitalstock
stock of monetary gold · Währungsgold
stock option plans · genehmigtes Kapital
stock right · Bezugsrecht (US)
stock-sales ratio · Lagerumsatz (synonym zu: inventory turnover).
stock split · Splitting (Aktien)
stock turnover · Lagerumschlag, Lagerumschlagshäufigkeit
stock variable · Bestandsgröße
stock voting · Abstimmen der stimmberechtigten Anteilseigner, Hauptversammlungsbeschluß
stock warrant · Berechtigungsschein (für den Bezug neuer Aktien)
stockbroker · Börsenmakler(in)
stockholder · Aktionär(in)
stockholding cost · Lagerhaltungskosten
stockpile · (staatliche) Vorratslager
stockpiling · Bildung von Vorratslagern (Rohstoffpolitik)
stockpiling behavio(u)r · Lagerdispositionen
stocktaking · Inventur, Bestandsaufnahme
stop and go · konjunkturpolitischer Zickzack-Kurs, Hü-Hott-Politik
stop-payment notification · Zahlungssperren-Anweisung (z. B. für Schecks)
stoppage · Ausstand
stopped cheque (check) · gesperrter Scheck
storage · Lagerung, EDV-Speicher
storage charges · Lagergebühren
store · Lager, Laden; Vorrat
store of value · Wertaufbewahrungsmittel, Thesaurierungsmittel
stored-up labo(u)r · vergegenständlichte Arbeit (Marx)
straight line organization · Einliniensystem
straight-line (depreciation) method · lineare Abschreibung
straight-line depreciation · lineare Abschreibung
straight-line function · lineare Funktion
strategic business area · strategischer Geschäftsbereich

strategic issue management · Bewältigung strategischer Probleme
strategic operating area · strategisches Geschäftsfeld
strategy · Strategie
stratification · Schichteneinteilung, Schichtung
stratified sample · geschichtete Stichprobe
stratified sampling · geschichtete Stichprobenuntersuchung
stratum · Schicht
strike · Streik
strike provisions · Streikbestimmungen
strike record · Streikbilanz
strike-breaker · Streikbrecher(in) i.e.S., angeheuerte Ersatzkräfte während eines Streiks
structural adjustment · Strukturanpassung
structural change · Strukturwandel
structural interdependence · strukturelle Interdependenz, gegenseitige Abhängigkeit einzelner Industrien und Branchen, → feed-back effects
structural investment · Bauinvestitionen
structural operation · strukturelle Operation
structural rigidity theory · strukturelle Rigiditätstheorie (Inflationstheorie)
structural unemployment · strukturelle Arbeitslosigkeit
structure · Struktur
study of commerce · Handelsbetriebslehre
stylized facts · stilisierte Fakten
subcontractor · Subunternehmer(in)
subject · 1. Thema, Gegenstand, Schlagwort (Lexikon) 2. Untertan (Feudalsystem)
subject index · Schlagwort-Register
subliminal advertising · unterschwellige Werbung
subordinate · Untergebene(r)
subscriber · Abonnent(in), Zeichner(in)
subscription · Subskription, Zeichnung, Abonnement
subscription certificate → scrip
subsequent costs · Folgekosten
subset · Teilmenge
subsidiary · Tochtergesellschaft, Niederlassung
subsidiary condition · Nebenbedingung
subsidies · Preissubventionen und andere preisbezogene Transferzahlungen des Staates
subsidy · Subvention
subsidy on interest · Zinssubvention
subsistence · Lebensunterhalt
subsistence economy · Subsistenzwirtschaft, Bedarfsdeckungswirtschaft
subsistence level · Existenzminimum
subsistence theory of wages · Subsistenztheorie (Lohnfondstheorie)
substance of labo(u)r · Wertsubstanz
substandard risk · anomales Risiko
substitute · Substitutionsgut, Ersatz
substitution effect · Substitutionseffekt (Nachfragetheorie)
substitutional input · substituierbare Einsatzmenge
subvention · Subvention (aus strukturpolitischen Motiven)
success criterion · Erfolgskriterium
sufficient condition · hinreichende Bedingung
suffrage · Wahlrecht
suggestion scheme · betriebliches Vorschlagswesen
suit · 1. Klage, (Zivil)prozeß 2. Ausrüstung
suitable · passend, geeignet
sum insured · Versicherungssumme
sum total · Gesamtsumme
summit (meeting) · Gipfel(konferenz)
sumptuary law · Luxusgesetz (Besteuerung)

sumptuous living · aufwendige Lebenshaltung
sun-spot theory · Sonnenfleckentheorie (Konjunktur)
sundry expenditure · außerordentlicher Aufwand
sundry revenue · außerordentlicher Ertrag
sunk costs · geleistete Kosten; Kosten eines spezifischen Anlageguts ohne alternative Verwendungsmöglichkeit
sunrise industry · aufstrebender Wirtschaftszweig, Wachstumsindustrie
sunset industry · kränkelnder Wirtschaftszweig, strukturschwache Industrie
super-annuation · Pensionierung, Pension
superimposing curve · überlagernde Kurve
superior goods · höherwertige Güter
superior-subordinate continuum · (Länge der) Vorgesetzten-Untergebenen-Linie
supermarket · Supermarkt
superstructure · Überbau (Marx)
supervision · Aufsicht
supervisor → overseer
supervisory board · Aufsichtsrat
supplementary · Ergänzend, Zusatz
supplementary benefit · Zusatzrente für Angehörige
supplementary costs · veraltete Bezeichnung für Fix- und Gemeinkosten
Supplementary Financing Facility (of the IMF) · zusätzliche Finanzierungsvorkehrung im IWF
supplementary program(me) · Ergänzungsprogramm
supplementary systems · ergänzende Systeme
supplier · Lieferant
supplier debt(s) · Lieferantenschulden, Kreditor(en)
supplies · Hilfs- und Betriebsstoffe
supply · Versorgung, Angebot, Lieferung
supply bottleneck · Versorgungsengpaß
supply curve · Angebotskurve
supply curve of money · Geldangebotskurve
supply schedule · Angebotstabelle
supply shift · Angebotsverschiebung
supply shocks · Angebotssprünge
supply-side economics · angebotsorientierte Wirtschaft(slehre); angebotsorientierte Wirtschaftstheorie und -politik
support buying · Stützungskäufe
suppressed demand · zurückgestaute Nachfrage
suppressed inflation · zurückgestaute Inflation
surcharge · Aufschlag, Mehrbelastung, Nachgebühr, Steueraufschlag, Zusatzabgabe
surety · Sicherheit, Bürgschaft, Bürge
surface · Funktions-Ebene, -Gebirge
surface phenomenon · Oberflächenerscheinung
surplus · Überschuß, Überangebot, Gewinn: Überschuß der Einnahmen über die Ausgaben – 1. Bezeichnung des Gewinns der nationalisierten Industrien 2. Gegensatz von einem staatlichen Budgetdefizit 3. Zunahme der Devisenreserven 4. die Produktionsmenge übersteigt bei gegebenen Preisen die Nachfrage
surplus capacity · Überschußkapazität
surplus labo(u)r · Mehrarbeit (Marx)
surplus produce · Mehrprodukt (Marx)
surplus value · Mehrwert (Marx)
surplus variable · Schlupfvariable in einem Minimierungsprogramm
surrogate price · Surrogatspreis
surtax · Zusatzsteuer
survey · 1. Umfrage, Übersicht 2. (Land)vermessung

survivors' insurance · Hinterbliebenenversicherung (US)
susceptibility · Beeinflußbarkeit
suspense account · Interimskonto
suspension of payment · Zahlungseinstellung
sustainable development · nachhaltige Entwicklung, ökologisch vertretbare Entwicklung · Ausgleich zwischen Ressourcenverbrauch, Emissionen und regenerativen Fähigkeiten der Natur
sustained growth · Wachstum, nachhaltiges
sustaining program(me) · Hilfs-, Stützprogramm
sustenance · (Lebens)unterhalt
suzerain · Feudalherr, Grundherr
swap · Swap (Kombination eines Devisenkassageschäftes mit einem Devisentermingeschäft)
swap point · Swapsatz
swap rate · Swapsatz
sweated labour · unterbezahlte Arbeit
sweating · Ausbeutung (von Arbeitskräften)
sweating system · frühkapitalistisches Fabriksystem, Auspressen der Arbeitskraft
swing · Schwingungsbreite: höchste Kreditgrenze, die sich zwei Länder im gegenseitigen Außenhandel einräumen
switching · 1. Umweg über ein Drittland bei Außenhandelsgeschäften aus devisenwirtschaftlichen Gründen 2. Änderung der Kombination von Kapital- und Arbeitseinsatz 3. Wechsel in der Zusammensetzung eines (Wertpapier-) Portefeuilles
sympathetic strike · Sympathiestreik
sympathizer · Sympathisant
sympathy strike → sympathetic strike
syndicate · Interessengemeinschaft, auch Gangsterorganisation, Konsortium
syndicated loan · Konsortialanleihe
syndicated market research · gemeinschaftliche Marktforschung
syne(c)tics · Methode für schöpferisches Gruppendenken
synergy · Ergebnispotenzierung
synthetics · Kunststoffe
system · System, Methode
system of cities · Siedlungsstruktur
system of taxation · Steuersystem
system risk · Systemrisiko
systems analysis · Systemanalyse
systems analyst · Systemanalytiker(in)
systems selling · Verkauf von kompletten Systemen
systems theory · Systemtheorie

T

table · Tabelle, Liste, Aufstellung, Verzeichnis
tabulation · tabellarische Anordnung
tacit knowledge · intuitives Urteilsvermögen
taîtonnement · Walras'sche Gleichgewichtspreisbildung
take-home pay · effektiv ausbezahlter Lohn
take-off · 1. Start, Absprung 2. Startphase (z.B. wirtschaftliche Entwicklung, konjunktureller Aufschwung)
take-over · Übernahme bzw. Aufkauf eines Unternehmens (i.d.R. gegen den Willen der übernommenen Firma)
take-over bid · öffentliches Übernahmeangebot
take stock · Inventur machen, Bilanz ziehen
takings · Einnahmen
tangency · Tangenz, tangentiale Berührung
tangible assets · materielle Vermögensgegenstände
tangible goods · tangible Güter
tangible property → tangible assets

tap issue · Ausgabe von Staatspapieren ohne Zwischenschaltung des Marktes
tap stocks · (staatliche) Finanzierungspapiere mit fixiertem Ausgabepreis, die nicht am Markt gehandelt werden, aber stets angeboten werden
TARGET, (Trans-European Automated Real-time Gross settlement Express Transfer System) · TARGET-System; (Transeuropäisches Automatisiertes Echtzeit-Brutto-Express-Überweisungssystem)
target · 1. Ziel, Soll 2. quantifizierte Zielsetzung (Präzisierung von objectives)
target amount · Zielsumme (bei Lebensversicherungen und Bausparverträgen), Sollmenge
target audience · Zielgruppe
target costs · vorkalkulierte Kosten
target market · Zielmarkt
target price · Richtpreis
target projection · Zielplan, -vorhersage, -funktion
target rate of return on investment · Zielverzinsung, Zielzinssatz
target variable · Zielvariable
target-pricing · Zielpreisbestimmung, Zuschlagskalkulation
target-setting · Zielgrößenbestimmung
target-versus-actual · Soll-Ist-Vergleich
tariff · Zoll, Zolltarif, Tarif, Preisliste (GB), Gebührentarif
tariff barrier · Zollschranke
tariff for infant industries · Erziehungszoll
tariff legislation · Zollgesetzgebung
task force · Arbeitsstab
task(s) · Aufgabe(n); ED · 1. Teile eines Programms, die nacheinander oder gleichzeitig ablaufen 2. Programmkette, aus mehreren Programmen bestehend
tax · Steuer
tax allowance · Steuerfreibetrag
tax assessment · Steuerveranlagung, Steuerbescheid
tax authority · Steuerbehörde
tax avoidance · Steuermeidung, Steuervermeidung, Steuerumgehung
tax balance sheet · Steuerbilanz
tax base · Steuerbemessungsgrundlage
tax-based income policy (TIP) · Einkommenspolitik durch Steuervariationen, die sich nach Lohn- und Preispolitik der Unternehmen richten
tax bill · Steuerlast, Steuerschuld, Zahllast, (Höhe der) Steuervorschreibung
tax break · steuerliche Begünstigung, Steuervorteil (US)
tax burden · Steuerbelastung
tax concession · Steuernachlaß, -vergünstigung
tax credit · Steuergutschrift
tax-credit system · Steuergutschriftensystem bei einer negativen Einkommensteuer
tax cut · Steuersenkung
tax deduction · Steuerabzug
tax degradation · Steuerschwund (durch Gewinnverlagerung ins Ausland)
tax demand · Steuerforderung
tax dodging · Steuerabwehr, Steuerausweichung
tax equity · Steuergerechtigkeit
tax evasion · Steuerhinterziehung
tax exemption · Steuerbefreiung, Steuerpräferenz
tax free · steuerfrei
tax gatherer · Steuereinnehmer
tax guide line · Steuerrichtlinie
tax haven (tax heaven) · Steueroase
tax impact · Steueranstoß
tax incidence · Steuerinzidenz
tax increase · Steuererhöhung
tax inflation · Steuerinflation
tax laws · Steuergesetze
tax liability · Steuerverpflichtung

tax loophole · Steuerschlupfloch
tax (change) multiplier · Steuermultiplikator
tax on capital and wealth · Kapital- und Vermögenssteuer
tax on expenditures · Aufwandsteuer
tax on land and buildings · Grundsteuer
tax on value added · Mehrwertsteuer
tax passed on · Steuerüberwälzung
tax payer · Steuerzahler
tax privileges · Steuervorteile
tax rate · Steuersatz
tax rebate · Steuerermäßigung
tax receipt(s) · Steuereinnahmen
tax refund · Steuerrückerstattung
tax relief · Steuererleichterung
tax reserve for anticyclical purposes · Konjunkturausgleichsrücklage
tax return · Steuererklärung
tax rolled forward tax passed on
tax schedule · Einkommensteuerklasse
tax secrecy · Steuergeheimnis
tax sharing · Beteiligung am Steueraufkommen (US)
tax shelter · Steueroase
tax shifting · Steuerüberwälzung
tax system · Steuersystem
tax take · fiskalische Abschöpfung, Steueraufkommen
tax threshold · Steuerschwelle
tax voucher · Steuerbeleg
tax year · Steuerjahr
taxable base · Steuerbemessungsgrundlage
taxable capacity · steuerliche Belastungsfähigkeit
taxable income · zu versteuerndes Einkommen
taxable income base · (Einkommens-) Steuerbemessungsgrundlage
taxable transaction · versteuerbarer Umsatz
taxable turnover → taxable transaction
taxation · Besteuerung
teamsters' union (USA) · Transportarbeitergewerkschaft
teamwork · Gruppenarbeit, Teamarbeit
technical assistance · technische Hilfe
technical cooperation · technische Zusammenarbeit
technical innovation(s) · technische Neuerung(en)
technical know-how · technisches Wissen
technical maintenance · technische Instandhaltung
technical progress · technischer Fortschritt
technical term · Fachbegriff
technique · Methode, Technik
technological advance · technologischer Fortschritt, Vorsprung
technological change · technologische Veränderung
technological efficiency · technische Effizienz
technological forecasting · Technikprognose, Prognose technisch-wissenschaftlichen Fortschritts
technological progress → technological advance
technological regime · Technologieregime, Wissensbedingungen einer Produktion
technology · Technologie
technology arrestment → technology harassment
technology assessment · Technologiefolgenabschätzung, Technikbewertung
technology banking · Bankgeschäft: rein auf die einzelne Transaktion abstellende Kunde-Bank-Beziehung bei hoher Bankwechselbereitschaft – Gegenteil: → relationship banking
technology harassment · Technologieskepsis (etwa durch Aufweisen negativer Folgen)
technology information · Informationstechnologie

technology push · Technologieauftrieb; forschungs- und entwicklungsinitiierte Innovation
telechirics · ferngesteuerte Geräte
telecommunications · Fernmeldewesen
telecommuting · Telearbeit
teller · Kassierer(in), Kassenbeamter (-beamtin)
temporary work · Zeitarbeit
tenancy agreement · Mietvertrag
tenant · Mieter(in)
tenant protection · Mieterschutz
tender · 1. Angebot, Zahlungsangebot, Anerbieten 2. Submissionsangebot (aufgrund einer Ausschreibung) 3. Ausschreibung(-sverfahren)
tendering · anglo-amerikanische Form der Wertpapierplazierung, Tenderverfahren
tenet · Lehrsatz, Grundsatz, Lehrauffassung, Schule, These
tenure · Pacht, Anstellung auf Lebenszeit
term · 1. Frist, Zeitdauer 2. Bedingung 3. Begriff
term loan · mittelfristiger Kredit
term structure of interest rates · zeitliche Zinsstruktur
terminal · EDV: Datenein- und -ausgabegerät
terminal utility · Endnutzen
terms of delivery · Lieferbedingungen
terms of notice · Kündigungsfrist
terms of payment · Zahlungsbedingungen
terms of trade · reale Austauschverhältnisse
tertiary sector → services sector
test marketing · Erprobung eines Produkts auf dem Markt
test of need · Bedürftigkeitsprüfung
textbook economics · Lehrmeinung
theorist · Theoretiker(in)
theory of consumer choice · Theorie der Konsumentenentscheidungen
theory of demand · Nachfrage-, Konsumtheorie
theory of economic development · Entwicklungstheorie, Theorie der wirtschaftlichen Entwicklung
theory of economic stages · ökonomische Stufentheorie
theory of employment · Beschäftigungstheorie
theory of falling profit rate · Theorie der fallenden Profitrate
theory of games · Spieltheorie
theory of income determination · Theorie der Einkommensbestimmung, makroökonomische Beschäftigungstheorie
theory of increasing misery · Verelendungstheorie
theory of probability · Wahrscheinlichkeitstheorie
theory of socio-technical systems · Theorie der sozio-technischen Systeme
theory of surplus value · Mehrwerttheorie (Marx)
theory of transfer prices · Theorie der Transferpreise
thesis · 1. These 2. wissenschaftliche (Examens-)Arbeit
thin capitalization · verdeckte Gewinnausschüttung – z.B. überhöhte Zinszahlungen von ausländischer Tochter an inländische Mutter
think tank · Planungsstab
third-party insurance · private Haftpflichtversicherung
third-party motor insurance · KfZ-Haftpflichtversicherung
three-sector economy · Dreisektoren-Wirtschaft
three-shift system · Dreischichtensystem
threshold agreement (GB) → escalator clause (US) escalator → indexation clause
threshold country · Schwellenland

threshold payment · indexgebundene Lohnerhöhung
threshold price · Schwellenpreis (EG-Agrarmarkt)
thrift deposit → savings deposit
thriftiness · Sparsamkeit, Wirtschaftlichkeit
throughput · Durchflußmenge pro Zeiteinheit
throughput economy · Durchflußwirtschaft (Wiederverwendung von Rohstoffen durch Recycling)
thruster · aktive Führungskraft
tied- · Vertrags ~ (Vertragswerkstätte mit Markenbindung analog: Vertragsgaststätte einer Brauerei, Geschäft mit Vertriebsbindung etc.)
tied aid · gebundene Entwicklungshilfe
tied garage · Vertragswerkstatt mit Markenbindung
tied house · Heimfallunternehmen
tied loan · gebundener Kredit
tied public house · Vertragsgaststätte einer Brauerei
tied shop · Geschäft mit Vertriebsbindung
tier-one asset · Kategorie-1-Sicherheit
tier-two asset · Kategorie-2-Sicherheit
tight money · knappes Geld, restriktive Kreditpolitik
time allowed · Vorgabezeit
time and a half · Lohnzuschlag (für Nacht-, Sonntags-, Feiertagsarbeit)
time and elasticity · Zeitabhängigkeit der Nachfrage- und Angebotselastizität
time and motion study · Zeitstudie (Refa)
time deposit · Termineinlage
time horizon · Zeithorizont, Entscheidungszeitraum, zeitlicher Entscheidungsrahmen
time lag · zeitliche Verzögerung bis zum Eintritt der Folgen einer Maßnahme
time money → time deposit term money forward rate
time path · Zeitpfad, Verlaufsstruktur
time preference · 1. Zeitpräferenz 2. Gegenwartspräferenz
time preference theory of interest · Zeitpräferenztheorie des Zinses (Böhm-Bawerk: Minderschätzung künftiger Bedürfnisse)
time rate · Zeitlohnsatz
time scale · Zeitvorgabe
time series · Zeitreihe
time work → temporary work
time-space coefficient · Raum-Zeit-Koeffizient
timing · Zeitpunktplanung
TIP tax-based income policy
tithe · Zehnter
title · Verfügungsrecht, Anrecht, Rechts-, Besitzanspruch
token · Marke, Gutschein, Zeichen
token coin · 1. Scheidemünze 2. Jeton, token money
token investments · symbolhafte Investitionen
token money · Not-, Ersatzwährung, Sonderwährung (für bestimmte Zwecke, z.B. Telefon-, U-Bahn-Münzen)
token strike · Warnstreik
toll · Benutzergebühr für Brücken, Straßen etc., Maut
toll good · Mautgut (sinkende Grenzkosten, z. B. Kabelanschluß)
tool · Werkzeug, Instrument
top down selling · das beste (von einer nach Erfolgskriterien geordneten Liste) zuerst verkaufen
top-down planning · retrograde Planung (von oben nach unten)
top-level official · Spitzenfunktionär
topic · Thema, Diskussionspunkt, Gesprächsgegenstand
total · 1. Endsumme 2. Gesamt~
total assets · Gesamtvermögen: Aktivseite der Bilanz
total balance · aggregierter Saldo

total costs · Gesamtkosten
total demand curve · Gesamtnachfragekurve
total employed persons → employed labo(u)r force → labo(u)r force
total expenditures · Gesamtausgaben
total fixed costs · gesamte fixe Kosten
total income · Gesamteinkommen
total loss · Totalschaden
total output · Gesamtausstoß, Bruttoproduktion
total product · Gesamtertrag
total production cost · Selbstkosten
total receipts · Gesamterlös
total revenue · Gesamterlös
total taxation · (gesamtes) Steueraufkommen
total variable costs · gesamte variable Kosten
towards the bigger unit · Zug zur größeren Einheit
town and country-side · Stadt und Land
trade · Handel, Handwerk
trade agreement · Handelsvertrag
trade and traffic · Handel und Wandel
trade association · Fachverband
trade barrier → barriers to trade · protektionistische Handelsschranken
trade bill · Warenwechsel, Handelswechsel
trade council · Orts- oder Bezirksverwaltung einer Gewerkschaft
trade-creating effect · handelsschaffender Effekt (Zollunion)
trade credit · Lieferantenkredit (auch als Wechselkredit)
trade cycle · Konjunkturzyklus, synonym: business cycle
trade day · Abschlußtag
trade deficit → trade gap
trade discount · Rabatt
trade diversion · Handelsablenkung
trade-diversion effect · handelsablenkender Effekt (Zollunion)
trade facility · Außenhandelskredit
trade figures · Außenhandelszahlen, -ergebnisse
trade gap · Handelsbilanzdefizit, Leistungsbilanzdefizit
trade investment · Beteiligungen (Bilanzposten unter den Finanzanlagen)
trade mark · Warenzeichen, Markenzeichen
trade mission · Handelsdelegation
trade name · Handelsname
trade netting · Verrechnung von Abschlüssen
trade-off · Abtausch(-verhältnis), graduelle Substitution bzw. Substitutionsmöglichkeit zweier konkurrierender Ziele
trade position · Marktstellung eines Unternehmens oder Produkts
trade price · Großhandelspreis, Einkaufspreis (des Einzelhändlers)
trade promotion · Handelswerbung
trade reference · Kreditauskunft
trade relations · Handelsbeziehungen
trade restriction · Handelsbeschränkung
trade returns · Außenhandelszahlen, Außenhandelsergebnisse
trade secret · Geschäftsgeheimnis
trade tax · Gewerbesteuer
trade terms · international gebräuchliche Lieferungs- und Zahlungsbedingungen
trade union · Gewerkschaft
trade union dues · Gewerkschaftsbeiträge
trade union movement · Gewerkschaftsbewegung
trade union policy · Gewerkschaftspolitik
trade unionism → trade union movement
trade unionist · Gewerkschafter(in)
trade volume · Handelsvolumen
Trades Union Congress · Gewerkschaftsdachverband (GB)
trading account · Betriebskonto

trading down · Produktabwertung um einkommensschwächere Käuferschichten zu erreichen
trading estate → industrial estate
trading margin · Einschuß
trading partner · Handelspartner(in)
trading profit · Betriebsgewinn (GB)
trading stamp · Rabattmarke
trading up · Diversifizierung in höhere Preis- bzw. Qualitätsklasse; Produktaufwertung für kaufkraftstärkere Marktsegmente
trainee · Praktikant(in), Auszubildende(r)
training allowance · Umschulungs-, Ausbildungsbeihilfe
training course · Ausbildungskurs
training levy · Ausbildungsabgabe
training programmes · Ausbildungsprogramme
Training Services Agency · Anstalt für Berufsausbildung
transactions balances · Transaktionskasse, Umsatz, Transaktionsgeld
transaction cost(s) · Transaktionskosten: Nebenkosten (z.B. für Werbung, Dokumente, Transport), die für die Geschäftsabwicklung notwendig sind
transaction tax · Verkehrssteuer
transactions demand · Geldnachfrage aufgrund des Transaktionsmotivs
transactions demand for money · Transaktionsnachfrage nach Geld
transactions frequency · Transaktionshäufigkeit, -frequenz
transactions motive · Transaktionsmotiv (Kassenhaltung)
transactions velocity (of money) · Umlaufgeschwindigkeit (des Geldes)
transducer · Stellglied, Übertragungsglied
transfer · 1. Übertragung von Rechten und Vermögensgegenständen 2. (Bank)überweisung
transfer bank · Girobank
transfer costs · Transportkosten; Überweisungskosten
transfer earnings · Normaleinkommen eines Faktors; Opportunitätseinkommen
transfer expenditure multiplier · Multiplikator der Transferausgaben
transfer income · Transfereinkommen, Nicht-Leistungseinkommen
transfer of ownership · Eigentumsübergang
transfer of technology · Technologietransfer
transfer payments · Transferzahlungen, Transfereinkommen, Einkommensübertragungen
transfer price · Transferpreis, konzerninterner Preis
transfer pricing → thin capitalization
transfer problem · Transferproblem
transfer stamp · Effekten-, Übertragungsstempel (GB)
transfer tax · Erbschaftssteuer (US)
transfer theory · Theorie der außenwirtschaftlichen Wertübertragung
transferor · Überweiser(in)
transformation · 1. Transformation, Umwandlung 2. Abbildung (Matrizenrechnung)
transformation curve · Transformationskurve
transformation problem · Transformationsproblem (Marx)
transfrontier carriage of goods · grenzüberschreitender Warentransport
transhipment · Umladung, Umschlag
transition period · Übergangsperiode
transitional arrangement · Übergangsregelung
transitory income · transitorisches Einkommen (= permanentes Einkommen abzüglich des laufenden Einkommens)
transmission · Übertragung, Übermittlung

transparency · Transparenz, Durchsichtigkeit, Verständlichkeit
transport · 1. → transportation 2. Spedition
transport costs · Transportkosten
transportation · Beförderung; Verkehr(swesen)
transportation facilities · Verkehrseinrichtungen
transpose of a matrix · transponierte Matrix
transputer · Rechner-Chip mit paralleler Architektur
travellers' cheques (checks) · Reiseschecks
travelling salesman (traveller) · Handlungsreisender, Reisevertreter
traverse between equilibrium levels · Übergangspfad, Übergang zwischen Gleichgewichtsniveaus
treasurer · Finanzdirektor(in), Kassenwart(-wärtin), Schatzmeister(in)
treasury (department) · Schatzamt
treasury bill(s) · Schatzwechsel
treasury bond · Schatzanweisung
treasury discount paper · Schatzanweisung, unverzinsliche
treasury loan · (langfristige) Staatsanleihe, häufig umtauschbar in Schatzanweisungen
treasury stock · 1. (US): Verwaltungsaktien, d.h. eine Aktiengesellschaft darf unter gewissen Bedingungen eigene Aktien aufkaufen 2. (GB): Staatsanleihe
trend estimate · Hochrechnung
trend extrapolation → trend estimate
trend reversal · Trendumkehr
trial and error method · Versuch- Irrtum-Methode
trial balance · Probebilanz
trial order · Probeauftrag
trickling down effect · Sickereffekt (Entwicklungstheorie: Hirschman)
tricks of the trade · Branchenkenntnisse
trigger-price · Importmindestpreis (bei deren Unterschreiten Importbeschränkungen erfolgen), Referenzpreis (US)
trillion · Trillion (GB), Billion (US)
trivial solution · triviale Lösung
trough · Tiefpunkt, Talsohle der Konjunktur
truck system · Trucksystem, Naturallohnsystem
true value · Real-, Istwert
truncated multiplier · verkürzter Multiplikator, kumulativer
trust · 1. Trust, Großkonzern, Kartell 2. Treuhandschaft, Stiftung 3. Treuhandvermögen, -fonds 4. Treu und Glauben, Zu-, Vertrauen
trust busting · Zerschlagung von Monopolkonzernen, Kartellentflechtung
trust fund · Sonderfonds für zweckgebundene Steuern (US)
trustee · Treuhänder(in), Vermögensverwalter(in)
trustee savings bank (UK) · Sparkasse
TUC → Trades Union Congress
tulipmania · Preisexplosion (eines Gutes)
turnaround → turning point → landmark
turning point · Wendepunkt
turnover · Umschlag, Umsatz, Erlös
turnover tax · (kumulative) Umsatzsteuer, auch: cascade tax
two-earner family · Doppelverdiener-Haushalt
two-fold character of labo(u)r · Doppelcharakter der Arbeit
two-part tariff · kombinierter Tarif (z.B. Telefongebühren)
two-stage least squares · zweistufige kleinste Quadrate
two-to-one rule · Finanzierungsgrundsatz der US-Banken bei der Kreditwürdigkeitsprüfung; Umlaufvermögen zu kurzfristigen Verbindlichkeiten im Verhältnis 2:1

twotier board · gespaltenes, zweistufiges Führungsgremium
twotier gold market · gespaltener Goldmarkt
tycoon · Großindustrieller, Wirtschaftskapitän

U

UAW (United Auto Workers' Union) · Automobilarbeitergewerkschaft (US)
ultimate consumer → end consumer
ultimate taxpayer · Steuerträger(in)
ultra-cheap money policy · Tiefstzinspolitik
umbrella agreement → industry-wide agreement
umbrella effect · Schirmeffekt von Großunternehmen gegenüber kleineren Konkurrenten
umbrella organization · Dachorganisation
unaddressed mailing · Postwurfsendung
unauthorized strike · wilder Streik
unavoidable costs · unvermeidliche Kosten, Fixkosten
unbalanced growth · ungleichgewichtiges Wachstum (Entwicklungstheorie)
unbundling · Finanzproduktkomponentenzerlegung in Einzelmerkmale (z. B. Laufzeiten, Zinsen, Liquidität)
uncalled capital · noch nicht eingezahltes Kapital
uncertainty · Unsicherheit, Ungewißheit (im Gegensatz zum Risiko)
unconscionable bargain · sittenwidriges Geschäft
unconstitutional strike · vertragswidriger Streik
uncontrollable cost · nicht beeinflußbare Kosten
uncontrollable factors · nicht beeinflußbare äußere Gegebenheiten
undated security · ewige Anleihe, Konsols
undercapitalised · unterkapitalisiert
undercharge of tax · zu niedrige Steuerzahlung
underconsumption theory · Unterkonsumtionstheorie
underdeveloped country · Entwicklungsland, unterentwickeltes Land (veraltet; jetzt: developing country)
underdeveloped region · unterentwickeltes Gebiet
underdevelopment · Unterentwicklung
underemployment · Unterbeschäftigung, versteckte Arbeitslosigkeit
underemployment equilibrium · Gleichgewicht bei Unterbeschäftigung (Keynes)
underground economy → black economy
undermanning · Personalunterbesetzung
undertaking · Unterfangen, Unternehmen
undervaluation · Unterbewertung
undervalued currency · unterbewertete Währung
underwriter · Assekurant, Versicherer, Garant einer Wertpapieremission
underwriting · Risikoversicherung
underwriting agent · Versicherungsagent(in)
underwriting group · Bankenkonsortium mit dem Ziel gemeinsamer Wertpapieremission
underwriting share · Konsortialaktie, -beteiligung
undeserving poor · Sozialschmarotzer („schlechte" Arme)
undistributed corporate profits · unverteilte Unternehmensgewinne
undistributed profits · nicht ausgeschüttete Gewinne
unearned income · Besitzeinkommen

unearned increment (J. S. Mill) · Bodenwertsteigerung ohne Leistung des Eigentümers
unearned investment income · Kapitaleinkommen
uneasy triangle · Magisches Dreieck
uneconomical · unwirtschaftlich, unrentabel
unemployable persons · Dauerarbeitslose i.S. nichtvermittelbarer Erwerbspersonen (Bodensatzarbeitslosigkeit)
unemployed · arbeitslos
unemployment · Arbeitslosigkeit
unemployment benefit · Arbeitslosenunterstützung, Arbeitslosengeld
unemployment insurance · Arbeitslosenversicherung
unemployment percentage rate (GB) → unemployment rate (US)
unemployment rate · Arbeitslosenquote
uneven distribution · ungleichmäßige Verteilung
unfair competition · unlauterer Wettbewerb
unfair labo(u)r practice · unzulässige Verhaltensweise im Arbeitsleben
uniform distribution · Gleichverteilung
uniform system of accounts · Einheitskontenrahmen, normiertes Kontensystem (US)
unilateral flow · einseitiger Strom (z.B. Transferzahlungen)
unilateral transfers · (Bilanz der) unentgeltliche(n) Leistungen, Übertragungsbilanz, Schenkungsbilanz
unincorporated enterprise · Unternehmen ohne eigene Rechtspersönlichkeit
union (trade union) · Gewerkschaft
union agreement · Tarifvertrag
union due · Gewerkschaftsbeitrag
union member · Gewerkschaftsmitglied
union official · Gewerkschaftsfunktionär(in)
union set · Vereinigungsmenge (math.)
union shop · gewerkschaftspflichtiger Betrieb
unique mapping · eindeutige Abbildung (Mengenlehre)
unique solution · eindeutige Lösung
unit · 1. Einheit, Wirtschaftssubjekt 2. Betrieb, Unternehmen 3. Vermögensanteil (Investmentfonds)
unit cost · Durchschnittskosten, Stückkosten
unit elasticity · Elastizität mit dem Wert eins
unit labo(u)r cost(s) · Lohnstückkosten
unit of account · Recheneinheit, Rechnungseinheit
unit of cost · Kostenträger
unit of currency · Geldeinheit, Währungseinheit
unit of output · Produkteinheit (z.B. 1 Tonne Stahl, 1 Pkw)
unit price · Stückpreis
unit trust · Investmentfonds (GB)
unit vector · Einheitsvektor
unit-of-output costing statement · Kostenträgerrechnung
unitary tax · Gewinnsteuer einer Tochtergesellschaft gemäß anteilsmäßigen Konzerngesamtgewinn (soll Gewinnverlagerungen vor allem bei „Multis" vorbeugen)
united action · Konzertierte Aktion
unity and struggle of opposites · Einheit und Kampf der Gegensätze
unity of command · Alleinzuständigkeit (Organisation), Einzelunterstellung
universal agent · Generalbevollmächtigter
unknown · Unbekannte (Mathematik)
unofficial strike · nichtgewerkschaftlicher Streik
unplanned saving · ungeplantes Sparen

unrequested receipts · einseitige Übertragungen, Transfers (Zahlungsbilanz)
unrequired exports · Exporte, die zur Begleichung von Auslandsschulden dienen, z. B. Reparationsleistungen (wörtlich: nicht vergütete Exporte)
untaxed reserves · steuerfreie Rückstellungen
unused capacity · brachliegende Kapazitäten
unwinding, settlement unwind · Rückabwicklung
upkeep · Lebensunterhalt
upper intervention point · oberer Interventionspunkt
upper price limit · Höchstpreisgrenze
upswing · (konjunktureller) Aufschwung
upturn → upswing
upvaluation · Aufwertung
urban-base studies · Exportbasisforschung im städtischen Bereich
urban expansion · städtische Ausdehnung
urbanization · Verstädterung
U.S. Saving Bonds · Sparbriefe der Vereinigten Staaten
use · Gebrauch, Nutzen, Verwendung
use value · Nutzwert
useful life (of an asset) · ökonomische Lebensdauer (unter Berücksichtigung des physischen Verschleißes und der technologischen Alterung)
user charge · (staatliche) Gebühren
user cost · 1. Nutzungskosten 2. Kapitalkosten (Keynes)
user interface · Benutzerschnittstelle
user surface · Benutzeroberfläche
usufruct · Nießbrauch
usufructuary · Nutznießer
usurer · Wucherer
usurious terms · Wucherbedingungen
usury · (Zins-)Wucher
util · Nutzeinheit (bei kardinalem Nutzen)
utilitarianism · Lehre der Nutzentheoretiker, Utilitarismus
utilities · Versorgungswerke (z.B. Gas, Wasser, Strom, Verkehrswesen)
utility · subjektiver Nutzen, Nützlichkeit
utility function · Nutzenfunktion
utility maximization · Nutzenmaximierung
utility possibility curve · Nutzenmöglichkeitskurve (Pareto)
utility transfers · Nutzenübertragungen
utility tree · Nutzenbaum
utilization · Ausnutzung
utilization of capacity · Ausnutzung der Kapazität
utilization patterns · Muster der Inanspruchnahme
utopian socialism · utopischer Sozialismus, Frühsozialismus

V

vacancy · offene Stelle
validity · Gültigkeit
valorization · Aufwertung; Preisstabilisierung (US)
valorization scheme · Valorisationsmaßnahmen; angebotsbeschränkende Preisstützungspolitik (z.B. Abschlachtprämien, Anbaubeschränkungen)
valuation · Schätzung, Schätzwert
valuation date · Bewertungsstichtag
valuation function · Bewertungsfunktion, Zielfunktion
valuation items · Wertberichtigung
valuation method · Bewertungsansatz, -verfahren
value · Wert · 1. Gesamtnutzen eines Gutes (value in use) 2. Tauschwert (value in exchange), Preis
value added · Wertschöpfung, synonym: net output

value added network services (VANS) · Mehrwertdienst
value added tax (VAT) · Mehrwertsteuer
value analysis · Wertanalyse
value date · Valutierungstag
value-free fact · wertfreie Tatsache
value in exchange · Tauschwert
value in use · Gebrauchswert
value judgment · Werturteil
value management · Wertmanagement · Methoden und Strategien für eine wertorientierte Unternehmensführung
value rationing · (fix-)preisbezogene Rationierung (z.B. Fleisch)
value to the business · Teilwert
valued · bewertet
valuing of items · Bewertung der einzelnen Posten
valuing politics · Bewertungspolitik
VANS → value added network services
variable · Variable
variable capital · variables Kapital
variable costs · variable Kosten
variable elasticity of substitution · variable Substitutionselastizität
variable gross margin · Deckungsbeitrag
variable-rate tender · Zinstender
variable recources · im Einsatz variable Produktionsfaktoren
variance · 1. Uneinigkeit, Disput 2. (Bau-)Ausnahmegenehmigung
variance (of a sample) · Varianz
variate · Zufallsvariable
variation margin · Nachschüsse
variation of the tax rate · Veränderung des Steuersatzes
variations · Variationsrechnung
variety · Vielfalt; Sortimentsbreite
VAT → value added tax
Veblen effect · Veblen Effekt, Prestige Effekt
vehicle currency · Leitwährung
vehicle pool · Fuhrpark
veil of ignorance · Schleier des Nicht-Wissens
veil of money · Geldschleier
velocity · Geschwindigkeit
velocity of circulation · Umlaufgeschwindigkeit (Geldtheorie)
venal · korrupt
venality · Bestechlichkeit
vending machine · Verkaufsautomat
vendor · Verkäufer, Lieferer
vendor credit · Kaufkredit, Verkäuferkredit
vent for surplus · Außenhandelsvorteile durch Beschäftigung ungenutzter Faktoren
venture · Wagnis; Unternehmen
venture capital · Risikokapital
venture of exchange · Valutarisiko
vertical integration · vertikale Integration bzw. Konzentration
vertical maladjustment · vertikales Mißverhältnis
very heavy worker · Schwerstarbeiter(in)
vested interest · persönliches Interesse, wohlerworbene Rechte, althergebrachte Ansprüche
vested interests → particular interests
VGA (video graphics array) · Hochleistungs-Grafikkarte zur Farb- und Grafikdarstellung
viability · Zahlungsfähigkeit · Lebensfähigkeit
vicious circle · Teufelskreis, circulus vitiosus
vintage model · wörtlich: Jahrgangsmodell; Wachstumsmodell mit investitionszeitpunktabhängiger Technik
visible and invisible exports · sichtbare und unsichtbare Exporte
visible and invisible imports · sichtbare und unsichtbare Importe
visible balance · Handelsbilanz, sichtbarer Import/Export
visible trade · Warenhandel
vital industries · lebenswichtige Industrien

vital statistics · 1. Bevölkerungsstatistik 2. Konjunkturstatistik, volkswirtschaftliche Kennzahlen
vocation · Beruf(ung)
vocational · Berufs ~
vocational certificate · Ausbildungszeugnis
vocational guidance · Berufsberatung
vocational rehabilitation · berufliche Umschulung
vocational school · Berufsschule
vocational training · Berufsausbildung
void · ungültig, nichtig; leer
voidability · Anfechtbarkeit
volume discount · Mengenrabatt
volume of production · Produktionsvolumen
volume of transactions · Transaktionsvolumen
volume tender → fixed rate tender
voluntary redundancy · freiwillige Kündigung
voluntary unemployment · freiwillige Arbeitslosigkeit
vote of non-confidence · Mißtrauensvotum
voting right · Stimmrecht
voting shares · Stimmrechtsaktien
voucher · 1. Beleg 2. Bürge
vulgar (bourgeois) political economy · Vulgärökonomie
vulgarisation · Vulgarisierung

W

wage · Lohn
wage adjustment · Lohnanpassung
wage and salary workers → employees in employment
wage bargaining · Lohnverhandlungen
wage bill · Lohnsumme, Personalaufwand
wage claim · Lohnforderung
wage demand · Lohnforderung
wage differential · Lohnabstand, Lohnvorsprung
wage drift · Lohndrift
wage-earning staff · Lohnempfänger (Plural)
wage freeze · Lohnstop
wage-fund doctrine · Lohnfondstheorem
wage-fund theory · Lohnfondstheorie
wage hike · (allgemeine) Lohnerhöhung
wage incentive · Lohnanreiz
wage-incentive analysis · Lohnanreizanalyse
wage increase · Lohnerhöhung
wage labo(u)r · Lohnarbeit
wage lag · Lohnanpassungsverzögerung
wage payments · Lohnzahlungen
wage policy · Lohnpolitik
wage price guideposts · Lohn-Preis Leitlinien
wage-price spiral · Lohn-Preis-Spirale
wage-push inflation · Lohninflation
wage raise (US) → wage increase
wage rate · Lohnsatz
wage restriction · Lohnbeschränkung
wage rise → wage increase
wage settlement · Lohnabschluß
wage share · Lohnquote
wage stabilization · Lohnausgleich
wage worker · Lohnarbeiter(in)
wages in kind · Deputatlohn, Naturallohn
wages policy → wage policy
waiting-line theory · Warteschlangentheorie
waiver · Ausnahmeregelung, Verzicht auf Anwendung eines Grundprinzips in Sonderfällen (z.B. gilt für Zollunionen nicht die Meistbegünstigungsklausel des GATT)
walk-out · Streik, Ausstand
want creation · Bedürfniserregung (Werbung)
want(s) · Bedürfnis(se)

war-risk insurance · Kriegsrisiko- Versicherung
ware housing · Lagerhaltung, Lagerung von Erzeugnissen
warehouse · Lagerhaus
warehouse keeper · Großhändler
warrant · Optionsanleihe, die dem Obligationär ein Bezugsrecht auf Aktien zu einem bestimmten Kurs gewährt
warranted rate of growth · „gerechtfertigte" Wachstumsrate
warranty · 1. Garantie, Gewährleistung 2. Wechselbürgschaft
waste · Abfall
waste disposal · Abfallbeseitigung, Entsorgung
waste paper · Altpapier
waste product · Nebenprodukt
wasting assets · 1. nicht reproduzierbares Realvermögen 2. Vermögensgegenstände, die der Abnutzung unterliegen
way of computing · Berechnungsmethode
ways and means advances · Kassenkredite der Zentralbank an öffentliche Haushalte
Ways and Means Committee (USA) · Haushaltsausschuß des Kongresses
weak currency · schwache Währung
wealth · Gesamtheit des ertragbringen den Vermögens einschließlich der beruflichen Befähigung eines Individuums
wealth-creating sector · produktiver Sektor, Industrie (in Abgrenzung zu unproduktiven Bereichen)
wealth effect · Pigou-Effekt
wealth tax · allgemeine Vermögenssteuer
wear and tear · Abnutzung, Verschleiß
weekly or monthly payment of wages · wöchentliche oder monatliche Lohnzahlung
weekly return · Wochenauszug der Bank von England
weighted average · gewichtetes arithmetisches Mittel
weighted index · gewichteter, gewogener Index
welfare · Wohlergehen, Wohlfahrt, Sozialhilfe (US)
welfare benefit · Wohlfahrtszahlung, Sozialhilfe
welfare economics · Wohlfahrtstheorie, Wohlfahrtsökonomik, Allokationstheorie
welfare effect · Wohlfahrtseffekt
welfare fund · Wohlfahrtsfonds
welfare indicator · Wohlfahrtsindikator
welfare payment · Unterstützungsleistung der öffentlichen Hand, Sozialfürsorge
welfare state · Wohlfahrtsstaat
wheel diagram(me) · Kreisdiagramm
white-collar differential · Lohngefälle zwischen Arbeitern und Angestellten
white-collar union · Angestelltengewerkschaft
white-collar worker · Angestelle(r) (im Gegensatz zum Arbeiter)
White Paper · Weißbuch: Bezeichnung für alle aktuellen Berichte der britischen Regierung speziell zur Wirtschafts- und Sozialpolitik
White Plan (American Plan) · Whiteplan (Internationaler Währungsfonds)
wholesale · Großhandel
wholesale export prices · Grossisten-Ausfuhrtarif
wholesale price index · Großhandelspreisindex
wholesale writing-down · Pauschalabschreibung
wholesaler · Großhändler
wide range of products · breites Sortiment
widow's allowance · Witwenbeihilfe

widow's cruse (Keynes) · „Krug der Witwe", „unerschöpfliche Quelle"; Bezeichnung für die im Zuge der staatlichen Vollbeschäftigungspolitik ansteigenden Steuern, sowie Selbstfinanzierungseffekt der Investitionen
widow's pension · Witwenrente
wildcat strike · Spontanstreik, wilder Streik
windfall gains · 1. Zufallsgewinn, unerwartetes, nicht geplantes Einkommen 2. dynamische Differentialeinkommen 3. Marktlagengewinne
windfall profits → windfall gains
winding up → liquidation
window dressing · Manipulationen zur Verbesserung des ausgewiesenen Liquiditätsstatus, generell: manipulative Beschönigung in Bilanzen u.a. Dokumenten
withdrawal · 1. Entzug, Stillegung, (autonome) Kontraktionsgröße 2. Abhebung, Auszahlung 3. Rückzug
withdrawal in cash · Bankabhebung
withheld profits · einbehaltene (nicht ausgeschüttete) Gewinne
withholding tax · Abzugsteuer, Kapitalertrags-, Quellensteuer
wolf point · Nutzenschwelle der Konsumfunktion
wollies (well income leisure people) · wohlhabende Ruheständler
woopies (well-off older people) · gutbetuchte Senioren
work assembly · Arbeitsvorbereitung
work council · Betriebsrat
work-factor-system · System vorbestimmter Zeiten zur Arbeitszeitermittlung und Arbeitsgestaltung
work group · Arbeitsgruppe
work-house test · Arbeitshaustest (englische Armengesetzgebung des 19. Jh.)
work-in · Streikform, bei der entgegen der Anweisung der Firmenleitung weitergearbeitet wird
work-in-process inventory · Bestand an unfertigen Erzeugnissen
work in progress · (Bilanzierungswert der) noch im Produktionsprozeß gebundenen Fabrikate, in Arbeit befindliche Erzeugnisse
work label · Laufzettel
work measurement · Arbeitszeitermittlung
work overtime · Überstunden machen
work permit · Arbeitserlaubnis
work place · Arbeitsplatz
work room · Werkstatt
work scheduling · Arbeitsvorbereitung
work-sharing · Arbeitsneuverteilung durch Arbeitsplatzspaltung u.a. zur Minderung der Arbeitslosigkeit (Arbeits(platz)teilung)
work stoppage · Arbeitsunterbrechung
work study · Arbeitsstudie (Refa)
work terms · Arbeitsbedingungen
work to rule · Dienst oder Arbeit nach Vorschrift, Bummelstreik
workday · Arbeitstag
worker · Arbeiter(in)
worker director · Arbeitsdirektor(in), aber auch alle anderen von der Belegschaft gewählten Vorstandsmitglieder (GB)
workers' co-determination · Mitbestimmung
workers' control · Arbeiterselbstkontrolle
workers' council · Betriebsrat
workers' participation → workers' co-determination
workers' representative(s) · Arbeitnehmervertreter(in)
workers' surplus · Arbeitnehmerrente (A. Marshall)
workhouse · Arbeitshaus
working atmosphere · Betriebsklima
working capital · Differenz aus Umlaufvermögen und kurzfristigen Verbindlichkeiten

working capital loan · Betriebskredit
working capital turnover · Quotient zwischen Nettoumsatz und durchschnittlichem → working capital: Effizienzmaß
working class(es) · Arbeiterklasse
working condition · Betriebszustand
working conditions · Arbeitsbedingungen (am Arbeitsplatz)
working day → workday
working hour · Arbeitsstunde
working hours · Arbeitszeit
working majority · arbeitsfähige Mehrheit (Parlament)
working period · Produktionsperiode
working person · Erwerbsperson
working population (GB) → labor force (US)
working power · Arbeitskraft
working relations · Arbeitsbedingungen
working session · Arbeitssitzung
working storage · Arbeitsspeicher (EDV)
working-to-rule · Dienst nach Vorschrift
working week · Arbeitswoche
workman · körperlich Arbeitender
workmen's compensation insurance · (betriebliche) Unfallversicherung
workmen's compensation payments · Entschädigungszahlungen an Arbeiter
Works Constitution Act · Betriebsverfassungsgesetz
works council → workers' council
workstation screen · Arbeitsbildschirm
World Bank · Weltbank
world economy · Weltwirtschaft
world trade · Welthandel
World Trade Organization (WTO) · Welthandelsorganisation
write down · abwerten
write off · abschreiben
writing-down allowances · laufende Abschreibungen
written-down value · abgeschriebener Wert, Abschreibung vom jeweiligen Buchwert

X

x-efficiency · X-Effizienz (Leibenstein), unternehmerische und technologische Effizienz

Y

year-end entry · Jahresabschlußbuchung
year under review · Berichtsjahr
year-end figures · Jahresabschlußzahlen
year-end financial statements · Jahresabschluß
year-end report · Geschäftsbericht
yearly high · Jahreshöchstkurs
yearly low · Jahrestiefstkurs
yearly writing-down allowance · jährliche laufende Abschreibung
yield · Effektivrendite, Ertrag
yield gap · Differenz zwischen Effektivertrag eines Wertpapiers und den sogenannten → „gilt-edged securities", s.a → reverse yield gap
yield on bonds outstanding → net yield
yield on capital · Zinsertrag
yield on shares · Aktienrendite
yield to the revenue · Steueraufkommen

Z

zero bond · festverzinsliches Papier mit Ertragsausschüttung am Ende der Laufzeit (US)
zero bonds · Null-Kupon-Anleihen
zero growth · Nullwachstum
zero-hour clause · Null-Uhr-Regelung

zero rated · mehrwertsteuerbefreit
zero-productivity of labo(u)r · Grenzproduktivität der Arbeit von Null (Entwicklungstheorie.)
zero-sum game · Nullsummenspiel
zip code · Postleitzahl
zone pricing · regionale Preisdifferenzierung
zoning · 1. territoriale Marktaufteilung (Kartell) 2. Aufstellung von Flächennutzungsplänen

Deutsch–Englisch

A

Abbildung (math.) · mapping, image
Abbildung, eindeutige · unique mapping
Abbildung, eineindeutige · biunique mapping
Abdankung (eines Monarchen) · abdication
Abfall · waste
Abfallbeseitigung, Entsorgung · waste disposal
Abfallprodukte · spinoff products, byproducts
Abfindung · compensation
Abfindung bei Freisetzungen · redundancy payment (GB)
Abfindung für vorzeitiges Ausscheiden leitender Angestellter · golden handshake
Abfindung, Schadensersatz · indemnity
Abfindungszahlung (Arbeitsvertrag) · severance payment
Abfindungszahlung (gesetzliche) für freigesetzte Arbeitskräfte bei Stilllegungen (GB); entspricht etwa dem deutschen Sozialplan · redundancy payment
Abfolgeplanung · sequencing
Abfragesprache für Datenbanken · SQL: structured query language
Abgabe, einkommensunabhängige · non-income charge
Abgang, natürlicher, von Arbeitskräften (z.B. Rentner) · natural wastage, attrition
Abgänge · disposals
Abgestimmtes Verhalten von Konkurrenten · conscious parallelism
Abgrenzungskonflikt (Auseinandersetzung darüber, welche Gewerkschaft für eine (neue) Arbeit zuständig ist; Phänomen in einem System von Berufsgewerkschaften) (GB) · demarcation dispute, jurisdictional dispute
Abgrenzungsposten · prepaid
Abhebung (Konto) · withdrawal
Abkühlungsfrist · cooling-off period
Ablage, Archiv · file
Ablaufdiagramm · block diagramm
Ablaufmodell · process model
Ablaufplan · process chart
Ablaufplanung · scheduling
Ableitung (erste), abgeleiteter Wert · (first) derivative
Ableitung (math.) · derivative, derived function, derivation
Ableitung, partielle · partial derivative
Ableitung, zweite partielle · second-order partial derivative
Ableitungsregel · rule of inference
Abnutzung, Verschleiß · wear and tear
Abnutzungsvermögen, nicht reproduzierbares Realvermögen · wasting assets
Abonnement → Subskription
Abonnent, Zeichner · subscriber
Abrechnung (im Wertpapierhandel) · settlement
Abrechnung, monatliche · monthly settlement
Abrechnungsdatum für alle Wertpapiertransaktionen · account day
Abrechnungskurs · making-up price
Abrüstung · disarmament
Absatz, Umsatz · sale
Absatzanalyse → Marktanalyse
Absatzelastizität · sales elasticity
Absatzförderung · sales promotion
Absatzforschung, Marktforschung · marketing research, market analysis, field survey
Absatzgebiete, Verkaufsbezirke · marketing areas
Absatzkontrolle · sales control
Absatzkosten · selling costs, sales costs
Absatzkurve, geknickte · kinky demand curve
Absatzmenge · sales amount
Absatzplan · marketing plan, sales budget

Absatzplanung, Kombination absatzpolitischer Instrumente · marketing mix, marketing planning, sales planning
Absatzpolitik, Verkaufspolitik · sales policy, marketing policy, merchandising
Absatzpreis · sales price
Absatzprognose · sales forecast
Absatzpropaganda, überzogene, so daß Abwehr beim Beworbenen eintritt · overkill, overselling
Absatzprüfung · sales audit
Absatzquoten · sales quotas
Absatzweg · distribution channel
Absatzwege · channels of distribution
Abschätzung, Bewertung · appraisal
Abschlag · discount
Abschluß, nichtkonsolidierter · deconsolidated accounts
Abschlußbuchungen · closing entries
Abschluß-Inventur · closing inventory
Abschlußstichtag, Bilanzstichtag · accounting date
Abschlußtag · trade day
Abschnitt, Absatz · section
abschöpfen (Kaufkraft) · skim off (purchasing power)
Abschöpfung, fiskalische, Steueraufkommen · tax take
Abschöpfungsbeträge (Import) (EG Agrarmarkt) · import levies
abschreiben · write off
Abschreibung · depreciation
Abschreibung im Rahmen der volkswirtschaftlichen Gesamtrechnung (Erhaltung der Produktionskapazität) · maintaining capital intact
Abschreibung nach Anschaffungswerten · historic-cost depreciation
Abschreibung nach Wiederbeschaffungswerten · depreciation on replacement value, replacement-cost depreciation
Abschreibung, bilanzielle · accounting depreciation
Abschreibung, degressive/vorzeitige/erhöhte · accelerated depreciation
Abschreibung, laufende jährliche · yearly writing-down allowance, annual allowances, writing down
Abschreibung, lineare · straight-line depreciation
Abschreibung, normale/regelmäßige · regular depreciation
Abschreibung, steuerrechtlich zulässige · capital allowances
Abschreibung, zusätzliche · additional depreciation
Abschreibungen, ordentliche · depreciation according to plan
Abschreibungsbetrag pro Jahr · annual allowances
Abschreibungsdauer · period of depreciation
Abschreibungsfonds · replacement fund
Abschreibungsfreiheit · freedom of depreciation
Abschreibungsgrundwert · depreciation value
Abschreibungsmethode, progressive · declining balance method (of depreciation)
Abschreibungsrate · depreciation allowance, depreciation charge, rate of depreciation
Abschwung, Wachstumsretardierung · downturn, decline, slow-down, downswing
(Ab-)Sender, Verfrachter · consigner
Absentismus → Abwesenheit
absetzungsfähig, absetzungsfähige Leistung/Betrag · deductable
Absicherung (z.B. Inflations-Absicherung) · proofing (f.e. inflation-proofing), (gegen Preis- und Kursänderungen) -, hedging
Absicherungsfonds; ursprünglich der Risikoabsicherung, jetzt auch der Spekulation dienende Investmentfonds · hedge funds
Absolute Rente · absolute rent

Absorptionsfähigkeit Aufnahmefähigkeit eines Landes für produktionssteigernde Investitionen · absorptive capacity

Absorptionstheorie (Zahlungsbilanz) · absorption approach

abstandsgleich · equidistant

Abstimmung nach Stimmrechten (Hauptversammlung) · poll

Abstimmung, geheime · ballot

Abstimmungsparadoxon · paradox of voting, voting paradox

Abstinenztheorie des Zinses · abstinence theory of interest

Abszisse · abscissa, horizontal axis

Abszissenrichtung · run

Abteilung, Sparte (Organisation) · division

Abteilungsleiter · manager

Abteilungsleiterin · manageress

Abtretung von Forderungen · assignment of accounts

Abwanderung, Entvölkerung · depopulation

Abwanderung, regionale · out-migration

Abwehrkartell · countervailing powers (US)

Abweichung · aberration; deviation

Abweichung, (einfache) mittlere Streuungsmaß · mean deviation

Abweichung, statistische · statistical discrepancy

Abwerbung (von Arbeitskräften) · pirating

Ab-Werk-Verkauf → Fabrikverkaufsstelle

abwerten i.S.v. abschreiben · write down

Abwertung (bei festen Wechselkursen) · devaluation

Abwertung, Währungs- bzw. Kursverfall (bei flexiblen Kursen) · (currency) depreciation

Abwertungskonkurrenz, Abwertung zur Verbesserung der Exportfähigkeit · competitive devaluation

Abwertungshysterie · devaluation scare

Abwesenheit, Personalausfall, Absentismus · absenteeism

Abwesenheitsquote, Fehlquote (Personal) · rate of absenteeism

Abwicklung · liquidation, winding up, run-down processing

Abzahlung, Ratenzahlung · instal(l)ment

Abzug · deduction

Abzugsteuer · withholding tax

Adaptive Erwartung · adaptive expectation

Additionstheorem → Eulersches Theorem

Ad hoc-Argumentation · ad hocery

ADV-Anwendungssysteme · ADP-application systems

Affidavit, eidesstattliche Versicherung · affidavit

AFL · American Federation of Labor

Agentur, Vertretung · agency

Agglomeration, Ballungsraum · agglomeration

Agglomerationsersparnisse, Fühlungsvorteile · agglomeration economies

Agglomerationsgebiet, Ballungsgebiet · congested area

Agglomerationskern · node

Agglomerationskosten · agglomeration costs

Aggregat · aggregate

Aggregation · aggregation

Aggregationsfehlschluß von der Mikro- auf die Makro-Ebene · compositional fallacy

Agrarmarkt · agricultural commodities market

Agrarpolitik · agricultural policy

Agrarpolitik der Europäischen Gemeinschaft (Gemeinsamer Agrarmarkt) · Common Agricultural Policy (CAP)

Agrarpreissubventionen in der Form eines Differenzbetrages zwischen

(höherem) Erzeugerpreis und Marktpreis · deficiency payments
Agrarprodukte für Exporte (Speziell zur Devisenbeschaffung der Entwicklungsländer) · cash crops
Akkordarbeit · contract work, contracting
Akkordlöhne, Leistungslöhne · efficiency wages, payment by results
Akkordrichtsatz · job rate
Akkreditivkredit (US) · order to negotiate
Akkumulation · accumulation
Akkumulation des Elends · accumulation of misery
Akkumulation, ursprüngliche · primary accumulation, previous accumulation (A. Smith)
à Konto-Zahlung · payment on account
Akte, Ablage, Archiv · file
Aktenvermerk, (innerorganisatorische Mitteilung) · memo(randum)
Aktien · shares, equities, stocks, securities
Aktien mit hohen Börsenumsätzen · active market
Aktien, ausgegebene · shares issued
Aktien, neu ausgegebene, von Gesellschaften, die noch nicht lange existieren · hot issues
Aktien, stimmrechtslose · A-shares, non-voting shares
(Aktien-)Aufspaltung, Splitting · splitting
Aktienbesitz · stock holdings
Aktienbörse · stock exchange, bourse
Aktiendividenden · dividends on shares
Aktiengeschäfte durch Eingeweihte · insider dealings, insider trading
Aktiengesellschaft · joint stock company, public limited company (GB)
Aktienindex · index of stock, share index (GB)
Aktienkapital → Kapital · capital stocks, share capital
Aktienkurs-Indices · share indices
Aktienkursrisiko · equity price risk
Aktienrendite · yield on shares
Aktienumlauf · share circulation
Aktienzertifikat · share certificate
Aktion, abgestimmte · concerted action
Aktionär · stockholder (US), shareholder
Aktionärsvertreter · shareholders' representatives
Aktiva hoher Liquiditätsstufe · quick assets (US), liquid assets, near money
Aktiva, Aktivposten in der Bilanz · assets
Aktiva, immaterielle · invisible assets, intangible assets
Aktiva, Sollbestand der, · calculated assets
Aktiva, transitorische · deferred expenses
Aktiva, werbende, produktive Anlagen · earning assets
Aktivatausch · switching a) Änderung der Kombination von Kapital- und Arbeitseinsatz b) Wechsel in der Zusammensetzung eines (Wertpapier-) Portefeuilles
Aktivatausch, Uminvestition · exchange of assets
Aktivforderungen → Außenstände
Aktivität, ökonomische, Leistung · economic activity
Aktivitätsanalyse · activity analysis
Aktivposten in der Bilanz → Aktiva
Akzelerationsprinzip · acceleration principle
Akzelerator · accelerator
Akzelerator(größe) · accelerator coefficient
Akzept, angenommener Wechsel · acceptance
Algorithmus · algorithm
Alleinsteuer, Einsteuer · single tax, impôt unique
Alleinvertretung, Generalvertretung · exclusive agency

Alleinzuständigkeit (Organisation), Einzelunterstellung · unity of command
Allgemeine Geschäftsbedingungen · general terms; standard terms and conditions
Allgemeine Kreditvereinbarungen (Int. Währungsfonds und Zehnerklub, 1962) AKV · general borrowing agreements
Allgemeines Zoll- und Handelsabkommen · GATT: General Agreement on Tariffs and Trade
Allgemeinkapital · overhead capital
Allgemeinverbindlichkeitserklärung Kollektiv- bzw. Tarifverträge, die für allgemeinverbindlich erklärt wurden bzw. gelten · collective agreement in law
Allmende, Gemeindeland · common land
Allokation, Ressourcenverteilung · (resource) allocation
Allokationsabteilung (Musgrave) · allocation branch
Allokationseffizienz · allocative efficiency
Allphasen-Umsatzsteuer · all-stage turnover (tax)
Alltagsbedarf, Waren des täglichen Bedarfs · goods of daily use
Almosen · alms, dole
Almosenempfänger → Armut, Soziale
Altenrente, britische (ab 80 Jahre) · old-age pension (GB)
Alternativkosten, Opportunitätskosten · opportunity costs
Alternativmodelle (in der wirtschaftsgeschichtlichen Forschung) · counterfactual analysis
Altersfreibetrag · age exemption
Alterspyramide · population pyramid
Altersrente · retirement pension, Old-Age Pension, old-age benefit
Altersruhegeld · retirement pension
Altersstruktur · age distribution, age structure
Altersversicherung · old-age insurance
Alterung, biologische · ageing
Altindustrien, Niedergangsbranche, strukturschwache Industrie · sunset industry
Altpapier · waste paper
Altschulden · old debt
Amerikanisches Journal · ledger type journal
Amerikanisches Zuteilungsverfahren Zinstender bei Pensionsgeschäften der Zentralbank · American auction, multiple-rate auction
Amortisation, Tilgung, Abschreibung · amortization
Amortisationsdauer · repayment time
Amortisationsfonds, Schuldentilgungsfonds · sinking fund
Amt → Behörde
Amtsmißbrauch, Bestechung, Korruption · graft (US)
Analogie · analogy
Analogrechner · analog computer
Analyse, dynamische · dynamic analysis
Analyse, kurzfristige · short-run analysis
Analyse, langfristige · long-run analysis
Analyse, morphologische · morphological analysis
Analyse, statische · static analysis
Analyse, Theorie, Untersuchung, Betrachtung · analysis
Anbaufläche, Flächenumfang · acreage
Anbaugrenze (Thünen) · margin of cultivation
Anbieter · supplier, seller
Anbieter, potentieller auf einem Markt · potential entrant
Aneignung · appropriation
Anfangsabschreibung · initial allowances

Anfangsbestand, Anfangslagerbestand · beginning inventory
Anfangsinventar · opening stock
Anfangsinventur, Eröffnungsinventur · opening inventory
Anfangswert · initial value
Anfechtbarkeit · voidability
Anforderung, Bedarf · requirement
Angebot · supply
Angebot, Anerbieten · tender
Angebot, gesamtwirtschaftliches · aggregate supply
Angebot, verbundenes · joint supply
Angebotselastizität · elasticity of supply
Angebotsgesetz · law of supply
Angebotskurve · supply curve
Angebotskurve eines Landes für ein Gut auf dem Weltmarkt, Tauschkurve · offer curve
Angebotskurve, inverse (regressive) · regressive supply curve, backward-bending supply curve
Angebotsmenge · quantity supplied
Angebotsökonomie, -theorie · supply-side economics
Angebotsorientierte Wirtschafts-Politik/-Lehre · supply-side economics
Angebotspreis · quoted price
Angebotssprünge · supply shocks
Angebotstabelle · supply schedule
Angebotsüberhang · excess supply
Angebotsverschiebung · supply shift, shift in supply
Angeld · earnest money
Angestelltengewerkschaft · non- manual workers union, white collar union
Angestellter · white-collar worker, white-collar employee, salaried man
Angestellter, leitender · senior manager
Angleichung · adjustment
Ankaufssatz · buying rate
Ankündigungseffekt · announcement effect
Ankurbelungsmaßnahmen, konjunkturelle Initialzündung, Konjunkturspritze · pump priming
Anlage (Brief), Einhegung, Umzäunung · enclosure
Anlage, immobile · fixture
Anlageabschreibung · capital allowance
Anlageformen, vorgeschriebene liquide · specified reserve assets
Anlagegeschäft ohne Beratung · discount brokerage
Anlagegüter · capital goods
Anlagemöglichkeit · investment outlet
Anlagen, Ausrüstung · equipment
Anlagen, produktive → Aktiva, Werbende ~
Anlagenerweiterung → Erweiterungsinvestition
Anlagevermögen · capital assets, capital investment
Anlagevermögen i.S. langlebiger Produktionsanlagen · plant, property and equipment (PPE)
Anlagevermögen, wertberichtigtes · net book amount
Anlagewerte, immaterielle (Bilanz) · intangible assets
Anlaufverzögerung · intermediate lag
Anlaufzeit · initial period
Anleger, Investor · investor
Anlegernutzenorientierung; Konzept der Orientierung der Unternehmenspolitik an der Bewertung auf dem Aktienmarkt · shareholder value orientation
Anlegerschutz · investor protection
Anleihe · loan
Anleihe, ewige · irredeemable security, undated security
Anleihe, zinslose, bei der die laufende Zinszahlung zugunsten eines niedrigen Ausgabekurses entfällt (Null-Kupon-Anleihe) · zerobond
Anleihebegrenzung → Unternehmensgründung

Anleihekapital · debenture capital
Anleihen mit über zwanzig Jahren Laufzeit · long bonds
Anleihen, festverzinsliche Wertpapiere (langfristige Finanzierung 10-40 Jahre Laufzeit) · debentures
Anleihen, variabel verzinsliche, deren Verzinsung in bestimmten Zeitabständen neu festgesetzt wird · floating rate notes
Anleihen, Wertpapiere, speziell öffentliche · bonds
Anleihen, zinsbegünstigte (Entwicklungspolitik) · soft loans
Anleihezins · loan interest
Anlernen am Arbeitsplatz · on-the-job-training
Anlernling, Umschüler · dilutee
Annahmebereich · acception region
Annahmen der Wirtschaftstheorie (Oberbegriff zu Definition und Hypothese) · assumption
Annahmeverweigerung (von Waren) · refusal (of goods), rejection ~
Annonce → Anzeige
Annuität, konstante jährliche Zahlung · annuity
Annullierung, Stornierung · cancellation
Anomie (E. Durkheim) · anomie
Anonymisierung des Kapitalbesitzes, der zur Trennung von Unternehmer- und Eigentümerfunktion führte · separation of ownership from control
Anpassungsfähigkeit · flexibility
Anpassungskosten · adjustment costs
Anpassungspolitik · adjustment policy
Anpassungsrate · adjustment rate
Anpassungsverzögerung · lag
Anpassungszeit (Kapital-/Angebots) · capital-adjustment period
Anrechnungssystem · imputation system
Anrechtsschein auf eine (später auszahlbare) Dividende · scrip dividend
Anreiz für Investitionen · incentive for capital expenditure
Anreize · incentives
Anreizsystem, leistungsbezogenes Entlohnungssystem · incentive system
Anschaffungskosten · aboriginal costs
Anschaffungskosten, Anschaffungswert, Herstellungskosten · historical/historic costs, initial costs, cost of purchase, original cost
Anschaffungswert → Anschaffungskosten
Anschriftenkartei · mailing list
Anspruch · claim
Anstalt → Institution
Anstellung · employment
Anstellung auf Lebenszeit · tenure
Anstellung nicht benötigter Arbeitskräfte · featherbedding
Anstellungsvertrag · hiring contract
Anstosseffekt Kurzfristiger Effekt einer Datenänderung im Gegensatz zum längerfristigen Effekt (long-term effect), z.B. kurz- und langfristige Preisänderung infolge einer Nachfrageerhöhung · impact effect
Anstoßmultiplikator (Wirkung in der 1. Periode) · impact multiplier
Antike · antiquity
Antimonopolgesetzgebung · antimonopoly legislation, anti-trust legislation
Antithese · antithesis
Antizyklische Politik · counter-cyclical/compensatory policy
Antrag (in einer Versammlung) · motion
Antrag · application
Antragsformular · application form
Antriebskraft (technische) Alle vom Menschen genutzten Bewegungskräfte (Zugtier, Wasser etc.) · motive force
Anwartschaftsrente · deferred annuity
Anweisung (an Untergebene) · instruction, briefing

Anweisungsbeziehung, (formale), Vorgesetzten-Untergebenen-Linie · line relationship
Anwerbung (von Arbeitskräften) · recruiting
Anzahlung · deposit, down payment, earnest money
Anzahlung, Kundenanzahlung · customer prepayment
Anzeige, Inserat, Annonce · ad(vertisement)
Anzeigeninhaltsanalyse · content analysis
Anzeigenwerbung, klassische · above-the-line advertising
Anziehungskraft · retail gravitation
Apologie · apologia
a-priori-Wahrscheinlichkeit · prior probability
äquidistant · equidistant
Äquivalententausch · exchange of equivalents
Äquivalentform, das Geheimnis der (Marx) · enigmatical character of equivalent form
Äquivalenzprinzip (Besteuerung) · benefit principle, benefit approach, cost-of-service principle, payment-according-to-benefit-received
Arbeit · labour, work
Arbeit nach Vorschrift · work-to-rule
Arbeit, abstrakte (Marx) · abstract labour
Arbeit, einfache (Marx) · simple labour
Arbeit, gesellschaftlich notwendige · socially necessary labour
Arbeit, gesellschaftliche · social labour
Arbeit, komplizierte (Marx) · composite labour, skilled labour
Arbeit, konkrete · concrete labour
Arbeit, lebendige · living labour
Arbeit, unterbezahlte · sweated labour
Arbeit, vergegenständlichte · stored-up labour, crystallised labour, materialized labour, congealed labour
Arbeit, vorgetane · accumulated labour, preserved labour
Arbeiten, öffentliche (i.S. von Arbeitsbeschaffungsmaßnahmen) · public works
Arbeitender, körperlich, Handarbeiter · workman
Arbeiter · worker, blue-collar worker, wage earner
Arbeiter, angelernter · semi-skilled worker
Arbeiter, qualifizierter · skilled worker
Arbeitergewerkschaft · manual workers union
Arbeiterklasse · working class(es)
Arbeiterselbstkontrolle · worker's control
Arbeiterselbstverwaltung · (workers') self-management
Arbeitgeber · employer, boss
Arbeitgeberanteil bei der Sozialversicherung · social security payroll tax (US)
Arbeitgeber-Arbeitnehmer-Verhältnis · labor relations, labor management relations
Arbeitgeber-Gewerkschaft · company union
Arbeitgeberverband · employers' association, employers' federation
Arbeitnehmer · employee
Arbeitnehmerrente (A. Marshall) · worker's surplus
Arbeitnehmervertreter · workers' representative
Arbeits(platz)bewertung · job evaluation
Arbeitsablauf-Zerlegung · elemental breakdown
Arbeitsamt · employment office, employment exchange, Labour Exchange, Labour Bureau
Arbeitsangebot · labour supply
Arbeitsanreicherung, vertikale Arbeitsausdehnung · job enrichment
Arbeitsbedingung · work terms
Arbeitsbedingungen (am Arbeitsplatz) · working conditions

Arbeitsbeschaffungsmaßnahmen (staatliche) · relief work
Arbeitsbeschaffungspraktiken der Gewerkschaften · make-work
Arbeitsbewertung · job rating
Arbeitsbeziehungen, gute (enge) · close working relations
Arbeitsbildschirm · workstation screen
Arbeitsdirektor aber auch alle anderen von der Belegschaft gewählten Vorstandsmitglieder (GB) · worker director
Arbeitseinheit · labour unit
Arbeitseinkommen · earned income
Arbeitserlaubnis · work permit
Arbeitsfeldausweitung, horizontale · job enlargement
Arbeitsfrieden · industrial peace
Arbeitsgeld (Owen) · labour money
Arbeitsgericht · labour court, industrial court
Arbeitsgliederungsplan · activity chart
Arbeitsgruppe · work group
Arbeitsgruppen, (halb-) autonome · group working, autonomous work groups
Arbeitsgruppen-Produktion · cell production
Arbeitshaus · workhouse
Arbeitshaustest (englische Armengesetzgebung des 19. Jahrh.) · work house test
Arbeitskarte · operation job card
Arbeitskonflikt, Arbeitskampf · (labor) dispute, industrial dispute, industrial conflict
Arbeitskräftehortung → Arbeitskräfteüberbesatz
Arbeitskräftemobilität · mobility of labour 1. berufliche Mobilität · occupational mobility of labour 2. regionale Mobilität · spatial/geographical mobility of labour
Arbeitskräftepotential (volkswirtschaftliches) · manpower, labo(u)r force, working force
Arbeitskräfteüberbesatz, Arbeitskräftehortung · overmanning, overstaffing
Arbeitskräfteverteilung · diversion of manpower
Arbeitskraft (Ware) · labour-power
Arbeitskraftsteuer · selective employment tax (GB)
Arbeitsleben · industrial life
Arbeitsleistung · job performance
Arbeitslöhne · labour costs
arbeitslos · unemployed
Arbeitslose, erfaßte/gemeldete · registered unemployed
Arbeitslosengeld · jobless benefits; unemployment benefit, dole
Arbeitslosengeldempfänger(zahl), Arbeitslose · dole queue
Arbeitslosenquote · unemployment percentage rate (GB), unemployment rate (US)
Arbeitslosenquote, inflationsneutrale · NAIRU = non-accelerating inflation rate of unemployment
Arbeitslosenunterstützung · unemployment benefits, dole
Arbeitslosenversicherung · unemployment insurance
Arbeitslosigkeit · unemployment
Arbeitslosigkeit, freiwillige · voluntary unemployment
Arbeitslosigkeit, friktionelle · frictional unemployment
Arbeitslosigkeit, konjunkturelle · cyclical unemployment; deficiency-of-demand unemployment
Arbeitslosigkeit, Nachfragemangel ~, demand-deficiency unemployment
Arbeitslosigkeit, natürliche (M. Friedman) · natural level of unemployment
Arbeitslosigkeit, partielle · partial unemployment
Arbeitslosigkeit, saisonale · seasonal unemployment
Arbeitslosigkeit, strukturelle · structural unemployment

Arbeitslosigkeit, unfreiwillige · involuntary/forced unemployment
Arbeitslosigkeit, versteckte/verborgene · disguised/hidden unemployment, fictious unemployment
Arbeitsmarkt · labour market
Arbeitsministerium · Department of Employment/Labour
Arbeitsmittel · instruments of labour
Arbeitsmoral · on-the-job morale
Arbeitspläne · operating charts
Arbeitsplanung innerhalb der Fertigungsplanung · manufacturing analysis
Arbeitsplanungs- u. Kontrolldiagramm · growth chart
Arbeitsplatz · job; work place
Arbeitsplatzanalyse · job analysis
Arbeitsplatzbeschreibung · job description
Arbeitsplatzbewertung, analytische · analytical job evaluation
Arbeitsplatzgestaltung, (neue) i.S. von Umstellungen · job redesign
Arbeitsplatz-Rotation · job rotation
Arbeitsplatzsicherheit i.S. Sicherheit am Arbeitsplatz · safety at work, job safety; i.S. Schutz vor Entlassung: job security
Arbeitsplatzsubvention → Arbeitsplatzzuschüsse
Arbeitsplatzvernichtung (durch Rationalisierungsinvestitionen), Freisetzungen · displacement of labour
Arbeitsplatzwahl, freie · free choice of the job
Arbeitsplatzzuschüsse (für strukturell schwache Arbeitsplätze und Problemgruppen) · marginal employment subsidies
Arbeitspotential · working force, labour force
Arbeitsproduktivität (gesamtwirtschaftliche) · labor productivity
Arbeitsproduktivität, Arbeitsproduktivitätskoeffizient · labour-output ratio
Arbeitsrecht · labo(u)r law
Arbeitsrente (Marx) · labo(u)r rent
Arbeitsrückstand, Produktionsrückstand · backlog
Arbeitssicherheit · on-the-job safety
Arbeitssitzung · working session
Arbeitsspeicher (EDV) · working storage
Arbeitsspeicher, lösch- und beschreibbar · RAM: random access memory
Arbeitsstab · task force
Arbeitsstückkosten · unit labo(u)r costs
Arbeitsstudie (Refa) · work study
Arbeitsstunde · working hour, manhour
Arbeitstag · workday, working day
Arbeitstag, normaler · normal working-day
Arbeitsteilung, internationale · international division of labo(u)r
Arbeitsumverteilung durch Arbeitsplatzspaltung (Mehrere Arbeitskräfte teilen sich einen Arbeitsplatz) · work-sharing
Arbeitsunfall · industrial injury, occupational accident
Arbeitsunfallrisiko · occupational hazard
Arbeitsunterbrechung · work stoppage
Arbeitsvermittlung, Amt für, und Berufsausbildung · Manpower Services Commission
Arbeitsvermittlung, Arbeitsamt · labour exchange
Arbeitsverpflichtung → Dienstverpflichtung
Arbeitsvertrag · contract of employment
Arbeitsvorbereitung · work assembly
Arbeitswerttheorie · labour theory of value
Arbeitswissenschaft → Ergonomie
Arbeitswoche · working week

Arbeitszeit · working hours, hours of working
Arbeitszeit, gesellschaftlich notwendige (Marx) · socially necessary labour- time
Arbeitszeit, gleitende (Gleitzeit) · flexible working hours scheme
Arbeitszeit, tägliche · daily hours of work, daily working hours
Arbeitszeit (verlorene) durch Arbeitslosigkeit und Kurzarbeit im Verhältnis zur tariflichen Arbeitszeit · labor force time lost (US)
Arbeitszeitermittlung · work measurement
Arbeitszeitvorgabe-System · work-factor-system
Arbeitszufriedenheit · job satisfaction
Arbitrage · arbitrage
Argument (einer Funktion) · argument (of a function)
Arithmetische Reihe · arithmetic progression
Armenhaus · alms house, poorhouse
Armut, (die) soziale, Almosenempfänger, ärmste Bevölkerung · destitute
Armut, Pauperismus · poverty, pauperism
Armut-an-Befähigungen-Maß · capability poverty measure
Armutsfalle: Lähmung der Arbeitsbereitschaft durch Fürsorgeleistungen etc · poverty trap
Assekurant, Versicherer, Garant einer Wertpapieremission · underwriter
Assekuranz → Lebensversicherung
Assignaten · assignats
Assoziationismus, Assoziismus · associationism
Assoziierten-Status · associate status
Asylrecht · right of asylum
Atom-Energie Behörde · Atomic Energy Commission
Aufgabe · task
Aufgabenplanung und -durchführung (in einer Organisation) · project management
Aufgeld · overagio (GB)
Aufgliederung · breakdown
Aufgliederung der Aufgaben · decomposition of tasks
Aufhebung (der Zölle) · abolition (of tariffs), removal (of taxes, duties, restrictions etc.)
Aufkauf eines Unternehmens u. anschließende Anlagenausschlachtung · asset stripping
Aufkaufabkommen, globales · bulk buying agreement
Aufklärer (18. Jahrh.) · enlightener
Aufklärung (18. Jahrh.) · (the) Enlightenment
Aufkommenselastizität (überproportionale) der Steuereinnahmen · fiscal drag
Auflage, zu erfüllende Bedingung · injunction
Auflage und Zuteilung (von neuen Wertpapieren) · application and allotment
Aufnahmefähigkeit eines Landes für produktionssteigernde Investitionen → Absorptionsfähigkeit
Aufschlag, Kalkulationszuschlag · surcharge, mark-up
Aufschlag, Mehrbelastung, Nachgebühr · surcharge
Aufschwung (konjunktureller) · upswing, upturn, revival
Aufschwung, säkularer, (im Gegensatz zur säkularen Stagnation) · secular boom
Aufschwungphase · recovery, upswing
Aufseher, Vorgesetzter · supervisor, overseer
Aufsicht · supervision
Aufsichtsrat · board of supervisors, supervisory board
Aufstellung, Bilanz · statement
Auftragsbesorgung · solicitation of orders
Auftragsbestand · orders on hand

Auftragsbestand, Bestand an unerledigten Aufträgen · order book

Auftragseingang · order intake, orders received

Auftragseingang in Relation zu fakturierten Auslieferungen (Quotient aus); stark konjunkturabhängig · book-to-bill-ratio

Auftragsfertigung, Einzel- oder Kleinserienfertigung · jobbing production, one-off-production

Auftragsformular, Bestellschein · order form

Auftragsgröße, optimale · optimum order quantity

Auftragslage · order position

Auftragsstornierung · cancellation of order

Aufwand (Kosten) · outlay

Aufwand, außerordentlicher · sundry expenditure

Aufwandsentschädigung · emoluments

Aufwandssteuern · taxes on expenditure, outlay taxes

Aufwendungen, primäre → Input, primärer

Aufwertung bei festen Wechselkursen · revaluation

Aufwertung Werterhöhung, Wertzuschreibung, Wechselkursaufwertung bei freier Kursbildung (entspricht der revaluation bei festen Kursen) · appreciation

Aufwertung, Höherbewertung · upvaluation

Aufzählung, Enumeration, Liste · enumeration

Aufzeichnung · recording, record

Auktion, holländische, Diminuendolization · Dutch auction

Auktion, Versteigerung · auction

Ausbeutung (Marx) · exploitation

Ausbeutung i.S. des Auspressens von Arbeitskräften (z.B. illegaler Arbeitskräfteverleih) · sweating

Ausbeutungsrate (Marx), Mehrwertrate · rate of exploitation, rate of surplus value

Ausbeutungssystem Frühkapitalistisches Fabriksystem, Auspressen der Arbeitskraft, Schwitzsystem · sweating system

Ausbilder · instructor, trainer

Ausbildung am Arbeitsplatz · on-the-job training

Ausbildung, gewerbliche · industrial training

Ausbildungsabgabe · training levy

Ausbildungskammer · Industrial Training Board

Ausbildungskurs · training course

Ausbildungsoptimierungsanalyse · skills analysis

Ausbildungsprogramm · training programme

Ausbildungszeugnis · vocational certificate

Ausbreitung, Streuung, Diffusion · diffusion

Ausdehnung, Verlängerung · extension, prolongation

Ausführbarkeit, Zulässigkeit · feasibility

Ausführungsanzeige · advice notice

Ausfuhrgenehmigung · export licence

Ausfuhrland · exporting country

Ausführung, Durchführung · execution

Ausfuhrsperre · export ban, embargo

Ausgabe (Zeitung, Aktien) · issue

Ausgaben der öffentlichen Hände und öffentlichen Unternehmen · public expenditures

Ausgaben für laufenden Verbrauch (Haushalt, Unternehmen) · current expenditure

Ausgaben, Aufwand, Kosten · expenditure, outlay

Ausgabeneigung, marginale · marginal propensity to spend

Ausgabengruppe · class of expenditure

Ausgabenkürzungen · expenditure cuts, cuts
Ausgabenpolitik, defizitäre → Defizitpolitik der öffentlichen Hände
Ausgabenquote · quota of expenditure
Ausgabensteuer · outlay tax
Ausgabenstruktur · expenditure patterns
Ausgabenumschichtungs-Politik (Zur Reduktion von Leistungsbilanzdefiziten, Importsubstitution) · expenditure switching policy, expenditure reducing policy
Ausgabeverhalten der Konsumenten · spending behavior of consumers
Ausgabewert eines Wertpapiers (Nominalwert) · par value
Ausgangszollsatz · basic duty
Ausgleichsabgabe, Zoll · countervailing duty, compensatory duty
Ausgleichsforderungen (Deutsche Bundesbank) · equalization-claims
Ausgleichsgröße · equalizer
Ausgleichspolitik im Finanzverkehr · offset policy
Ausgleichsposten · balancing item
Ausgleichsposten in der Zahlungsbilanz · compensating item
Ausgleichstransaktionen (Zahlungsbilanz) · accomodating transactions
Ausgleichszahlung · compensation
Ausgleichszahlungen (Agrareinkommen) · deficiency payments
Ausländerguthaben · external accounts
Ausländerkonto · foreign resident's account
Ausländerkonvertibilität · non-resident convertibility
Auslage, Ausstellung · display
Auslandsaktiva · external assets
Auslandsanleihe · foreign loan
Auslandseinkommen · overseas income, income from abroad, foreign income
Auslandsfabrikat · foreign make
Auslandsforderungen · foreign claims
Auslandsguthaben, saldierte · foreign assets position
Auslandshilfe · foreign aid
Auslandsinvestitionen (Direktinvestitionen und Portfolioinvestitionen) · foreign investment, investment abroad
Auslandskapital · foreign capital
Auslandskonkurrenz · competition from abroad
Auslandskonto · rest-of-the-world account
Auslandspassiva · external liabilities
Auslastungsgrad (Kapazität) · capacity utilization
Ausleihungen, Bankkredite · advances
Ausleihungen, kurzfristige · short-term loan
Auslieferungs-Vertrag · extradition treaty
Auslieferungslager · field store
Auslösung, Tilgung, Einlösung · redemption
Ausnahme, (statistischer) Ausreißer · outlier
Ausnahmeregelung Verzicht auf Anwendung eines Grundprinzips in Sonderfällen (z.B. gilt für Zollunionen nicht die Meistbegünstigungsklausel des GATT) · waiver
Ausnützung · utilization
Ausreifungszeit (Investition) · gestation period, gestation lag
Ausrüstung, Ausstattung, Anlagen · equipment
Ausrüstungsinvestitionen · producers' durable equipment, capital expenditure, investment on equipment
Ausschlachten eines Unternehmens (Verkauf einzelner Aktiva) · asset-stripping
Ausschließlichkeitsprinzip gewerkschaftlicher Vertretung · doctrine of exclusive representation
Ausschlußprinzip, Exklusionsprinzip (Individualgüter) · exclusion principle

Ausschreibung(-sverfahren) · tender, invitation to tender, invitation for tenders
Ausschreibungsabsprache (z.B. bei öffentlichen Bauvorhaben), Submissionskartell · collusive tendering
Ausschüttung · distributions
Ausschüttungsrate, reziproker Quotient aus Gesamtgewinn und ausgeschüttetem Gewinn · cover
Ausschuß → Behörde, → Abfall
Außenbeitrag, Exportsaldo · net exports, (of goods and services)
Außendienst → Verkaufsdienst
Außendienstkräfte · field force (marketing)
Außendienst, (technischer) Kundendienst · customer engineering
Außendienstleiter · field sales manager
Außendiensttechniker · customer engineer
Außenfinanzierung · external financing
Außengeld, exogenes Geld · exogenous money, outside money
Außenhandel · foreign trade
Außenhandels-(Export) multiplikator · export multiplier
Außenhandelsdefizit, Außenhandelslücke · trade gap
Außenhandelskredit · trade facility
Außenhandelspolitik auf der Basis gegenseitiger Vorteile (Reziprozität) · fair trade policy
Außenhandelssituation (im Gegensatz zur Autarkie) · after trade
Außenhandelsvorteile durch Beschäftigung ungenutzter Faktoren · vent for surplus
Außenhandelszahlen, -ergebnisse · trade figures, trade returns
Außenhandelsziffern ohne Bereinigung der CIF- und FOB-Differenzen · crude trade
Außenstände, Aktivforderungen · accounts receivable, outstandings
Außenwanderung · external migration
Außenwert des Geldes · external value of money
Außenwirtschaft(sbereich) · foreign sector, external transactions
außenwirtschaftliches Gleichgewicht · external equilibrium
Außenwirtschaftstheorie Außenwirtschaftspolitik, Theorie der internationalen Wirtschaftsbeziehungen · international economics
Außenwirtschaftstheorie, reine, reale · pure theory of international trade
Aussperrung · lock-out
Ausstand · walk-out, stoppage
Ausstattung → Ausrüstung, endowment
Aussteller · exhibitor
Ausstellung · exhibition
Ausstellungsraum · showroom
Ausstellungswaren, ~stücke · exhibits
Ausstiegsscheine · Exit-Bonds
Ausstoß · output
Ausstoß je Arbeitskraft · output per man
Ausstoß je Arbeitsstunde · output per man-hour
Ausstoß, mengenmäßiger · physical output
Austauschverhältnis · exchange ratio
Austauschverhältnis, gesetzlich fixiertes · legally fixed ratio of exchange
Austauschverhältnisse, reale · terms of trade
Auswahlkriterien · eligibility criteria
Auswechslung → Ersatz
Ausweichplanung · contingency planning
Ausweisung · expulsion
Ausweitung, Ausbreitung, Expansion · expansion
Auswertung, sekundärstatistische · desk research
Auswirkung · impact
Auswirkungsverzögerung · policy-effect lag

Auszahlung · outpayment
Auszahlungsmatrix (Spieltheorie) · pay-off matrix
Auszahlungssperre (Schecks etc.) · stop payment notification
Auszahlungszuweisung (Spieltheorie) · imputation
Auszubildender · trainee
Autarkie, Selbstversorgung · autarky, self-sufficiency
Autokorrelation · auto-correlation
Automatenverkauf · automatic vending
Automation · automation
Automatisierung · automation
Automobilarbeitergewerkschaft United Auto Workers' Union (UAW), (US)
Autonomie vor Beginn der Außenhandelstätigkeit · autonomy before trade
Autonomie, Selbstverwaltung · autonomy, self-government
Autoregression · autoregression

B

Baissemarkt · falling market, bear market
Baisse-Spekulation · bear operation
Baissier, Börsenspekulant à la baisse · bear
Ballungsgebiet · conurbation
Ballungsregion · nodal region
Bancor: Benennung der internationalen Reserveeinheit wie sie nach dem Keynes-Plan bei den Bretton Woods-Verhandlungen vorgeschlagen und nicht akzeptiert wurde · Bancor
Bandarbeit · moving-belt production, production-line fabrication
Bandbreite · within a limit of
Banderole · revenue stamp
Bandfertigung, Bandstraße · assembly-line production
Bank für Internationalen Zahlungsausgleich, BIZ · Bank for International Settlements, BIS
Bankabhebung · withdrawal in cash
Bank-Beziehung bei hoher Bankwechselbereitschaft · relationship banking; Gegenteil: technology banking
Bankauskunft · banker's reference
Bankauszug, Kontoauszug · bank statement
Bankdarlehen, Darlehen einer Bank i.d.R. für eine feste Frist · bank loan
Bankeinlage · deposit
Bankeinlagen · bank deposits, bank account
Bankeinzug · payment by automatic debit transfer
Bankenkonsortium (Emission) · underwriting group
Bankensektor · banking sector
Bankgeheimnis · banker's duty of secrecy
Bankgeschäft bezeichnet die Tätigkeiten der Banken bei der Entgegennahme und Ausleihe von Geld · banking, banking business
Bankgeschäft, kundenorientiertes, auf einem Vertrauensverhältnis zwischen Bank und Kunden aufbauendes · relationship banking
Bankgeschäft: nur auf die einzelne Transaktion abstellende Kunde-Bank-Beziehung bei hoher Bankwechselbereitschaft · technology banking; Gegenteil: relationship banking
Bankgeschäfte außerhalb der nationalen Grenzen Bzw. der Währungsgesetzgebung eines Landes · offshore banking
Bankkonto · bank account
Bankkredit · bank loan
Banknote · bank-note, paper money, currency note
Banknoten, uneinlösliche, Währung · forced currency

Bankrott · bankruptcy
Bankrott, betrügerischer · fraudulent bankruptcy
Bankscheck · banker's draft (bankdraft)
Banküberweisung, Überweisungsauftrag · banker's order, standing order
Bankwesen · banking
Bardepot für Importe · import deposit in cash
Bargaining-Theorie Lohntheorie, die den Verhandlungsprozeß der Tarifpartner in den Vordergrund stellt · bargaining theory of wages
Bargeld · hard cash
Bargeld, Zentralbankgeld · cash, money proper, high-powered money
Bargeldautomat · cash dispenser, automatic teller
Bargelddeckungsrate (Bank) · cash ratio
Bargeldkasse · petty cash
bargeldloser Zahlungsverkehr · noncash payment system
Barrabatt · cash discount
Barren (Edelmetall) · ingot
Barrengold, Edelmetall in Barrenform · bullion
Barreserven · cash reserves
Barrückkauf (von Problemkrediten) · Cash-Buy-Bonds
Barscheck · open cheque
Barverkauf (zum Mitnehmen) · cash and carry
Barverkauf, Kassageschäft · cash transaction
Barwert · collection value
Barwertrechnung · discounted cash flow method
Barzahlung bei Auftragseingang · cash with order (cash w/o)
Barzahlung bei Lieferung · cash on delivery
Barzahlungspreis · cash price
Basis, monetäre → Geldbasis
Basiseinkommen(höhe), Y = C · break-even level of income
Basiseinkommenspunkt (Y = C), Gewinnschwelle · break-even point
Basisgüter (Sraffa) · basics
Basisindustrien · basic industries
Basisjahr (Index) · base year
Basislohn → Ecklohn
Basisvariable (Simplexmethode) · basic variable
Basiszeitraum (z.B. Index) · base period
Basiszyklus, konjunktureller Referenzzyklus · reference cycle
Baubeginn · housing start
Bauernhof, -gut · farmstead
Baugenossenschaft · mutual building association
Baugenossenschaft, Bausparkasse, Wohnbaufinanzierungsgesellschaft · building and loan association, savings and loan association (US), building society (GB)
Baugewerbe · construction industry
Bauhauptgewerbe · building industry proper
Bauhypothek · construction mortgage
Bauinvestitionen · structural investment, structures, expenditure on buildings
Baulandsteuer · land hoarding charge
Bausparen · saving through building societies
Bausparkasse → Baugenossenschaft
Beamtentum · officialdom
Beamter, öffentlicher Bediensteter · civil servant, public servant
Beamter, vereidigter · bonded official
Bearbeitungsgebühr · service charge
Bedarf · need
Bedarfs(-Güter des gehobenen) · conventional necessities
Bedarfsanalyse · demand analysis
Bedarfsdeckung · demand coverage
Bedarfsprinzip (jeder nach seinen Bedürfnissen) · distribution according to need
Bedarfsprognose · demand forecasting

Bedarfsstruktur · pattern of wants
Bedeutung · meaning(s)
Bedingung hinreichende · sufficient condition
Bedingung, notwendige und hinreichende · necessary and sufficient condition
Bedingungen, unter denen ein Gesellschaftsvertrag geschlossen wird · contractual situation
Bedürfnis · want, desire, need
Bedürfnisbefriedigung · (want) satisfaction
Bedürfniserregung (Werbung) · want creation
Bedürfniskoinzidenz · coincidence of wants
Bedürfnisse, begrenzte · limited wants, kollektives Bedürfnis · social want, meritorisches Bedürfnis · merit want, privates/individuelles Bedürfnis · private want
Bedürftigkeitsnachweis · means test, poverty test
Bedürftigkeitsprüfung · means-test
Befehlskette · chain of command
Befehlsstrecke (Länge der) Vorgesetzten-Untergebenen-Linie · superior/ subordinate continuum
Befehlswirtschaft · command planning system, command economy
Beförderung, Werbung · promotion
Befragtengruppe, Gremium, Ausschuß · panel
Befragung → Bevölkerungszählung
Befristete Transaktion (z. B. Pensionsgeschäft · reverse transaction
Begleichung · settlement (of accounts)
begrenzte Rationalität · bounded rationality
Begriff · concept, notion
Begriffsstreit → Definitionsstreit
Begünstigungen · privileges
Begünstigungsklausel · benefit clause
Behauptung, Aussage · proposition
Behörde · authority
Behörde, besteuernde · rating authority
Beirat · advisory board (advisory committee)
Beistandskredit zwischen Banken auf Gegenseitigkeit · stand-by-credit
Beiträge zur Sozialversicherung · National Insurance contribution
Beitrag · contribution
Beitrag, volkswirtschaftlicher · economic contribution
Beitragshöhe, Beitragssatz; Einlage · contribution rate
Beitragsklassen · classes of contribution
Beitragspflicht · liability for contributions
Beitrittsvertrag (EU) · accession treaty
Belastung i. S. von Auferlegen (von Steuern, Zöllen, etc.) · imposition
Belastungsanzeige · debit note
Belastungsfähigkeit (steuerliche) · taxable capacity
Beleg · voucher
Belegschaftsbeteiligung (am Unternehmen) · co-partnership
Belegschaftsvertreter · personal representative
Bemessungsgrundlage (steuerliche) · tax base, taxable base
Benutzergebühr für Straßen, Tunnel etc., Maut · toll
Benutzeroberfläche · user surface
Benutzerschnittstelle · user interface
Beobachtungsfehler · ascertainment error
Berater, externe · outside consultants
Berater, freiberufliche · freelance consultants
Berechnung, Rechenkalkulation · computation
Berechnungsverfahren, Art und Weise der Kalkulation · way of computing
Berechtigungs(über)prüfung · reassessment of elegibility

Berechtigungsschein (für den Bezug neuer Aktien) · stock warrant (USA)
Bereich (privater/öffentlicher) · private/public sector
Bereich, geistiger, Umfang, Sachgebiet · scope
Bereich, Umfang, Reichweite, · range
Bereitschaftskredit-Versicherung · stand-by arrangement
Bergbau · mining
Bergungsprämie (Havarie) · salvage
Bericht über die menschliche Entwicklung · Human Development Report
Bericht zur Lage der Nation (US) · State-of-the-Union-Message
Berichtigungsbuchung · adjusting entry
Berichtsjahr · year under review
Beruf, Beschäftigung · occupation, profession, vocation
Berufsausbildung · vocational training
Berufsberatung · vocational guidance
Berufsberatungsdienst · occupational guidance service
Berufsgewerkschaft · horizontal union, occupational union
Berufskleidung · career costume
Berufskrankheit · occupational disease
Berufsschule · vocational school
Berufsunfähigkeit · occupational disability
Berufsunfallversorgung · industrial injuries scheme/plan
Berufsverläufe, typische · career patterns
Berufswahl (freie) · right to work
Berufungsinstanz (der Welthandelsorganisation) · Appelate Body
Beschäftigte, abhängig · employees in employment (GB), wage and salary workers (US)
Beschäftigung (exportabhängige) einer Region · base/basic employment
Beschäftigung → Beruf
Beschäftigung, Anstellung, Tätigkeit · employment
Beschäftigungsgrad · activity level
Beschäftigungsniveau · employment level
Beschäftigungstheorie · theory of employment, theory of income determination
Beschäftigungsverhältnis · employment
Beschäftigungszustand · level of employment
Beschaffung, Einkauf · purchasing
Beschaffungsbindung · procurement tying
Beschlagnahme · seizure, confiscation
Beschlagnahmung, Einkommenspfändung · attachement
Beschleunigung der Geldvermehrung · acceleration of an increase in money supply
Beschränkte Haftung · limited (Ltd.) liabilities
Beschränkungen · constraints, restrictions
Beschwerdeverfahen · grievance procedure
Besetzungshäufigkeit · cell
besichert · backed
Besitz (juristisch) · possession
Besitzeinkommen · unearned income
Besitzer (juristisch) · possessor
Bestand an unfertigen Erzeugnissen · work-in-process inventory
Bestände · inventories
Bestandsgröße (z.B. Kapitalstock) · stock (item), stock variable
Bestandsgrößen-Ansatz (z.B. Kapitalstock) · stock concept
Bestandskonten · balance sheet accounts, permanent accounts
Bestandskonto · real account
Bestandsliste → Inventar
Bestandsrechnung, Bestandskonto · stock account
Bestandsüberprüfung im Einzelhandel · shop audit
Bestandsüberwachung · stock control
Bestechlichkeit · venality
Bestechung(sgeld) · graft (US)

Bestellmenge, optimale · economic order quantity (EOQ)
Besteuerung · taxation
Besteuerung (persönliche) · personal taxation
Besteuerung von Wohlfahrtstransfers · clawback
Besteuerung, direkte/indirekte · direct/ indirect taxation
Besteuerungs-Grundsätze · canons of taxation
Besthaupt, Erbstück für den Feudalherren · heriot, mainmorte; als Geldabgabe: tallage
Bestimmungsort, Ziel · destination
Beteiligung · participation
Beteiligung an Entscheidungen · participation in decision-making
Beteiligungen (Bilanzposten unter den Finanzanlagen) · trade investment
Beteiligungsbank · equity bank
Beteiligungsgesellschaft · associated company
Betrag (einbehaltener) · retention
Betrieb · establishment, shop; plant
Betrieb ohne Gewerkschaftsbindung · open shop
Betrieb(seinheit) · business unit
Betrieb, gewerkschaftspflichtiger · closed shop, union shop
betriebliche Ausbildung · in-plant training
Betriebsabrechnungsbogen (BAB) · expense distribution sheet
Betriebsanalyse · operation analysis
Betriebsausgaben · (current) business expense, revenue expenditure
Betriebsbuchhalter · cost accountant
Betriebseinrichtung · furniture, fixtures and equipment
Betriebsergebnis · operating result
Betriebsergebnisrechnung, ausführliche Gewinn- u. Verlustrechnung · operating statement
Betriebsfinanzierung · business finance
betriebsfremd · non-operational
Betriebsführung (systematische) · scientific management
Betriebsgewinn, Geschäftsgewinn · operating profit, operating surplus, trading profit (GB)
Betriebshierarchie · business hierarchy
Betriebskapazität · operating capacity, plant capacity
Betriebskapital · operating capital
Betriebsklima · working atmosphere
Betriebsklima, schlechtes (Distanz zwischen Management und Belegschaft) · low trust climate
Betriebskonto · trading account
Betriebskontrolle · internal check
Betriebskosten · operating expenses, operating costs, running costs
Betriebskostenkontrollsystem · imprest system
Betriebskredit · working capital loan
Betriebsminimum, Produktionsschwelle · shut-down point
Betriebsrat · workers/works council
Betriebsrenten (freiwillige), Pensionsleistungen des Arbeitgebers · noncontributory pensions
Betriebsrenten(-Vereinbarung) · occupational pension scheme
Betriebssicherheit · reliability of operation
Betriebsstätte · plant
Betriebsstörung, Panne, Maschinenausfall · breakdown
Betriebsübernahme durch außenstehendes Management · management-buy-in (MBI)
Betriebsübernahme durch Mitarbeiter · management-buy-out (MBO)
Betriebs- u. Geschäftsausstattung · fixtures and fittings
Betriebsunfall, Unfall am Arbeitsplatz · industrial accident
Betriebsvereinbarung · factory agreement, plant agreement, company agreement

Betriebsverfassungsgesetz · Labour Management Relation Act, Works Constitution Act, Law on Labour Relations a the Workplace
Betriebsvergleich · interfirm comparison, intercompany comparison (or interfirm comparison)
Betriebsverlust, Geschäftsverlust · operating loss
Betriebsvermögen · operating assets
Betriebsversammlung · employee meeting
Betriebsvorschlag für einen zur Ausführung beschlossenen Plan · operating budget
Betriebswirtschaftslehre · business administration
Betriebszugehörigkeit(sdauer) · employer tenure
Betriebszustand · working condition
Bevölkerungsdichte · population density
Bevölkerungsdruck · population pressure
Bevölkerungsexplosion · population explosion
Bevölkerungspotential · population potential
Bevölkerungsprognose · population projection
Bevölkerungsstatistik · demographic statistics, vital statistics
Bevölkerungsüberschuß · (population) overspill
Bevölkerungsüberschuß, relativer · relative surplus-population
Bevölkerungszählung, Zensus, Befragung · census
Bevölkerungszuwachs · increase in population
Bevölkerungszuwachs (natürlicher) einer bestimmten Periode · natural increase
Bevollmächtigung · commercial power of attorney
Bewässerung · irrigation
Bewegung auf einer Nachfragekurve · movement along a demand curve
Bewegungsbilanzen, Finanzflußrechnungen · funds statement
Bewegungskräfte (alle vom Menschen genutzten) → Antriebskraft
Bewegungsstudie (Arbeitswissenschaft) · motion study
Beweisermittlungsverfahren · pretrial discovery
Beweislast · burden of proof
Bewertung der einzelnen Posten · valuing of items
Bewertung nach Einkaufspreisen (Vorräte) · base stock method
Bewertungsfreiheit · free depreciation
Bewertungsfunktion, Zielfunktion · valuation function
Bewertungsgewinn · holding gain
Bewertungspolitik · valuing politics
Bewertungsskala · rating scale
Bewertungsstichtag · valuation date
Bewertungsverfahren · valuation method
Bewirtschaftung · cultivation (culture)
Bewirtschaftung(-smaßnahmen) naturale Produktionslenkung und Konsumrationierung · physical controls, rationing
Bezahlung, Leistungsentgelt · remuneration
Beziehung, Verhältnis · relationship
Bezirksleitung, Verwaltung am Ort · resident direction
Bezirksverwaltung einer Gewerkschaft, Ortsverwaltung · trades council
Bezogener · drawee
Bezugsrecht · stock right (US)
Bezugsrecht-Angebot an die Aktionäre eines Unternehmens · rights issue
Bezugsschein, Bezugsgenehmigung (Kriegswirtschaft) · purchase permit
Bietungshöchstbetrag · maximum bid limit

Bilanz · balance sheet, statement of condition (US)
Bilanz, konsolidierte · consolidated balance sheet
Bilanzanhang · notes to the financial statement
Bilanzgerade, Haushaltsgerade → Budgetgerade · budget line, consumption possibility curve, opportunity curve, price line
Bilanzkonsolidierung · consolidated policy
Bilanzrichtlinie · accounting directive
Bilateralismus · bilateralism
Bildungsinvestition · investment in human capital
Bildungsökonomie · economics of education, educational economics, economics of human capital
Bildungsurlaub · educational leave
Billigflagge · flag of convenience
Billigkeit, Gerechtigkeit · equity
Billigladen → Diskontladen
Bimetallismus · Bi-Metallism
Binärcode für Dezimalziffern · BCD-code (binary-coded decimal-code)
Binärsystem → Dualsystem
Binnenhandel · domestic commerce
Binnenkonjunktur · domestic activity
Binnenkonsum · domestic consumption
Binnenmarkt, Inlandsmarkt · domestic market, home market, internal market
Binnenwert (eines Landes, Betriebes) · internal value
Binominalverteilung · binomi(n)al distribution (Bernoulli distribution)
bit, kleinste Informationseinheit in der EDV · binary Digit
Blankoscheck · blank cheque
Blitzstreik · lightning strike
Blockade · blockade
Bodenrente, Landpacht-Zins · ground rent
Bodensatzarbeitslosigkeit → Restarbeitslosigkeit
Bodenschätze · natural resources
Bodenwertsteigerung (durch öffentliche Investitionen) · betterment
Bodenwertsteigerung ohne Leistung des Eigentümers · unearned increment (J. S. Mill)
Bodenwertzuwachssteuer · development gains tax
Börse · (stock) exchange, bourse
Börsenaufsicht(samt) · Security and Investment Board (GB)
Börsenaufsichtsbehörde · Securities and Exchange Commission (USA)
Börsenindex · market index
Börsenmakler mit Publikumskontakt · stockbroker
Börsenmakler ohne direkten Publikumskontakt · stock jobber
Börsenspekulation · stock jobbing
Börsenumsatzsteuer · stock transfer tax (USA), stamp duty (GB)
Börsenvorstand (London) · Council of the Stock Exchange
Börsenzulassung (Wertpapier) · quotation, admission of stocks to quotation
Bogenelastizität · arc elasticity
Bonität, Kreditwürdigkeit · credit rating
Boykott · boycott, blacking
Boykott, indirekter · secondary boycott
Branche · branch of business
Branche, Geschäftszweig · line of business, industry
Branche, schrumpfende · declining industry
Branchenebene · industry level, industrywide
Branchenkenntnisse · tricks of the trade
Brennpunkt, zentraler Punkt · focal point
Briefkasten-Firma, Scheinfirma · bubble company
Briefkurs · ask(ed) price
Bruch · fraction

Brutto-Abwicklungssystem · gross settlement system
Bruttoanlageinvestition · gross fixed capital formation
Bruttobetriebsgewinn · gross operating profit
Bruttodividende · gross dividend
Bruttoeinkommen · gross income
Bruttoeinnahmen · gross receipts
Bruttoertrag · gross yield
Bruttogewinn · gross profit
Bruttohandelsspanne · gross margin
Bruttoinländerprodukt · gross national income/product (GNP)
Bruttoinlandsinvestition · gross domestic investment, gross domestic capital formation
Bruttoinlandsprodukt · gross domestic product (GDP)
Bruttoinvestition · gross investment
Bruttomehrwertsteuer · output tax (GB)
Bruttonationalprodukt, nominelles · nominal gross national product
Bruttoproduktion → Gesamtausstoß
Bruttoproduktionswert · gross output, gross product
Bruttosozialprodukt, monetäres/reales · monetary/real gross national product
Bruttosozialprodukt, potentielles · potential gross national product/output
Bruttosozialprodukt zu konstanten Preisen · gross national product in constant prices
Bruttosozialprodukt zu laufenden Preisen · gross national product in current prices
Bruttoumsatz · gross sales
Buchführung · accounting
Buchführung, doppelte · double-entry bookkeeping
Buchführung, einfache · single-entry book keeping
Buchgeld → Giralgeld
Buchhaltung · accounting system
Buchhaltung i. S. der Organisationsstruktur · accounting department
Buchhaltungsbuch · ledger
Buchschuld · book debt
Buchübertragungssystem · book-entry system
Buchung, Eintragung · entry
Buchwert nach Abschreibung, wertberichtigter Wert · book value, written- down value
Buchwertabschreibung · diminishing/declining balance depreciation
Budgetausgleich, zyklischer · cyclical budgeting
Budgetgerade, Haushaltsgerade, Bilanzgerade, Einkommensgerade · budget line, budget constraint, opportunity curve, iso-expenditure line
Budgetgleichung, Haushaltsgleichung · budget equation
Budgetrestriktion · budget restriction
Budgetüberschuß · budget surplus
Budgetverhandlungen · budget talks
Bündnis (zeitweises) von Kongreßabgeordneten zur Durchsetzung von Gruppeninteressen · logrolling (colloq)
Bürge · sponsor
Bürgerinitiative · citizens' action group
Bürgschaft · surety
Bürgschaft in Form einer kumulativen Schuldübernahme · receivable suretyship
Büro-/Schreibpersonal · clerical workers, clerical staff
Büroangestellter, Bürokraft · office worker
Büroarbeit, Schreibarbeit · clerical work
Bürokratie · bureaucracy
Bürokratismus · officialism
Bummelstreik · go-slow; ~durch Krankmeldungen · sick out
Bundesanstalt für Arbeit · Federal Labour Office
Bundesbank (BRD) · Federal Bank

Bundesbehörde · Federal Agency
Bundeseinkommensteuer · Federal Income Tax (US)
Bundeshaushalt · federal budget
Bundeskartellamt (US) · Federal Trade Commission
Bundesrat · federal council
Bundesregierung · federal government
Bundesschatzbriefe · federal treasury bills
Bundesstaat → Föderation
Bundestag · federal diet
Bundesverband der britischen Industrie · Confederation of British Industries
Bundesverband der deutschen Industrie (BDI) · Federal Association of German Industry
„Butterberg" · butter mountain

C

ceteris paribus · other things being equal, other things remaining equal
Chancengleichheit · equity of opportunities
Chiffre, Code, Vorwahlnummer · code
Clearing, Verrechnung · clearance
Clearingbank · clearing bank
Clearinghaus · clearing house (centre)
Cliometrie (ökonometrische Wirtschaftsgeschichte) · cliometrics
closed-shop-Verbot, gesetzliches · right to work legislation (US)
Computer-Speicher · memory
Computersprache · computer language
computergestützte Systeme · computer-aided systems (design)
computerunterstützte Softwareherstellung · CASE = Computer Aided Software Engineering
Container, Behälter · container
Corner temporäres → Monopol
Cosinus · cosine

D

Dachorganisation · umbrella organization, holding
Darlehen · loan
Darlehenskonto · loan account
Darlehenssumme · principal
Darlehenszinsen · interest on loans
Darstellung, graphische · graphical representation
Daten, Angaben, Unterlagen · Data
Datenabruf von räumlich verteilten Speichern (EDV) · polling
Datenbank · data bank
Datenbasis · data base
Datenein- und Ausgabegerät (EDV) · terminal
Datenkranz · set of data
Datenspeicher · data files
Datensuche in Dateien, „Datenbergbau" · data mining
Datenverarbeitung, elektronische (EDV) · (electronic) data processing (EDP)
Datenverarbeitung, Installieren einer elektronischen · computing
Dauerarbeitslose i.S. nicht-vermittelbarer Erwerbspersonen (Bodensatzarbeitslosigkeit) · unemployable persons
Dauereinkommenshypothese · permanent income hypothesis
Debitor, Forderung, Schuldner · debtor
Deckelung, Decke, Obergrenze, Höchstgrenze · ceiling
Deckung (z. B. von Kosten, Risiko) · coverage
Deckung, Sicherheit · collateral
Deckungsbeitrag · variable gross margin
Deckungsbeitrag, Erfolgsbeitrag · contribution margin, profit contribution

Defacto-Anerkennung · de facto recognition
Definitionsbereich (math.) · domain
Definitionsgleichung · definitional equation
Definitionsstreit, Begriffsdisput · essentialist argument(s)
Definitiver Kauf/Verkauf · outright transaction
Defizit · deficit
Defizitpolitik, defizitäre Ausgabenpolitik der öffentlichen Hände · deficit financing, policy of deficit-spending, pump priming, compensatory finance
Deflation · deflation
deflationieren, i.S.v. eine Deflation herbeiführen · deflate
Deflationierung i.S. von Preisbereinigung monetärer Größen einer Zeitreihe · deflation
Deflationslücke, deflatorische Lücke · output gap, deflationary gap
Deflator, Deflationierungsfaktor · deflator
Deflator für die Preisbereinigung des Bruttoinländerprodukts · gross national product deflator
Delegierter, Vertreter · delegate
Delkredererückstellung · contingency reserve
Demagogie · demagogy
Dematerialisierung · dematerialisation
Demonetisierung (Gold), Aufhebung der Geldeigenschaft · demonetisation
Demonstrationseffekt · demonstration effect
Demonstrationskonsum · conspicuous consumption
Depositen, abgeleitete · derived deposits
Depositen, ursprüngliche · primary deposits
Depositenbank (private) · clearing bank, commercial bank, joint stock bank
Depotbank · custodian
Depotverwahrung · custody
Depression, längerfristige Konjunkturflaute · depression, slump
Deputatlohn → Naturallohnsystem
Dequalifikation (durch technische und organisatorische Änderungen), Rückstufung eines Arbeitsplatzes · dilution
Dequalifikation der Arbeitskräfte (Marx) · de-skilling
Deregulation · deregulation
Derivate; früher von einem Basisgeschäft abgeleitete Termingeschäfte, heute auch ohne diese stattfindende spekulative Finanzinstrumente (Optionen, Swaps, Futures) · derivates
Desinvestition · negative investment, disinvestment
Detailstruktur · detail structure
Determinante · determinant
Determinationskoeffizient · coefficient of determination
Deutscher Bund (1815-66) · Germanic Confederation
Deutscher Gewerkschaftsbund (DGB) · German Trade Union Congress
Devisen · foreign currency, foreign exchange
Devisenausgleichsfonds → Währungsfonds
Devisenausländer, Gebietsfremder · non resident
Devisenbewirtschaftung · exchange control
Devisenbringer · bringer/earner of foreign exchange/currency
Devisenbringer, exportfähige Produkte · hardgoods
Deviseneinkommen · foreign exchange income
Deviseneinnahmen · foreign exchange receipts/earnings
Devisenillusion · foreign exchange illusion
Devisenkonto · foreign currency account

Devisenkontrolle · exchange control, exchange restrictions
Devisenmarkt · foreign exchange market
Devisenpolster, -reserven · international financial reserves
Devisenreserven · foreign exchange reserves
Devisenschmuggel · currency smuggling
Devisenswap · foreign exchange swap
Devisenterminkurs → Termingeld
Devisen-Terminmarkt · forward exchange market
Devisentransaktionen i.S. der Variation der Devisenreservehaltung im Außenhandelsgeschäft, um Kursänderungen auszunutzen · leads and lags
Devisenvorzugskurs · premium exchange rate
Dezentralisation · decentralization
Diagramm, Tabelle · chart
Dienst nach Vorschrift, Bummelstreik · work to rule
Dienstleistung, nicht faktorabhängige, z.B. Finanzdienstleistung · nonfactor services
Dienstleistungen · services
Dienstleistungsbilanz (unsichtbare Ein- und Ausfuhr) · invisible balance, invisibles
Dienstleistungsgewerbe, Dienstleistungsindustrien · service industries
Dienstleistungssektor · services sector, tertiary sector
Dienstverpflichtung (Arbeits-) · industrial conscription
Dienstweg · official channel
Differential- und Integralrechnung · method of fluxions
Differentialeinkommen, dynamisches · windfall gains
Differentialquotient · differential coefficient, derivative
Differentialrechnung · differential calculus
Differentialrente i.e.S · differential rent
Differentialrente: generell jener Rentenanteil eines Faktoreinkommens, der aufgrund relativer Seltenheit zustandekommt (z.B. Differenz zwischen dem Einkommen eines Herzspezialisten und dem Durchschnitteinkommen der Internisten) · economic rent
Diffusion · diffusion
Diffusionsindex · diffusion index
Diffusionstheorie (Steuerüberwälzung) · diffusion theory of taxation
Digitalrechner · digital computer
Diktatur des Proletariats · dictatorship of the proletariat
Direktaufwandmatrix · direct-requirement matrix
Direktinvestitionen (Kapitalexport) · direct investment, → Auslandsinvestitionen
Direktleitung (EDV) · online (on- line)
Direktor, geschäftsführender · managing director
Direktorium, Vorstand · board of directors
Direktverkauf · personal selling
Disaggregierung, disaggregierte Rechnung · deconsolidated accounts
Disagio · discount
Discount-Laden, Billigladen · discount house
Diskont- und Lombardkredite · discounts and advances
Diskontgebühr · discount charge
Diskontierung · discounting
Diskontierungssatz, gesellschaftlicher · social discount rate
Diskontpolitik · bank rate policy, discount rate policy
Diskontsatz → Zentralbankzins · discount rate, bank rate
Diskretionäre Maßnahmen/Wirtschaftspolitik · discretionary measures/economic policy

Diskretionärer Stabilisator, wirtschaftspolitische ad-hoc Maßnahme · discretionary stabiliser
Diskriminierung, Herabsetzung, Herabwürdigung · discrimination
Dispositionsdepot · operational safe custody account
Distributionsstufe (Absatzlehre) · stage of distribution
Divergenz · divergence
Diversifikation, Diversifizierung · diversification
Diversifizierung in höhere/niedrigere Preis- bzw. Qualitätsklasse · trading up/down
Dividende · dividend
Dividende, ausgeschüttete · cash dividends paid
Dividenden Stripping – Verkauf von Wertpapieren kurz vor Dividendenfälligkeit und Rückkauf nach Dividendenzahlung · diff swaps
Dividendenbegrenzung (staatliche) · dividend limitation
Dividendenpapiere · equities
Dividendenschein, Gewinnanteilschein · dividend warrant
Divisionalisierung · divisionalisation
Dogmengeschichte Geschichte der wirtschaftswissenschaftlichen Lehrmeinungen · history of economic thought/theory, history of political economy
Dollarblock · dollar area
Dollarlücke · dollar gap
Dollarparität · dollar parity
Dollarüberfluß · dollar abundance
Domäne, Herrschaftsbereich · domain
Doppelbesteuerung · double taxation
Doppelbesteuerungsabkommen · double taxation agreement
Doppelcharakter (der Waren) · dual character (of commodities)
Doppelcharakter der Arbeit · twofold character of labour
Doppelte Buchhaltung · double-entry bookkeeping
Doppeltes Zusammentreffen (Naturaltausch) · double coincidence
Doppelverdiener-Haushalt · two-earner family
Doppelwährung · dual standard
Doppelzählungen · double counting
Dreiecksgeschäft i.S. eines Umwegs über ein Drittland bei Außenhandelsgeschäften aus devisenwirtschaftlichen Gründen · switching
Dreischichtensystem · three-shift system
Dreisektoren-Wirtschaft · three-sector economy
Drosselung · slowing down
Duale Wirtschaft · dual economy
Dualistische Entwicklung · dualistic development
Dualproblem · dual problem
Dualsystem · dual system
Dummyvariable, Hilfsvariable · dummy variable
Dumpingeffekte durch Verarbeitung von Vormaterialien, die zu Dumpingpreisen bezogen werden · downstream dumping
Duopol · duopoly
Duplikat, Zweitschrift · duplicate
Durchflußmenge pro Zeiteinheit · throughput
Durchflußwirtschaft, Wiederverwendung von Rohstoffen durch Recycling · throughput economy
Durchführung → Ausführung
Durchführungsrichtlinien (z.B. Kreditkonditionen) · performance criteria
Durchsatz · throughput
Durchschlag, (eines Briefes etc.) · carbon
Durchschnitt, bestimmter · particular average
Durchschnitt, gleitender · moving average
Durchschnittsbesteuerung · income averaging

Durchschnittseinkommen, Prokopfeinkommen · per capita income
Durchschnittserfüllung (bei Mindestreserven) · averaging provision
Durchschnittserlös · average revenue
Durchschnittsertrag · average product
Durchschnittskosten, langfristige/kurzfristige · long-run/short-run average costs
(Durchschnitts-)Produktivität eines Faktors · average productivity
Durchwursteln → Politik des D.
Durchwursteln → Politik des ~
Dynamik · dynamics

E

Echo-Effekt (der Ersatzinvestitionen) · echo-phenomenon (of replacement investment)
Echtzeit · real time
Eckdaten · basic data
Ecklohn · basic wage
Eckwert · benchmark, reference value/figure
Eckzins, Sollzinsfuß für erste Adressen, Primärrate · prime rate (US), base rate (GB)
Edelmetall in Barrenform → Barrengold
EDV-Geräte · hardware
Effekt, kurzfristiger · near-term effect
Effekten · negotiable instruments
Effektenverwaltung · custodianship
Effektivlohn · actual earnings
Effektivrendite, Dividende bezogen auf den Marktpreis einer Aktie · dividend yield
Effektivzins eines Wertpapiers bzw. ertragbringenden Aktivums · current yield
Effizienz · efficiency
Effizienzkennziffern (z.B. Kapazitätsauslastung, Lagerumsatz) · operating ratios
Ehernes Lohngesetz · iron law of wages
Eigenfabrikat, eigenes Erzeugnis · (our) own make
Eigenfertigung oder Kauf (Entscheidung) · make-or-buy (decision)
Eigenfinanzierung · equity financing
Eigenkapital · shareholders' equity, own capital, equity capital
Eigenkapital, über das die Hauptversammlung verfügen kann · disposable capital
Eigenkapitalrentabilität (Potential-) Meßziffer für investiertes Kapital (Quotient zwischen Netto-Einkommen und Nettovermögen) · return on equity ratio
Eigenschaft, nicht-quantifizierbare (z.B. Geschlecht) · attribute
Eigentum (juristisch) · ownership
Eigentum, Eigentumsrecht, Titel, Vermögen, Vermögensgegenstand · property
Eigentum, öffentliches · public ownership
Eigentümer (juristisch) · owner
Eigentümeranteil (-anspruch) am Nettovermögen · owners' (owner's) equity
Eigentümer- bzw. Familienunternehmen · ownership and management
Eigentümer-Unternehmer · entrepreneur
Eigentümer-Unternehmer-Firma (Kleinbetriebe) · sole proprietorship, sole trader
Eigentumsaufgabe (z.B. an einem Wrack) · abandonment
Eigentumsinteresse, persönliches Interesse, althergebrachte Ansprüche · vested interest
Eigentumsrecht → Eigentum
Eigentumsrecht · legal title
Eigentumsrechte (auch an Umwelt) · property rights
Eigentumsübergang · transfer of ownership

Eigentumsübertragung · conveyancing
Eigentumsverhältnisse · ownership structure
Eigentumsvorbehalt · reservation of ownership
Eigentumsvorbehalt, Pfandrecht · lien
Eigentumswohnung · condominium
Eigenverbrauch · in-house consumption; self-supply
Eigenversorgung · self-sufficiency
Eigenwechsel · promissory note
Eignung, berufliche · occupational competence
Eignung, fachliche · professional qualification
Eignungstest · aptitude test
Einfachregression · simple regression
Einfuhr und Ausfuhr, unsichtbare → Dienstleistungsbilanz
Einfuhr- und Vorratsstellen für landwirtschaftliche Erzeugnisse · intervention boards for agricultural produce
Einfuhrabgaben · import duties
Einfuhrabschöpfungen · import levies
Einfuhrbeschränkungen · import restrictions
Einfuhrquote, Importkontingent · import quota
Einführungswerbung · novelty advertising
Einfuhrzölle · import tariffs
Einfuhrzusatzabgaben · import surcharge
Eingriff der Regierung · government intervention
Einhegung (von Gemeindeland) · enclosure
Einheit und Kampf der Gegensätze · unity and struggle of opposites
Einheitsgewerkschaft, Industriegewerkschaft · industrial union
Einheitskontenrahmen, normiertes Kontensystem · uniform system of accounts (USA)
Einheitsmatrix · identity matrix
Einheitssteuer · flat tax
Einheitssteuersatz, Einheitssatz · standard rate
Einheitsvektor · unit vector
Einheitswert (Grundstück) · rateable value (of premises)
Einkauf, zentraler · centralized purchasing
Einkäufer (Beschaffungswesen) · purchasing officer
Einkaufsabteilung · contracting department
Einkaufspreis · purchase price
Einkaufspreis (des Einzelhandels), Großhandelspreis · trade price
Einkaufsverhalten · buying (purchasing) behaviour
Einkommen · earnings, income
Einkommen aus allen Quellen · income from all sources
Einkommen aus selbständiger und unselbständiger Arbeit · income from self-employment and employment
Einkommen aus Unternehmertätigkeit und Vermögen · entrepreneurial and property income
Einkommen aus Vermögen und Besitz · proprietors' income
Einkommen, dauerhaftes, permanentes · permanent income
Einkommen, disponibles · discretionary income
Einkommen, exportabhängige, einer Region · basic income
Einkommen, fiktives (z.B. aus einer eigengenutzten Eigentumswohnung) · notional income
Einkommen, kontraktbestimmtes · contractual income, fixed claims
Einkommen, pensionsanrechnungsfähiges · pensionable earnings
Einkommen, persönliches · personal income
Einkommen, steuerbefreites (z.B. Arbeitslosenunterstützung) · nontaxable income

Einkommen, tatsächliches (ex-post) (Konsumtheorie) · measured income
Einkommen, transitorisches · (= aktuelles Einkommen abzüglich des permanenten Einkommens) · transitory income
Einkommen, verfügbares · disposable income
Einkommen, zu versteuerndes · taxable income
Einkommensbezieher · recipient of income
Einkommensdunkelziffer → Einkommenslücke, statistische
Einkommenseffekt einer Preisänderung · income effect
Einkommenselastizität der Nachfrage · income elasticity of demand
Einkommenserhöhung · income rise
Einkommensfeststellung, Ermitteln des zu versteuernden · computation of taxable income
Einkommensgerade → Budgetlinie · opportunity curve
Einkommensgruppe, unterste · residuum
Einkommensgruppen, mittlere · medium income groups
Einkommenshypothese, relative · relative income hypothesis
Einkommensklasse, -stufe · income bracket
Einkommenskreislauf · circular flow of income
Einkommenslücke, statistische; nicht erfaßte Faktoreinkommen (z.B. Schwarzarbeit) · missing factor income
Einkommensmodell, (Keynes') makroökonomisches · income-expenditure model
Einkommenspfändung → Beschlagnahmung
Einkommens-Normen für Löhne und Gehälter · pay code
Einkommenspolitik durch Steuervariationen, die sich nach Lohn- und Preispolitik der Unternehmen richten · tax based incomes policy (TIP), incomes policy
Einkommensrestriktion · income constraint
Einkommensschicht, -gruppe, -klasse · income bracket
Einkommensteuer · income tax
Einkommensteuer, negative (M. Friedman) · negative income tax, tax-credit system, reverse income tax
Einkommensteuereinheit (Bezeichnung des Einkommensteuerzahlers, z.B. gemeinsam veranlagte Ehepaare etc.) · income unit
Einkommensteuer-Erklärung · income tax return
Einkommensteuererleichterung · income tax relief
Einkommensteuerklasse nach Einkommensarten · (tax) schedules (GB)
Einkommensteuerpflicht · income tax obligation
Einkommensteuer-Stufe · income tax bracket
Einkommensteuerverwaltung (britische) · inland revenue
Einkommenssubvention · income subsidy
Einkommenstheorie, makrökonomische · theory of income determination
Einkommenstransfers, garantiepreisbezogene (Agrarpolitik) · deficiency payments
Einkommensübertragung · transfer payments
Einkommensverteilung · income distribution
Einkommensverteilung grössenmässige Darstellung der personellen (unter Berücksichtigung der Querverteilung) · size distribution of income
Einkommensverteilung, funktionale · distributive shares, functional distribution

Einkommensverteilung, personale/personelle · personal distribution of income
Einkommensverzicht zugunsten der Freizeitpräferenz · downshifting
Einkommenszahlungen · income payments
Einkommenszuschuß → Verlustausgleichssubvention
Einkreisung · encirclement
Einkunftsart · schedule of income
Einkunftsarten · classes of income
Einkunftstabelle · income schedule
Einlagen auf Kontokorrentkonten · current account deposits
Einlagen, öffentliche, Zentralbankguthaben der öffentlichen Hände · public deposits
Einlagen/Verbindlichkeiten, mindestreservepflichtige · eligible liabilities
Einlagenfazilität · deposit facility
Einlagenschein für Termingelder (in USA üblich) · Certificate of Deposits (CD)
Einlagenzertifikate · certificates of deposit
Einlageverpflichtung · deposit liability
Einliniensystem · straight line organization
Einlösbarkeit · redeemability, convertibility
Einlösung → Auslösung
Ein-Mann-Firma · sole proprietor
Einnahmen · receipts, revenue, takings
Einnahmequelle · source of revenue
Einphasensteuer · one-stage tax
Einphasenumsatzsteuer · single-stage turnover tax
Ein-Produkt-Fall · single-product-system
Einrichtungen, Vorrichtungen · facilities
Einsatz(menge) · input
Einsatz-Ausstoß-Analyse · input- output analysis
Einsatzbesprechung, Anweisung · briefing
Einschätzung · assessment
Einschluß · trading margin
Einsektorenmodell · one-sector model
einsparen · economize
Einstandspreis · cost price
Einstellungsquote (bei Neueinstellungen) · accession rate
Einstellungsstopp · hiring freeze
Einsteuer (Physiokraten), Alleinsteuer · single tax, impôt unique
Einstufung nach Leistung · merit rating
Eintragung → Buchung
Einwanderung → Immigration
Einweggüter, Wegwerfprodukte · disposable goods
Einzelanfertigung · custom-built
Einzelhandel · retail trade
Einzelhandelskette · multiple unit retailing organisation
Einzelhandelspreis · retail price
Einzelhandelspreisindex, Verbraucherpreisindex · retail price index, index of retail prices
Einzelhandelsumsatz · retail sales
Einzel-, Auftragskalkulation · job costing
Einzelkaufmann · sale trader
Einzelkosten, variable Kosten · direct cost
Einzelposten (auf einer Liste, Tagesordnung, in einer Menge von Sachen) · item
Einzelunterstellung → Alleinzuständigkeit (Organisation)
Einzelvertrag · individual contract
Einzugsgebiet (eines Geschäfts) · hinterland
Eklektizismus · eclecticism
Elastizität · elasticity, Elastizität vom Wert eins · unitary/unit elasticity, vollkommene/unendliche Elastizität · perfect elasticity, Bogenelastizität · arc elasticity, Punktelastizität · point elasticity, Substitutionselastizität · elasticity of substitution

Elastizitätstheorie (Zahlungsbilanz) · elasticity approach
Elektronik · electronics
Element einer mathem. Menge · member (of set)
Element, Bestandteil · element
Elementzuordnung (Mengenlehre) · mapping
Elend, bitterste Not · destitution
Embargo, Nachrichtensperre · embargo
Emissionsagio · share premium
Emissionsbedingungen · offering terms
Emmissionskurs · issued price
Emissionssteuer · Effluent Charge
Emissionsverbund · bubble policy
Emittent · issuer
Empfänger von Waren · consignee
Empfängerland · donee country, recipient country
Encyclica · encyclical, encyclic
Endbestand (Lager) · final inventory
Endgehalt · final salary
endgültig · final
Endgültige Erfüllung · final settlement
Endgültige Übertragung · final transfer
Endnachfrage · final demand
Endnachfrage, inländische · absorption
Endnachfragestruktur · final consumption pattern, pattern of final consumption
Endprodukt · end product
Endprodukte · final goods
Endsumme · total, grand total
Endverbraucher · ultimate consumer, final consumer, end consumer (US), end user
Endverbrauchsgüter → Finalgüter
Energielücke · energy gap
Energiesektor, -industrie · power industry
Energieträger · source of energy/power
Energieversorgungswirtschaft · power supply industries
Engpaß · bottleneck
Engpaßfaktor i.S. der Hauptrestriktionsgröße für die Entwicklung eines Unternehmens (z.B. Absatz) · principal budget factor
Entartung · degeneracy
Enteignung · dispossession, expropriation
Enteignungsrecht, staatliches · eminent domain
Entflechtung von Konzernen · trust busting
Entfremdung · alienation
Entgelt · remuneration
Enthaltung bei einer Abstimmung · abstention
Enthorten · dishoarding
Entlassung · quit, redundancy, discharge, dismissal
Entlassung, zeitweilige (Wegen streikbedingter Unterbrechung der Vorproduktlieferungen) · lay-off
Entlastungsgebiete · overspill areas
Entlohnungssystem, leistungsbezogenes → Anreizsystem
Entrepreneur, Unternehmer · entrepreneur
Entschädigung · reimbursement
Entschädigung, Belohnung · recompense
Entschädigungszahlungen an Arbeiter · workmen's compensation payments
Entscheidungs-, Wahlhandlungstheorie · choice-theory
Entscheidungsbaum · logical tree, decision tree
Entscheidungsbaum (mit Wahrscheinlichkeiten) · decision tree
Entscheidungsbaumverfahren (spezielles) · branch and bound technique
Entscheidungsdiagramm · decision tree
Entscheidungsfindung · decision-making

Entscheidungsfindungseinheiten · Decision-Making-Units
Entscheidungshierarchie · hierarchy of authority
Entscheidungsinstanz, funktionaler Entscheidungsträger · decision-making unit
Entscheidungsknoten · decision node
Entscheidungsmodell · decision model
Entscheidungsprozeß · decision-making-process
Entscheidungsregeln · decision rules
Entscheidungssituation · decision situation
Entscheidungsstruktur, dezentrale, Marktsteuerung, freie Marktwirtschaft · decentralized decision taking
Entscheidungssubjekt, personaler Entscheidungsträger · decision maker
Entscheidungstabelle, Technik · decision-table technique
entscheidungstheoretisch · choice-theoretic
Entscheidungstheorie · decision theory
Entscheidungsträger · decision maker
Entscheidungsträger, funktionaler → Entscheidungsinstanz
Entsorgung → Abfallbeseitigung
Entsorgung · disposal
Entsozialisierung → Reprivatisierung
Entsparen · dissaving
Entsparen i.S. von Kapitalverzehr zugunsten des Konsums · capital consumption
Entstehungsrechnung · production approach
Entvölkerung → Abwanderung
Entwicklung · development, induzierte Entwicklung · induced development, wirtschaftliche Entwicklung · economic development
Entwicklungshilfe · foreign aid for economic development, foreign aid, aid
(Entwicklungs-)Hilfe, gebundene · tied aid
Entwicklungshilfe, Summe aus privater und öffentlicher · composite flow
Entwicklungshilfe-Bindung · aid-tying
Entwicklungshilfe-Empfänger (neue Bezeichnung für Entwicklungsländer) · aid recipients
Entwicklungsindustrie (Schutzbedürftige) Industrie, vor allem in Entwicklungsländern · infant industry
Entwicklungsland, unterentwickeltes Land · developing country, less developped country, backward country, underdevelopped country
Entwicklungsplanung · development(al) planning
Entwicklungsvoraussetzungen · prerequisites for development
Entzerrungsfaktor · equalizer
Entzug, Stillegung, Abhebung, (autonome) Kontraktionsgröße · withdrawal
Enumeration → Aufzählung
Equimarginalprinzip · equi-marginal principle
Erbbaurecht → Erbpacht
Erbfolge · succession
Erbpacht, Erbbaurecht · leasehold
Erbschaftssteuer · death tax, estate duty, inheritance tax, transfer tax (USA), death duty
Erfindergeist · ingenuity
Erfolgsbeitrag → Deckungsbeitrag
Erfolgsbereich eines Unternehmens · profit center
Erfolgsfaktoren · factors of performance
Erfolgskonten · profit-and-loss accounts
Erfolgskonto · nominal account
Erfolgskontrolle, innerbetriebliche (Oberbegriff zu → internal audit und → internal check) · internal control
Erfolgskriterium · success criterion
Erfüllungsrisiko · settlement risk
Ergänzungs-(Regeln) · supplementary (rules)

Ergänzungsprogramm · supplementary programme
Ergebnispotenzierung · synergy
Ergonomie, Arbeitswissenschaft · ergonomics
Erhebungskosten, (Steuer-) · collection costs, costs of collecting revenue, cost of collection
Erholung · recreation, recovery
Erholung, konjunkturelle · recovery of the economy, recovery of business activity
Erinnerungswerbung · follow-up advertizing
Erkenntnisobjekt · object of knowledge
Erkennungs-Lag · recognition lag
Erlös, Umsatz · revenue, turnover
Ermächtigung der Geschlechter, Maß der · Gender Empowerment Index
Ermüdung (Arbeitswissenschaft) · fatigue
Eröffnungsbilanz · opening balance sheet
Eröffnungsinventur → Anfangsinventur
Eröffnungspreise (Börse) · opening prices
Erprobung eines Produkts auf dem Markt · test marketing
Ersatz · replacement
Ersatzbedarf → Ersatznachfrage
Ersatzinvestition, Reinvestition · replacement investment
Ersatznachfrage, Ersatzbedarf · replacement demand
Ersatztheorie · replacement theory
Erscheinungsbild → Image
Erschöpfung natürlicher Ressourcen · depletion
Ersparnis(se) · savings
Ersparnis, freiwillige (erwünschte) · desired savings
Ersparnis, gesamtwirtschaftliche, Sparquote · saving proportion
Erstattung · refund, repayment, reimbursement
Erträge → Erlös, monetärer · pecuniary returns
Erträge, abnehmende · decreasing returns
Ertrag, außerordentlicher · sundry revenue
Ertrag, realer · product, return
Ertrags-Einkommens-Lag · output-income lag
Ertragsergebnis · earning yield
Ertragsgebirge · physical production surface
Ertragsgesetz i.e.S · law of diminishing returns
Ertragsgesetz i.w.S · law of variable proportions, law of non-proportional returns
Ertragsgesetzschwelle Schnittpunkt der Grenz- und Durchschnittsertragskurve; Wendepunkt der Gesamtertragskurve · extensive margin
Ertragskoeffizient(en), -quoten · income ratio(s)
Ertrags-Kosten-Verhältnis, Produktivität(skennziffer) · cost ratio
Ertragskraft · earning power
Ertragskurve · productivity curve
Ertragswert eines Aktivums · capitalized value
Erwartung, adaptive · adaptive expectation
Erwartung, rationale · rational expectation
Erwartungen · expectations
Erwartungen, übertriebene · exaggerated expectations
Erwartungsanpassung · adaptive expectation
Erwartungsgröße, Planungsgröße · anticipation term, anticipatory data
Erwartungswert (Statistik) · expected value
Erweiterungsinvestition, Anlagenerweiterung · capital widening
Erwerb, Ankauf · acquisition
Erwerbsbevölkerung · working population (GB)

Erwerbsgesellschaft · acquisitive society
Erwerbskapital · acquisitive capital
Erwerbsperson · working person
Erwerbspersonen · working population (GB), labor force (US)
Erwerbsquote · active population, activity rate, labour force, participation rate
Erwerbstätige · gainfully active population, gainfully occupied persons, employed labour force (GB), total employed persons (US)
Erwerbstätigkeit · gainful occupation
Erzeugerpreisindex · producer price index
Erzeugnis · product
Erzeugnis i.S. natürlich gewachsener Produkte · produce
Erzeugnis, eigenes → Eigenfabrikat
Erziehungszoll-Argument · infant industry argument
Erzlager · ore deposit
Essensmarken (für Belegschaftsangehörige) · luncheon vouchers
Ethik · ethics
Etikett, Aufkleber, Zettel · label
Eulersches Theorem, Additionstheorem · adding-up theorem
Euromarkt-Finanzwechsel (Kurzläufer) · euro-commercial papers
Europäische Atomgemeinschaft (Euratom) · European Atomic Energy Community
Europäische Gemeinschaft für Kohle und Stahl, Montanunion · European Coal and Steel Community
Europäische Rechnungseinheit (ERE) · European Unit of Account
Europäische Währungseinheit (EWE) · European Currency Unit (ECU)
Europäische Währungsunion · European Monetary Union
Europäische Wirtschaftsgemeinschaft (EWG) · European Economic Community (EEC)
Europäischer Wirtschaftsraum (EWR-Länder) · Economic European Area (EEA)
Europäisches Währungsinstitut (EWI, Frankfurt/M) · European Monetary Institute (EMI)
Europäisches Währungssystem (EWS) · European Monetary System (EMS)
Euro-Währungsraum · euro area
Eurozinsmethode (act/360) · actual/360
Evolution · evolution
Existenzmindestlohn · living wage
Existenzminimum · subsistence level
Exklusionsprinzip → Ausschlußprinzip
Expansion, wirtschaftliche · economic expansion
Expansionspfad, Skalenlinie, Niveaulinie · expansion path, extension path, scale line
Exportanreize, verbraucherbezogene → Exportbegünstigungen · industrial targeting
Exportbasis (einer Region) · base, economic base, export base
Exportbasisanalyse, regionale · base analysis
Exportbasisanteil an der regionalen Wertschöpfung · base component
Exportbasisindustrie · basic industry
Exportbasiskoeffizient, regionaler · economic base ratio, export base ratio
Exportbasissektor · basic sector
Exportbasistheorie · base theory, export base theory
Exportbasisuntersuchung einer Stadt · urban(export)base studies
Exportbegünstigungen (z.B. durch Subventionen, Kredite, Steuerpräferenzen) · export incentives
Exporte, sichtbare und unsichtbare · visible and invisible exports
Exporteur · exporter
Exportfähigkeit · exportability
Exportförderung · export promotion
Exportgüterstruktur · commodity pattern

Exportmultiplikator · export multiplier, foreign trade multiplier
Exportneigung, Exportquote · propensity to export
Exportprämie → Produktionsprämie
Exportproduktion, regionale · base activity
Exportquote, durchschnittliche/marginale · average/marginal propensity to export
Exportquote, Exportanteil · export content
Exportrückvergütung, Nachteil · drawback
Exportsteuer · border tax
Exportüberschuß, (positiver) Außenbeitrag · export surplus
Exportvergütung · export refund
ex post-Prüfung · posttest
Externalität, negative · detriment
Externalitäten → externe Effekte · externalities, neighbourhood effects
Externe Effekte · spill-over (effects), external effects, externalities; Effekte, monetäre externe · pecuniary spill-overs; Effekte, positive externe · external benefits, external economies, social benefits
Extrapolation · extrapolation

F

Fabrik, Fabrikanlage · factory
Fabrikant · manufacturer, operator (of a firm)
Fabrikarbeiter · manufacturing worker, factory workman, factory hand
Fabrikarbeiterin · factory girl
Fabrikgesetze · factory acts
Fabrikgesetzgebung · factory legislation
Fabriksystem · factory system
Fabriksystem, frühkapitalistisches → Ausbeutungssystem
Fabrikverkaufsstelle (Direktverkauf zu Herstellerpreisen) · factory-outlet
Facharbeiter · skilled worker
Facharbeiter, hochqualifizierter, Arbeiter für Spezialaufgaben · key worker
Facharbeiterbrief · craft certificate
Fachbegriff · technical term
Fachberufe · skilled trades
Fachgeschäft · one-line business
Fachgewerkschaft · craft union
Fachpersonal · skilled staff
Fachpersonalmangel · shortage of skilled workers
Fachverband · trade association
Fälligkeit(stermin) · maturity
Fälligkeiten · payables
Fälligkeitstag · maturity date
Fälschung, Verschnitt · adulteration, forgery
Fahrlässigkeit, Unachtsamkeit · negligence
Fahrpreis, Fahrgeld · fare
Fakten, stilisierte · stylized facts
Faktorausstattung eines Landes · factor endowment
Faktoreinkommen → Faktorpreise
Faktorintensität · factor intensity
Faktor-Intensitätskriterium · factor-intensity criterion
Faktorkostentheorie des Wertes (J. S. Mill) · full cost theory of value
Faktorleistungen, Produktivleistungen · productive services
Faktormärkte · factor markets, resource markets
Faktormobilität · factor mobility
Faktorpreis-Ausgleichs-Theorem · factor price equalisation-theorem
Faktorpreise, Faktoreinkommen · factor payments
Faktorverschiebungen, -wanderungen · factor movements
Fallmethode · case method
Fallstudie: Beispiel; Illustration; Tiefenstudie zur Generierung von Hypothesen · case study
Falschgeld · counterfeit money
Falschmünzen · base coins, counterfeit coins

Falsifikation, Widerlegung · falsification
Familienangehörige, mithelfende · family workers, family helpers
Familienbeihilfe · family allowance
Familienunternehmen → Eigentümer-, Unternehmer-Firma
faux frais, unproduktive Kosten (Marx) · incidental expenses of production
Fazilitäten → IWF
Fehlanpassung · maladjustment
Fehlbedarf · shortage
Fehler · fault, mistake
Fehler, ausgleichsfähiger · compensating error
Fehler beseitigen · debug
Fehler, statistischer · error
Fehlerbehebung in EDV-Programmen · debugging
Fehlergrenze, -bereich · margin of error
Fehlinvestition, Fehlleitung, Fehllenkung · misallocation
Fehlquote (Personal) → Abwesenheitsquote
Fehlschluß → Trugschluß
Fehlverteilung, schlechte Verteilung · maldistribution
Feilschen · higgling, haggling
Feingehalt · fineness
Feingehaltsprüfung · assay
Feingehaltsstempel · hall-mark, assaymark
Feinsteuerung (Wirtschaftspolitik) · fine-tuning
Felduntersuchung · field research
Fernmeldewesen · telecommunications
Fernzahlung · remote payment
Fernzugang · remote access
Fertigbauweise, vorfabrizierte Wohnungseinheiten · modular housing (system)
Fertigerzeugnisse · finished goods/products
Fertiggericht · convenience-food
Fertigungsgemeinkosten · production overheads
Fertigungskontrolle, laufende · control engineering
Fertigungskosten · assembly costs
Fertigungskostenstelle · productive burden centre (center)
Fertigungslöhne · direct labour (cost)
Fertigungsplanung · production planning, industrial planning, manufacturing planning, industrial engineering
Fertigungsstraße, Förder-, Transport-, Fließband · production line
Fertigungsverfahren, Herstellungsverfahren · manufacturing process
Fertigungsvorbereitung, Vorbereiten der Arbeiten · preparatory work
Festanstellung (von Gelegenheitsarbeitern) · decasualisation
Fester Abschlag · initial margin
Festgelder · fixed deposits
Festpunkt; Erfolgsmaßstab · bench mark
Festspeicher, nur lesbar · ROM: read only memory
Feudalherr, Grundherr · suzerain
Fiduziäre Geldmenge, Geld ohne Golddeckung · fiduciary issue
Filialbanksystem · branch banking
Filialleiter, Manager, Geschäftsführer, Abteilungsleiter · branch manager
Filialleiterin, Geschäftsführerin · manageress
Filialunternehmen im Einzelhandel · multiple unit retailing organization
Finalgüter, Güter des Endverbrauchs · final products
Finanzabgabe · revenue duty
Finanzaktiva hoher Liquidität · marketable securities
Finanzamt · tax office, Inland Revenue Office (GB)
Finanzausgleich, Zuweisung im vertikalen · rate deficiency payment
Finanzausgleich, zweckgebundene Zuweisungen im vertikalen · grants-in-aid

Finanzbedarf · finance requirements
Finanzbuchführung, -haltung · financial accounting, financial bookkeeping, financial activities (US)
Finanzbuchhaltung · administrative accounting
Finanzdienstleistung · financial service
Finanzdirektor, Finanzchef, Kassenwart, Schatzmeister · treasurer
Finanzflußrechnung → Bewegungsbilanzen
Finanzhilfe · financial aid
finanzielle Beteiligung · financial holdings
Finanzierung · financing, funding
Finanzierungsgrundsatz bei Kreditwürdigkeitsprüfungen · bankers' ratio (US)
Finanzierungsinstitut · finance house
Finanzierungskosten · cost of funds
Finanzierungslücke, Haushaltsdefizit · gap in the budget
Finanzierungsrechnung Finanzierungssektor (volkswirtschaftliches Rechnungswesen) · financing sector
Finanzierungsrisiken · financial risks
Finanzierungssaldo · net financial investment
Finanzierungssektor → Finanzierungsrechnung
Finanzinvestition, Geldanlage · financial investment
Finanzkennziffern Zur Messung der Effizienz des Betriebsvermögens (Oberbegriff) · activity ratios, financial ratios
Finanzkontrakte mit festem Fälligkeitsdatum, von denen sich die Vertragspartner per Gegengeschäft vor dem Fälligkeitsdatum trennen können · financial futures
Finanzkontrolle · budgetary control
Finanzmakler · finance broker
Finanzmärkte · financial markets
Finanzmarkt · finance market
Finanzmarktturbulenz (= plötzliche Unruhe auf Finanzmärkten z.B. Devisenmarkt) · flurry
Finanzminister · Chancellor of the Exchequer (GB), secretary of finance, minister of finance
Finanzmittelallokation bei Investmentfonds · asset allocation
Finanzplanung (einer Firma) · financial management
Finanzpolitik, antizyklische · compensatory finance/fiscal policy
Finanzproduktkomponentenzerlegung in Einzelmerkmale (z. B. Laufzeiten, Zinsen, Liquidität) · unbundling
Finanzstromanalyse Kontrolle der Zahlungsein- und -ausgänge (entsprechend ihrer Ursachen im Unternehmen) · funds flow analysis
Finanzstromrechnung → Geldstromrechnung
Finanzverwaltung · financial management
Finanzwechsel (Fremdfinanzierungspapier eines Unternehmens) · commercial paper
Finanzwesen → Finanzwirtschaft
Finanzwirtschaft, Finanzwesen, Finanzwissenschaft · finance
finanzwirtschaftliche Kennzahlen · accounting ratios
Finanzwissenschaft · public finance
Firma · firm, company
Firma, multinationale · international/transnational/multinational company
Firmenwert · goodwill
Fiskalpolitik · activist policy
Fiskalpolitik i.S. gesamtwirtschaftlich orientierter Budgetfinanzierung des Staates · functional finance (A. P. Lerner), fiscal policy
Fiskus · exchequer, treasury
Fixkapital · fixed capital
Fixkosten · fixed costs, constant costs, veraltet: supplementary costs

Fixkosten, Hebelwirkung der · operating leverage, operational gearing
Fixkostenblock · pool of fixed costs
Fixpunkt in einem EDV-Programm · checkpoint
Fixsummenspiel · constant sum game
Flächenstichprobe · area sample
Flaute · lull, slump
Flexibilisierung · flexibilisation
Flexibilität, vollkommene · perfect flexibility
Fließband · production line, assembly line
Fließbandproduktion · flow-line production, assembly line production (US)
Floaten, gemeinsames · joint floating, block floating
Floaten, sauberes/schmutziges · clean/dirty floating
Fluchtgeld i.S. fluktuierendes Geld, heißes Geld · refugee capital, hot money, funk money
Fluktuation, natürliche · natural wastage
Fluktuation, zyklische · cyclical fluctuation
Fluktuationsrate, betriebliche, der Arbeit · labour turnover rate
Flußdiagramm · flow chart
Flußgröße → Stromgröße
Föderation, Bundesstaat · federation
Förderband · belt conveyer
Förderer eines Projekts, TV-Programms · sponsor
Fördergebiet · development area
Folgebedürfnisse · entrained wants
Folgekosten · subsequent costs
Folgekosten, gesamtwirtschaftliche (z.B. Wachstumshemmung durch Subventionen, Sozialtransfers u.a.) · deadweight losses
Folgeleistungssektor, nahversorgender Sektor · non-basic sector
Forderung · claim
Forderungen (Aktivseite) · accounts receivable
Forderungen, zweifelhafte · debts estimated to be doubtful
Forderungsaufrechnung, gegenseitige · clearing
Forderungsumschlag, Umschlagshäufigkeit der Forderungen · receivables turnover
Forderungsverkauf, Faktoring · factoring
Form und Inhalt · form and content
Formation, sozio-ökonomische · socio-economic formation
Formelflexibilität, indikatorgebundene Maßnahmen der Wirtschaftspolitik · formula flexibility
Forschung · research
Forschung und Entwicklung (produktbezogene) · research and development (R+D)
Forstwirtschaft · forestry
Fortbildung · advanced vocational training
Fortschreibung (Zeitreihe) → Planfortschreibung · intercensal estimate
Fortschritt, investitionsunabhängiger inkorporierter technischer · embodied/built-in technical progress
Fortschritt, kapitalunabhängiger technischer · disembodied technical progress
Fortschritt, technischer · technical progress
Fracht(gut), -kosten · freight
Fracht, Ladung · cargo
Frachtbrief, Konnossement · bill of lading
Frachtkosten, Transportkosten · carriage expense
Fragebogen · questionnaire
Fraktion, politische Gruppe · faction
Freibetrag, Zuschuß · allowance
Freie Marktkräfte, freies Spiel der Kräfte in der Wirtschaft · free forces of economy
Freie Soziale Marktwirtschaft · free competitive social market economy

Freigabe des Wechselkurses · floating the rate of exchange
Freihafen · free port, entrepôt port
Freihandel · free trade
Freihandelszone · free-trade area
Freihandelszone, Europäische · European Free Trade Association (EFTA)
Freiheiten, bürgerliche · civil liberties
Freiheitsgrad (einer Gleichung) · degree of freedom
Freiheitsindex · Human Freedom Index (HFI)
Freisetzung (von Arbeitskräften) Infolge dauerhafter Vernichtung des Arbeitsplatzes · redundancy, labour displacement
Freiverkehr (Aktienmarkt) · over-the-counter market
Freiverkehrsbörse · kerb market (GB)
Freiwirtschaft (S. Gesell) · free economy
Freizeit · leisure
Freizügigkeit · freedom of movement, free movement
Freizügigkeit der Arbeitnehmer · free movement of labour, mobility of labour
Freizügigkeit von Kapital und Arbeitskraft · freedom of movement for capital and labo(u)r
Fremdbeschaffung, Funktionsausgliederung (Übertragung auf spezialisierte Unternehmungen) · outsourcing
Fremdfinanzierung · debt financing
Fremdkapital · borrowed capital; external finance
Fremdkapital, kurzfristiges · current liablities, short-term liabilities
Fremdkapital, langfristiges · long-term liabilities
Fremdkapitalbeschaffung ohne Banken · note issuance facilities (NIF)
Fremdkapitaleffekt auf die Eigenkapitalrentabilität, Leverage-Effekt · income gearing, financial gearing, financial leverage
Fremdkapitalerhöhung · high gearing
Fremdkapital-Quotient (Fremdkapital durch Nettovermögen) · leverage ratio
Fremdkapitalreduzierung · low gearing
Friktionsarbeitslosigkeit · friction, frictional unemployment
Fristablauf, (endgültiger) Termin · dead line
Fron(arbeit) · corvée
Fronhof, Eigengut des Grundherrn · demesne
Fruchtbarkeit · fecundity, fertility
Fruchtbarkeitsziffer (auf 1000 Frauen im gebärfähigen Alter) · fertility rate
Fruchtwechsel (Landwirtschaft) · rotation of crops
Frühindikator, prognostischer Indikator · leading indicator, foreshadowing indicator
Frühindikator, zukunftssensibler · sensitive indicator
Frühschicht · early shift
Frühsozialisten · early socialists
Frühwarnsystem · early-warning system
Fühlungsvorteile → Agglomerationsersparnisse
Fuhrpark · vehicle pool
Führung, Geschäftsleitung, Geschäftsführung · management
Führungsgremium, gespaltenes/zweistufiges · two-tier board
Führungskraft, aktive · thruster
Führungskräfte-Schulung · management development
Führungsschicht, mittlere · middle management
Führungsstil · management style
Fünfundvierzig-Grad-Linie · forty-five degree line, line of equality
Funktion (mathematisch) · function
Funktion · function
Funktion mit absoluten Werten · levels function

Funktion mit Verhältniswerten · ratio function
Funktion, determinierte · deterministic function
Funktion, konjekturale, geplante, Eigentliche Funktion (partielle Angebot- und Nachfragefunktion ohne Ungleichgewichte auf anderen Märkten, keine 'Mengenrationierung' auf irgendeinem Markt) · notional functions
Funktion, kubische · cubic function
Funktion, lineare · linear function, straight-line function
Funktion, mehrwertige · multivalued function
Funktion, monotone · monotonic function
Funktion, nichtlineare, aber näherungsweise linearisierbare · curvilinear function
Funktion, quadratische · square function
Funktion, stochastische · stochastic function
Funktion, tatsächliche, von Angebot und Nachfrage · effective function
Funktion, trigonometrische · trigonometrical function
Funktionär, hauptamtlicher · full-time official
Funktions-Ebene, -Gebirge · surface
Funktionsplan, Übersicht · functions chart
Fusion, Verschmelzung · amalgamation, merger
Fusionskontrolle, vorbeugende · incipiency doctrine

G

Garantie · warranty, guarantee
Garantiefonds · guarantee fund
Garantiemodell · guarantee model
Garantiepreise · guaranteed prices
Garantiezeit · period of guarantee
Gastarbeiter, Wanderarbeiter · foreign worker, migrant worker
Gastarbeiterüberweisungen · migrant/foreign workers' remittances
Geberland · donor country
Gebiet, unterentwickeltes · underdeveloped region
Gebietskartell · hunting ground agreement
Gebot · bid
Gebrauchsgüter, kurzlebige (z.B. Kleidung) · semi-durable consumers' goods
Gebrauchsgüter, langlebige · durable goods, hard goods (US), consumer durables
Gebrauchswert · value in use
Gebühr, Beitrag, Honorar · fee, toll, due, duty, charge
Gebühren (staatliche) · user charge
Gebühren-, Honorarrechnung · fee invoice
Geburtenkontrolle · birth control
Geburtenrate · fertility rate, birth rate
Geburtenziffer (auf 1000 Einwohner) · crude birthrate
Geburtenziffer (geschlechts- oder alters-)spezifische · refined birthrate
Gefahrenzulage · danger money
Gefangenen-Dilemma · prisoners' dilemma
Gegenakkreditiv · secondary credit, back-to-back credit
Gegenangebot · counter-offer
Gegenmarktmacht · countervailing power
Gegenposten in der Buchhaltung · charge
Gegenseitigkeitsabkommen · reciprocal trading
Gegenseitigkeitsprinzip, Vorteilsausgleich · principle of equal advantage
Gegenströme (gegenläufige Güter- und Geldströme) · bilateral flows
Gegenwartspräferenz · time preference

Gegenwartswert, diskontierter · present value
Gegenwert · equivalent
Gehalt, Besoldung · salary
Gehaltsabrechnung → Lohnabrechnung
Gehaltsempfänger (im Gegensatz zum Lohnempfänger), Angestellter · salaried man
Gehaltsstruktur · salary structure
Gehaltsüberprüfung · salary review
Gehaltsverzicht, teilweiser · allotment of pay
Gehirnwäsche · brain washing
Geld · money
Geld, endogenes · inside money
Geld, exogenes · outside money
Geld, gehortetes · idle money, inactive money
Geld, heißes · hot money, funk money
Geld, knappes · tight money, dear money
Geld mit niedrigem Kreditschöpfungsmultiplikator · low-powered money
Geld, originäres, Primärgeld · primary money
Geld, substanzwertloses ~ mit Annahmegarantie (gesetzliches Zahlungsmittel) · fiat money
Geld, umlaufendes · money in circulation
Geld- und Kapitalvermittlung (Funktion der Banken als Kapitalsammelstelle und Kreditgeber) · intermediation
Geldangebot, Geldversorgung · money supply
Geldangebotskurve · supply curve of money
Geldanlage → Finanzinvestition
Geldanweisung (per Post) · money order
Geldautomat · automatic teller, computer teller
Geldbasis, monetäre Basis · monetary base, cash base, credit base
Geldeinheit, Währungseinheit · unit of currency
Geldentwertung · deterioration of the value of money, loss in the value of money, devaluation of money
Geldgeber → Förderer
Geldhandelslinie · interbank-facility
Geldillusion · money illusion
Geldkapital · money capital
Geldkreislauf · circular flow of money
Geldkurs · bid price
Geldlehre, Geldpolitik, Geldtheorie · monetary economics
Geldleistungen, Gelderträge · cash benefit
Geldlohn · money wage
Geldmarkt · money market
Geldmarkt mit niedrigem Zins · easy market
Geldmarktfonds · money market fund
Geldmarktfonds; Investmentpapier eines Portefeuilles aus Geldmarktpapieren · money market fund
Geldmarktkredite, kürzestfristige · money at call and short notice
Geldmarktverhältnisse · money market conditions
Geldmenge, optimale (M. Friedman) · optimal quantity of money
Geldmenge, reale · real money supply
Geldmengendefinition, Geldmengenbegriff · money supply concept
Geldmengen-Inflation (Quantitätstheorie) · monetary inflation
Geldmengenpolitik · policy of money supply
Geldmengen-Preis-Mechanismus · specie flow mechanism
Geldmengenreduktion, Geldmengenbegrenzung · monetary contraction
Geldmengensteuerung · monetary control
Geldmengenwachstum, das um die Geldmengenwirkung der Veränderung der Währungsreserven bereinigt ist · domestic credit expansion (DCE)
Geldnachfrage · demand for money

Geldnachfrage aufgrund des Transaktionsmotivs · transactions demand
Geldnachfrage aus Vorsorgegründen · precautionary demand
Geldnachfragekurve · demand curve for money
Geldpapier (z.B. Scheck, Wechsel) · commercial paper
Geldpolitik · monetary policy
Geldpolitik, orthodoxe · orthodox monetary policy, Politik des billigen Geldes · policy of cheap money, easy money policy
Geldpolitik, restriktive · dear money, tight money-policy
Geldrente (Marx) · money rent
Geldschleier · veil of money
Geldschöpfung · expansion of the money supply, creation of money, → Schöpfungskredit
Geldstrom, monetärer Strom · monetary flow
Geldstromrechnung, Finanzstromrechnung · flow-of-fund accounts
Geldsurrogat · money substitute
Geldtheorie · monetary theory
Geldumlauf · flux of money
Geldverleiher · money lender
Geldvermögen · monetary wealth, financial asset
Geldvernichtung · destruction of money
Geldverschlechterung · debasement of money
Geldversorgung · money supply
Geldvolumen · money stock
Geldwäsche · money laundering, money laundry
Geldwechsler · money-changer
Geldwert · money value
Geldwirtschaft · money economy
Gelegenheitsarbeit · casual work, odd jobs
Gemein(schafts)sinn · public spirit
Gemeindeland → Allmende
Gemeinden und Gemeindeverbände · local authorities
Gemeindesteuer · local tax; municipal tax
Gemeineigentum · collective ownership
Gemeinkosten · overhead cost, general expenses, indirect cost, overhead(s)
Gemeinkostenlöhne · indirect labour costs
Gemeinkostenverrechnung · overhead absorption
Gemeinkostenzuschlag, -satz · on cost, overhead-rate
gemeinnützig(e) · non-profit
Gemeinnütziger Verein · non-profit making organization
Gemeinsamer Agrarmarkt · Common Agricultural Market
Gemeinsamer Markt (Europäische Gemeinschaft) · Common Market
Gemeinschaftsbedürfnisse · collective needs
Gemeinschaftseigentum · condominium, collective property, common ownership
Gemeinschaftsgründung, Beteiligungsgesellschaft · joint venture
Gemeinwirtschaft · commonwealth economy
Gemeinwohl · common good, social welfare
Generalbevollmächtigter · universal agent
Generaldirektor · general manager
Generalindex, aggregierter Index · aggregative index
Generalstreik · general strike
Generalvertretung → Alleinvertretung
Generalvollmacht · general power of attorney
Genesis, allmähliche Entwicklung · genesis
Genossenschaft · co-operative association, co-operative societies, co-operate

Genossenschaftsbank · cooperative credit bank
Genossenschaftsbewegung · co-operative movement
Genossenschaftssozialismus · associationism
Genußschein · certificate of beneficial interest
Geometrische Reihe · geometric progression
Gerechter Preis · just price
Gerechtigkeit · justice, equity
Gerechtigkeit, kommunative (Th. v. Aquin) · commutative justice
Gerichtsstand · place of jurisdiction
Gesamtangebotskurve · aggregate supply curve
Gesamtarbeitslosigkeit · overall unemployment
Gesamtausgaben · total expenditures
Gesamtausgabenmultiplikator · compound multiplier
Gesamtausstoß, Bruttoproduktion · total output
Gesamteinkommen · total income
Gesamterlös · total receipts, total revenue, total income
Gesamtertrag · total product
Gesamtertragsmaximum, Nullpunkt des Grenzertrags · intensive margin
Gesamtetat · master budget
Gesamtkapital, gesellschaftliches (Marx) · aggregate social capital
Gesamtkonzentration Meßzahl bzw. Index für die ~ einer Volkswirtschaft, Region und drgl · aggregate concentration
Gesamtkosten · total costs
Gesamtkosten, durchschnittliche · average total costs
Gesamtnachfrage · aggregate demand
Gesamtnachfrage, wirksame · effective demand
Gesamtnachfragekurve · aggregate demand curve, total demand curve
Gesamtpreisindex (Sozialprodukt) · average price level
Gesamtrechnung, volkswirtschaftliche · national account
Gesamtsumme · sum total
Gesamtvermögen (Aktivseite der Bilanz) · total assets
Geschäftsanreiz · impetus to trade
Geschäftsbank · commercial bank
Geschäftsbarometer · business indicators
Geschäftsbedingungen (übliche) · custom of trade
Geschäftsbericht · year-end report
Geschäftsbericht, Jahresbericht · annual report
Geschäftsbuch · journal
Geschäftsbücher · books of account
Geschäftsfähigkeit · capacity for acts-in-law
Geschäftsführer Manager, Filialleiter, Abteilungsleiter · manager
Geschäftsführerin, Abteilungsleiterin, Filialleiterin · manageress
Geschäftsführung, Geschäftsleitung, Führung · management
Geschäftsgeheimnis · trade secret
Geschäftsgewinn → Betriebsgewinn
Geschäftskostenaufteilung · allocation of overheads
Geschäftslage · business outlook
Geschäftspartner · counterparty
Geschäftspolitik (i.S. von Unternehmensphilosophie) · business policy
Geschäftsräume, Geschäftsgrundstück · business premises
Geschäftstag · business day
Geschäftsverlust → Betriebsverlust
Geschäftswelt · business community
Geschäftszeit · office hours
Geschäftszweck, ernsthafter · bona fide business purpose
Geschäftszweig → Branche
Geschichtsauffassung, materialistische · materialist conception of history
Geschlossene Wirtschaft (ohne Außenhandel) · closed economy
Geschwindigkeit · velocity

Geselle (Handwerks-) · journeyman, helper
Gesellschaft (US), ausländische · alien corporation
Gesellschaft · society, company
Gesellschaftlich notwendige Arbeit (Marx) · socially necessary labo(u)r
Gesellschaftsformation (Marx) · social formation
Gesellschaftskapital · joint capital
Gesellschaftsvertrag → Satzung
Gesetz (juristisch) · act
Gesetz der fallenden Profitrate · law of the diminishing rate of profit
Gesetz der großen Zahl · law of large number
Gesetz der komparativen Kosten · law of comparative costs
Gesetz der Nachfrage · law of demand
Gesetz des Angebots · law of supply
Gesetz, fundamentales psychologisches ~ (steigende Sparquote; J M. Keynes; auch: Brentano-Keynessches Gesetz) · fundamental psychological law
Gesetz über die Mitbestimmung · law on the co-management
Gesetz variabler Grenzerträge (schließt das Ertragsgesetz ein) · law of variable proportions
Gesetz vom abnehmenden Grenznutzen, erstes Gossensches Gesetz · law of diminishing utility
Gesetz vom Ausgleich der Grenznutzen, zweites Gossensches Gesetz · law of substitution
Gesetz vom tendenziellen Fall der Profitrate · law of the tendency of the rate of profit to fall
Gesetz zum Schutz der Arbeitnehmer · Employee Protection Act
Gesetzentwurf · bill
Gestaltung, Entwurf · design
Gestaltungsebene, global prinzipielle · global fundamental design level
Gestaltungsstrategie, Gestaltungstaktiken · design strategy, design tactics
Gestationsperiode · gestation period, ~lag
Gesundheitsamt · office of public health
Gesundheitsamt, -behörde · health management organization (HMO)
Gesundheitsdienst für Bedürftige · medicaid (USA)
Gesundheitsdienst, staatlicher · National Health Service, Medicare (für Pensionäre in USA)
Gesundheitsrisiko · health hazard
Gesundheitswesen · health service
Gesundheitswesen, betriebliches · industrial health
Gesundschrumpfung, gewolltes Auslaufen strukturschwacher Industrie · phasing out
Gewährleistung · warranty
Gewaltenteilung · separation of powers
Gewerbe → Handwerk
Gewerbeaufsichtsbeamter · factory inspector
Gewerbegebiet, Industriegelände · industrial estate, trading estate
Gewerbesteuer · trade tax
Gewerkschaft · trade union, labo(u)r union
Gewerkschaft, gelbe, Arbeitgeber-Gewerkschaft · company union
Gewerkschafter · trade unionist
gewerkschaftlich organisiert · organized labo(u)r
gewerkschaftlich organisierter Betrieb · union shop
Gewerkschaftsbeiträge · union dues
Gewerkschaftsbeiträge, Abrechnung der ~ durch den Arbeitgeber · check-off; payroll-deductions, contribution deduction scheme
Gewerkschaftsbetrieb i.S. daß nur Mitglieder beschäftigt werden · closed shop
Gewerkschaftsbewegung · trade union movement, trade unionism

Gewerkschaftsfunktionär · union official

Gewerkschaftsgründung, -entwicklung, -bildung · unionization

Gewerkschaftsmitglieder · union members

Gewerkschaftspolitik · trade union policy

Gewinn · profit, gain

Gewinn vor Steuern · profit before taxes, pre-tax profit

Gewinn, ausschüttbarer · distributable income

Gewinn, außerordentlicher, Extraprofit · supernormal profit

Gewinn, erwarteter · anticipated profit

Gewinn, unrealisierter · paper profit

Gewinnanteilschein → Dividendenschein

Gewinnausschüttung, verdeckte; z.B. überhöhte Zinszahlungen von ausländischer Tochter an inländische Mutter · transfer pricing, thin capitalisation

Gewinnbeteiligung · profit-sharing, gain sharing

Gewinne, ausgewiesene · reported profits

Gewinne, befriedigende → Gewinnoptimierung

Gewinne, einbehaltene · withhold profits

Gewinne, nicht ausgeschüttete · retained profits

Gewinne, unverteilte/einbehaltene · undistributed profits, ploughedback profits, retained earnings

Gewinnerwartung · profit expectation, expectation of profit

Gewinnerzielung · profit-making

Gewinnflation · profit-push-inflation, markup-inflation

Gewinnmaximierung · profit maximization

Gewinnmitnahme (Börse) · profit-taking

Gewinnoptimierung i.S. einer auf ausreichende bzw. befriedigende Gewinne gerichteten Preispolitik · satisficing (satisfying pricing)

gewinnorientierte ... (Geschäftsstelle, Vertretung, Büro, Agentur) · for-profit

Gewinnquote, volkswirtschaftliche · capital's share

Gewinnschwelle · break-even point

Gewinnschwellenanalyse für einzelne Produkte · break-even analysis

Gewinnschwellendiagramm · break-even-chart

Gewinnspanne · margin of profit, profit margin

Gewinnsteuer i.S. konzerngewinnbezogener Besteuerung eines Unternehmens, das Teil eines Konzerns ist; Steuergrundlage ist der Konzerngesamtgewinn, wobei das zu besteuernde Unternehmen entsprechend seinem Anteil am Konzern besteuert wird; das Verfahren soll Gewinnverlagerungen vor allem bei multinationalen Konzernen vorbeugen (in einigen US-Bundesstaaten üblich) · unitary tax

Gewinnstreben · pursuit of profit, profit motive

Gewinnträchtigkeit, Profitabilität · profitableness

Gewinn- und Verlustrechnung · operating account, profit-and-loss account, statement of profit and loss, income statement (US)

Gewinnverteilungsvorschlag · proposed distribution of profit

Gewinnverwendung(srechnung) · appropriation (account)

Gewinnvortragsausweis · statement of earned surplus

Gewinnzone · net earnings area

Gewöhnung, Anpassung · adaptation

Gier, Habsucht · greed(iness)

Giffenfall · giffen paradox

Gilden (mittelalterliche Gilden Londons) · livery companies
Gipfel(konferenz) · summit (meeting)
Giralgeld, abgeleitetes/sekundäres · derivative deposits
Giralgeld, Buchgeld · credit money, deposit money, deposit currency, checking deposits (US)
Giralgeld, mittelbares · primary deposits
Giralgeld, primäres · primary deposits
Giralgeld, unmittelbares · derived deposits
Giralgeldschöpfungskoeffizient · credit multiplier, deposit multiplier
Giralgeldschöpfungsmultiplikator · deposit multiplier
Giro · giro (GB), bank transfer (US)
Girobank · transfer bank
Girokonto (zinslos) · checking account, current account
Giroverkehr · giro system
Girozentrale · clearing house
Gläubiger · creditor
Gläubiger bevorrechtigter · preferential creditor
Gläubiger, drängender · dun(ning)
Gläubigerland, Land mit einem Zahlungsbilanzüberschuß · creditor nation, creditor country
Gleichaltrigengruppe · peer group
Gleichartigkeit, Homogenität · homogenity
Gleichgewicht · equilibrium, balance a) bei mehreren Unternehmenszielen neben der Gewinnerwirtschaftung b) mehrere Schnittpunkte von Grenzkosten- und Grenzerlöskurve
Gleichgewicht bei Unterbeschäftigung (Keynes) · under-employment equilibrium
Gleichgewicht, allgemeines · general equilibrium
Gleichgewicht, dynamisches · dynamic equilibrium
Gleichgewicht, kurzfristiges; ohne Kapitalstockänderung (Keynes Theorie, die Kapazitäts- bzw. Kapitalstockänderungen der Nettoinvestition ausschließt) · short-period-flow equilibrium
Gleichgewicht, multiples · multiple/non-unique equilibrium
Gleichgewicht, partielles · partial equilibrium
Gleichgewicht, soziales; zwischen privater Produktion und öffentlichem Leistungsangebot · social balance (Galbraith)
Gleichgewicht, totales mikroökonomisches Gleichgewicht auf allen Märkten · general equilibrium
Gleichgewichts-Analyse, komparativ-statische · comparative static equilibrium analysis
Gleichgewichtsfunktion (Ungleichgewichtstheorie) · notional function
Gleichgewichtsmenge · equilibrium quantity
Gleichgewichtsniveau des BSP · equilibrium level
Gleichgewichtspreis · equilibrium price
Gleichgewichtsstörung · disturbance
Gleichgewichtswachstum · equilibrium growth
Gleichgewichtswirtschaft, statische · steady state economy
Gleichgewichtszins · equilibrium interest rate, neutral rate of interest
Gleichgewichtszustand · equilibrium level
Gleichheit → Parität
Gleichung · equation
Gleichungssystem · set of equations
Gleichungssystem, simultanes · simultaneous equations
Gleichverteilung · uniform distribution
Gleitende Arbeitszeit, Gleitzeit · flexible working hours/time
Gleitende Skala Gleitende Lohn-, Zoll- u.a. -sätze nach Maßgabe einer anderen Größe, z.B. Preisindex · sliding scale

Gleitklausel (Preise) · escalation clause
Gleitklausel · threshold agreement (GB), escalator clauses (US), Escalator, indexation clause
Gleitzeit · flextime
Glied (Binde-) · link
Gliederung, Aufbau, Lage · set-up
Globalaktie (zu 100 Anteilen) · round lot
Globalgröße, gesamtwirtschaftliche Größe · social aggregate
Globalziele, qualitative · objectives
Globalzuweisung Im Rahmen des britischen Finanzausgleichs an die Lokalbehörden · rate support grant
Glockenkurve · bell-shaped curve
Gold als internationales Zahlungsmittel · bullion, specie, gold
Gold, nicht-monetäres · non-monetary gold
Goldabzug · gold drain
Goldausfuhr -(einfuhr)-Punkte · specie points, gold points
Goldausfuhrpunkt · gold export point
Golddeckung · backed by gold
Golddeckung, teilweise (des Papiergeldes) · fractionally backed paper money
Golddevisenstandard · gold exchange standard
Goldeinfuhrpunkt · gold import point
Goldkernwährung(ssystem) · gold bullion standard
Goldmarkt, gespaltener · two-tier gold market
Goldreserven · gold reserves
Goldstandard · gold standard
Goldumlaufswährung · gold currency standard, gold specie standard
Goldvorrat · gold stock
Goldwährungssystem · (full) gold standard
Goldwert · gold value
Gossensches Gesetz · Gossen's law
Grafik, graphische Darstellung · graphic
Grafikkarte, 16 Farben und 640mal 350 Pixel · EGA: enhanced color graphics adapter; maximal vier Farben und 320mal 200 Pixel · CGA: color graphics adapter
Graphik, Schaubild, Diagramm · diagram, graph
Gratifikation, Bonus, Prämie · bonus
Gratisaktien · bonus issues, rights issues, scrip issue, capitalization issue
Gratisaktienausgabe · scrip issue (scrip = subscription certificate)
Gravitationsmodell (Regionalwissenschaft) · gravity model
Gremium → Behörde
Grenzanbieter, Grenzbetrieb · marginal producer, marginal seller
Grenzbetrieb · marginal firm, marginal producer
Grenzboden · marginal land
Grenzboden i.S. rentenloses Land (Ricardo) · no-rent land
Grenzeinkommen · marginal income
Grenzen des Wachstums · limits to growth, growth limits
Grenzerlös · marginal revenue
Grenzertrag · marginal product
Grenzerträge · marginal returns, marginal yields
Grenzerträge, abnehmende · diminishing marginal returns
Grenzfall · limiting case
Grenzgewinn · marginal profit
Grenzhang zum Verbrauch · marginal propensity to consume
Grenzkosten · marginal costs
Grenzkosten, volkswirtschaftliche · marginal social cost
Grenzkostenpreisbildung · marginal cost pricing
Grenzkostenrechnung · marginal costing
Grenzkreditgeber · marginal lender
Grenzkreditnehmer · marginal borrower
Grenzleid der Arbeit · marginal disutility of labo(u)r

Grenzleistungsfähigkeit des Kapitals · marginal efficiency of capital
Grenznachfrager · marginal buyer
Grenzneigung · marginal propensity
Grenznutzen · final utility, marginal utility, terminal utility
Grenznutzen-Ausgleichs-Gesetz · law of substitution
Grenznutzenschule · marginal utility school
Grenzopfer · marginal sacrifice
Grenzopfer, gleiches (Steuertheorie) · equimarginal sacrifice
Grenzprodukt · incremental product, marginal product
Grenzprodukt, physisches · marginal physical product
Grenzprodukt, soziales · marginal social product
Grenzproduktivität · marginal productivity
Grenzproduktivität des Kapitals · marginal productivity of capital, marginal efficiency of capital
Grenzproduktivität, physische · marginal physical productivity
Grenzproduktivitätskriterium · marginal productivity criterion
Grenzproduktivitätstheorie der Verteilung · marginal theory of distribution
Grenzproduktivitätstheorie des Lohnes · marginal productivity theory of wages
Grenzproduzent · marginal producer
Grenzrate · marginal rate
Grenzrate der Substitution (Konsumtheorie) · marginal rate of substitution
Grenzrate, technische, der Substitution · rate of technical substitution
Grenzsteuersatz · marginal rate of taxation
grenzüberschreitender (Warentransport) · transfrontier (carriage of goods)
Grenzwerte, Grenzraten, Veränderungsraten im Grenzbereich · marginals
Grenzwertprodukt · marginal revenue product
Gresham's Gesetz Schlechtes Geld verdrängt das bessere (Münzverschlechterung) · Gresham's law: bad money drives out good
Große Depression (1873-1896); Weltwirtschaftskrise (1929-33) · Great Depression
Großfamilie · extended family
Großgrundbesitz · large landed property
Großhandel · wholesale
Großhandelspreis · trade price, wholesale price
Großhandelspreisindex · wholesale price index
Großhändler · wholesaler, warehouse keeper
Großindustrie · big industry
Großindustrieller · tycoon
Großkonzern → Trust
Großmarkt, Einkaufs- (mindestens 25 Kundenkassen) · hypermarket
Großtechnologie, hochentwickelte Technologie · high technology
Großverbraucher · heavy (large-scale) consumer
Gründung, formale, Eintragung, Registrierung · incorporation
Gründungskapital · initial capital stock
Gründungskosten (einer Firma) · preliminary expenses
Grundannahme · basic assumption
Grundbedarf, Mindestbedarf · basic capability
Grundbedürfnis · basic need
Grundbeiträge · flat-rate contributions
Grundbesitz · real property
Grundbesitzeinnahmen · income from real property
Grundbilanz (Zahlungsbilanz) · basic balance
Grundbucheintrag · land registration

Grundeigentum · real estate/property
Grundeinkommen · basic income
Grundgesamtheit, statistische · statistical population
Grundherrschaft (Feudalismus) · manorial system
Grundherrschaft (System) · manor (GB)
Grundkapital · capital, nominal capital
Grundkapital, Aktienkapital · stock of capital, equity
Grundkapital, genehmigtes · authorized capital stock
Grundkapital, Nettobetriebsvermögen, Geldmittel, Kapital · capital
Grundlagenforschung · basic research
Grundleistungen · flat-rate benefits
Grundleistungssektor → Urproduktion
Grundnahrungsmittel · basic food
Grundrente (Sozialversicherung) · basic pension
Grundrente · ground rent
Grundsätze ordentlicher Buchführung · accounting concepts
Grundsteuer · real property tax, tax on land and buildings
Grundstoffe · primary products
Grundstoffe produzierender Sektor · basic goods sector
Grundstoffindustrie · basic industry, basic materials industry
Grundstückabgaben, kommunale · rates (GB)
Grundstücks-Entwicklungsgesellschaft, Firma zur Grundstückserschließung · developer
Grundtrend (z.B. bei Aktienkursbewegungen) · primary trend
Grundversorgungssystem · basic scheme
Grundwidersprüche (Marx) · immanent contradictions
Grundziele, Leistungsziele · basic objectives
Grundzoll(satz) · basic duty
Gruppenarbeit, Teamarbeit · teamwork
Gruppenbilanz → Konzernbilanz
Gruppendenken, Methode für schöpferisches · syne(c)tics
Gruppendynamische Lehrmethoden · group methods of training (teaching)
Gruppenprämie · group incentives
Gültigkeit · validity
Güteklasse (A) · grade (A)
Güter des täglichen Bedarfs · convenience goods
Güter höherer (niederer) Ordnung · higher (lower) order goods
Güter, höherwertige · superior goods
Güter, homogene · homogenous goods
Güter, inferiore · inferior goods
Güter, komplementäre · complementary goods
Güter, lebenswichtige · normal goods, necessary goods, necessities, necessaries
Güter, Markt für öffentliche · political market
Güter, meritorische, quasi-öffentliche · merit goods
Güter, nicht lebenswichtige mit unelastischer Nachfrage (z.B. Alkohol), Güter des gehobenen Bedarfs · semi-necessities, semi-luxuries
Güter, nicht-lebenswichtige · non-essential goods
Güter, öffentliche · public goods
Güter, situationsabhängige, kontingente (z.B. Regenschirm bei gutem und schlechtem Wetter) · contingent commodities
Güter, strategische · strategic materials
Güter, tangible · tangible goods
Güteraustausch · exchange of goods
Güterbündel · commodity bundle
Güterknappheit · scarcity of goods
Güterkreislauf · circular flow of goods
Güternachfrage · demand for goods

Güterwirtschaftliche Analyse · real analysis
Gütezeichen · quality label
Gut · commodity, good
Gut, freies · free good
Gut, knappes/wirtschaftliches/ökonomisches · economic good
Gut, öffentliches, Kollektivgut · public good
Gut, spezifisch öffentliches · pure public good
Gutachter, Berater · consultant
Guthaben bei der Notenbank · balance with the central bank
Guthaben, Gutschrift, Akkreditiv · credit, balance
Guthaben, nicht flüssige (eingefrorene) · frozen assets
Gutschein · token
Gutschrift(-smitteilung) · credit note
Gutschrift(buchung) · credit (entry)

H

Haavelmo-Theorem · balanced budget multiplier theorem, balanced budget-hypothesis
Haben(seite) · credit
Habenzins · borrowing rate, deposit rate
Händler · dealer
Härtefall · case of hardship
Häufigkeit · frequency
Häufigkeitsverteilung · frequency distribution
Häufigkeitsverteilung, graphische Darstellung einer ~ in Säulenform, Histogramm · histogram
Häufigster Wert · mode
Hafenarbeiter(gewerkschaft) · longshoremen
Haftpflicht- und Kasko-Versicherung, kombinierte · comprehensive insurance
Haftpflichtversicherung · liability insurance, private third-party insurance
Haftung, beschränkte (der Eigner z.B. GmbH) · limited liability
Haftungsdauer · indemnity period
Halberzeugnisse, Halbfabrikate · semi-manufactured goods
Halbfertigfabrikate · semi-finished products, goods in progress, intermediate products
Halbfertigprodukte i.S. der (Bilanzierungswerte der) noch im Produktionsprozeß gebundenen Fabrikate · work in progress
Haltbarkeit i.S. v. Lebensdauer eines Produktes · durability
Handarbeiter · manual worker
Handel → trade
Handel und Wandel · trade and traffic
Handels-, Transaktionsmenge · number of transactions
Handelsablenkender Effekt (Zollunion) · trade diversion effect
Handelsablenkung (Zollunion) · trade diversion, deflection of trade currents
Handelsbank · merchant bank
Handelsbeschränkung · trade restriction
Handelsbetriebslehre · study of commerce
Handelsbeziehungen · trade relations
Handelsbilanz (Saldo) · balance of trade, visible balance
Handelsbilanz, passive · adverse trade balance
Handelsbilanzdefizit · trade gap
Handelsdelegation · trade mission
Handelsgesellschaft, offene · general partnership
Handelsgüter, Waren · merchandise
Handelshemmnisse, nichttarifäre · barriers to trade, trade barrier, impediments to trade
Handelshindernisse, nichttarifäre · non-tariff barriers (NTB)

Handelskammer · chamber of commerce
Handelskapital · commercial/merchant capital
Handelskette · marketing chain
Handelskredit · commercial credit
Handelskrise · commercial crisis
Handelsname · trade name
Handelspartner · trading partner
Handelsrecht (Sammelbegriff für Handels-, Verkehrs- und Seehandelsrecht) · mercantile law
Handelsschaffender Effekt (Zollunion) · trade-creating effect
Handelsschranken · impediment to trade
Handelsschranken, protektionistische · trade barrier
Handelsspanne · gross (profit) margin, mark-up
Handelsvertrag · trade agreement
Handelsvertreter · sales representative, salesman
Handelsvolumen · trade volume
Handelswechsel, guter (nach Banking Theorie) · real bill
Handelswerbung · trade promotion
Handelszensus · census of distribution
Handlungslag (Wirtschaftspolitik) Handlungsverzögerung · execution lag, inside lag
Handlungsreisender, Reisevertreter · traveller, travelling salesman
Handwerk, Gewerbe · handicraft, craft
Handwerker · handicraftsman, craftsman
Handwerker, selbständiger · artisan
Hanse (-Bund) · Hanseatic League
Harmonie, prästabilierte (A. Smith) · prestabilized harmony
Harmonisierung der Steuern · harmonization of taxes, fiscal harmonization
Harmonisierungsübersicht, Harmonogramm · harmonization chart
Harrod-Domar-Modell · Harrod-Domar-model
Hauptaktionär · major shareholder
Hauptbüro, Zentralstelle · head office
Haupterzeugnis i.S. des wichtigsten (Export-) Produkts eines Landes · staple product
Hauptgeschäftsführer · chief executive officer
Hauptkörperschaftssteuer · mainstream tax
Hauptkostenstellen · direct cost center
Hauptniederlassung, Unternehmenszentrale · headquarters
Hauptversammlung · annual general meeting
Hauptversammlung, außerordentliche (AG) · extraordinary general meeting
Hauptversammlungsbeschluß, Abstimmen der stimmberechtigten Anteilseigner · stock voting
Hausangestellte(r) · domestic labo(u)rer
Hausbankbeziehung, enges Vertrauensverhältnis zwischen Bank und Kunden · relationship banking
Hausbesetzung · squattering
Hausfrauenarbeit · domestic labour, work of housewives
Haushalt · household
Haus(halts)arbeit, Hausfrauenarbeit · domestic labour
Haushaltsausgleich · balancing of the budget
Haushaltsberatung · debate on the budget; budget debate
Haushaltsdefizit · budget deficit
Haushaltsebene, Bilanzebene (analog zur Bilanzgeraden für zwei Güter) · budget surface
Haushaltsgerade → Bilanzgerade
Haushaltsgesetz · finance act
Haushaltsgleichung → Budgetgleichung
Haushaltsjahr · fiscal/financial year
Haushaltskürzung · budget cuts
Haushaltsperiode · budget period

Haushaltsplan (Staat) · estimates, national budget
Haushaltsplan, Gegenüberstellung künftiger Einnahmen und Ausgaben · budget
Haushaltspolitik · budgetary policy
Haushaltssektor · household sector, personal sector
Haushaltsüberschuß (des Staates) · budget surplus
Haushaltsvorstand · householder
Haushaltungsgüter, lebenswichtige (z.B. Strom, Wasser) · household essentials
Hausierer · pedlar
Hausindustrie, kleine → Heimindustrie
häusliche Pflege · domestic care, family care
Hausratversicherung · household insurance
Hausse · bull market
Haussier, Spekulant à la hausse · bull
Haustürgeschäfte, ~verkauf · house-to-house selling
Hauswirtschaftslehre, Ökonomie des Familienlebens · home economics
Hebelansatz, Hebelkraft, Hebelwirkung (Termingeschäfte) · leverage
Heckscher-Ohlin-Theorem · Heckscher-Ohlin-theorem
Hedonistisches Prinzip · hedonistic principle
Hehlerware · fence merchandise
Heimarbeit · outworking, putting-out system, out-work
Heimarbeiterlohn, Heimarbeit · home wage-earning
Heimfallunternehmen · tied house
Heimindustrie, kleine Hausindustrie · cottage industry
Heimpflege · nursing home care
Heiratsabgabe → Hörigenabgabe
Heizwert · heating power, calorific power
Herabsetzung → Diskriminierung
Herabstufung eines Arbeitsplatzes → Dequalification
Herausforderung, Wagnis · challenge
Herausgeber · editor
Herkunft (soziale) · origin/background (social)
Herrschaftsbereich → Domäne
Hersteller · maker, manufacturer, producer
Herstellungskosten · production cost
Herstellungsverfahren → Fertigungsverfahren
heterogene Güter · heterogeneous goods
Hierarchieebenen · levels of hierarchy, hierarchical levels
Hilfe, gegenseitige · mutual aid
Hilfe, Hilfsmittel · aid
Hilfe, technische · technical assistance
Hilfskostenstelle, Nebenkostenstelle · indirect cost center
Hilfsmittel · auxiliaries
Hilfsprogramm · aidprogram(me)
Hilfsprogramm (nicht auf kommerzieller Basis) · sustaining program(me)
Hilfs- und Betriebsstoffe · (factory) supplies, operating supplies
Hilfsvariable → Dummy variable
Hilfszahlung → Zuschuß
Hinterbliebenenversicherung · survivors' insurance (US)
Hinterbliebenenversorgung · death benefit
Histogramm → Häufigkeitsverteilung
Historische Schule · historical school of economics
hoch drei · power to the third
Hochkapitalismus · peak capitalism
Hochkonjunktur · boom
Hochleistungssektor · high-productivity sector
Hochrechnung, Schätzfunktionsberechnung · estimation, (trend) extrapolation, trend estimate
Hochzinspolitik eines Landes, die zu Devisenzuflüssen führt und damit Abwertung anderer Währungen bewirkt · open mouth-policy

Höchstdauer für die Abzahlung · maximum period of repayment
Höchstgrenze · ceiling
Höchstpreis · ceiling price, limit price
Höchstpreis, gesetzlicher · legal maximum price
Höchstpreisgrenze · upper price limit
Höchststand, absoluter · all-time high
Höhepunkt, konjunktureller · peak
Höherbewertung → Aufwertung
Höhere Gewalt · act of God
Hörigenabgabe an Grundherrn bei Heirat · merchet, formarriage
Holding-Gesellschaft · holding company
Holländisches Zuteilungsverfahren (Pensionsgeschäfte der Zentralbank) · Dutch auction, single-rate auction
Homogenität · homogenity
Homogenität vom Grade k · homogenity of the degree k
Honorar → Gebühr
Horten · hoarding
Hüllkurve · envelope curve
Humanisierung der Arbeit · humanizing of work
Hyperinflation · hyperinflation
Hyperraum (math.) · hyper-surface
Hypothek · mortgage
Hypothekarkredit · hypothecary credit
Hypothekenpfandbrief · mortgage bond
Hypothekenzins · mortgage interest
Hypothese · hypothesis

I

Idealismus · idealism
Identität · identity
Identitätsgleichung · identity equation
Illiquidität · illiquidity
im Angebot · on offer
im Zeitablauf · over time
Image, Erscheinungsbild · image
Immaterielle (und daher nichtmonetäre-) Vorzüge und Nachteile eines Arbeitsplatzes · non-monetary advantages and disadvantages (= non-pecuniary costs and benefits)
Immigration, Einwanderung · immigration
Immobilien, Grundstück(e) · real estate, property (GB)
Immobilienmakler · real estate agent
Immobilismus, Trägheit · inertia
Immobilität · immobility
Imparitätsprinzip · imparity principle
Importabgabe, temporäre, im Unterschied zu einem dauerhaften Importzoll · import surcharge
Importanteil (in Vorprodukten) · import content
Importdepot in Form von Waren- oder Bardepots, um die Einfuhr zu erschweren · import deposit
Importe, unsichtbare · invisible imports
Importgenehmigung · import licence
Importkonkurrenz → Auslandskonkurrenz
Importkontingente · import quotas
Importkontrollzeugnis · report of findings, clean report of findings, Non-Negotiable findings
Importmindestpreis · trigger-price (US)
Importneigung · propensity to import
Importquote, marginale, Grenzhang zum Import, · marginal propensity to import
Importrestriktionen · import restrictions
Importzölle · import duties, (import) tariffs
Impulskauf · impulse buying
Index der menschlichen Entwicklung · Human Development Index
Index, gewichteter, gewogener · weighted index
Indexbindung (z.B. von Löhnen) · indexation, indexing, index linking, escalator clause, sliding scales
indexgebunden, z.B. an Inflationsrate angeglichen · index-linked

Indexzahl · index number
Indifferenz(hyper)ebene (bei mehr als zwei Gütern) · indifference hypersurface
Indifferenzebene (bei 2 Gütern) · indifference surface
Indifferenzkurve · indifference curve
Indifferenzkurve i.e.S · iso-utility curve
Indifferenzkurve, gesellschaftliche, soziale (Bergson-Indifferenzkurven) · community indifference curve, social indifference curves
Indifferenzkurven, Skitovsky~ · community indifference curves
Indifferenz(kurven)analyse · indifference analysis
Indifferenzkurvenschar · indifference map
indikative Zielvorgabe · indicative targeting
Indikator · indicator
Indikator, prognostischer → Frühindikator
Indossament, Giro · endorsement
induktive Statistik · inferential statistics
Industrie, heimische · home industry, domestic industry
Industrie, verarbeitende -, process industry · manufacturing
Industriebau-Investition Industrielle Bauinvestition (im Gegensatz zum Wohnungsbau) · plant investment
Industrieberatung · consulting engineering
Industrieebene · industry level, industrywide
Industrieerzeugnisse · manufactured goods
Industriegebiet → Gewerbegebiet
Industriegesetzgebung · factory legislation
Industriegewerkschaft · industrial union
Industrieklassifikation · industrial classification
Industriekontenrahmen (IKR) · industrial system of accounts (Germany)
Industrieländer · industrialized countries
Industrielle Reservearmee · industrial reserve army
Industrielle Revolution · industrial revolution
Industrieller · industrialist
Industrien, lebenswichtige · vital industries
Industrien, nachgelagerte/vorgelagerte · downstream/up-stream industries
Industriepark · industrial estate/park
Industriepolitik · industrial policy
Industriesoziologie · sociology of work
Industriespionage · industrial espionage
Industriestaat, Neuer · New Industrial State (Galbraith)
Industrie- und Strukturpolitik · economics of industrial organization
Industriezensus · census of production
Industriezweig, verstaatlichter · nationalized industry
Inelastizität des Angebots · rigidity of supply
Inflation · inflation
Inflation und Rezession, die synchron verlaufen · Inflession
Inflation, galoppierende · run-away inflation, galopping inflation
Inflation, säkulare · secular inflation
Inflation, schleichende · creeping inflation
Inflation, sektoral induzierte · sectoral inflation; sektorale~ – bottleneck inflation
Inflation, strukturelle (Infolge Nachfrageverschiebung bei gesamtwirtschaftlicher Nachfragestabilität) · demand shift-inflation, mixed inflation
Inflation, versteckte/latente · hidden/masked inflation

Inflation, Volkswirtschaft mit zurückgestauter · overloaded economy
Inflation, zurückgestaute · supressed inflation, repressed inflation
Inflationsabbau durch gezielte Maßnahmen · disinflation
Inflationsdruck · inflationary pressure
Inflationsfurcht · fear of inflation
Inflations(schein)gewinn,. Scheingewinn · paper profit
Inflationslücke, inflatorische Lücke · inflationary gap
Inflationspolitik · inflationary policy
Inflationsrate · rate of inflation
Inflationsrate, inflationsneutrale Arbeitslosenquote · NAIRU = non-accelerating inflation rate of unemployement
Inflationsrate, lohnneutrale · NAWRU = non-accelerating wage inflation rate of unemployment
Inflationssockel · hard-core (of) inflation
Inflationsspirale · inflationary spiral
Inflator, eingebauter → Lohn-Preis-Indexierung
Informatik · information science
Information, unvollkommene · imperfect information
Information, vollkommene · perfect information
Informationsbedarf · information requirements
Informationsdarstellung (optische), jeglicher Art, speziell an Maschinen sowie auf Werbeträgern · display
Informationsflußanalyse · analysis of information flow
Informationsgehalt · information content
Informationsmarkttechniken · information-market-technique
Informationsspeicherung · information storage
Informationsstand · state of information
Informationssysteme · information systems
Informationstechnologie · information technology
Informationstheorie · information theory
Informationsträger · information medium
Informationsverarbeitung · information processing
Informationswiedergewinnung (EDV) · information retrieval
Infrastruktur · infrastructure, social/public overhead capital
Inhaber · holder
Inhaber eines Wertpapiers · bearer
Inhaberpapier für ein Terminkonto · certificate of deposits (CDs)
Inhaberschuldverschreibungen · bearer bonds, bearer securities, debenture stocks
Initialpreiselastizität · impact price elasticity
Injektionen Bezeichnung für die Summe aus Investitionen, Staatsausgaben und Exporten im Keynes'schen Einkommensmodell · injections
Inkasso, direktes · direct collection
Inländerkonvertierbarkeit · resident convertibility
Inländische Verwendung · domestic expenditure
Inlandserzeugung · domestic production
Inlandsinvestitionen · domestic investment
Inlandskonzept · domestic concept
Inlandsmarkt → Binnenmarkt
Inlandspreisniveau · domestic price level
Innengeld, endogenes Geld · inside money
innerbetrieblich · in-plant
Innertageskredit · intraday credit, daylight credit, daylight overdraft, daylight exposure

Innovation, forschungs- und entwicklungsinitiierte · technology push
Input, primärer, primäre Aufwendungen · primary input
Input-Output-Analyse, Verflechtungsbilanzanalyse · inter-industry analysis, input-output analysis
Input-Output-Koeffizienten → Koeffizientenmatrix → Matrix
Inputs, limitationale · limitational inputs
Inputsektor, empfangender Sektor · destination of output
Inserat → Anzeige
Insider-Geschäfte · insider trading
insolvent · bankrupt
Insolvenz · insolvency
Inspektion → Überwachung
Instandhaltung · servicing, maintenance
Instandhaltung, technische · technical maintenance
Instandhaltungsmaßnahmen · maintenance engineering
Instanzenweg · line of command
Institution, Anstalt · institution
Instrument, wirtschaftspolitisches · economic policy tool
Instrumentvariable (Entscheidungsmodell) · (controllable) decision variable, instrument variable, policy variable
Integralrechnung · integral calculus
Interaktion, Schnittstelle · interface
Interdependenz · interdependence
Interessen, verborgene→ Partikularinteressen
Interessengemeinschaft, auch Gangsterorganisation · syndicate
Interessengruppe (die Abgeordnete zu beeinflussen versucht) · lobby
Interessengruppe · pressure group
Intergenerationen-Ausgleich (Staatstätigkeit) · intergeneration equity
Interimskonto · suspense account
Interimsschein, Zwischenschein (Aktien) · scrip
Intermediäre Güter, Vor- und Zwischenprodukte · intermediate products
Internalisierung · internalisation
Internationale Arbeitsorganisation · International Labo(u)r Organization
Internationale Bank für Wiederaufbau und Entwicklung, Weltbank · International Bank for Reconstruction and Development
Internationale Energiekommission · International Energy Agency (IEA)
Internationale Finanzierungsgesellschaft der Uno · International Finance Corporation (IFC)
Internationale Handelskammer · International Chamber of Commerce
Internationaler Währungsfonds (IWF) · International Monetary Fund (IMF)
IWF, Erweiterte Fondfazilität · Extended Fund Facility
IWF, erweiterter Zugang zu den Fondsmitteln · Enlarged Access Policy
IWF, Fazilität für kompensierende Finanzierung von Exporterlösausfällen · Compensatory Financing Facility
IWF, Fazilität zur Finanzierung von Rohstoffausgleichslagern · Buffer-stock-Facility
IWF, Konto für Sonderverwendungen (Goldauktionserlöse) · Special Disbursement Account
IWF, Refinanzierung bei den Mitgliedern -replenishment
IWF, zusätzliche Finanzierungsvorkehrung im · Supplementary Financing Facility
Internationales Arbeitsamt, Weltarbeitsamt · International Labo(u)r Office (ILO)
interne Effekte · internal effects
interne Revision · operational audit
Interner Zinsfuß · (internal) rate on investment, internal rate of return
Intervallschätzung, Hypothesentest · interval estimation

Intervention, Einmischung · interference, intervention
Interventionismus · interventionism
Interventionspreis (EG-Agrarmarkt) · intervention price
Interventionspreissystem (Agrarpolitik) · price support
Interventionspunkt, oberer/unterer · upper/lower intervention point, ceiling/bottom
Interview, (Einstellungs-)Gespräch · interview
Invalide · invalid, disabled person
Invalidenversicherung · disability insurance
Invalidität · invalidity, disability
Inventar, Bestandsliste · inventory
Inventar, lebendes Vieh · livestock
Inventarstück · fixture
Inventarverzeichnis · inventory sheet
Inventur · inventory taking; stocktaking, inventory
Inventur, Abschluß- · closing inventory
Inventur machen, Bilanz ziehen · take stock
Inventurarbeiten · inventory proceedings
Inventursoll(wert) · inventory par
Investition · investment
Investition, freiwillige (erwünschte) · desired investment
Investition, indirekte, Finanzinvestition · portfolio investment
Investition, induzierte · induced investment
Investition, symbolhafte · token investment
Investitionen in nachgelagerte Produktionen · downstream investment
Investitionen, autonome · autonomous investment
Investitionen, erwartete · investment anticipation
Investitionsalternativen i.S. der Beziehung von Investitionsvolumen und Investitionsrentabilität (I. Fisher) · investment opportunity curve
Investitionsanreiz · investment incentive
Investitionsausgaben · capital expenditure
Investitionsberatung(sfirma) → Investitionsrentabilitätsschätzung
Investitionsbeschlüsse · investment decisions
Investitionsfähigkeit, Investitionsmöglichkeit · ability to invest
Investitionsfreibetrag (Prozentsatz der Investitionssumme vom versteuerbaren Einkommen abziehbar; zusätzlich zur Abschreibung) · investment allowances
Investitionsfunktion · investment function
Investitionsgüter · industrial goods
Investitionsgüterindustrie · capital goods industry
Investitionsgütermarkt, Investitionsindustrie · industrial market
Investitionshaushalt, -budget · capital budget
Investitionskapital, Nachfragekurve für · investment demand curve
Investitionskontrolle, gesamtwirtschaftliche/staatliche · (public) investment control
Investitionskriterium · investment criterion
Investitionslag · Lundberg-Lag
Investitionslust · desire to invest
Investitionsmittel, bereitgestellte · capital appropriations
Investitionsmöglichkeiten · investment opportunities
Investitionsmultiplikator · investment multiplier
Investitionsmultiplikator unter Berücksichtigung aller außenwirtschaftlichen Rückwirkungen · foreign trade multiplier
Investitionsneigung · propensity to invest
Investitionsplanung, Investitionspolitik (Firma) · capital budgeting

Investitionsprämie, steuerliche · investment tax credit
Investitionsprogramm · capital expenditure program(me); capital program
Investitionsquote · investment ratio
Investitionsrechnung · capital expenditure account
Investitionsrentabilitätsschätzung, Investitionsberatung(sfirma) · investment appraisal
Investitionsrisiken · business risks
Investitions-Spar-Kurve (IS-Kurve) · investment-saving curve
Investitionsstrom · flow of investment
Investitionstabelle, Investitionsfunktion · investment schedule
Investitionstätigkeit · capital expenditure activity
Investitionsvergünstigung · investment allowances
Investitionszuschüsse · investment grants
Investitionszuschüsse zur Kapitalaufwendung · investment grants towards capital expenditure
Investmentanteil · unit
Investmentfonds · investment trust, mutual funds, unit trust (GB), investment fund
Investmentfonds für Bankguthaben · cash fund
Inzidenz, Eintreten, Wirkung · incidence
Irrtumsvariable · error term
Irrtumsvorbehalt (Irrtümer und Auslassungen vorbehalten), ungeklärte Posten der Zahlungsbilanz · errors and omissions (excepted)
Isoertragskurve → Isoquante
Isogesamttransportkostenlinie · isodapane
Isogewinnkurve · isoprofit curve
Isokosten-Kurve (-gerade), Isotime · iso-cost line, isotim, outlay contour
Isokurve (Sammelbezeichnung für alle Indifferenzlinien) · contour line
Isoproduktkurve · product contour
Isoproduktkurvenschar · isoquant map
Isoquante, Isoertragskurve, Isoproduktkurve · isoquant, iso-product curve, equal-product curve
Ist-Ergebnis, faktische Leistung · outturn
Ist-Kosten, effektiv entstandene Kosten, Herstellungskosten, Selbstkosten · actual costs
Istbestand · actual stock, real amount
Istproduktion · actual rate of output
Istwert · true value

J

Jäger- und Sammlerwirtschaft · hunting and gathering economies
Jahresabschluß · annual accounts; year-end financial statements
Jahresabschlußbuchung · year-end entry
Jahresabschlußzahlen · year-end figures
Jahresbasis, Berechnung auf · annual rate
Jahresbericht, Geschäftsbericht (einer AG) · annual report
Jahresfehlbetrag · net loss for the year
Jahresgehalt · annual salary
Jahreshöchstkurs · yearly high
Jahresrate · annual rate
Jahrestiefstkurs · yearly low
Jahreswirtschaftsbericht · annual economic report
Jahreszinssatz · annual rate of interest
Jahrgangsmodell (wörtlich) Wachstumsmodell mit investitionszeitpunktabhängiger Technik · vintage model
Jones-Effekt → Mitläufereffekt · keep up with the Joneses
Journal · day book

K

Kalkulation, Durchrechnung, Berechnung · calculation, costing
Kalkulationszuschlag → Aufschlag
Kalkulatorische Kosten · imputed costs, imputations, implicit costs
Kalkulatorischer Posten · imputed/implicit item
Kannbestimmung in Verträgen · discretionary provision
Kapazität · capacity
Kapazität, brachliegende · unused capacity
Kapazitätsauslastung · capacity working
Kapazitätsauslastung der Industrie · factory operation rate
Kapazitätsauslastungsgrad · capacity utilization rate, operating rate (US)
Kapazitätsauslastungsquotient (Produktion/Kapazität x 100) · load factor
Kapazitätsausnutzung · utilization of capacity
Kapazitätsbeschränkung · capacity constraint
Kapazitätseffekt · capacity effect
Kapazitätsengpaß · capacity bottleneck
Kapazitätserfordernisse · capacity requirements
Kapazitätsgrenze · capacity limit
Kapazitätsgrenze, volkswirtschaftliche · ceiling of the economy
Kapazitätskosten, Fixkosten · capacity costs
Kapazitätslinie, -grenze · production possibility curve, production possibility boundary, production frontier
Kapital · capital
Kapital, aufgerufenes · called capital
Kapital, ausgegebenes/begebenes · issued capital
Kapital, betriebswirtschaftliches · capital employed
Kapital, eingebrachtes · contributed capital
Kapital, eingezahltes · paid-up capital
Kapital, genehmigtes · authorized capital, stock option plans
Kapital, herabgesetztes · impaired capital
Kapital, homogenes, unendlich teilbares · malleable capital
Kapital, konstantes · constant capital
Kapital (Marx), physische Zusammensetzung des ~s · physical composition of capital
Kapital (Marx), variables · variable capital
Kapital (Marx), vorgeschossenes · advanced capital
Kapital (Marx), zirkulierendes · circulating/fluid capital
Kapital, menschliches · human capital
Kapital, noch nicht eingezahltes · uncalled capital
Kapital, verschachteltes, Kapitalverflechtung · interlocked capital
Kapital- und Vermögenssteuer · tax on capital and wealth
Kapitalakkumulation · capital accumulation
Kapitalanlagen bzw. Investitionen des Unternehmens (Ohne weitere Spezifizierung) · capital expenditure
Kapitalanlagen, erstklassige · high-grade investments
Kapitalanpassungsfunktion · stock-adjustment function
Kapitalausgaben · capital outlay
Kapitalausstattung (eines Unternehmens) · capitalization
Kapitalbegebung, erstmalige Kapitalauflage einer Gesellschaft · flo(a)tation
Kapitalbeweglichkeit i.S. universeller Verwendbarkeit von Produktionsmitteln · capital malleability
Kapitalbewegungen zwischen Industrieländern · cross-investment
Kapitalbilanz · capital account

Kapitalbilanz, Saldo der, eines Landes · net foreign investment
Kapitalbildung · capital formation, formation of capital, fixation of capital
Kapitaldeckungsverfahren (der Sozialversicherung) · funding
Kapitaleinkommen · unearned/investment income
Kapitalerhöhung, junge Aktien · equity-offering stock
Kapitalertrag, Kapitalrückfluß · return on investment
Kapitalertragsrate (Rendite) · rate of return on investment
Kapitalertragssteuer · capital yields tax, withholding tax (US), investment income tax
Kapitalexport · capital export
Kapitalflucht · flight of capital, flight from currency
Kapitalfluß · capital flow
Kapitalflußrechnung · flow statement
Kapitalflußrechnung durch Aufzeichnen der Umsätze in Matrixform · articulation statement
Kapitalgesellschaft · stock corporation (US)
Kapitalgesellschaft (eingetragene) · public company
Kapitalgewinne · capital gains
Kapitalgut · capital good, durable producer good
Kapitalimport · capital import
Kapitalintensität · capital intensity
Kapitalintensität, wachsende · capital deepening, deepening investment, deepening capital
kapitalintensiv · capital intensive
Kapitalismus · capitalism
Kapitalist · capitalist
Kapitalkoeffizient · capital coefficient, capital output ratio
Kapitalkoeffizient, makroökonomischer (Quotient aus Bruttoinvestition und Bruttosozialprodukt) · gross incremental capital output ratio
Kapitalkoeffizient, marginaler · incremental/marginal capital-output ratio (ICOR)
Kapitalkonto · capital account
Kapitalkosten · cost of capital a) durchschnittliche Kapitalkosten effektiver Zinsbelastung unter Berücksichtigung der verschiedenen Finanzierungsquellen eines Unternehmens b) Kosten für zusätzliches Kapital
Kapitalkosten · capital charges
Kapitalkosten (Keynes) · user cost
Kapitalmangel · lack of capital
Kapitalmarkt · capital market
Kapitalmarktlenkungsausschuß · capital issue committee
Kapitalnutzungskosten · capital user costs
Kapitalrentabilität · rate of return
Kapitalrückflußrate · capital recapture rate, capital recovery rate
Kapitalrücktransfer · repatriation
Kapitalrückzahlung · capital redemption
Kapitalsättigungspunkt (Grenzproduktivität des Kapitals = Null) · capital saturation
Kapitalsammelstellen (Banken, Investmenttrusts etc.) · institutional investor, financial intermediaries, saving intermediaries
Kapitalstock (gesamtwirtschaftlicher) · social capital
Kapitalstock · capital stock, amount of capital goods, stock of capital
Kapitalstockwachstum bei konstanter Kapitalintensität · capital widening
Kapitalstrom, Kapitalbewegung · capital flow, financial flow
Kapitalstruktur (des Unternehmens) · capital structure
Kapitaltransaktion · capital transaction
Kapitaltransfer (internationaler) · capital movement
Kapitalüberfülle (Marx; wörtlich: Blutandrang) · plethora

Kapitalüberschuß, Rücklagen · capital surplus
Kapitalumschlag · capital turnover
Kapitalverkehr, freier · free movement of capital
Kapitalverkehrsbilanz · capital account
Kapitalverluste · capital losses
Kapitalverlustrisiko · capital risk, principal risk
Kapitalverschleiß · capital depreciation
Kapitalverzehr i.S. der Umwandlung von Kapital in produzierte Güter · capital consumption
Kapitalverzinsungsfunktion · rate of return function
Kapitalwert · principal value
Kapitalwertmethode · net-present-value method
Karitas · charity
Karriere, Laufbahn · career
Kartell · trust, cartel, ring, pool, combination (in restraint of trade)
Kartellgesetzgebung · antitrust legislation
Kassa(waren)preis an der Warenbörse · spot price
Kassageschäft → Barverkauf
Kassa-, Lokomarkt (im Gegensatz zum Terminmarkt) (Effektenbörse) · spot market
Kassawaren (im Gegensatz zu Terminwaren) · spot goods, actuals
Kasse(nschalter) · cash desk
Kasse gegen Dokumente · d/p (documents against payment)
Kassenbeamter → Kassierer
Kassenhaltung · holding of money, cash balance
Kassenhaltungskoeffizient · cambridge-k
Kassenhaltungsneigung · money holding propensity
Kassenhaltungstheorie · cash balances theory
Kassenkredite der Zentralbank an öffentliche Haushalte · ways and means advances
Kassenmittel · cash
Kassenobligation, Schatzanweisung · medium-term note
Kassenschlager · blockbuster
Kassenwart → Finanzdirektor
Kassierer(in) · cashier
Kassierer, Kassenbeamter · tiller
Katallaktik · catallactics
Katalog, Verzeichnis · catalogue
Katastrophengebiet · disaster area
Kategorie-1-Sicherheit · tier-one asset
Kategorie-2-Sicherheit · tier-two asset
Kathedersozialisten · socialists of the chair; socialists of the lactern
Kauf-, Käuferverhalten · purchase pattern
Kaufanreiz · inducement/icentive to buy
Kaufauftrag, Kundenauftrag · purchase order
Kaufentschlußanalyse · activation research
Käuferansturm (Börse) am Anfang der Geschäftszeit · onset
Käufermarkt · buyer's market
Kaufkraft · purchasing power
Kaufkraft, überschüssige · excessive purchasing power
Kaufkraftparität · parity of purchasing power
Kaufkraftparitätentheorie · purchasing power parity theory
Kaufkraftstreuung · diffusion of purchasing power
Kaufkraftüberhang, Übernachfrage · excessive purchasing
Kaufkredit, Verkäuferkredit · vendor credit
Kaufmann, Händler · merchant
Kaufmotiv · buying motive
Kaufoption · call option
Kaufpreis · purchase price
Kaufsteuer auf der Großhandelsstufe · purchase tax (GB)
Kaufsucht, zwanghafter Konsum · compulsive consumption
Kauftag · purchase date

Kaufvertrag · sales agreement
Kaufvertrag unter Eigentumsvorbehalt · conditional sale agreement
Kausalität · causality
Kaution · safe pledge
Kennzahlensystem · ratio system
Kennziffern, finanzwirtschaftliche · financial ratios
Kernfähigkeit einer Firma · core competence
Kettenläden (ältere Bezeichnung) · multiple shops
Kettenladen · chain store
KfZ-Haftpflichtversicherung · third-party motor insurance
Kinderarbeit · child labour
Kinderarbeitsgesetz · child labor law
Kinderfreibetrag · child allowance
Kindergeld · family allowance
Kirchensteuer · church tax/rate
Kitt-Ton-Modell, → Technikvariation · putty-clay model
Klasse(nintervall) · bracket
Klassenbewußtsein · class consciousness
Klassenkampf · class struggle
Klassenschichtung · class distruction
Klassifikation, Qualitätsabstufung · grading
Klassifizierung, Wertpapiereinstufung, Leistungsbewertung · rating
Klassische Nationalökonomie · classical school of economics
klassischer Bereich (der LM-Kurve im Hicks-Diagramm) · classical range
Kleinanzeigen · classified advertisements
Kleinbetrieb · small-scale production
Kleinbürger · (petty) petit bourgeois, little man
Kleingewerkschaft (GB) · chapel
Kleinindustrie · small industry
Kleinschuldverschreibungen · baby bonds
Kleinserienfertigung → Auftragsfertigung
kleinste Quadrate, zweistufige · two-stage least squares
Kleinverbrauchertarif → Tarif
Klerikalismus · clericalism
Klient → Kunde
Klumpenauswahlverfahren · cluster analysis
Klumpenstichprobe · cluster sampling
KMU = Klein- und Mittelunternehmen · SME = small and medium sized enterprises
Knappheit, knapp · scarcity, scarceness, shortage, scarce
Koalition · coalition
Koalitionsfreiheit, Grundrecht der · right to organize, freedom of association
Koeffizientenmatrix → Matrix · requirement matrix
Körperschaft · entity
Körperschaftssteuer (entspricht der deutschen) · business taxation (GB), corporation tax, corporate income tax (US)
Körperschaftssteueranrechnung (auf die Einkommensteuer) · imputation system
Körperschaftssteuervorauszahlung · advance corporation tax
Koexistenz · coexistence
Kohäsion · cohesion
Kohlenäquivalent, (Stein-), Steinkohleneinheit · coal equivalent, energy equivalent
Kollektivbedürfnis, öffentliches Bedürfnis · public want
Kollektivgut · public good
Kollektivismus · collectivism
Kollektivverhandlungen · collective bargaining
Kollektivvertrag · collective contract/agreement
Kollinearität · collinearity
Kombikonten (Verbindung von Sichtguthaben und Sparguthaben in verschiedenen Formen) · negotiable orders of withdrawal (NOW); auto-

matic transfer services (ATS); cash management account; sweep account

Kombinat, Konzern · combine

Komfortgüter (zwischen Grundbedarf und Luxus) · decencies

Kommanditgesellschaft · limited partnership

Kommanditist, beschränkt haftender Gesellschafter · limited partner

Kommandowirtschaft · command economy

Kommissionsgebühr eines Brokers · brokerage

Kommissionsgeschäfte · factorage

Kommunalbetrieb · municipal enterprise

Kommunalhaushaltswirtschaft, kommunale Finanzwirtschaft · local public finance

Kommunalobligation · municipal bond

Kommunalsteuer, -abgabe · rate (GB)

Kommunikationsnetz, -beziehungen · communication network(s)

Kommunismus · communism

komparativen Kosten, Gesetz der · law of comparative advantages

Komparativer (Kosten-)Vorteil · comparative advantage, comparative cost advantage

Kompatibilität · compatibility

Kompensationsgeschäft(e), Gegengeschäfte · countertrade

Kompensationszahlung für freigesetzte Arbeitskräfte (i.S. eines Sozialplans) · redundancy payment fund

Kompensatorische Fiskalpolitik i.S. dauerhafter Kompensation privater Nachfrageschwäche · compensatory budgeting

Kompetenzgerangel, -Konflikte · overlapping authorities

Komplement (einer Teilmenge) · complement

Komplementärgut · complementary good, complement

Komplementarität · complementarity

Komplexität · complexity

Kompromißlösung, pragmatische; Verhalten, das nicht die objektiv beste, sondern die unter gegebenen Bedingungen befriedigende Lösung sucht · satisficing

Kondratieff-Wellen → Lange Wellen

Konfiszierung · confiscation

Konjunktur · economic trend, economic/business/trade cycle

Konjunkturaufschwung · recovery

Konjunkturausgleichsrücklage · tax reserve for anticyclical purposes

Konjunkturaussichten · economic prospects

Konjunkturbarometer · business barometer

Konjunkturbefragung → Stimmungstest

Konjunkturbelebungsmaßnahmen · reflation

Konjunkturbewegung, untere und obere Grenze der (Boden, Decke) · floors and ceilings in trade cycle

konjunkturempfindlich, ~reagibel · responsive to cyclical fluctuations

Konjunkturflaute, längerfristige → Depression

Konjunkturgipfel, Zyklusspitze, Scheitel · peak

Konjunkturindikator · business-cycle indicator, economic indicator

Konjunkturpolitik · stabilization policy

Konjunkturpuffer · cyclical shock absorber

Konjunkturspritze · dose of reflation, hypo (US)

Konjunkturstatistik i.S. volkswirtschaftlicher Kennzahlen · vital statistics

Konjunktursteuer Konjunkturpolitische Steuerzuschläge bzw. -abschlag (Konjunkturzuschlag), auf dem Weg der Rechtsverordnung · regulator (GB)

Konjunkturtal · trough
Konjunkturumfrage · business survey/test
Konjunkturverlauf, Trendlinie einer Volkswirtschaft · path of economy
Konjunkturzuschlag · anticyclical quasi-surtax
Konjunkturzyklus · economic/business/trade cycle
Konjunkturzyklus-Längen → Wellen
Konkurrent · competitor, rival
Konkurrenz · competition, rivalry
Konkurrenz, atomistische · atomistic competition
Konkurrenz, monopolistische · monopolistic competition
Konkurrenz, unvollständige/vollständige · imperfect/perfect competition
Konkurrenz, vollkommen homogene · pure competition
Konkurrenzangebote · competitive claims
Konkurrenzbeobachtung zwecks partiellem Leistungsvergleich betrieblicher Funktionen und Abläufe · bench marking
Konkurrenzkampf · business struggle; competitive struggle
Konkurrenzsozialismus (O. Lange) · market socialism
Konkurs, Bankrott · bankruptcy
Konkursantrag · bankruptcy petition
Konkursforderungen bevorrechtigte · preferential debt
Konkursverfahren · bankruptcy proceedings
Konossement → Frachtbrief
Konsolidierung von kurzfristigen Schulden · funding, consolidation
Konsols, Consol · irredeemable security, undated securities
Konsortialaktie, -beteiligung · underwriting share
Konsortialanleihe · syndicated loan
Konsortialkredit · joint credit
Konsortium · syndicate
Konstrukteur, Gestalter · designer
Konsum · consumption
Konsum(enten)wahl · consumer's choice
Konsum, demonstrativer (Prestige-) · conspicious consumption
Konsum, privater · private/personal consumption
Konsumausgaben · consumption expenditure
Konsument · consumer
Konsumentenentscheidungen, Theorie der · theory of consumer choice
Konsumentenkonkurrenz, Ausschluß der (Kollektivgüter) · non-rivalness in consumption
Konsumentenkredit einschließlich des „Anschreibens" beim Kaufmann · consumer credit
Konsumentenpräferenz · consumer(s') preference
Konsumentenrente · consumer surplus, consumer rent
Konsumentensouveränität · consumer(s') sovereignty
Konsumententestgruppe · consumer panel
Konsumentenverhalten · consumer behaviour
Konsumfreiheit · freedom of consumption
Konsumfunktion · consumption function
Konsumfunktion, verzögerte · lagged consumption function
Konsumgewohnheit · habit of consumption
Konsumgüter, einmalig benutzbare Güter, kurzlebige · soft-goods
Konsumgütermarktforschung · consumer research
Konsumgut · consumer good
Konsumkonformismus → Jones-Effekt, Mitläufereffekt
Konsumlinie → Verbrauchskurve
Konsumneigung · propensity to consume

Konsumneigung, durchschnittliche · average propensity to consume (A.P.C.)
Konsumneigung, marginale · marginal propensity to consume (M.P.C.)
Konsumvariablen (Bezeichnung der) · consumption term
Konsumverzicht, Enthaltsamkeit · abstinence, abstention, refraining from consumption
Kontaktpflege mit der Öffentlichkeit · public relation
Kontenrahmen · system of accounts
Konterbande · contraband
Kontingent · quota
Kontingenz · contingency
Kontingenztafel · contingency table
Konto · account
Konto, inaktives · dormant account
Konto, konsolidiertes · consolidated account
Konto, laufendes · current account
Konto, überzogenes · overdrawn account
Kontoauszug · abstract of account; statement (of account), bank statement
Kontoführungsgebühr · handling charge
Kontokorrent(konto) · A/C (account current)
Kontokorrentkredit · overdraft credit
Kontokosten (Zins und Gebühren) · bank charges
Kontostand → Saldo
Kontrakteinkommen, kontraktbestimmtes Einkommen · contractual income
Kontraktkurve, Tauschlinie · contract curve
kontrazyklisch · countercyclical
Kontrollbefugnis · span of control
Kontrollspanne, Zahl der Untergebenen · span of control
Kontroverse, Auseinandersetzung · dispute, controversy
Konventionalstrafe · conventional fine, stipulated damages
Konventionalstrafe für Liefer-/Leistungsverzug · demurrage
Konvergenz · convergence
Konvergenzkriterien · convergence criteria; criteria of convergence
Konversion, Schuldenkonversion zur Konsolidierung der Schuld · funding operations, conversion
Konvertibilität · convertibility
Konzentration · concentration
Konzentration, vertikale (Integration bzw.) · vertical integration
Konzentration, vertikale, in vorgelagerte/nachgelagerte Produktionsstufen · backward/foreward integration
Konzentrationsprinzip, statistisches, Datenverdichtung · cut-off (principle)
Konzentrationsverminderung durch Verkauf von Konzernbetrieben · divestiture
Konzern · group of affiliated companies; trust
Konzern, konglomeraler · conglomerate
Konzernbilanz, Gruppenbilanz · group balance sheet
Konzernbilanz, konsolidierte · consolidated balance sheet
Konzerngewinnsteuer → Gewinnsteuer
konzerninterne Umsätze · inter- company sales
konzertierte/abgestimmte Aktion · joint action, united action, concerted action
Konzession, Lizenz · licence (license)
Konzessionserteilung, Verkaufsrechtübertragung · franchising
Konzessionsordnung · licensing system
Kooperationswettbewerb, Wortschöpfung aus cooperation und competition: Unternehmungen, die

auf einem oder mehreren Märkten untereinander in Wettbewerb stehen, auf einem dritten Markt jedoch Partner sind · copetition = co-operation and com-petition
Koordinate · coordinate
Koordinatenabschnitt · intercept
Koordinierung · coordination
Kopf- und Handarbeit · mental and manual labour
Kopfsteuer · poll tax, head tax
Koppelung (von Modellen) · linkage
Koppelungsgeschäft (Kompromiß) · package deal
Korporatismus · corporatism
Korrekturabzug, Fotoabzug · proof
Korrelation · correlation
Korrelationsebene · correlation surface
Korrespondenzbankbeziehung · correspondent banking
Korrespondenz-Zentralbankmodell · correspondent central banking model
korrupt · venal
Kosten (sowohl Opportunitätskosten als auch bewerteter Güterverzehr) · cost
Kosten, abzugsfähige · deductible expenses
Kosten, aufgelaufene · accrued charges
Kosten der (Ab-)Nutzung eines Kapitalgutes · user cost
Kosten eines spezifischen Anlageguts ohne alternative Verwendungsmöglichkeit · sunk costs
Kosten, durchschnittliche, Durchschnittskosten · average costs
Kosten, externe · external costs
Kosten (Fix), durchschnittliche · averaged fixed costs
Kosten (Fix), gesamte · total fixed costs
Kosten, geleistete · sunk costs
Kosten, gesamte variable · total variable costs
Kosten, intervallfixe · stepped costs, semi-variable costs
Kosten, kalkulatorische · implicit costs, imputed costs, imputations
Kosten, komparative · comparative costs
Kosten, kurzfristige · short-run costs
Kosten, langfristige · long-run costs
Kosten, nicht beeinflußbare · uncontrollable cost
Kosten, nichtfaktorbezogene · non-factor costs
Kosten, unproduktive → Faux fraix
Kosten, (un)vermeidbare · (un)avoidable costs
Kosten, variable · variable costs, direct costs, operating costs, out-of-pocket costs
Kosten, Versicherung, Fracht · CIF = cost, insurance, freight
Kosten, volkswirtschaftliche · social costs
Kosten, vorkalkulierte · target cost
Kostenabweichung · cost variance
Kostenanalyse, Kostenplanung · cost analysis, analysis of expenses
Kostenaufstellung · cost breakdown
Kostenaufwand (bewerteter Güterverzehr), Ausgaben · outlays
Kostenbegrenzung(spolitik), Kostendämpfung · cost containment mechanism
Kostenbestandteil · cost element
Kostendegression · economies of scale
Kostendegression der Massenproduktion · scale effect
Kostendegression, extern bedingte · external economies of scale
Kostendegression, interne · internal economies of scale
Kosteninflation · cost-push inflation
Kostenkoeffizient(en), Kostenquoten · expense ratio(s)
Kostenkontrolle über alle Fertigungsstufen hinweg · economic chain costing
Kostenkurven · cost curves
Kosten-Nutzen-Analyse · cost-benefit analysis

Kosten-Nutzen-Verhältnis · benefit cost ratio
Kostenplanung → Kostenanalyse
Kosten-plus-Kalkulation Zuschlagkalkulation: Preisvereinbarungen bei öffentlichen Aufträgen, wobei der Preis als Summe aus Kosten und einem (vereinbarten) Gewinnzuschlag ermittelt wird · cost-plus system
Kostenprogression · diseconomies of scale
Kostenrechnung · cost accounting, costing, cost control
Kostenstelle · cost centre
Kostenstellenrechnung · cost centre accounting
Kostenträger · cost unit, unit of cost
Kostenträgerrechnung · cost unit accounting, unit-of-output costing statement
Kostenumlage, Kostenaufschlüsselung, Kostenzuteilung · cost allocation
Kosten-Umsatz-Gewinn-Planung · cost-volume-profit-analysis
Kostenverlagerung, -überwälzung · cost shifting
Kostenvoranschlag · estimate (of cost)
Kostenvorteil, absoluter · absolute advantage
Kostenwert · cost value
Kostpreis (Marx) · cost price
Kouponsteuer · coupon tax
Kraftfahrzeugsteuer · motor vehicle duty, road tax
Kraftfahrzeugversicherung · motor insurance
Kraftstoffsteuer · gasoline tax (US)
Krankengeld · sickness benefit
Krankenkasse, Krankenversicherung · health insurance
Krankenversicherung für Arme (USA) · Medicaid
Krankenversicherung (US) mit Vertragsärzten und Vertragskrankenhäusern · Health Management Organization (HMO)
Krankenversicherungsprogramm für die medizinische Versorgung von Senioren (USA) · Medicare
Kredit · loan, credit
Kredit, gebundener · tied loan
Kredit, mittelfristiger · term loan
Kredit, persönlicher · personal loan
Kreditanstalt für Wiederaufbau · Reconstruction Loan Corporation (Germany)
Kreditaufnahme bei der Notenbank · borrowing money from the central bank
Kreditauskunft · trade reference
Kreditbedarf der öffentlichen Hand · PSPR = Public Sector Borrowing Requirement (GB)
Kreditbefristung · maturity
Kreditbremse → Restriktionspolitik
Kreditbrief · letter of credit
Kreditdrosselung · credit squeeze
Kreditexpansion · credit expansion
Kreditfazilität · credit facility
Kreditfazilität bei der Zentralbank (Diskont- und Lombardkredit) · discount window
Kreditgeber · lender
Kreditgeld · credit money, debt money
Kredithai · loan shark
Kredithilfen durch steuerliche Abschreibungsregelung · (credit) enhancement
Kreditkapital · loan capital
Kreditkarten · plastic credit
Kreditkettenbildung · chaining, pyramiding
Kreditkontingentierung, Kreditbegrenzung · credit ceiling
Kreditkonto · credit account
Kreditkontrolle · credit control
Kreditkosten · credit charges
Kreditlenkung, direkte · direct guiding of lending
Kreditlimit · credit limit
Kreditlinie · line of credit
Kreditmarktlinie · loan market line

Kreditmarktpapier · security
Kreditnahme · borrowing
Kreditnehmer · borrower
Kreditplafond · credit ceiling
Kreditpolitik der Zentralbank · credit control
Kreditrestriktionen · credit squeezes, credit restrictions
Kreditrückgang Im Sinne einer Verminderung der über Kapitalsammelstellen laufenden Transaktionen · disintermediation
Kreditschöpfung · credit creation
Kreditschöpfungsmultiplikator · credit multiplier, deposit multiplier, money supply expansion multiplier
Kreditspielraum, Swing (im internationalen Handel) · swing, credit limit, credit line
Kreditvereinbarung mit einer Bank (einschließlich der Rückzahlungsregelungen) · arrangement
Kreditvergabe · making a loan, lending
Kreditversicherung · credit insurance
Kreditvertrag · credit contract
Kreditvolumen, potentielles · loanable funds
Kreditwürdigkeit · credit worthiness
Kreditwürdigkeit, gesellschaftlicher Ruf · credit rating
Kreditwürdigkeitsprüfung · status inquiry
Kreditzins für erstklassige Schuldner · prime rate, base rate
Kreditzusage (im Export) · credit approval
Kreditzusage · lending commitment
Kreditzusage, feste, ohne bestimmte Terminierung · revolving loan
Kreisdiagramm · circular chart; wheel diagram(me), pie chart
Kreislauf (des Geldes) · circular flow (of money)
Kreislaufgeschwindigkeit des Geldes · income velocity of circulation
Kreislaufmodell, gesamtwirtschaftliches (volkswirtschaftliche Gesamtrechnung) · macroeconomic model of income determination
Kreuzelastizität · cross-elasticity
Kreuzkurs, Usancenkurs · cross rate
Kreuzpreiselastizität · cross-elasticity of demand, elasticity of commodity substitution
Kriegführende Partei (Staat) nach Völkerrecht · belligerent
Kriegsgewinnler → Schieber
Kriegsgewinnsteuer → Übergewinnsteuer
Kriegshandlung · act of war
Kriegsrisiko-Versicherung · war risk insurance
Krise · crisis
Krümmung · curvature, curve
'Krug der Witwe', Bezeichnung für die im Zuge der staatlichen Vollbeschäftigungspolitik ansteigenden Steuern sowie Selbstfinanzierungseffekt der Investitionen · widow's cruse (Keynes)
kubisch · cubic
Kündigung · notice
Kündigung, freiwillige · voluntary redundancy
Kündigung, fristlose · dismissal without notice
Kündigungsfrist · period of notice, notice period, terms of notice (Vertrag)
Kündigungsklausel · notice clause
Kündigungsschutz · call protection; protection against dismissal
Kumulative Verursachung (Myrdal) · cumulative causation
Kunde, Kundin, Klient · client, customer
Kundenberatung (bei Bankgeschäften) · account service
Kundendienst → Service
Kundengruppenmanagement (Konzentration von Marketingpolitik auf Hauptabnehmer) · key-account-management (KAM)

Kundenorientierung, effiziente Reaktion auf Kundennachfrage; logistisches Konzept zur Verbesserung des Zusammenspiels zwischen Endverbrauchern, Handel, Herstellern und Zulieferern · efficient consumer response (ECR)
Kunststoffe · synthetics
Kupon, Gutschein, Rabattmarke · cupon
Kuppelprodukte · joint products
Kurfürstenwürde → Wählerschaft
Kurs, Preis · rate
Kursabsicherung · hedging (a rate)
Kursaufschlag · contango, premium
Kursdifferenz → Marge
Kurs-Gewinn-Rate (Wertpapiere) · price-earnings ratio
Kurssicherung · forward cover
Kursverhältnis zweier Währungen im Verhältnis zu einer dritten Währung · cross rates
Kurve · curve, curvature
Kurve, konvexe · bowed out (curve)
Kurve, überlagernde · superimposing curve
Kurvenanpassung · fitting a curve
Kurvenanstieg · steepness of slope
Kurvenschar · family of curves
Kurvenwendepunkt, symmetrischer · cusp
Kurzarbeit · short-time working
Kurzarbeiter · part-time worker, short-time worker
Kurzarbeitergeld · short-time allowance/benefit/compensation
Kurzläuferfonds · short term (bond) found
Kurzsichtigkeit im Konsumverhalten (z.B. unzureichende Zukunftsvorsorge) · myopia
Kybernetik · cybernetics

L

Ladefähigkeit · loading capacity
Laden, Lager · store
Ladendieb · shop lifter
Ladesektor, -bereich · loading area
Längsschnittanalyse · longitudinal analysis
Lagebericht · fact-finding survey, situation report
Lager(haus) · warehouse
Lagerabbau · destocking, inventory decumulation
Lageraufbau · inventory accumulation
Lagerbestand (in Produktionstagen gerechnet) · stock cover
Lagerbestände · inventories
Lagerbestandsveränderungen · inventory changes
Lagerdispositionen · stockpiling behaviour
Lagerfinanzierung · inventory loan
Lagergebühren · storage charges
Lagerhalter · stock holder
Lagerhaltung, Lagerung von Erzeugnissen · stock keeping, warehousing
Lagerhaltungskosten · stockholding cost
Lagerhaltungsschwankung · inventory fluctuation
Lagerhaltungssystem · inventory system
Lagerinvestition · inventory investment
Lagerumschlag, Lagerumschlagshäufigkeit · stock turnover, intentory turnover, stock sales ratio
Lagerung, EDV-Speicher · storage
Lagerzyklus · inventory investment cycle
Lagewert Bodenwert entsprechend dem Verwendungszweck (Einfluß des Bebauungsplans) · site value
Lagrange-Optimierung · lagrangian optimization
Landarbeiter · agricultural labo(u)rer
Land-, Hausbesetzer · squatter

Landbesetzung, illegale · squattering
Landbesitz, Liegenschaften · landed property, real estate
Landeswährung · national currency
Landeszentralbanken · state central banks (subsidiaries of the Federal Reserve, Germany)
Landnahme, ursprüngliche, Besitznahme, Okkupation · occupancy
Landpacht-Zins → Bodenrente
Landwirtschaft · agriculture
Landwirtschaftsbank · agricultural bank, land bank
Lange Wellen der Konjunkturbewegung (Kondratieff-Wellen) · long-wave cycles, long waves, long swings, long cycles
Langlebigkeit · longevity
Lastenausgleichsfonds · Equalization of Burden Fund
Lastschrift · debit entry
Lastverteilung, intergenerationelle · intergeneration equity
Laufzeit · life (of a loan), life (span, duration)
Laufzettel · work label
Lebensarbeitseinkommen · life-time labor income
Lebensdauer · life span
Lebensdauer eines Anlageguts · life of an asset
Lebensdauer, ökonomische (Unter Berücksichtigung des physischen Verschleißes und der technologischen Alterung) · useful life (of an asset)
Lebenseinkommen · life-time earnings
Lebenshaltung, aufwendige · sumptuous living
Lebenshaltungskosten · cost of living
Lebenshaltungskostenindex · cost of living index
Lebensmittel, bewirtschaftete → protective food
Lebensmittelverfälschung, Verderben von Lebensmitteln · adulteration of food
Lebensqualität · quality of life
Lebensstandard · standard of life, standard of living
Lebensunterhalt · upkeep, sustenance
Lebensunterhalt, Subsistenz, Auskommen, Existenz(grundlage) · livelihood
Lebensversicherung, Assekuranz · endowment assurance (GB), insurance (US)
Lebensversicherungspolice · endowment policy
Lebensversicherungsprämien · life insurance premiums
Lebenszyklus, z. B. eines Produktes · life cycle
Lebenszyklushypothese (Konsumtheorie) · life cycle hpyothesis
Leerlaufkapazität · idle capacity
Leerlaufzeit · idle time
Leerverkauf vornehmen · sell short
Leerverkäufer (Börse) · short seller
Legat · legacy
Lehnsgut · copyhold
Lehrauffassung, Schule, These · tenet
Lehrbuchmeinung, Standardwissen · textbook economics
Lehre (gewerbliche) · apprenticeship
Lehrling · apprentice
Lehrmeinung, wissenschaftliche Schule · school of thought, tenet
Lehrsatz, Grundsatz · tenet
Lehrstelle · apprenticeship place
Lehrstuhl · professorial chair
Lehrvertrag · contract of apprenticeship
Leibeigenschaft, Hörigensystem · serfdom
Leibrente · annuity
Leichtindustrie · light-industry
Leistung · achievement, performance
Leistungen, vermögenswirksame · asset-formation allowance/benefit
Leistungsbilanz · current account
Leistungsbilanzdefizit · trade gap
Leistungsbilanzsaldo · current balance
Leistungseinheit · efficiency unit

Leistungseinkommen · factor income
Leistungsempfänger(in) · beneficiary
Leistungsfähigkeit · productive capacity
Leistungsfähigkeit(sprinzip) in der Besteuerung · ability-to-pay taxation
Leistungshemmung, leistungshemmender Faktor · disincentive
Leistungskennzahlen · standards of performance
Leistungskontrolle, automatische, innerhalb eines Betriebes · internal check
Leistungslöhne → Akkordlöhne
Leistungsmotivation · achievement motivation
Leistungsobergrenze · benefits-ceiling
Leistungsprinzip · principle of efficiency
Leistungsreserven durch Leerlauf im Arbeitsprozeß · slack
Leistungsvergleich mit Unternehmen der gleichen oder einer anderen Branche in Kooperation, um bestmögliche Lösungen zu finden, Nivellierpunkt(orientierung) · benchmarking
Leistungsverrechnung, innerbetriebliche · internal calculation
Leistungsziele → Grundziele
Leistungszulage · merit payment
Leitende Angestellte(nschicht) · retinue
Leitkurs · central rate
Leitlinie · guide line
Leitwährung · key currency, vehicle currency
Leitzins für Kontokorrentkredite und Habenzinsen der Geschäftsbanken · basic rate, base rate
'Letzter' Arbeitgeber, Staat als · employer of the last resort
Leverage, Verhältnis von Fremd- und Gesamtkapital · leverage, gearing, debt ratio
Leverage-Effekt → Fremdkapitaleffekt
Lieferant · supplier, contractor, purveyor
Lieferantenkredit · trade credit
Lieferantenschulden, Kreditoren · supplier debts
Lieferbedingungen · terms of delivery
Lieferschein · delivery note
Lieferung (Aus-) · delivery
Lieferung gegen Zahlung (L/Z) · delivery-versus-payment system (DVP)
Liegenschaften → Landbesitz
Limitationalität · fixed proportion
Lineare Programmierung, Optimierung · linear programming
Linie, punktierte · dotted line
Linienorganisation · line organization
Liniensystem (H. Fayol) · scalar chain
Liniensysteme · Line Systems
Liquidation (Firmen) · liquidation, winding-up
Liquidationswert · saleable value
liquidierbar · realizable, payable
Liquidität · liquidity
Liquidität, binnenwirtschaftliche · domestic liquidity
Liquidität, internationale · international liquidity
Liquiditätsbilanz · liquidity balance
Liquiditätsfalle · liquidity trap
Liquiditätsgrad · ready money
Liquiditätsgrad, -kennziffer im Sinne des acid-test · quick (-assets) ratio
Liquiditätsgrundsätze · liquidity rules
Liquiditätskennziffer (Quotient aus Umlaufvermögen, vermindert um Lager- und Halbfabrikatbestände und kurzfristigen Verbindlichkeiten) · liquid ratio, acidtest ratio, current ratio
Liquiditätsminderung · contraction of liquidity
Liquiditäts-Netting bei Zahlungsunfähigkeit · close-out netting
Liquiditätsreserven · bank reserves
Liquiditätsrisiko · liquidity risk
Liquiditätssteuerung · cash management

Liquiditätsüberschuß · cash surplus
Liquiditätsvorliebe · liquidity preference
Liste → Aufzählung
Listenpreis · posted price, book price
Literaturverzeichnis · references
Lizenz(vergabe) · licenc(e)ing
Lizenz- und Konzessionseinnahmen · royalties
L-Kurve (Phillips-Beziehung) · L-shaped curve
Lochkarten · punched cards
Lochstreifen · punched tape
Lockvogelangebot (Preis unter Kosten) · loss leader
Lösung, allgemeine · general solution
Lösung, eindeutige · unique solution
Lösung, nicht triviale · non-trivial solution
Lösung, zulässige · feasible solution
Lösungsbereich, zulässiger · feasible region
logarithmischer Maßstab · ratio scale
Lohn · wage
Lohn, effektiv ausbezahlter, Nettolohn · take-home pay
Lohn-, Gehaltsabrechnung · pay roll
Lohnabschluß · wage settlement
Lohnabstand, Lohnvorsprung · wage differential
Lohnanpassung · wage adjustment
Lohnanpassungsverzögerung · wage lag
Lohnanreiz · wage incentive
Lohnarbeit · wage labo(u)r
Lohnarbeiter · wage worker
Lohnausgleich · wage stabilization
Lohnauszahlung · payment of wages
Lohnbeschränkungen · wage restrictions/controls
Lohndrift · wage drift
Lohnempfänger (die) · wage-earning staff
Lohnerhöhung · wage increase/rise, pay increase; allgemeine~ · wage hike
Lohnerhöhung, indexgebundene · threshold payment
Lohnfondstheorem · wages fund doctrine
Lohnfondstheorie · wage fund theory
Lohnforderung · wage demand, wage claim
Lohngefälle zwischen Arbeitern und Angestellten · white-collar differential
Lohngesetz, ehernes · iron law of wages
Lohngleichheit für gleiche Leistung, Prinzip „gleicher Lohn für gleiche Arbeit" · equal pay
Lohninflation · wage push inflation
Lohnkosten · labour cost
lohnkostenintensive Industrie · labour-intensive industry
Lohnleitlinie · (wage) guidepost
Lohnliste · payroll
Lohnmaschine, sinngemäß Gewerkschaft als; Bezeichnung für eine Gewerkschaftsideologie, die sich „unpolitisch" gibt und für Mitgliedsbeiträge Leistungen verkauft (Lohnerhöhungen, Arbeitszeitverkürzungen) · business unionism
Lohnnebenkosten · nonwage benefits
Lohnniveau · wage level
Lohnniveau, durchschnittliches · average wage level
Lohnpolitik · wages policy, wage policy
Lohn-Preis-Indexierung · built-in-inflator
Lohn-Preis-Spirale · wage price spiral
Lohnquote · labour's share, wage share
Lohnsätze · wage rates
Lohnsatz, beschäftigungsstabilisierender · non accelerating wage rate of unemployment (NAWRU)
Lohn-Schwellenvereinbarung (Indexbindung) · threshold agreement

Lohnsteuer-Abzugsverfahren · pay-as-you-earn system
Lohnsteuerkarte · deduction card
Lohnstop · wage freeze
Lohn- und Gehaltsstop · pay pause
Lohnstückkosten · unit labour cost(s)
Lohnsumme, Personalaufwand · wage bill
Lohnsummensteuer · payroll tax
Lohntarif, gleitender, gleitender Tarif · sliding scale
Lohntarifvertrag · collective wage agreement
Lohntheorie (der den Verhandlungsprozeß der Tarifpartner in den Vordergrund stellt) → Bargaining-Theorie
Lohn- und Gehaltskürzung · pay cuts
Lohnverhandlungen · wage bargaining, wage negotiations
Lohnvorsprung → Lohnabstand
Lohn(wirkungs)analyse · wage incentive analysis
Lohnzuschläge (für Nacht-, Sonntags-, Feiertagsarbeit etc.) · time and a half and double time
Lokomarkt · opposite forward futures market, spot market
Lombardkredit · durch Effektenlombard gesicherte Schuldverschreibungen · collateral trust bond, advances on securities, stock market credit, collateral credit/loan
Lombardsatz · lombard rate, rate for central bank lending on securities
Losgröße, optimale · optimum lot size
Lücke · gap
Lücke, deflatorische → Deflationslücke
Luftfracht(kosten) · air freight
Luftfrachtbegleitschein · air consignment note, air waybill
Luftverschmutzung · air pollution
Lumpen-Proletariat · lumpen-proletariat(e)
Lundberg-lag, Lundberg-Verzögerung: $I_t = f(C_{t-1}, I_{t-1})$ · Lundberg-lag
Luxusgesetz (Besteuerung) · sumptuary law
Luxusgüter · luxuries, luxury goods
Luxussteuer · luxury tax

M

Machbarkeitsstudie · feasibility study
Macht, Energie, Potenz · power
Macht, gegengewichtige · countervailing power
Machtgleichgewicht, -balance · balance of power
Mängelprüfungspflicht des Käufers · caveat emptor
Märkte, entstehende, aufstrebende; Kapitalmärkte Asiens, Lateinamerikas, Afrikas und Osteuropas · emerging markets
Märkte erschließen · open up new markets
Märkte, verbundene · interrelated markets
Maffiagesetz (US) · Rico Act (Racketeer Influenced and Corrupt Organization Act)
Magisches Dreieck · uneasy triangle
Magisches Vieleck · magic polygon
Mahnschreiben, -brief · dunning letter
Mahnung, Erinnerung · reminder
Makler · broker
Makroökonomie · macro-economics, aggregate economics
Management, mittleres · middle management
Management-Beurteilung · management audit, management appraisal
Managementmatrix, Matrixdarstellung der Führungsfunktionen · managerial grid
Management Netz · managerial grid
Management-Planspiel · management game

Manager, Geschäftsführer, Filialleiter, Abteilungsleiter · manager
Mangel, Fehler · defect
Mangel, Verknappung · shortage, want, need
Manipulationen zur Verbesserung des ausgewiesenen Liquiditätsstatus Generell: manipulative Beschönigung in Bilanzen u.a. Dokumenten · window dressing
Manteltarifvertrag · blanket agreement, outline collective agreement, umbrella agreement, industry-wide agreement
Mantelvertrag · collective agreement on working conditions
Mantisse · mantissa
Manufaktur · manufactory
Marge, Preisdifferenz, Kursdifferenz · spread, margin
Marginalanalyse · marginal analysis, marginalism
Marginalanalytischer Ansatz · marginal approach
Marginaler Swapsatz s. Swapsatz
Marginaler Zinssatz · marginal interest rate
Marginalkostenpreis (vollständige Konkurrenz) · marginal cost pricing
Marginalsteuersatz · marginal tax rate
Marke, gut eingeführte · established brand
Marke, Markenartikel, Warenart · brand
Markenartikel · branded goods/products
Markenartikelwerbung · brand advertising
Markenbindung des Handels (z.B. Vertragswerkstätten der Autofirmen) · exclusive dealing
Markenimage · brand image
Markenname, Gütezeichen · brand name
Markentreue · brand loyalty
Marketing, Marketing-Abteilung · marketing
Markt · market
Markt, anfechtbarer (Wettbewerbstheorie) · constestable market
Markt, aufstrebender (Kapital-) · emerging market
Markt, freier, d.h. ohne staatliche Interventionen · free market
Markt, monopolistischer · captive market, monopolist market
Markt, schwarzer · black market
Markt, unvollkommener, Markt mit monopolistischem Anbieterverhalten · imperfect market
Marktabgrenzung gegenüber Konkurrenzprodukten, absatzpolitisches Erringen eines klaren Marktanteils · positioning
Marktabsprache → Kartell · collusion, ring
Marktanalyse/Absatzanalyse · market analysis
Marktangebot · market supply
Marktanteil · market coverage, market share
Marktaufnahmetest · acceptance test
Marktaufteilung, territoriale (Kartell) · zoning
Marktausgleichslager · buffer stock
Marktaustrittshindernis z.B. hoher Kapitalverlust bei technisch unteilbaren Anlagen · barrier to exit
Marktbericht · market report
Marktdurchdringung · market penetration
Marktentwicklung · market trend
marktfähig · marketable
Marktforschung, Absatzforschung · market research
Marktforschung, gemeinschaftliche · syndicated market research
marktführend, hoher Marktanteil · market dominant (position)
Marktführer · market leader
Marktführer, dominierender Markenartikel auf einem Markt · brand leader
Marktintervention · market intervention

Marktkräfte und marktunabhängige Kräfte · market and nonmarket forces
Marktlücke · gap in the market
Marktmechanismus · market mechanism
Marktmorphologie · economic morphology
Marktnachfrage · market demand
marktorientiert · market oriented
Marktplatz · marketplace
Marktpotential · market potential
Marktpreis · market price
Marktpreisbewertung · marking to market
markträumend · market-cleaning
Markträumung · (market)-cleaning
Marktsättigung · saturation of a market, market saturation
Marktsegmentierung · market segmentation
Marktsozialismus, sozialistische Marktwirtschaft, Konkurrenzsozialismus (O. Lange) · market socialism
Marktstellung eines Unternehmens oder Produkts · trade position
Marktstruktur · market structure
Markttransparenz, vollkommene · perfect knowledge of a market
Marktunvollkommenheiten · market imperfections
Marktversagen · market failures
Marktwert · market value, open-market value
Marktwirtschaft · market economy
Marktwirtschaft, freie · free market economy, free enterprise
Marktwirtschaft, kapitalistische · free enterprise economy
Marktwirtschaft, planorientierte/interventionistische · economics of control (A. P. Lerner)
Marktwirtschaft, soziale · social market economy
Marktwirtschaft, sozialistische → Marktsozialismus
Marktzersplitterung durch übermäßige Teilgruppenbildung der Abnehmer · oversegmentation
Marktzugang · access to the market
(Markt-)Zugangssperren · barriers to entry
Marktzutritt, freier, für jeden Anbieter · freedom of entry
Marxismus · marxism
Maschinenausfall → Betriebsstörung
Maschinenausfallzeit (z.B. wegen Zulieferausfällen) · machine-idle time
Maschinenauslastung, optimale · machine loading
Maschinenbau · mechanical engineering
Maschinenbelegungsplan in der Fertigplanung · equipment analysis
Maschinensprache · machine language
Maschinenstillstandszeit (z.B. für Reparaturen) · machine-down time, machine-idle time
Maschinenstürmerei · machine wrekking
Massenaufkauf, Aufkauf in Bausch und Bogen · bulk buying
Masseneinkaufspreis (günstiger Preis bei Massenabnahme) · bulk tariff
Masseneinkommen · mass incomes
Massengut · bulk article
Massengutfrachter · bulk carrier
Massenkonsumgüter · goods of mass consumption
Massenproduktion · mass production, large-scale production
Maßhalteappelle → Seelenmassage
Maßnahmen, expansive · expansionary measures
Maßstab, Umfang, Größe, Größenordnung, Produktionsniveau · scale
Materialaufwand, unmittelbarer · direct materials cost
Materialgemeinkosten · indirect material cost
Materialismus · materialism
Materialismus, dialektischer · dialectical materialism

Materialismus, historischer · historical materialism
Materialistische Geschichtsauffassung · materialist conception of history
Material(bedarfs)planung · material analysis
Materialprüfung · material(s) control
Matrix · matrix, array
Matrix der direkten Inputs/des direkten Aufwands · direct-requirement matrix
Matrix der Koeffizienten des vollen Aufwandes (IO-Analyse) · final-requirement matrix
Matrix, invertierte, inverse Matrix · inverse of a matrix
Matrix, nicht singuläre · non-singular matrix
Matrix, quadratische · square matrix
Matrix, transponierte · transpose of a matrix
Matrixelement · cell
Matrix-Schreibweise · matrix notation
Matrizenalgebra, -rechnung · matrix algebra, matrices
Maut · toll
Mautgut (sinkende Grenzkosten z. B. Kabelanschluß) · toll good
Maxima bei (einschränkenden) Nebenbedingungen · constrained maxima
Medianwert · median
Mehrarbeit · surplus labo(u)r
Mehrfachbesteuerung · multiple taxation
Mehrfachregression → Regression
Mehrheit, arbeitsfähige, (Parlament) · working majority
Mehrheit, Majorität · majority
Mehrheitsbeteiligung · majority holding
Mehrliniensystem · multiple-line system
Mehrphasen-Umsatzsteuer · multiplestage sales tax
Mehrprodukt (Marx) · surplus product
Mehr-Produkt-Fall · multiple product system
Mehrwert · surplus value
Mehrwertdienst · value added network services (VANS)
Mehrwertrate, Ausbeutungsgrad (Marx) · rate of surplus value, rate of exploitation
Mehrwertsteuer · tax on value added, value added tax (VAT)
mehrwertsteuerbefreit · zero rated
Mehrwerttheorie (Marx) · theory of surplus value
Mehrzweckkonto → Kombikonten
Meinungsbefragung, Meinungsumfrage · opinion polling, opinion poll
Meinungsführer · opinion leader
Meinungsmonopol · reputation monopoly, institutional monopoly
Meinungsumfrage · attitude survey, opinion research (poll)
Meistbegünstigungsregel · most favoured nation clause
Meister · master craftsman
Menge (mathematische) · set
Menge, die in einem abgrenzbaren Produktionsvorgang benötigt oder hergestellt wird · batch
Menge, leere (Null der Mengenlehre) · empty set
Menge, unscharfe · fuzzy set
Mengenänderung · changes in volume, changes in quantum
Mengenanpasser · quantity adjuster, price taker
Mengenbeschränkung · quantitative restriction
Mengenlehre, naive (d.h. nicht axiomatische) · naive set theory
Mengenprodukt, kartesisches Produkt · cartesian product
Mengenquotient: Quotient aus Gegenwartsmenge und Menge der Basisperiode · quantity relative, volume relative
Mengenrabatt · quantity rebate, quantity discount, volume discount

Mengenrationierungskonstellation In der Theorie der (makroök.) Ungleichgewichte, Regime · regime
Mengenregulierung · quantity control
Mengentender, Festsatztender · fixed rate tender, volume tender
Mengentheorie · set theory
Mengenumsatz · volume sales
menschlicher Ressourcenindex · Augmented Physical Quality of Life Index (APQLI)
meritorisches Bedürfnis · quasi-private want, merit want
meritorisches Gut · quasi-private good, merit good
Merkantilismus · mercantile system
Merkmal, (herausragende) Eigenschaft · feature
Meso-Ökonomie (Bezeichnung für Großunternehmen entsprechend ihrer Stellung zwischen Makro- und Mikroebene) · meso-economic firms, meso economics
Messe, Ausstellung · fair
Meßfehler · measurement error
Meßfühler (Regelkreis) · comparator
Meßgröße, Indikator · indicator
Meßwerterfassungsgerät (EDV) · logger
Metallwährung · metallic currency
Metamorphose · metamorphosis
Methode · system, technique, method
Methode, deduktive/induktive · deductive/inductive method
Methode zur Erforschung des Verbraucherverhaltens, Tagebuchmethode · diary method
Methode zur Leistungsbeurteilung einer Person · appraisal method
Methodenlehre, statistische, theoretische Statistik · statistical method
Methodenstreit · methods controversy
Methodologie · methodology
Miete · rent, lease
Miete, kalkulatorische (z.B. für Eigentumswohnungen) · imputed rent
Mieten, Miete, Vermietung · leasing
Mieten, ortsübliche · standard local rents
Mieterschutz · security of tenure, tenant protection
Mieterschutz, gesetzliche Mietenregelung · rent control
Mieterschutzgesetzgebung · tenants' protection legislation
Mietkauf · hire purchase
Mietpreisbindung, Mietpreisregulierung · rent control, rent regulation
Mietvertrag · tenancy agreement
Mikroökonomie · micro-economics
Milchprodukte · dairy products
„Milchsee" (Bezeichnung für die Milchüberproduktion der EU) · milk lake
Milliarde · milliard (GB), billion (US)
Minderertrag · shortfall
Minderheit, Minorität · minority
Minderheitsbeteiligung · minority interest
Minderheitshypothese der → Unternehmensbeherrschung
Mindestalter · minimum age
Mindestanzahlung · minimum (initial) deposit
Mindesteinzahlung beim Wertpapierkauf (Rest wird kreditiert) · margin requirement
Mindestgröße, wirtschaftliche · minimum economic size
Mindestlohn · minimum wage/pay
Mindestlohn, garantierter · fall-back pay, guaranteed wage
Mindestpreis, Mindestkurs · floor price, minimum price
Mindestrentenalter · minimum pension age
Mindestreserve · special deposits, reserve requirements (US)
Mindestreservebasis · reserve base
Mindestreserveerfüllungsperiode · maintenance period
Mindestreservepflicht · maintenance period

Mindestreservesatz · required reserve ratio, minimum reserve ratio, reserve ration
Mindestreservesoll · required reserve
Mindestreservevorschriften · minimum reserve requirements
Mindestzinssatz der Bank von England für Rediskont- und Lombardkredite · minimum lending rate
Mindestzuteilung · minimum allotment
Minimalkostenkombination · least-cost combination, minimum cost combination, least outlay combination
Mischkonzern, diversifizierender Großkonzern · multi-industry firm, multimarket firm, conglomerate
Mischsystem, gemischte Wirtschaftsordnung · mixed economic system, mixed economy
Mißtrauensvotum · vote of no- confidence
Mitarbeiter · coworker
Mitbestimmung · workers' codetermination, employee participation
Mitbestimmung am Arbeitsplatz · shopfloor participation
Mitbestimmung, erweiterte · extended co-determination
Mitbestimmung in Führungsgremien · boardroom participation
Mitbestimmungsgesetz · Codetermination Act
Miteigentum · co-ownership, condominium
Miteigentümer · joint owner
Mitgliedsbank · member bank a) des US Federal Reserve Systems b) britische Geschäftsbank, die der Girozentrale (bankers' clearing house) angeschlossen ist
Mitgliedsländer · member countries
Mitgliedstaat · member state
Mitkontrolle · joint control
Mitläufer-Effekt · bandwagon effect
Mitnahmeeffekt · deadweight (effect)
Mittel, arithmetisches · arithmetic mean
Mittel, gewichtetes arithmetisches · weighted average
Mittel, harmonisches · harmonic mean
Mittelalter · middle ages
Mittelbetrieb · medium-sized firm
Mittelkurs (Durchschnitt aus An- und Verkaufspreis eines Wertpapiers) · middle price
Mittelstand, gewerblicher · small business
Mittelstandsverband, gewerblicher (der Klein und Mittelbetriebe) · Small Business Administration (SBA, USA)
Mittelwert · measure of central tendency
Mittelwert, angenommener · assumed mean
Mittelwert (arithmetischer) · mean
Mittelwert, geometrischer · geometric mean
Mittelzuweisung (durch das Parlament) · appropriation
Mobilität von Arbeitnehmern · mobility of workers
Mobilitätsbeihilfen · resettlement transfer schemes
Modalwert, dichtester Wert, häufigster Wert · mode
Modell mit Erwartungsgrößen · expectational model
Modell, dynamisches · dynamic model
Modell, stationäres · stationary model
Modelle (mechanische) ohne ex-ante-Größen · non-expectational models
Monatsrate · monthly instal(l)ment
Monatszahlen · monthly figures
Monetarismus · monetarism
Monetisierung, in Geld umwandeln, Geldeigenschaften erlangen · monetization
Monokultur · one-crop system, monoculture
Monopol · monopoly

Monopol, bilaterales · bilateral monopoly
Monopol, homogenes · pure monopoly, isolated selling
Monopol, temporäres (Anbieter-), das durch Ankauf und/oder Hortung bestimmter Güter zustandekommt (Rohstoffmärkte) · corner
Monopole, (natürliche) die aufgrund produktionstechnischer Bedingungen entstehen (z.B. Versorgungs- und Leitungsnetze) · natural monopolies
Monopolist · monopolist
Monopson, Nachfragemonopol · monopsony
Montanunion, Europäische Gemeinschaft für Kohle und Stahl (EGKS) · European Coal and Steel Community (ECSC)
Moralisches Wagnis, Risiko · moral hazard
Moralphilosophie Bezeichnete im 18. und bis ins 19. Jahrhundert das Gesamtgebiet von Theologie, Recht und Staatswissenschaft; sinngemäße Übersetzung: Gesellschaftswissenschaften · moral philosophy
Moratorium → Zahlungsunfähigkeit
Motiv(ations)forschung · motivation research
Münzen · coins
Münzgeld · specie
Münzprägegewinn (ursprünglich: Ausprägungskosten) · seigniorage
Münzprägekosten · brassage, mintage
Münzverschlechterung · debasement (of coinage)
Multikollinearität · multi-collinearity
Multimomentverfahren (Arbeitswissenschaft) · ratio delay studies
Multinationaler Konzern, 'Multi' · multinational/transnational (corporation)
Multiplikator · multiplier
Multiplikator der Transferausgaben · transfer expenditure multiplier
Multiplikator, dynamischer · long-run multiplier
Multiplikator, interregionaler · interregional multiplier
Multiplikator, negativer · reverse multiplier
Multiplikator, regionaler · regional government multiplier
Multiplikator unter Einschluß induzierter Investitionen · compound multiplier
Multiplikator, verkürzter · truncated multiplier
Multiplikatoranalyse, -theorie · multiplier analysis
Multiplikatorwirkung · multiplier effect
Murphy's Gesetz ('Was schiefgehen kann, wird auch schiefgehen') · Murphy's law
Muße, Freizeit · leisure
Muster · pattern, specimen
Muster der Inanspruchnahme · utilization patterns
Musterhaushalte, Gruppe von, (zur Ermittlung von Standardwarenkörben) · consumer panel
Musterinvestition, Parade-Investition · investment in showpieces
Musterstück → Probestück
Muttergesellschaft · parent company
Mutterschaftsbeihilfe · maternity allowance
Mutterschaftszuschuß · maternity grant

N

Nachbörse · after-hours dealings
Nachfrage · demand
Nachfrage, abgeleitete (Eines Produktionsfaktors von der Nachfrage nach Finalgütern) · derived demand
Nachfrage, aufgeschobene · deferred demand
Nachfrage, elastische · elastic demand

Nachfrage, gesamtwirtschaftliche · aggregate demand
Nachfrage, gleichbleibende · steady demand
Nachfrage, komplementäre · complementary demand, joint demand
Nachfrage-, Konsumtheorie · theory of demand
Nachfrage, reziproke, (Außenhandel) · reciprocal demand
Nachfrage(sog)inflation · demand-pull inflation
Nachfrage, unelastische · inelastic demand
Nachfrage, verbundene, z.B. nach Kartoffeln für Futter- und Speisezwecke · composite demand
Nachfrage, wirksame · effective demand
Nachfrage, zurückgestaute · suppressed demand
Nachfragedämpfung · expenditure-dampening
Nachfrageelastizität · elasticity of demand
Nachfragefunktion in der mehrere nachfragebestimmende Größen enthalten sind · demand function
Nachfragegesetz · Law of Demand
Nachfragekurve · demand curve
Nachfragekurve, auf der → Bewegung
Nachfragekurve, geknickte, (Oligopol) · kinked (kinky) demand curve, cornered demand curve
Nachfragemenge · quantity demanded
Nachfragemonopol, Monopson · monopsony
Nachfrageorientierte Wirtschaftspolitik, -theorie · demand-side economics
Nachfragespitze · peak load
Nachfragesprünge (exogen in Bezug auf ein Modell bedingt) · demand shocks
Nachfragesteigerung, plötzliche · run
Nachfragesteuerung · demand management
Nachfragestruktur · pattern of demand
Nachfragetabelle · demand schedule
Nachfrageüberhang · excess demand
Nachfrageumlenkung (z.B. durch Zollerhebung) · expenditure switching
Nachfrageverschiebung · demand shift, shift of demand (curve)
Nachfragezyklus in Abhängigkeit von den Stadien der Familienentwicklung · family life-cycle
Nachgebühr → Aufschlag
Nachhaltige Entwicklung, ökologisch vertretbare Entwicklung; Ausgleich zwischen Ressourcenverbrauch, Emissionen und regenerativen Fähigkeiten der Natur · sustainable development
Nachlaßsteuer · estate duty, death duty
Nachrichtensperre, Embargo · embargo
Nachschuß · maintenance margin
Nachschüsse · variation margin
Nachteil · disadvantage, drawback
Nachtschicht · graveyard shift, night-shift
Nachtwächterstaat · night-watch state
Nachzahlung · back pay
Nachzügler (Entwicklungstheorie) · latecomer
Näherungsvariable · proxy variable
Nahbedarfseinkommen · non-basic income
Nahbedarfstätigen, die · non-basic employment
Nahrungsmittelgutschein (für Arme in den US) · Food Stamp
Nahrungsmittelhilfe · food aid
Nahrungsmittelzuteilungsprogramm für Sozialhilfebedürftige · food-stamp program (US)
NAIRU → Arbeitslosenrate, preisniveaustabilisierende
Namensaktie · personal share (GB)

Nationalbudget · national budget
Nationaleinkommen wird, sofern nicht weiter spezifiziert, als Bezeichnung sowohl für das Brutto- als auch des Nettosozialprodukts zu Faktorpreisen benutzt · national income
Nationaleinkommensrechnung Volkswirtschaftliche Gesamtrechnung der Staatshandelsländer · Material Product System (MPS)
Nationale Zentralbank (NZB) · National Central Bank (NCB)
Nationalökonomie · political economy
Nationalprodukt, Sozialprodukt, Inländerprodukt · national product
Nationalwerkstätten (der 48er Revolution in Frankreich) · ateliers nationaux
Natürliche Ordnung (Physiokraten) · natural order
Natürliche Person · physical person
Natürlicher Preis i. S. eines durchschnittlichen Marktpreises · natural price
Naturallohnsystem, Deputatlohn · payment in kind, trucksystem, wages in kind
Naturalpacht · share tenancy
Naturalpachtsystem · métayage
Naturalrente (Marx) · rent in kind
Naturaltausch · barter
Naturaltauschwirtschaft · barter economy
Naturalwirtschaft · natural economy (proper)
Natur der Dinge i.S. ihrer wesentlichen Eigenschaft, ihrer 'Wahrheit' · nature of things (J. B. Say)
Naturgesetz · natural law, law of nature
Naturgüter, eigentumsfreie, sowie Anbieter von Arbeit · original producer
Naturgüter, freie, (z.B. Wasserquelle) · original goods
Naturrecht · natural right
Navigationsakte · Navigation Act
NAWRU → Lohnsatz, beschäftigungsstabilisierender
Nebenabrede · side letter
Nebenbedingung · subsidiary condition
Nebenberuf, Nebensortiment · sideline
Nebenbeschäftigung · avocation
Nebeneffekte, z.B. externe Effekte · spillover effects
Nebeneinkommen, Sondervergütung (GB), selbsterworbenes~ (US) · prerequisites
Nebengewerbe · auxiliary trades
Nebenkosten · incidental costs
Neben-Märkte, die sich neben amtlich kontrollierten Märkten entwickeln, z.B. der Freiverkehr am Aktienmarkt · secondary markets
Nebenprodukte und Abfälle (waste product) bei verbundener bzw. Kuppelproduktion · by-product, spin off products
Nebenwirkungen, Nebeneffekte · secondary consequences, side effects
Negation · negation
Negativauslese · adverse selection
Negativauswahl z.B. Verdrängung eines qualitativ hochwertigen Angebots aufgrund unzureichenden Qualitätswissens der Nachfrager, Kumulation schlechter Risiken bei Versicherungen · adverse selection
Negative Risikoauslese (Problem bei Versicherungen) · adverse selection
Neigung → Verzerrung
Neigung (psychische) · propensity
Neigung, Steigung · gradient
Nenner (Bruch) · denominator
Nenner, gemeinsamer · common denominator
Nennwert · par
Nennwertbezeichnung → Stückelung
Nettoanteil, Eigenkapital einer Gesellschaft · net worth
Nettobetriebseinnahmen · net operating income

Nettobetriebsvermögen · capital
Nettodividende · net dividend
Nettoeinkommen · net income
Nettoeinkommen aus dem Ausland (Saldo der Einkommen aus Arbeit und Vermögen aus dem Ausland) · net income from abroad
Nettoertrag, Nettobetriebserfolg · net operating income, net return
Nettoexport · net exports
Nettogewinnspanne · net margin, net profit
Nettoinlandsinvestitionen, private · net private domestic investment (NPDI)
Nettoinvestition (Zuwachs zum Kapitalstock) · net investment
Nettoinvestitionsausgaben · net investment spending
Nettoleistung · net flow
Nettolohn · take-home pay, net wage/earnings
Nettonationalprodukt, Nettosozialprodukt zu Marktpreisen · net national product at market prices
Nettoproduktionswert (Wertschöpfung) · net output, net value added
Nettorechnungswert · net invoice price
Nettoreproduktionsrate · net reproduction rate
Nettosozialprodukt · net national product
Nettosozialprodukt, privates zu Faktorpreisen (Pigou) im Unterschied zum „social net product", das die externen Kosten berücksichtigt · private net product
Nettosozialprodukt zu Faktorpreisen · net domestic product
Nettosteuerschuld · net tax liability
Nettoumsatz · net sales
Nettoverlust · net loss
Nettowertschöpfung · net value added
Netto-Wohlstand (Samuelson) · net economic welfare
Netzplantechnik · network analysis, programme evaluation and review technique (PERT)
Neubewertung, Anpassung von Wechselkursen · re-alignment
Neue Weltwirtschaftsordnung (UNO 1974) · New International Economic Order
Neuemissionen auf dem Wertpapiermarkt → Primärmarkt
Neuerung · innovation
Neuerungen, technische · technical innovations
Neukredit · new money facility
Neulinge · new entrants a) neu ins Arbeitsleben tretende Personen (z.B. Schulabgänger) b) Firmenneugründungen
Nichtausschließbarkeit (öffentliche Güter) · nonexcludability
Nichtbasisgüter · non-basic
Nicht-Erwerbspersonen · (economically) non-active population
Nichtigkeiterklärung · rescission, annulment
nicht-lineare Dynamik komplexer Systeme · non-linear dynamics
Nichtlinearität · non-linearity
nicht-markträumende (Preise) · non-market-clearing (prices)
Nichtnegativitätsbedingung · non-negativity requirement
Nicht-Preis-Wettbewerb Alle Wettbewerbsmaßnahmen unter Ausschluß von Preiswettbewerb (Werbung, Produktvariation u.a.) · non-price competition
nicht-staatliche Organisationen; unterstützen und kritisieren die Aktivitäten der Vereinten Nationen · non-governmental organizations (NGO)
Nichttarifäre Handelshemmnisse → Handelshemmnisse · barriers to trade
Nicht übertragbare Vermögenswerte · non-transferable assets
Niedergang (einer Gesellschaft) · downfall (of a society)

Niedergang von Industriezweigen · decline of industries
Niederlassung · outlet
Niederlassungsfreiheit · freedom of establishment
Niederstwertprinzip · lower-of-cost-or-market principle; principle of the lower of cost or market
Niedriglohnarbeit, Arbeit unter Tarif · scab work (USA)
Niedrigstpreisgrenze · lower price limit
Niedrigzinspolitik · cheap money, easy money (policy)
Nießbrauch · usufruct
Niveau, Grad, Stufe · level
Niveaugrenzprodukt, -ertrag, marginaler Skalenertrag · marginal returns to scale
Niveaulinie → Expansionspfad
Nivellierpunkt → Leistungsvergleich · benchmarking
Nominalgeld → Staatsgeld
Nominalkapital · shares authorized
Nominalkapitalerhöhung durch Auflösung von Rücklagen (Gratisaktien) · capitalization
Nominallohn · money-wage
Nominalverzinsung (eines Wertpapiers) · nominal yield
Nominalwert (eines Wertpapiers) · nominal value, face value
Normalabschreibung · ordinary depreciation
Normalarbeitstag · normal working-day
Normaleinkommen eines Faktors · transfer earnings
Normalkostenrechnung · standard costing
Normaltarif(Lohn) · going rate
Normalverbraucher · normal consumer
Normalverteilung, Gaußsche · (gaussian) normal distribution
Normalverteilungskurve · normal distribution curve
Normung, Standardisierung · standardisation
Notar · notary
Notariatskosten · notarial charges
Notgeld · token money
Notlage, Notfall · emergency
Notstand · state of emergency
Notstandsarbeiten (öffentliche) · relief work (public)
Notstandsgebiet · distressed area
Notstandsgesetz · Emergency Powers Act
Null-Kupon-Anleihen · zero bonds
Nullgewinn-System (Modelltheorie) · product exhaustion
Nullhypothese · null hypothesis
Nullserie · pilot lot
Nullsummenspiel · zero-sum game
Null-Uhr-Regelung · zero-hour clause
Nullwachstum · zero growth
Nummernkonto (Schweiz) · numbered account
Nutzen · utility
Nutzen, größtmöglicher · maximum benefit
Nutzen, kardinaler · cardinal utility
Nutzen, negativer, Mühe, Leid · disutility
Nutzen, ordinal meßbarer · ordinal utility
Nutzen, verarbeitungsbedingter · form utility
Nutzenbaum · utility tree
Nutzeneinheit (bei kardinalem Nutzen) · util
Nutzeneinheit, negative · disutil
Nutzenfunktion · utility function
Nutzenfunktion, zerlegbare · separable utility function
Nutzenmaximierung · utility maximization
Nutzenmaximierung und optimale Vertragsgestaltung zwischen Prinzipal und Agent bei ungleicher Informationsverteilung (principal agent theory) · agency problem

Nutzenmaximum, absolutes eines Konsumenten (nur möglich bei konzentrischen Indifferenzkurven), absoluter Sättigungspunkt · bliss point
Nutzenmöglichkeitskurve (Pareto) · utility possibility curve
Nutzenschwelle der Konsumfunktion · wolf point
Nutzenskala · preference scale
Nutzenübertragungen · utility transfers
Nutzlosigkeit · inutility
Nutznießer · usufructuary, beneficiary
Nutzungsdauer · operating life, period of usefulness, service life
Nutzungsdauer (eines Aktivums) · economic life
Nutzwert · use value

O

o.A., ohne Angabe · not stated (n.s.), not reported, not specified
Obdachlose · homeless
Oberflächenerscheinung · surface phenomenon
Obergrenze → Plafond
Obligationen · debentures
Obsoleszenz, Verschleiß · obsolescence
Ochlokratie, Pöbelherrschaft (Entartung der Demokratie) · ochlocracy, mob-rule
öffentliche Arbeiten · public works
Öffentliche Meinung · public opinion
Öffentliche Unternehmen (Elektrizität, Gas, Wasser, Verkehrswesen) · public utilities
öffentliche Wahlhandlungen · public/social choice
Öffentlicher Dienst · civil service; public service
Öffentlicher Sektor · public sector
Ökobauer · ecologically-minded farmer
ökobewußt · green-conscious, ecologically/environmentally aware
Ökoladen · wholefood shop
Ökologie · ecology
Ökonometrie · econometrics
Ökonomie der Zeit · economy of time
Ökonomie, normative · normative economics
Ökonomie, positive · positive economics
ökonomisch · economic
Ökosteuer · green tax
Ökosystem · ecosystem
ölabhängige Entwicklungländer · most seriously affected countries
Öldollar, Petro- · Petrodollar
Offenbarungseid · oath of manifestation
Offenlegung, Berichterstattung · disclosure
Offenmarktgeschäfte, Offenmarktpolitik · open market operations, open market policy
Oligarchie · oligarchy
Oligopol · oligopoly
Oligopson, Nachfrageoligopol · oligopsony
Opportunitätseinkommen · transfer earnings
Opportunitätskosten · opportunity costs
Optimalitätsprinzip · optimality principle
Optimalstruktur von Produktion und Handel · optimum pattern of production
Optimierung, dynamische · dynamic programming
Optimierungsverfahren, Pauschalbezeichnung für mathematische · operations research, operational research
Option(sanleihe) · warrant
Ordinate · ordinate
Ordinatenrichtung · rise
Organgesellschaft (unter völliger Kontrolle der Muttergesellschaft) · organ company

Organisation ohne Erwerbscharakter, gemeinnützige Organisation (Agentur) · non-profit agency, (private) non-profit organizations
Organisation, funktionale · functional organization
Organisationsanalyse · organization and methods (O and M)
Organisationsentwicklung · organizational development
Organisationsgestaltung · organizational design
Organisationshandbuch · organization manual
Organisationskultur · organizational culture
Organisationslernen, organisationales Lernen, Lernen der Organisation · organizational learning
Organisationsplan · organization chart
Organisationsstruktur · organizational structure
Organisationsstruktur, arbeitsteilige · divisional organization structure
Organisationsstruktur, Prozeßorganisation · organization structure, process organization
Organisationstheorie, klassische (Fayol etc.) · classical organization theory
Organisationsübersicht · organization chart
Organische Zusammensetzung des Kapitals (Marx) · organic composition of capital
Orientierungsdaten · guidelines
Ortskrankenkasse, Allgemeine · compulsory medical insurance sheme for workers, old people etc.
Ortsnetz · local (telephone) exchange area, local grid (Elektrizität)
Ortsverband · chapter, local committee
Ortszuschlag, -zulage · (local) weighting allowance

P

Pacht · lease, rent, tenure
Pachteinnahme · rent under lease
Pächter · lessee
Panikkäufe · panic buying
Panne → Betriebsstörung
Papiergeld · paper currency/money
Paradigma-Wandel · Paradigm-shift
Parallelschaltung von EDV-Anlagen · multi processing
Parameter · parameter
Parameterschätzung · estimation of (a) parameter(s)
Pareto-Optimalität · Pareto optimality
Parität, feste · fixed parity
Parität, Gleichheit, Kursverhältnis · parity
Parität, gleitende · moving parity
Paritäten, anpassungsfähige · adjustable parities
Paritätspreis · parity price (US)
Parteibuchwirtschaft, Vetternwirtschaft · spoils system, favo(u)ritism, nepotism
Partialanalyse · partial equilibrium analysis
Partikularinteressen (verborgen in Gemeinwohlrhetorik) · particular interests, vested interests
Passiva · liabilities
Passiva, antizipatorische · accrued expenses, accrued payables
Passiva, transitorische · deferred incomes
Patentschutzende, Auslaufen des Patentschutzes · lapse (of a patent)
Pauperismus → Armut
Pauschalabschreibung · wholesale writing-down
Pauschalbetrag · lump sum
Pauschalleistung · flat-rate benefit
Peelsche Bankakte · Bank Charter Act (1844)
Pension, Pensionierung · superannuation

Pensionierung, Verrentung, Ruhestand · retirement
Pensionierung, vorzeitige · premature retirement
Pensionierungs-, Ruhestandsalter · pensionable age
Pensionsfonds · pension fund
Pensionsgeschäft, liquiditätsentziehendes · reverse repo operation
Pensionsgeschäft, liquiditätszuführendes · repo operation
Pensionssondervermögen (Unternehmen) · Defined-Benefit-System
Pensionsvermögenszuschuß des Arbeitgebers · Defined Contribution
Periode · period
Periode, tilgungsfreie (Kredit) · grace period
Periodeneinheitsprinzip · accrual basis
Periodengerechtheit (Buchhaltungsgrundsatz) · accruals conceipt
Periodengewinnausweis · statement of income
Person, juristische · legal being
Personal · personnel
Personalabteilung · human resources department; personnel department
Personalabwerber · headhunter
Personalausfall → Abwesenheit
Personalauswahl · personnel selection
Personalchef · staff manager
Personalentscheidungs-Ebene · manning level
Personalentwicklung · human resources management
Personalführung → Personalleitung
Personalgemeinkosten · employment overhead
Personalkredit · personal loan
Personalleitung, Personalführung · personal management
Personalmanagement · human resources management
Personalmangel · undermanning
Personalplanung · manpower planning
Personalverflechtung zwischen Unternehmen zum Zweck der Beherrschung mehrerer Unternehmen · intercorporate control groups → interlocking
Personalverwaltung · personnel management
Personengesellschaft (KG, OHG) · partnership
Personenkonto · personal account
Personensteuer · personal tax
Perzentil · percentile
Pettys Gesetz: Zunahme des tertiären Sektors · Petty's Law
Pfändung · seizure
Pfand · pledge, collateral security
Pfandhaus · pawn shop
Pfandleiher · pawnbroker
Pfandrecht, Eigentumsvorbehalt · lien
Pflegedienste, -dienstleistungen · care services
Pflegegüter · care goods
Pflegepersonen · care givers
Pflegeversicherung · long-term care insurance (LTC)
Pflichtteil (gesetzliches Erbteil) · share of inheritance (US), share under an investancy (GB)
Pfründe · endowment
Phase · phase
Phasenverschiebung (positive und negative) · leads and lags
Phillips-Kurve · Phillipscurve
Phillips-Schleife · Phillips loop
Physiokraten · physiocrats
Pigou-Effekt · wealth effect
Plafondierung · ceiling controls
Plafond, Obergrenze · ceiling
Plakat · poster
Plan → Projekt, Plan
Planabsprache, freiwillige in Bezug auf Investition und Produktion zwischen Management, Belegschaftsvertretung und evtl. öffentlicher Hand · planning agreement (GB)
Pläne langfristige/kurzfristige · long-range/short-range plans

Planfortschreibung · sliding/rolling planning
Plankosten, Sollkosten · budget costs
Plankostenrechnung · budgeting, budget accounting
Planspiele · experimental gaming
Planung, dezentrale · decentralized planning
Planung, gesamtwirtschaftliche · economic planning, national planning
Planung, indicative · indicative planning
Planung, kurzfristige · short-term planning
Planung, überlappende · rolling budget
Planung retrograde (von oben nach unten) · top-down planning
Planung, zentrale · central planning
Planungsgenehmigung · planning permission
Planungsrechnung, separable · separable programming
Planungsstab · think tank
Planungsvereinbarung zwischen (britischer Regierung, Gewerkschaften und Großinvestoren) · planning agreement
Planungswertverlust i.S. (bauleit-) planungsbedingter Schäden (z.B. Neubau in der Nähe eines Wohnhauses) · planning blight
Planwirtschaft · planned economy
Plazierung einer Neu-Emission · placing
Plazierungsreserve (bei Aktienemission) · Greenshoe
Plündergut · loot
Plünderung (in kleinen Mengen, z.B. von Material) · pilferage
Plutokratie · plutocracy
Polarisierung, widersprüchliche Entwicklung · polarization
Polarisierungseffekt · polarization effect
Politik der kleinen Schritte · piece-meal social engineering (K. R. Popper)
Politik des Durchwurstelns (Popper), um Revidierbarkeit zu erhalten · muddling through, piecemeal social engineering
Politikkombination i.S. der Abstimmung und Integration wirtschaftspolitischer Instrumente · policy mix
Politische Arithmetik Bezeichnung für die statistischen Forschungen im 17. und 18. Jahrhundert · Political Arithmetic
Polypol · polypoly
Pool, Ring, kartellierte Absprache · pool
Portefeuille-Zusammensetzung, Portefeuille-Verwaltung · portfolio management
Positionsgüter, deren Nutzen darin besteht, daß andere sie nicht haben (Dr.-Titel, Antiquitäten, Brillanten etc.) · positional goods
Posten, antizipative → Rechnungsabgrenzungsposten
Postleitzahl · zip code
Postsparkasse · Post Office Saving Banks
Postwurfsendung · unaddressed mailing
Präferenz, bekundete, faktische Präferenz · revealed preference
Präferenzordnung · order of preference
Präferenzskala · preference scale
Prägen (von Münzen) · coinage
Prämie · premium
Prämienlohn, Bonuslohn · premium pay, bonus scheme
Prämienschein · premium savings bond (or premium bond)
(Prämien-)Sparsystem, britisches, mit einer Art Indexbindung der Sparbeträge · save as you earn
Prämiensystem · incentive scheme
Prämisse, Annahme · assumption
Präsenzindikator (Konjunktur) · coincident indicator, coincidents

Präsident des Bundesrechnungshofs (US), Präsident des Patentamtes (GB) · comptroller General
Präventivmaßnahme · preventive measure
Praktikant · trainee
Praktikant in einer Kanzlei (Anwaltsbüro, Wirtschaftsprüfer) · articled clerk
Praktikum · corporate internship
Preis · price
Preis ab Werk · price ex works
Preis, administrierter (ursprünglich: Preispolitik monopolitischer Industrien; heute: staatlich beeinflußter Preis) · administered price (G. C. Means)
Preis, aktuell gültiger · going price
Preis, den ein Käufer zu zahlen bereit ist · demand price
Preis, fester, fester Kurs, Parität · peg
Preis, geltender, herrschender · ruling price
Preis, gerechter · just price
Preis, konkurrenzfähiger · competitive price
Preis, Kostenpreis, Normalpreis (Kosten plus Zuschlag eines Normalgewinns) · price of production
Preis, laufender (im Gegensatz zu preisbereinigten Größen) · current money figure
Preis, nominaler i.S. eines Listen-, Katalog-, Schätzpreises usw. (Gegensatz: Marktpreis) · nominal price
Preis pro Mengeneinheit, Stückpreis · unit price
Preis unter Kosten · predatory pricing
Preis, überzogener · skimming price
Preise vergleichen · to shop around
Preis-(Mengen-)Setzer (Monopol) · price (quantitiy) setter
Preisabschlag · mark down
Preisabsprache auf oligopolistischen Märkten mit homogenen, transportkostenintensiven Gütern (z.B. Zement), bei der den Kunden standardisierte Transportkostenzuschläge zu dem kartellierten Basispreis berechnet werden; in USA und GB üblich · basing point pricing system
Preisabsprache, gemeinsames Preisangebot (Preiskonsortium) · common pricing
Preisadministration → Preis, administrierter · price administration
Preisangebot · price bid, quotation
Preisanstieg · price increase
Preisauszeichnung, doppelte, (optische Preisreduzierung) · double pricing
Preisbereinigte Größen · real terms
Preisbereinigung → Deflationierung
Preisbeschränkung · price restriction, price control
Preisbildung · formation of prices
Preisbildung auf Basis von Deckungsbeiträgen · contribution pricing
Preisbildung auf Durchschnittskostenbasis; → full cost principle · average cost pricing
Preisbindung · price maintenance, price fixing
Preisbindung der zweiten Hand · retail/resale price maintenance
Preisbrecher · (all time) bargain, snip
Preisbrecher(firma) · undercutter
Preisdifferenzierung · price discrimination
Preisdifferenzierung multinationaler Firmen zwischen nationalen Märkten · compensatory dumping
Preisdifferenzierung, regionale · zone pricing
Preisdiskriminierung · price discrimination
Preiselastizität der Nachfrage · price elasticity of demand
Preisempfehlung unverbindliche · nonbinding price recommendation; recommended retail selling price
Preisermäßigung · mark down
Preiserwartungen · price expectations

Preisexploxion (eines Gutes) · tulipmania
Preisfestsetzung, staatliche Preisregelung · price fixing
Preisfixierer, Monopolist · price maker, price searcher
Preisfixierung · price making
Preisflaute, stabile Preissituation · flatation
Preisführer · price leader
Preisführerschaft · price leadership
Preisgarantie (Agrarpolitik) · price guarantee
Preisherabsetzung · price reduction
Preisindex · price index
Preisindex, langfristiger des britischen statistischen Amtes für ausgewählte Produkte (Lebensmittel, Rohstoffe) · statist index
Preisindikatoren · price indicators
Preisintervention · price intervention
Preiskalkulation, Preisvoranschlag · price estimate
Preiskartell, Preisring · price ring
Preisklasse, -lage · price range
Preiskontrolle, Preisüberwachung · price control
Preislawine · snowballing prices
Preis-Leistungsverhältnis · cost effectiveness
Preisliste · price list
Preismechanismus · price mechanism
Preismitteilungen zwischen Konkurrenten (Vorstufe zu Preisabsprachen) · open pricing
Preisnehmer · price taker
Preisniveau, durchschnittliches · average price level
Preisobergrenze · price ceiling
Preispolitik (Prinzipien, nach denen ein Unternehmen seine Preispolitik richtet) · pricing policy
Preispolitik bei der Einführung neuer Produkte · penetration pricing
Preispolitik, gleichgerichtete (Oligopol) · parallel pricing
Preispolitik, monopolistische (Niedrig-), zur Abwehr potentieller Konkurrenten · limit pricing
Preisquotient: Quotient aus Gegenwarts- und Basisperiodenpreis · price relative
Preisregulierung · price regulation
Preisrelation · price ratio
Preisrückgang, Preisverfall · drop in price, price collapse
Preisschere · scissors of price movements
Preisschild · price-tag
Preisschwankung · price fluctuation
Preissenkung · price cut
Preissenkungsmaßnahme (amtlich verordnete) Zurücknahme von Preiserhöhungen · rollback
Preissetzungsmacht der Großunternehmen (wörtlich: willkürliche Marktmacht) · discretionary (market) power, administrative power
Preissignale · price signals
Preisspanne · price range
Preisstabilität · price stability
Preisstarrheit · rigidity of prices
Preissteigerung · price increase
Preissteigerungsrate · rate of price rise
Preisstop · price freeze
Preisstützung · price support
Preisstützungspolitik, angebotsbeschränkende (z.B. Abschlachtprämien, Anbaubeschränkungen) · valorization scheme
Preissturz, Preisrückgang · fall in prices, price collapse
Preissubventionen und andere preisbezogene Transferzahlungen des Staates · subsidies
Preisüberwachung · price surveillance, price supervision, price control
Preisuntergrenze · price floor
Preisverfall · price collapse, drop-off in prices, price slump
Preisvergleich · price comparison

Preisvorschriften · price rules/regulations
preiswert · good value
Prestige-Güter · prestige goods
Primärdaten · primary data
Primärdatenerfassung · source data acquisition
Primäreinkommen · primary income
Primärenergie (z.B. Kohle) · primary fuel
Primärerhebung · field research
Primärgeld → Geld
Primärgütern, Erzeugerländer von · primary producers
Primärgüterproduktion · primary production
Primärmarkt, Markt für Neuemissionen auf dem Wertpapiermarkt · primary market
Primzahl · prime (number)
Prinzip, Grundsatz · principle
Prinzipal-Agent Theorie (agency problem) · principal agent theory
Priorität, Vorrang, Vorzug · priority
Privatbesitz, in · privately owned
Privatdiskonten · prime acceptances
Private → Organisationen ohne Erwerbscharakter, Teil der nicht profiwirtschaftlich arbeitenden Privatwirtschaft (z.B. private Wohlfahrtseinrichtungen) · personal sector
Privateigentum, Sondereigentum · private property
Privatisierung · (re)privatization, denationalization
Privatsektor · private sector
Privatunternehmen · private company
Privatwirtschaftssystem · private enterprise
Probeauftrag · trial order
Probebilanz · trial balance
Probestück, Musterstück · specimen
Probezeit · probationary period
Problembewältigung, strategische · strategic issue management
Produkt, kartesisches → Mengenprodukt
Produktabwertung um einkommensschwächere Käuferschichten zu erreichen · trading down
Produktaufwertung für kaufkraftstärkere Marktsegmente · trading up
Produktdifferenzierung · product differentiation
Produkteinführung · introduction
Produkteinheit · unit of output
Produktgenerationen-Sprung, Überspringen von Produktgenerationen zwecks werblicher Abwertung neuer Konkurrenzprodukte · leap frogging
Produkthaftung · product liability
Produktion · production
Produktion, verbundene · joint production
Produktion, vergesellschaftete · socialised production
Produktionsabteilung (Marx) · department of (social) production
Produktionsausfall · loss of production
Produktionsbereich (Bereich sinkenden, aber noch positiven Grenzertrags; Ertragsgesetz) · economic region of production
Produktionsbereich, minimaler von dem an bei gegebener Nachfragefunktion eine kostendeckende Produktion möglich ist · minimum efficient scale
Produktionsbericht, Arbeitsbericht · manufacturing review
Produktionselastizität · elasticity of production
Produktionsfaktor, spezifischer (nicht substituierbarer) · specific factor of production
Produktionsfaktor, ursprünglicher · primary factor of production
Produktionsfaktoren · factors of production, productive resources, agents of production

Produktionsfaktoren, im Einsatz variable · variable resources
Produktionsfunktion · production function
Produktionsfunktion, limitationale · fixed proportions production function
Produktionsfunktion, linear-homogene · homothetic production function
Produktionsgenossenschaft · co-operative association for production
Produktionsgrenze → Produktionsmöglichkeitskurve
Produktionsgüter · investment goods
Produktionsgütermarktforschung · industrial market research
Produktionskapazität · output capacity
Produktionskonto (eines Unternehmens) · production statement (of firm)
Produktionskonto, nationales · national account
Produktionskosten · factory cost
Produktionskostentheorie des Wertes · cost of production theory of value
Produktionskraft · productive power
Produktionsleitung · production management
Produktionslenkung, naturale → Bewirtschaftungsmaßnahmen
Produktionsmittel · means of production
Produktionsmittelentwicklung, soziale Fesseln der · social fetters upon the development of means of production
Produktionsmöglichkeitskurve, Transformationskurve, Produktionsgrenze · production possibility curve
Produktionsniveau, Umfang · scale
Produktionsperiode · working period
Produktionsplan · production schedule/plan
Produktionsplanung, endgültige · final manufacturing estimates
Produktionspotential, volkswirtschaftliches · productive potential, production potential
Produktionsprämie, Exportprämie · bounty
Produktionspreistheorie (Marx) · prices of production theory
Produktionsprogramm · product mix
Produktionsprozeß · production process, course of manufacture
Produktionsschwelle, Betriebsminimum · shut-down point
Produktionsstätte, Produktionseinrichtung · production facility
Produktionsumwege · round-about methods of production
Produktionsverhältnisse (Marx) · relations of production
Produktionsverlagerung ins Ausland und Reimport · hellowing
Produktionsvolumen · volume of production
Produktionsweise (Marx) · mode of production
Produktionswert (monetärer) · money output
Produktiver Sektor, Industrie (in Abgrenzung zu unproduktiven Bereichen) · wealth-creating sector
Produktivität · productivity
Produktivitätsabkommen · productivity agreements/deals
Produktivitätsanreizsystem · productivity incentive system
Produktivitätsorientierte Tarifpolitik · productivity bargaining
Produktivitätssteigerung · gain in productivity
Produktivitätstheorie des Zinses · productivity theory of interest
Produktivkräfte (Marx) · forces of production, productive resources
Produktpolitik, Produktdifferenzierung · product policy
Produzentenrente · producer surplus, (A. Marshall), producer rent

Produzentensouveränität · producer's sovereignity
Produzierendes Gewerbe · (goods-producing) industry, manufacturing and extractive industry; producing sector
Profitabilität → Gewinnträchtigkeit
Profitanteil → Profitquote
Profitmasse (Marx) · mass of profit
Profitmotiv · profit motive
Profitquote, Profitanteil · share of profits
Profitrate, allgemeine (durchschnittliche) · general (average) rate of profit
Profitrate, fallende · falling rate of profit
Prognose · forecast, forecasting, prediction
Prognose, theoretische, i.S. einer Deduktion aus einer Hypothese bzw. Theorie · prediction, implication
Programm → Projekt
Programmablaufplan · program flow
Programmbereinigung i.S. der Veräußerung von Geschäftszweigen oder Ausgliederung von Produktionsprogrammen · spin off
Programmbeschreibung, Programmdokumentation (EDV) · program description
Programmiersprache, verfahrensorientierte · procedure oriented language
Programmiertes Lernen, programmiertes Lehrmaterial · programmed instruction
Programmierung, ganzzahlige · integer programming
Programmierung, nichtlineare · nonlinear programming
Programmierungskriterium · programming criterion
Programmierungsmodelle, dynamische · dynamic programming models
Programmkette (EDV) · task(s)
Programmsprache (von Maschinen lesbar) · source language
Programmteile, -aufgaben (EDV) · task(s)
progressive Planung (von unten nach oben) · bottom-up planning
Projekt, Plan, Programm · scheme, project
Projektbeurteilungsstudie · feasibility study
Projektbindung von Finanzmitteln, Zweckbindung · project tying
Projektleiter · project manager
Projektplanung · project planning
Prokopf-Einkommen, Durchschnittseinkommen · per capita income
Prokura · procuration
Proletariat · proletariat(e)
Proportionalsatz · proportional rate
Prospekt, Aktendeckel · folder
Prospekt, Werbezettel · leaflet
Prosperität · prosperity
Protektionismus · protectionism
Protektionismus, branchenbezogener (Exporthilfen) · industrial targeting
Protokoll einer Sitzung · minutes of a meeting
Prototyp-Produktion · pilot production
Provision · commission
Prozentsatz · percentage rate
Prozeß, Rechtsstreit · lawsuit
Prozeß-Menge (mathem.) · set
Prozeßgerade (Produktionstheorie) · process ray
Prozeßkontrolle · process control
Prozeßplanung · process planning
Prozeßstrahl · activity ray → Prozeßgerade
Prozyklische Politik · pro-cyclical policy
Prüf-, Testhypothese · alternate hypothesis
Prüfstelle, amtliche, für den Edelmetallgehalt · Assay Office
Prüfung(sverfahren), statistische · statistical interference
Publizität, Reklame, Werbung · publicity
Puffer · buffer

Pufferzeit · slack period
Punkte, kritische · break-even points
Punktelastizität · point elasticity
Punktmarkt, organisierter Markt · organized market
Punktschätzung · point estimation

Q

Quadrant · quadrant
Quadrant, erster · positive quadrant
Quadrate, Methode der kleinsten · least square(s) method
Quadrate, Schätzfunktion nach der Methode der kleinsten · least square estimator
Quadratwurzel · square root
Qualifikation · qualification
Qualitätensprung, Umschlagen der Quantität in Qualität · passing from quantity into quality
Qualitätsabstufung → Klassifikation
Qualitätsaktien · blue chips
Qualitätskontrolle · quality control, quality assurance analysis
Qualitätsnormen · quality specifications
Quantitätsgleichung → Verkehrsgleichung
Quantitätstheorie · quantity theory of money
Quantitätstheorie, naive · crude quantity theory (of money)
Quartil · quartile
Quasigeld · quasi money, near money
Quasirente (A. Marshall) · quasi-rent
Quellenabzugsverfahren · deduction (of tax) at source
Quellenbesteuerung von unselbständigen Einkommen · pay-as-you-go system (US), pay-as-you-earn system (GB)
Quellensteuer · withholding tax (USA)
Querschnitt · cross section
Querschnittsuntersuchung · cross-section study
Querverteilung → Vermögensverteilung
Querverweis · cross-reference
Quittung · receipt
Quotenkartell mit kartellierten Nettopreisen und Frachtraten · basing point system
Quotient, Bruch · ratio

R

Rabatt · trade discount, rebate
Rabatt für Großabnehmer, speziell Großbetriebe · corporate rate
Rabatt, kumulativer, für wiederkehrende Käufe · deferred rebate
Rabattmarken · trading stamps
Räumungsverkauf · clearance sale
Rahmenvereinbarung über Devisenswaps · Mater Foreign Exchange Swap Agreement
Rahmenvereinbarung über Pensionsgeschäfte · Mater Repuchase Agreement
Randbedingung · side condition
Rangordnung · rank order
Rassentrennung · segregation, apartheid
Rassentrennung, Aufhebung der · desegregation
Rasterlinie · grid line
Rate, Prozentsatz, Tempo · rate
Raten · installments
Ratenkauf, Abzahlungskauf · hire purchase
Ratenzahlung · installment payment; payment by instalments
Ratenzahlungskredit · installment credit
Rationale Erwartung (alle Informationen werden berücksichtigt) · rational expectation
rationale Zahl · rational number
Rationalisierung · rationalisation

Rationalisierungsmaßnahmen, Gesamtheit der · industrial engineering
Rationalität, beschränkte · bounded rationality
Rationalität, wirtschaftliche · economic rationality
Rationierung · rationing
Rationierung, (fix-) preisbezogene (z.B. Fleisch) · value rationing
Rationierung mittels Karten · card rationing
„Rationierung" nach dem Geldbeutel · rationing by the purse
Rationierung (Produktgruppen) · group rationing, point rationing
Rationierung, produktspezifische · specific rationing
Raubbau · overexloitation (of natural resources)
Raubbau (Äcker/Weideland/Fischbestand) · overcropping/overgrazing/overfishing
Raubbau (am Wald) · overfelling
Raubbau, Auslaugen des Bodens · spoiliation of the soil
Raubdruck(en) · pirate(d) copy, (pirating)
Raum · space, region
Raum-Zeit-Koeffizient · time space coefficient
Raumplanung · area development planning
Raumstruktur · spatial structure
Raumwirtschaft · spatial economy
Raumwirtschaftslehre · spatial economics
Reaktionsgeschwindigkeit (Regelkreis) · frequency response
Reaktionskurve (Duopol) · reaction curve
Realeinkommen · real income
reale Größen (im Gegensatz zu Wertgrößen) · real terms
Realisationsprinzip · realization rule
Realisierungskrise, Absatzkrise (Marx) · realization crisis
Realkapital · real capital
Realkassenhaltung · real balances
Realkassenhaltungseffekt · real balance effect
Reallohn · real wage
Reallokation · reallocation
Realstrom · real flow
Realvermögen, nicht reproduzierbares (z.B. Bodenschätze, Kunstwerke) · non-reproducable assets
Realvermögen, reproduzierbares · reproducable assets
Realzeit-Verarbeitung (EDV) · real time processing
Realzins · real interest rate
Rechner, Rechenmaschine · computer, calculator
Rechnungen, ausstehende · a/p (account payable), payables
Rechnungsabgrenzungsposten, antizipative Posten · accruals, accrued items
Rechnungsabschluß · balance
Rechnungseinheit · unit of account
Rechnungsperiode (Buchhaltung), Rechnungsjahr · accounting period
Rechnungspreis · invoice price
Rechnungs- und Wirtschaftsprüfer, Revisor · accountant, chartered accountant (GB), certified public accountant (US), auditor (US)
Rechnungsprüfung, innerbetriebliche · internal audit
Rechnungsprüfung, Revision · audit, auditing
Rechnungswesen, Buchführung, Buchhaltung · accountancy
Rechnungswesen, inflationsbezogenes · accounting for changing price levels, inflation accounting
Rechnungswesen, Leiter des · controller
Recht auf Arbeit, freie Berufswahl · right to work
Rechtliches Risiko · legal risk
Rechtsanspruch · title
Rechtsstreitigkeit · suit
Rechtswirksamkeit · legal validity

Rediskont · rediscount
Rediskontkontingent · rediscount quota
Rediskontsatz · rediscount rate
Rediskontsatz der Bank von England · minimum lending rate (= „bank rate" bis 1972)
Redistribution, Sekundärverteilung · income redistribution
Redistributionseffekt · redistributive effect
Reduktion (komplizierter Arbeit) · reduction (of skilled labour)
Reduktion, allmähliche · decumulation
Redundanz (Information) · redundancy (of information)
Referenz-, Mindestpreis von Importgütern, bei deren Unterschreiten Importbeschränkungen erfolgen · trigger price (US)
Referenzzyklus (konjunkturelle Präsenzindikatoren) · reference cycle
Refinanzierung · recapitalization
Refinanzierung des IWF bei Mitgliedern · replenishment
Refinanzierungsinstrument · refinancing operation
Reflation (Lockerung der Geldpolitik) · reflation
Reflexverhalten, irrationales, im Gegensatz zum Nutzenmaximierungskalkül · animal spirits (J. Robinson)
Reformgesetz (Entwurf) · reform bill
Regel, goldene · golden rule
Regelkreis · feedback loop
Regelstrecke, geschlossene, Regelkreis · closed loop
Regelstrecke, offene · open loop
Regelung · regulation
Regelung (spezieller Fall der Rückkopplung) · automatic control
Regierung · government, administration
Regierungsangestellte · government workers
Regime → Mengenrationalisierung
Registrierung · registration
Regionalforschung · regional analysis
Regionalökonomie · regional economics
Regionalpolitik · regional policy
Regionalwissenschaft(en) · regional science
Regler (Kybernetik) · governer
Regreßanspruch · compensation(s) claim
Regression, multiple, Mehrfachregression · multiple regression
Regressionsanalyse · regression analysis
Reichstag, Landtag, allgemein jede legislative Versammlung eines Staates · diet
Reifestadium · maturity
Reife Volkswirtschaft · mature economy
Reihe, unendliche · infinite serie
Reihenfolge, Rangordnung · ordered array
Reingewinn · net profit
Reingewinn-Ausweis · consolidated earnings statement
Reinvestition von Gewinnen · reinvestment of profits
Reinvestitionskriterium, marginales · marginal reinvestment criterion
Reisemark, allgemeine Bezeichnung für (verbilligte) Touristendevisen · reisemark
Reiseschecks · travellers' cheques (checks)
Reklame · commercial advertising
Rekombination von Finanzproduktmerkmalen s.a. Zerlegung · repacking
Rekordernte · bumper crop
Relative Einkommenshypothese · relative income hypothesis
Rendite · return on investment, yield
Renner → Selbstläufer
Rentabilität · earning power
Rentabilität des bilanzmäßigen Eigenkapitals · return on capital employed

Rentabilitätsuntersuchung, Investitionsrechnung · economic study
Rente, beitragsfreie · non-contributory pension
Rente i.S. von Alters-, Sozial- etc. Rente · pension
Rente i.S. von Grundrente etc · rent
Renten, private · annuities
Renten-, Pensionszahlung · pension benefits
Rentenanleihen · annuity bonds
Rentenanteil eines Faktoreinkommens → Differentialrente
Rentenbarwert · annuity value; present value of annuity
Rentenpapiere · bonds
Rentenpflichtversicherung · core pension system
Rentenversicherung · National Insurance, statutary pension insurance
Reorganisation, Umstrukturierung, Hierarchieabbau und (radikaler) Umbau der Arbeitsabläufe in einer Unternehmung. Merkmale: Prozeß- und Kundenorientierung, Reintegration von Teilprozessen · business reengineering
Reparatur · repair
Reportprämie · contango
Repräsentative Firma/Haushalt · representative firm/household
Repräsentativerhebung · sample survey
Reprivatisierung, Entsozialisierung · denationalisation
Reproduktion auf erweiterter Stufe · reproduction on an extended scale
Reproduktion, einfache (Marx) · simple reproduction
Reproduktion, erweiterte (Marx) · expanded reproduction
Reproduktionsschema (Marx) · reproduction scheme
Reproduktionsziffer, Reproduktionsindex · reproduction rate
Reservearmee, industrielle · industrial reserve army, reserve army of unemployed labo(u)r
Reserveguthaben · reserve holding
Reservekonto · reserve account
Reservemedium · reserve asset
Reserven · reserves
Reserven, amtliche · official reserves
Reserven, stille · hidden/secret reserves
Reservetransaktionen · reserve transactions
Reservewährung · reserve currency
Residualeinkommen (Unternehmergewinn) · residual payment, residual income
Residualkosten, Residualverlust, Nutzeneinbuße des Prinzipals · residual costs
Ressort i.S. eines Verwaltungsbereichs, Abteilung, Geschäftszweig · department
Ressourcen i.S. der Leistungsfähigkeiten der Produktionsfaktoren · resources
Ressourcen, erschöpfbare, nicht erneuerbare · nonrenewables
Ressourcenverteilung → Allokation
Restarbeitslosigkeit, „Bodensatzarbeitslosigkeit" · residual unemployment
Restgröße, ungeklärte Differenz (z.B. ungeklärte Beträge der Zahlungsbilanz) · residual error
Restlaufzeit · maturity
Restposten · residual item
Restriktionen, Beschränkungen · restrictions, constraints
Restriktionspolitik, Kreditbremse · squeeze
Reststreuung · residue
Restvariable · proxy variable
Restwert · recovery value; residual value
Retorsionszoll, Vergeltungszoll · retaliatory tariff, countervailing duty
Rettungsplan · rescue scheme

Revision, Rechnungsprüfung · audit
Revisor-auditor → Rechnungsprüfer
Revolutionierung · revolutionisation
Revolvingkredit i.S. periodischer Erneuerung eines Bankkredites · revolving credit
Rezession · recession
Reziprozität · fair trade, reciprocity
Ricardo-Effekt · Ricardo effect
Richtlinie · guideline
Richtlinie, indikative, Leitlinie · guideline, guidepost
Richtpreis (EU-Agrarmarkt) · guide price, target price
Rigidität gegenüber Abwärtsbewegungen (z.B. bei Löhnen und Preisen) · downward rigidity
Rigiditätstheorie, strukturelle · structural rigidity theory
Risiko, anomales · substandard risk
Risiko, kalkulierbares, übersehbares · perceivable risk
Risiko moralischen Fehlverhaltens · moral hazard
Risiko, subjektives (Versicherung) · moral hazard
Risiko, Wagnis · risk, venture, hazard
risikofeindlich (-scheu) , risikoavers · risk averse
Risikofreude · risk proneness
risikofreudig · risk prone, venturesome, prepared to take risks
Risikogruppe · (high-)risk group
Risikokapital · risk capital, venture capital
Risikomarkt, Anbieter wird durch potentielle Konkurrenz gefährdet · contingent market
Risikooptimierung · safety effort
Risikostreuung · spread of risk
Risikotheorie · risk theory
Risikoversicherung · underwriting, term insurance
Rivale, Konkurrent · rival
Rohöl · crude (oil)
Rohstoff, Rohmaterial · raw material
Rohstoffabkommen, internationale · international commodity agreements
Rollenkonflikt · role conflict
Rosa Buch (Populäre Bezeichnung der jährlichen Zahlungsbilanzstatistik Großbritanniens) · Pink Book (United Kingdom Balance of payments)
Rotationsverfahren am Arbeitsplatz · job rotation
Route, Reiseplan, Straßenkarte, Wegeverzeichnis · itinerary
Routineregime einer Produktion · routinized regime
RTGS-System, Echtzeit-Brutto-Abwicklungssystem · real time gross settlement system, RGTS system
Rückabwicklung · unwinding, settlement unwind
Rückflußdauer Frist, in der die Investitionskosten durch die kumulierten Nettoerlöse zurückfließen · pay-back
Rückflußzeit einer Investition aus den Abschreibungen · pay-out time
Rückgang · decline
Rückkaufspreis · bid price, repurchase price
Rückkaufstag · repurchase date
Rückkaufsvereinbarung · repurchase agreement
Rückkopplung · feedback
Rückkopplung, positive, verstärkende · positive feed back (process), deviance-amplifying
Rücklage · capital surplus
Rücklage, gesetzliche · capital reserves, legal reserves
Rücklagen, frei verfügbare · general reserves
Rückstandsgebiet, zurückgebliebene Region · backward region, depressed area
Rückstellung für Lagerwertminderungen (Bilanz) · inventory reserve
Rückstellungen für unbestimmte Risiken · reserves, reserves contingencies

Rückstellungen, aktive, transitorische Rückstellungen · deffered charges, means for deferred payments
Rückstellungen, steuerfreie · untaxed reserves
Rücktritt, Demission · resignation
Rückvergütung, Erstattung · refund
Rückversicherung · reinsurance
Rückwirkung, Rückstoß · repercussion
Rückzahlung, Erstattung · repayment
Rückzahlungsbedingungen · conditions of repayment
Rückzahlungsperiode (Investition) · payback period
Rückzahlungszeitpunkt einer Anleihe etc · redemption date
Rüstungsausgaben · military expenditures
Rüstungsindustrie · armament industry
Rüstzeit · changeover time
Ruhestand, Pensionierung · retirement
Ruheständler · retired people, (older) leisure people
Ruheständler, wohlhabende · Wollies = well income leisure people
Ruhestandsversicherung · retirement insurance
Rundfunk(wesen) · broadcasting
Rundschreiben · circular

S

Sabotage · sabotage
Sachanlagevermögen (Bilanz) i.d.R. Nettowerte · fixed assets
Sachgebiet → Bereich
Sachkapital · real capital
Sachkenntnis, Fachwissen · know-how
Sachkonto · impersonal account
Sachleistungen · in-kind benefits
Sachverständiger, Schiedsrichter · arbiter
Sachverständiger, vereidigter · bonded arbiter
Säulendiagramm, Histogramm · bar chart, histogram
Sättigung (Über-), Ekel, Sattheit, Überdruß · satiety, saturation
Sättigung · saturation
Sättigungsniveau · satiation level
Sättigungspunkt · saturation point
saisonbereinigte Größe · deseasonalized item
Saisonbereinigung · seasonal adjustment
Saisonschwankung · seasonal fluctuation
Saldo, aggregierter · total balance
Saldo, Kontostand, Guthaben · balance
Sanierung der Elendsviertel · slum clearance
Sanierungsplan · renewal plan, rescue scheme
Satellitenindustrien · satellite industries
Satellitenstadt · New Town
Sattelpunkt · saddle point
Satzung · constitution
Satzung, Statut eines Unternehmens · memorandum of association
Satzungsbestimmungen, Satzungsartikel · articles of association
Saysches Theorem · law of markets, Say's law
Seelenmassage (in der Wirtschaftspolitik), Maßhalteappelle · jaw-boning, ear-bashing, ear-stroking, moral suasion
Segment-Grafik (Grafische Darstellung von Prozentanteilen als Segmente eines Kreises in „Tortenform") · pie chart
Sektor · sector
Sektor, empfangender → Input-Sektor
Sektor, industrieller (Entwicklungstheorie) · modern sector
Sektor, nahversorgender → Folgeleistungssektor · non-basic sector

Sektor, sekundärer, Industriesektor · secondary sector
Sektor, vorindustrieller (Entwicklungstheorie) · pre-industrial sector
Sektorbildung, sektorale Abgrenzung · sectoring
Sekundäreffekte · secondary effects
Sekundärenergie (z.B. Strom) · secondary fuel
Sekundärgüterproduktion · secondary production
Sekundärverteilung → Redistribution
Selbständige · self-employed persons
Selbständigeneinkommen · resources of self-employed
Selbständiger · self-employed person, self occupied ~
Selbstanpreisung, -darstellung in der Öffentlichkeit z. B. von kreditbegehrenden Ländern · roadshow
Selbstbedienung · self-service
Selbstbeschränkungsabkommen von Exportindustrien · Orderly Marketing Agreement
Selbsterfüllende Prognose (R. K. Morton) · self-fulfilling prophecy
Selbstfinanzierung · self-financing
Selbstheilungskraft (der Marktwirtschaft) · self-healing power
Selbsthilfe i.S. auf eigene Kraft verlassen, Autarkie, Gegensatz zu Exportorientierung · self reliance
Selbstkosten · total production cost
Selbstkostenpreis · cost price
„Selbstläufer", reißend absetzbares Produkt · fast-selling item
Selbstversorgung, wirtschaftliche Autonomie · economic self-sufficiency
Selbstverwaltung (Arbeiter-) · self-management
Seltenheit · rarity, scarceness, rareness (seltenes Vorkommen)
Seltenheitsgut · rare commodity, rare good
Seltenheitsrente · economic rent
Seltenheitswert · scarcity value
Senioren · senior citizens, older people, oldies, grannys
Senioren, gutbetuchte · Woopies = well-off older people
Senioren-Akronyme → Woopies, Wollies, Grampies, Selpies
Senioren: Ältere im zweiten Lebensabschnitt · Selpies = Second life people
Senioren: wachsende Gruppe wohlhabender, gesunder Ruheständler · Grampies = growing retired active moneyed people in an excellent state
Seniorenmarkt · grey market
Sensitivitätsanalyse · sensitivity analysis
Sequenzanalyse, Verlaufsanalyse · sequential analysis
Serienproduktion · serial manufacture, batch production
Serienumfang · batch size
Serienwagen · stock car
Service(-Angebot), Kundendienst zu einem Produkt · after-sales service
Sicherheiten · collateral
Sicherheiten, marktfähige · marketable assets
Sicherheitsabschlag · haircut
Sicherheitsmaßnahmen · safety measures
Sicherstellung → Vorsichtsmaßnahme
Sichteinlage · deposit at call (GB), sight deposit, current account, current deposit, demand deposit (US)
Sickereffekte · leakage (effects), trickling down effects
Siedlungsstruktur · systems of cities
Signalausfall (EDV) · drop out
Signalwirkung, Ankündigungseffekt · announcement effect
Signifikanz (Statistik) · significance
Simplex-Methode · simplex method
Simulation · simulation
Simulation des Verhaltens von Industriesystemen · industrial dynamics (Forester)

Simulation, wirtschaftspolitische · policy simulation
Sinekure · cushy job, soft snap (US)
Sinus · sine, sinus
Sinusfunktion · sine function
sittenwidriges Geschäft · unconscionable bargain
Sitzstreik: Streik, ohne Verlassen des Arbeitsplatzes · sit-down strike
Skalarprodukt · scalar product
Skalenerträge · returns to scale
Skalenerträge, abnehmende · decreasing returns to scale
Skalenerträge, steigende · increasing returns to scale
Skalenlinie → Expansionspfad
Slumsanierung · slum clearance
Snob-Effekt · snob effect
Sofortabschreibung · initial allowances
Soforthilfe · spot aid
Software-Programmpflege · software services
Software-Wartung · software maintenance
Software-Werkzeug · software tool
Sogwirkung · pull effect
Solawechsel · promissory note, sole bill
Solidarität · solidarity
Solidaritätsstreik → Sympathiestreit
Solidarversicherung, dynamisches Sozialversicherungssystem · pay-as-you-go
Solidität · steadiness
Soll, Belastung, Debet · debit
Soll-Ist (-Vergleich) · target-versus-actual
Sollaufkommen · budgeted yield
Sollausgaben · budgeted expenditures
Sollbestand (Bilanz) · nominal balance
Soll und Haben · debit and credit
Solvenzrisiko · solvency risk
Sonderabgaben · special charges
Sonderabschreibung · additional capital allowance, additional depreciation, extraordinary depreciation
Sonderanfertigung, Auftragsproduktion · one-off production
Sondereigentum → Privateigentum
Sonderfall, Ausreißer · outlier
Sonderfonds für zweckgebundene Steuern · trust fund (US)
Sonderinteressen (verborgene) · particular interests
Sonderpreis · preferential price
Sonderregelung → Ausnahmeregelung
Sonderverkauf, Verkauf zu ermäßigten Preisen · bargain sale
Sonderziehungsrecht · special drawing right
Sonnenfleckentheorie (der Konjunkturzyklen) · sun spot theory
Sortiment, Palette · range
Sortimentsausweitung · expansion of assortment
Sortimentsbreite · range of products; variety
Sortimentserweiterung · diversification
Sozialabgaben · social security taxes/contributions
Sozialamt · social security office
Sozialarbeiter · social worker
soziale Sicherheit · social protection; social security
Soziale Symmetrie im Sinne einer ausgewogenen Einkommenspolitik · fair share policy
Sozialfall · hardship case
Sozialfürsorge, Sozialhilfe · social security, income support, welfare (aid)
Sozialgericht · (social) welfare tribunal
Sozialgeschichte · social history
Sozialhilfe → Sozialfürsorge · public welfare
Sozialhilfe, Sachleistungen · in-kind benefits
Sozialhilfeberechtigte („gute" Arme) · deserving poor
Sozialhilfeempfänger · person receiving income support/welfare (aid)

Sozialinflation peiorative Bezeichnung für die in den USA steigenden Schadenersatzsummen für ärztliche Kunstfehler · social inflation (US)
Sozialinterventionismus (Truman, 1949) · Fair Deal
Sozialisierung · socialization, nationalization
Sozialismus · socialism
Sozialismus, utopischer · utopian socialism
Sozialismus, wissenschaftlicher · scientific socialism
Sozialistische Marktwirtschaft · market socialism
Sozialkapital, Infrastruktur · social overhead capital
Sozialkontrakt, Stillhalteabkommen zwischen Gewerkschaften und Regierung · social contract
Sozialkredittheorie (Douglas/Aberhart) ähnlich der Freiwirtschaftslehre (S. Gesell) · social credit
sozialökonomisch · socioeconomic
Sozialordnung · social order
Sozialpartner · social partner(s)
Sozialpartner, Tarifparteien · both sides of industry, unions and management
Sozialplan → Kompensationszahlungen, Abfindung · redundancy payments
Sozialprestige · social standing
Sozialprodukt · aggregate output
Sozialschmarotzer („schlechte" Arme) · undeserving poor
Sozialstaat · welfare state
Sozialstaatprinzip · social-welfare principle
Sozialtarif · subsidized rate
Sozialversicherung · social insurance, national insurance, (social security)
Sozialversicherung · Social Security (USA)
Sozialversicherungsgesetz (US) · Federal Insurance Contributions Act (Social Security)
Sozialversicherungsgesetz · Social Security Act (USA 1. 1. 1937)
Sozialversicherungskarte · National Insurance Card
Sozialversicherungsnummer · National Insurance Number
Sozialversicherungssteuer · Social Security Tax
Sozialversicherungssystem, dynamisches → Solidarversicherung
Sozialversicherungsträger · Department of Social Security
Sozialwohnung · state-subsidized appartment, council falt (GB)
Spätindikator · lagging indicator
Spalte (Matrix) · column
Spaltenvektor · columnvector
Spaltergewerkschaft · breakaway union
Spanne (Gewinn-, Handels-) · margin
Spannweite, Spielraum · range
Sparanreiz · incentive for saving
Sparbriefe (von Volksbanken und Sparkassen) · certificate of deposit
Sparbriefe der Vereinigten Staaten · U.S. Savings Bonds
Spareinlagen · savings deposits
Sparen, Ersparnis · saving
Sparen, räuberisches (das zu Arbeitsplatzverlusten führt; J. M. Keynes) · predatory saving
Sparen, unfreiwilliges → Zwangssparen · involuntary saving
Sparen, ungeplantes · unplanned saving
Sparguthaben · savings deposit
Sparkasse · savings bank
Sparkonto · savings account
Sparneigung, durchschnittliche · average propensity to save (A.P.S.)
Sparneigung, marginale · marginal propensity to save
Sparparadoxon · paradox of thrift (J. M. Keynes)
Sparprogramm, extremes, radikale Ausgabenkürzung · austerity

Sparquote, volkswirtschaftliche · savings rate, saving proportion, propensity to save
Sparsamkeit, Wirtschaftlichkeit · thriftiness
Spartabelle · saving schedule
Sparte → Abteilung
Spediteur · carrier, forwarding agent
Speicher, EDV- · storage, memory
Speicherstelle (EDV) · byte
Spekulation · speculation
Spekulationsmotiv (Kassenhaltung) · speculative motive
Spekulationsnachfrage · asset demand for money
Spekulationszyklus, -konjunktur · speculative cycle
Spende, Arbeitslosenunterstützung, Almosen · dole
Sperrgüter · bulky goods
Sperrklinken-, Trägheitseffekt (Konsum) · ratchet effect
Sperrkonto · blocked account
Spesen, Auslagen, Unkosten · expenses
Spezialisierung · specialization
Spezialisierungsgewinne, -vorteile · gains from specialization
Spieltheorie · theory of games
Spinnweb-Diagramm · cobweb chart
Spinnweb-Theorem · cobweb theorem (O. Lange)
Spinnwebsystem, explodierendes · explosive cobweb
Spitzenbedarf · peak of demand
Spitzenbelastung z.B. saisonale Nachfragespitze · peak load
Spitzenfunktionäre · top level officials
Spitzenrefinanzierungsfazilität · marginal lending facility
Spitzentechnologie · high technology
Splitting (Aktien) · stock split
Spontanstreik · unofficial strike, wildcat strike
Submissionsangebot · tender
Submissionskartell → Ausschreibungsabsprache
Subsistenzlohntheorie · subsistence theory of wages
Subsistenzminimum · minimum of subsistence
Subsistenzwirtschaft, Bedarfdekkungswirtschaft · subsistence economy
Subskription, Zeichnung, Abonnement · subscription
Substanzverlust, Erschöpfung natürlicher Ressourcen (z.B. Erzvorkommen) · depletion
Substanzverringerung · wasting of assets, depletion
Substitute, enge · rival commodities
Substitutionseffekt (Nachfragetheorie) · substitution effect
Substitutionselastizität · elasticity of substitution
Substitutionselastizität, technische, faktorielle Substitutionselastizität · elasticity of factor substitution
Substitutionselastizität, variable · variable elasticity of substitution
Substitutionsgut · substitute (good)
Subunternehmer · subcontractor
Subvention (aus strukturpolitischen Motiven) → Preissubventionen, Investitionszuschüsse · subvention
Subvention, finanzielle Unterstützung · subsidy
Sucharbeitslosigkeit · search unemployment
Suchprozeß · search process
Surrogatspreis · surrogate price
Swapsatz · swap rate, swap point
Swapsatz, marginaler · marginal swap point quotation
Sympathiestreik · secondary strike; sympathetic strike, sympathy strike
Sympathisant (kommunistischer Parteien) · fellow traveller
Sympathisant · sympathizer
Synthese · synthesis
System · system
System, dynamisches · dynamic system

System, metrisches · metric system
Systemanalyse · system analysis
Systemanalytiker · systems analyst
Systeme, ergänzende · supplementary systems
Systeme, nicht-rekursive · non- recursive systems
Systeme, rekursive · recursive systems
Systemrisiko · system risk
Systemtheorie · systems theory

Sch

Schaden · damage
Schaden(s)ersatzanspruch · claim for damages
Schadenersatz · compensation
Schadensfreiheitsrabatt · no-claims bonus
Schadstoffe, abbaubare · flow pollutants
Schadstoffe, nicht abbaubare · persistent stock pollutants
Schätzfunktionsberechnung → Hochrechnung
Schätzgröße, Schätzfunktion · estimator
Schätzmethode · method of estimation
Schätzung, statistische Berechnung der Schätzfunktion, schließende Statistik · statistical interference
Schalter, Theke · counter
Schattenlohn · shadow wage
Schattenpreis · shadow price, accounting price, dual price, imputed price
Schattenwirtschaft · irregular economy ; shadow economy
Schatzamt · treasury
Schatzanweisung · treasury bond
(Schatz-)Wechsel, der noch nicht am Geldmarkt abgesetzt werden konnte · hot bill
Schatzkanzler · Chancellor of the Exchequer
Schatzmeister → Finanzdirektor
Schatzmeister · treasurer
Schatzwechsel · treasury bill
Scheck, bestätigter (In Deutschland: nur durch die Landeszentralbanken ausgestellt) · certified check (US)
Scheck, gedeckter · casher's cheque (check)
Scheck, gekennzeichneter · marked check (USA)
Scheck, gesperrter · stopped cheque (check)
Scheckbestätigung · advise fate
Scheckeinlagen · checking deposits
Scheidemünzen · token coins
Scheinangebot · dummy tender
Scheinfirma → Briefkastenfirma
Scheingewinn · fictitious profit, windfall profit, illusory profit, paper profit
Scheinkäufer (Gebote mit dem Zweck, den Preis hochzutreiben) · puffer
Schenkung · donation
Schenkungssteuer, Vermögensübertragungssteuer · capital transfer tax (GB), gift tax
Scherenentwicklung · divergence
Schicht (Arbeits-), Arbeitstag · shift
Schicht, soziale, Klasse · social class
Schicht(ung) · stratum
Schichteneinteilung, Schichtung · stratification
Schieber, Kriegsgewinnler · profiteer
Schiedsgerichtsverfahren, Schlichtung · arbitration
Schiedsgerichtswesen der Wirtschaft · commercial arbitration
Schiedsrichter → Sachverständiger
schief (verteilt) · askew
Schiefe: schiefe (statistische) Verteilung · skewness
Schiffshypothekenbrief · bottomry bond
Schirmeffekt von Großunternehmen gegenüber kleinen Konkurrenten · umbrella effect
Schlagschatz → Münzprägekosten

Schlagwort (Lexikon) · subject
Schlagwort-Register · subject index
Schlanke Produktion; auf japanische Vorbilder zurückgehendes Produktionsmodell (Merkmale geringe Produktionstiefe, just-in-time Anlieferung, Modellvielfalt, flexible Produktionsverfahren, Qualitätskontrolle, Effizienz durch Kostensenkung) · lean production
schlankes („agiles") Management; in Japan entwickeltes Management-Modell; Merkmale u.a. flache Hierarchie, Einbeziehung der Mitarbeiter, Dezentralisierung der Entscheidungen und Prozeß- und Kundenorientierung sowie die Ausrichtung auf lean production · lean management
Schleife (Rückkopplungs-) · loop
Schleuderpreis, Dumpingpreis · dumping price
Schleusenpreis (EG-Agrarmarkt) · sluice gate price
Schlichter · mediator
Schlichtung · conciliation, arbitration
Schlichtung (Arbeitskampf-) (neutraler Dritter) · mediation
Schlichtung, staatliche (Arbeitskampf) · state conciliation
Schlichtung, Vereinbarung · reconciliation
Schlichtungsausschuß · grievance committee
Schlüsselstellung, wirtschaftliche · key industrial emporium
Schlupfloch, Lücke (z.B. Steuergesetzgebung) · loophole
Schlupfvariable · dummy variable, slack variable, surplus variable (Minimierungsprogramm)
Schlußkurse (Börse) · closing prices
Schmierprovision · kick back
Schmuggelgut · contraband
Schneeball-Verkauf-System (Kette von Verkäufern und Unterverkäufern) · pyramid selling (scheme)
Schnellspeicher (EDV) mit kleiner Kapazität · scratch-pad memory
Schnelltender · quick tender
Schnittmenge, Durchschnitt · intersection
Schnittpunkt · intersection
Schöpfungskredit durch Erhöhung der Zahlungsmittelmenge, Geldmengenerhöhung durch Zentralbankkredite · monetization of the debt
Scholastik · scholasticism
Schreibarbeit → Büroarbeit
Schreibpersonal → Büropersonal
Schreibwaren · stationery
Schrott, Abfall, Ausschuß · scrap
Schrottplatz, ~haufen, ~lager · junk pile
Schrottwert · scrap value
Schrottwertanrechnung (Versicherungsschaden) · salvage
Schrumpfung → Gesundschrumpfung
Schrumpfung des Geschäfts · decline of business
Schrumpfungsprozess · shrinking process, shrinkage
Schuld (öffentliche) aus Kreditaufnahmen für laufende Ausgabe (ohne entsprechende Vermögensbildung im öffentlichen Sektor) · deadweight debt
Schuld(en) · debt(s)
Schuld, dubiose · bad debt
Schuld, externe · external debt
Schuld, interne · internal debt
Schuld, öffentliche, Staatsschuld · national debt
Schuld, schwebende · floating debt
Schuld, werbende · reproductive debt
Schuldablösung, Eintausch bzw. Umwandlung von Wertpapieren in andere · debt conversion, conversion
Schuldendienst · dept service
Schuldenerlaß · acquittance release
Schuldenkonsolidierung · funding
Schuldenpolitik · debt policy/ management

Schuldenrückkauf · debt buy-back
Schuldenverwaltung · debt management
Schuldknechtschaft → Tagelohn
Schuldner · debtor
Schuldnerland, Land mit einem Zahlungsbilanzdefizit · debtor nation, debtor country
Schuldschein · certificate of indebtedness
Schuldschein · note receivable, promissory note, IOU (= I owe you), obligation
Schuldverschreibung · debenture
Schuldverschreibung, durch Pfandbestellung (Hypothek) gesicherte · backed bond
Schuldvertrag · bond indenture
Schule, wissenschaftliche → Lehrmeinung, Lehrauffassung
Schulpflicht · compulsory education
Schutzgebühr · nominal fee
Schutzzoll · protective duty
Schwankung der Geldversorgung · fluctuations of the money supply
Schwankung(sbreite), zulässige · permissible margin of fluctuation
Schwankungen, jahreszeitliche · seasonal fluctuation
Schwankungsbreite · fluctuation margin, margin of fluctuation
Schwarzarbeit · moonlighting, illicit work
Schwarzarbeiter · fly-by-night worker, blackleg worker
Schwarze Liste · black list
Schwarzer Markt · black market
Schwarzhändler · black marketeer
Schweinezyklus · hog cycle (phenomenon)
Schwelleneinkommen bei negativer Einkommensteuer (M. Friedman) · cut-off-point
Schwellenland · threshold country
Schwellenpreis (EU Agrarmarkt) · threshold price
Schwellenvereinbarung · threshold agreement
Schwerarbeiter · heavy worker
Schwerindustrie · heavy industry
Schwerstarbeiter · very heavy worker
Schwindelfirma · bogus company, long firm
Schwingung · oscillation
Schwingung, gedämpfte · damped oscillation
Schwingungsbreite · swing
Schwingungskomponente, oszillatorische Komponente · oscillation component
Schwingungsmodell · oscillation model
Schwingungssystem · oscillating system
Schwitzsystem → Ausbeutungssystem

St

Staatenbund, Konföderation · confederation
Staats- oder Zentralbankgeld ungedecktes (gesetzliches Zahlungsmittel), Nominalgeld · fiat money
Staatsanleihe, fundierte (GB) · consol
Staatsanleihen · treasury stocks, treasury loan
Staatsanleihen, (britische) · gilt edged securities, „gilts“ a) bis 5 Jahre Laufzeit · short-dated securities b) 5 bis 10 Jahre Laufzeit · medium-dated securities c) über 10 Jahre Laufzeit · long- dated securities
Staatsanteil → Staatsquote
Staatsausgaben · government expenditures
Staatsausgaben für Güter und Leistungen (ohne Transfers), Summe aus Staatsverbrauch und Staatsinvestition · exhaustive expenditure
Staatsausgabenfunktion · government expenditure function

Staatsausgabenmultiplikator · public expenditure multiplier, government expenditure multiplier, exhaustive expenditure multiplier
Staatsbesitz · public ownership
Staatsbesitz, in · government owned
Staatseingriff (in die Wirtschaft) · interference, intervention
Staatseinnahmen · government revenue, public revenue
Staatshaushalt (fiktiver), unter Vollbeschäftigungsbedingungen · full-employment budget
Staatshaushalt, ausgeglichener · balanced budget
Staatshaushaltsplan · national budget
Staatsinvestitionen · government investment
Staatsinvestitionen, wachstumsfördernde · productive expenditure
Staatskapitalismus · state capitalism
Staatskonsum · public consumption
Staatskonto (Konto des britischen Schatzamtes bei der Bank von England) · exchequer
Staatspapiere (staatliche) Finanzierungspapiere mit fixiertem Ausgabepreis, die nicht am Markt gehandelt werden, aber stets angeboten werden · tap stocks
Staatspapiere · government securities
Staatspapiere, Summe aller an der Börse gehandelten · government stock
Staatspapieren, Begebung von, ohne Zwischenschaltung des Marktes · tap issue
Staatsquote, Staatsanteil · share of the state in distribution
Staatsschuld · national debt
Staatsschuld, fundierte/konsolidierte · funded debt
Staatsschuld, schwebende · floating debt
Staatsschuldenpolitik Anleihepolitik der öffentlichen Hände, Staatsschuldenverwaltung · debt management
Staatsschuldverschreibung · public bond (US), government bond
Staatssektor · public sector
Staatssozialismus · state socialism
Staatsstreich · coup d'état
Staatssubvention · government subsidy
Staatsunternehmen · state-owned enterprise
Staatsverschuldung · government borrowing
Staatsversicherungsgesetz · National Insurance Act
Stab, Personal · staff
Stabilisator, eingebauter/automatischer · built-in-stabilizer
Stabilisatoren, automatische · automatic stabilizers
Stabilisierungsanleihe · stabilization loan
Stabilität · stability
Stabilitätsabgabe · stabilization levy
Stabilitätsgesetz · Stability and Growth Law (Germany)
Stabilitätspolitik · stabilization policy
Stabilitätspolitik, sinngemäß: staatliche · management of the economy
Stabilitätsprogramm · stabilising scheme
Stabsfunktion · staff function
Stabverhältnis: Beratungsbeziehung (Organisation) · staff relationship
Stadt und Land · town and countryside
Stadtgröße · city size
Stadtverwaltung · municipal corporation
Ständestaat · corporate state
Ständige Fazilität · standing facility
Stagflation · stagflation (stagnation and inflation)
Stagnation · stagnation
Stagnationsthese · stagnation thesis
Stammaktien · common shares
Stammbelegschaft, Kernbelegschaft · core employees

Stammhaus, Hauptbüro · home office
Stammkapital, Grundkapital · capital stock, non-disposable stock
Standardabweichung · standard deviation
Standardaktien Bezeichnung für die besten~ einer Volkswirtschaft, z.B. Großbanken, Daimler-Benz · blue chips
Standardhaushalt → Musterhaushalt
Standardkosten · standard costs
Standard-Lieferklauseln im internationalen Handel · incoterms: international commercial terms
Standardnorm-Stempel (britischer) · kite mark
Standardtender · standard tender
Standort · location
Standortmodelle · location models
Standorttheorie · location theory
Stapel · batch
Stapelverarbeitung (EDV), Verarbeitung einer kumulierten Datenmenge · batch processing
Starrheit, Inflexibilität · stickiness
Startknoten · starting node
Startphase (z.B. konjunktureller Aufschwung) · take-off
Starttag · start date
Statik, komparative · comparative statics
stationärer Wirtschaftszustand · stationary state
Statistik, angewandte/praktische/materielle · applied statistics
Statistik, beschreibende (deskriptive) · descriptive statistics
Statistisches Amt (US) · census bureau
Statistisches Amt · Bureau of Statistics (GB)
Status, Ansehen (speziell von Kreditinstituten) · standing
Status, Stellung · status
Statusbewußtsein · status consciousness
Statussymbol · status symbol
Statut, feierlicher Vertrag, Vereinbarung, Satzung · covenant
Stechkarte · clock card
Steigung · slope, steepness
Stein(-Kohlen-)Einheit → Kohlenäquivalent
Stelle, offene · vacancy
Stellen, offene · vacancies
Stellenanzeige(n) · help-wanted advertising
Stellenbeschreibung, Anforderungsprofil · job description, specification
Stellenvermittlungsbüro, privates · employment agency
Stellglied (Regelkreis) · controller
Stellgröße (Regelkreis) · feedback signal
Stellvertreter · proxy
Stellvertretergröße · proxy variable
Stellvertretung → Vollmacht
Stempelsteuer · stamp duty
Sterbegeld · death grant
Sterbeziffer (auf 1000 Einwohner) · crude deathrate
Sterbeziffer, (geschlechts- und/oder alters-spezifische) · refined deathrate
Sterblichkeitstabelle · mortality table
Steuer · tax
Steuer, abziehbare · deductible tax
Steuer, einmalige · lump sum tax
Steuer, indirekte · indirect tax
Steuer, konfiskatorische · confiscatory tax
Steuer, personenbezogene (z.B. Einkommensteuer) · personal tax
Steuer, spezifische · specific tax
Steuer, überwälzte · rolled-forward tax, passed-on tax
Steuer, veranlagte · assessed tax
Steuer, versteckte · hidden tax
Steuerabwehr, Steuerausweichung · tax dodging
Steuerabzug · tax deduction
Steuerabzug an der Quelle · deduction of tax at source
Steueranstoß · tax impact

Steueraufkommen (gesamtes) · total taxation
Steueraufkommen (tatsächliches) · outturn
Steueraufkommen · yield to the revenue
Steueraufkommen an direkten Steuern (einschließlich Schenkungs-, Erbschafts-und Stempelsteuern) · inland revenue, yield to revenue, tax take
Steueraufkommen an indirekten Steuern und Zöllen · customs and excise (GB)
Steueraufschlag · surcharge
Steuerausweichung → Steuerabwehr
Steuerbefreiung, Steuerpräferenz, Mehrwertsteuererlaß ohne Vorsteuerabzug · (tax) exemption (GB)
(Steuer-)Befreiung von der (britischen) Kommunalabgabe · derating
Steuerbehörde · tax authority, tax office
Steuerbelastung · tax burden
Steuerbeleg · tax voucher
Steuerbemessungsgrundlage · taxable base, tax base
Steuerbemessungsvariable (Einkommens-) · taxable income base
Steuerbescheid · tax assessment
Steuerbilanz · tax balance sheet
Steuereinheit · control unit
Steuereinnahme · tax receipt
Steuereinnehmer · tax gatherer
Steuereinschätzer · assessor of taxes
Steuererhöhung · tax increase, increase in taxes
Steuererklärung · tax return
Steuererklärung, gemeinsame · joint tax return
Steuererleichterung · tax relief
Steuererleichterung für kleine Einkommen · small income relief
Steuerermäßigung · tax rebate
Steuerermäßigungen wegen persönlicher Verhältnisse · personal allowances
Steuerforderung · tax demand
steuerfrei · tax-exempt, duty-free
Steuerfreibetrag · tax allowance
Steuerfreibetrag für Verheiratete · married personal allowance
Steuergeheimnis · tax secrecy
Steuergerechtigkeit · tax equity
Steuergesetze · tax laws
Steuergutschrift · tax credit
Steuerharmonisierung · harmonization of taxes
Steuerhinterziehung · tax evasion
Steuerinflation · inflation tax
Steuerinflation i.S. des inflationsbedingten Anstiegs des Steueraufkommens · buoyancy
Steuerinzidenz · incidence of taxation, tax incidence
Steuerjahr · tax year
Steuerjahr, laufendes · current tax year
Steuerlast · burden of taxation
Steuermultiplikator · tax (change) multiplier
Steuernachlaß, -vergünstigung · tax concession
Steueroase · tax haven, tax shelter
Steuerpolitik, steuerpolitische Maßnahmen · fiscal measures
Steuerprogression, automatische (expansionsdämpfender Automatismus analog den built-in-stabilizern im Abschwung) · fiscal drag
Steuerrichtlinien · tax guide lines
Steuerrückerstattung · tax refund
Steuerrückstand · back duty
Steuersatz · tax rate
Steuerschlupfloch · tax loophole
Steuerschuld · liability to tax
Steuerschuld, Steuerlast, zu zahlende Steuer · tax bill
Steuerschwelle · tax threshold
Steuerschwund (durch Gewinnverlagerung ins Ausland) · tax degradation
Steuersenkung · tax cut
Steuersystem · tax system, system of taxation
Steuertarif, progessiver · progressive scale of taxation

Steuertarif, proportionaler · proportional scale of taxation
Steuertarif, regressiver · regressive scale of taxation
Steuerträger · ultimate taxpayer
Steuerträger, (letzter) Steuerbelasteter, (Begriff aus der Steuerinzidenzlehre) · final resting point
Steuerüberwälzung · tax shifting
Steuerüberzahlung · overcharge of tax
Steuerumgehung · tax avoidance
Steuerung · control
Steuerungssystem · control system
Steuerveranlagung · tax assessment
Steuervermeidung · tax avoidance
Steuerverpflichtung · tax liability
Steuervorteil · tax break (US)
Steuervorteile · tax privileges
Steuerwiderstand · resistance to taxation
Steuerzahler · tax payer
Steuerzuschlag · surcharge
Stichprobe (Zufalls-) · (random) sample
Stichprobe, ausgewogene (angepaßte) · balanced sample
Stichprobe, bewußte (absichtliche) · purposive sample
Stichprobe, geschichtete · stratified sample
Stichprobe, Prüfung an Ort und Stelle · spot check
Stichprobe, statistisch kontrollierte · controlled sample
Stichprobenfehler · sampling error
Stichprobenplan(ung) · sample design
Stichprobenumfang · sampling seize
Stichprobenuntersuchung, geschichtete · stratified sampling
Stichtag · key day
Stichtest, Finanzierungsregel: Verhältnis von liquiden Mitteln und den kurzfristigen Forderungen zu den kurzfristigen Verbindlichkeiten · acid test (US)
Stichwort · head word, catch word, key word
Stiftung · foundation
Stillegung · closure, close-down, closing-up, shut-down, shutting-down, → Entzug, Ausstand
Stillegung, vorübergehende · shutdown
Stille Reserven · secret reserves
Stillhalteabkommen · standstill agreement
Stimmentausch, gegenseitiger: Unterstützung z. B. von gut organisierten Minderheiten · log rolling
Stimmrecht · voting right
Stimmrechtsaktien · voting shares
Stimmungstest, Konjunkturbefragung · anticipation survey
Stockung, Stauung, Überfall · hold-up
Störfaktor, stochastischer · stochastic disturbance
Störgröße (Ökonomie) · disturbance term
Störgröße (Regelung) · error, amount of error
Stornierung · cancellation
Störsignal · noise
Störsignal (EDV) · drop in
Störung (eines Gleichgewichts) · disturbance
Störungen i.S. nicht beeinflußbarer äußerer Gegebenheiten · uncontrollable factors
Störungsverstärkung durch positive Rückkopplung · deviance-amplifying, positive feed back process
Störvariable · error term
Störvariable, stochastische · shock variable
Strafzinsen · negative interest
Strahl, Halblinie · ray
Straßenfahrzeugbau · road vehicle building
Straßentransport · haulage
Strategie · strategy
strategischer Geschäftsbereich · strategic business area
strategisches Geschäftsfeld · strategic operating area

Streik · walk-out, strike
Streik, nichtgewerkschaftlicher, inoffizeller Streik, „wilder Streik" · unofficial strike, wildcat strike
Streik, politischer · political strike
Streik, vertragswidriger · unconstitutional strike
Streik-Arbeit Streikform, bei der, entgegen der Anweisung der Firmenleitung, weitergearbeitet wird · work-in
Streikbestimmungen · strike provisions
Streikbilanz · strike record
Streikbrecher · blackleg, scab
Streikbrecher i.e.S.: angeheuerte Ersatzkräfte während eines Streiks · strike-breaker
Streikkasse · indemnity fund
Streikmaßnahmen · industrial action
Streikposten · picket
Streikposten, Aufstellen von · mass picketing
Streikpostenaktivität (legale und gewaltlose Abwehr von Streikbrechern) · peaceful picketing
Streit über Tätigkeitsabgrenzungen · demarcation dispute
Streitschlichtungsorgan (der Welthandelsorganisation) · Dispute Settlement Body (DSB)
Streudiagramm (Regression) · scatter diagram
Streuung · dispersion, spread, scattering
Streuungsausmaße, Streuungsdimensionen · dimensions of diffusion
Streuungsmaß · measure of dispersion
Strohmann-Aktionär · nominee shareholder
Strom, einseitiger (z.B. Transfers) · unilateral flow
Stromgröße, Flußgröße (z.B. Volkseinkommen) · flow (item)
Stromgrößen-/Flußgrößen-Ansatz (z.B. Einkommen) · flow concept
Stromgrößenrechnung · flow account
Strompreis · power rate
Struktur · structure
Struktur, wirtschaftliche und soziale · economic and social structure
Strukturanpassung · structural adjustment
Strukturelle Operation · structural operation
Strukturpolitik, Industrie- und sektorale · economics of industrial organization
Strukturpolitik, regionale · development area policy
Strukturwandel · structural change
Stückelung, Nennwertbezeichnung · denomination
Stückerlös, Durchschnittserlös · average revenue
Stückgutsendung · mixed carload
Stückkosten · unit costs, average costs
Stücklohn · payment by results, piecework, piece method (US)
Stücklohnverfahren · multiple piecework system
Stückpreis · unit price
Stückwerk-Sozialtechnik · piecemeal social engineering
Stückzinsen, aufgelaufene · accrued interest
Stützkäufe · support buying
Stützungskäufe · support buying
Stufenflexibilität (der Wechselkurse) · crawling floating, adjustable peg, crawling peg
Stufentarif · graduated tariff
Stufentheorie, ökonomische · theory of economic stages
Stundenlöhne · hourly earnings
Stundenproduktivität · hourly productivity of labour

T

Tabelle, Diagramm · chart
Tabelle, Zahlenzusammenstellung · tabulation
Tableau économique · tableau économique, economic table
Tätigkeit, Aktivität mit Zeitbedarf · activity
Tätigkeit, Anstellung, Beschäftigung · employment
Tagebuchmethode, Methode zur Erforschung des Verbraucherverhaltens · diary method
Tagelöhner · day labourer
Tagelohn, Schuldknechtschaft · peonage
Tagesgeld · call money
Tagesgeld, kurzfristige Geldkredite · money at call and short notice
Tagesordnung · agenda
Tagespreis · current price
Tagesschluß · end-of-day
Tagschicht · day shift
Talsohle der Konjunktur → Tiefpunkt
Tangens, tangentiale Berührung · tangency
Tangente · tangent
Tangentenpunkt · point of tangency
„Tante Emma"-Laden · „mom-pop"-operation
Tantieme, Lizenzgebühren, Honorar · royalties
TARGET-System, Transeuropäisches Automatisiertes Echtzeit-Brutto-Express-Überweisungssystem · TARGET, Trans-European Automated Realtime Gross settlement Express Transfer System
Tarif (Grund-), Kleinverbrauchertarif (Gas, Strom etc.) · flat rate
Tarif, Gebühr · rate
Tarif, kombinierter, (z.B. Telefongebühren) · two-part tariff
Tarifabkommen · collective bargaining agreement
Tarifabschluß · wage settlement
Tarifautonomie · (right to) free collective bargaining
Tarifführer, beispielsetzende Lohnrunde, deren Abschlüssen andere Gewerkschaften, Branchen etc. folgen · leading agreements
Tarifkommission · joint working party on pay
Tariflöhne (vereinbarte) · negotiated wages, agreed wages, standard wages
Tarifparteien, Tarifpartner · the two sides of industry, management and labour, social partners, unions and management
Tarifpartner-Beziehungen · industrial relations
Tarifpartnerverhältnis · labo(u)r-management relations
Tarifrunde · pay round
Tarifvereinbarung · labour agreement
Tarifverhandlungen, innerbetriebliche · plant bargaining talks
Tarifverhandlungen, zentrale · centralized collective bargaining
Tarifvertrag · union agreement, labor agreement
Taschenrechner · pocket calculator
Tatsache, wertfreie · value-free fact
Tausch · exchange, barter
Tauschhandel Ware gegen Ware, Kompensationsgeschäfte · counter trading
Tauschkurve, reziproke · offer curve
Tauschlinie, Kontraktkurve · contract curve
Tauschmittel · medium of exchange
Tauschmöglichkeitskurve · exchange opportunity line, exchange possibility curve
Tauschwert · exchangeable value, value in exchange
Tauschwirtschaft, tauschwirtschaftliches System · exchange economy
Teamarbeit → Gruppenarbeit
Technik · technique
Technikangst → Technikskepsis

Techniken, diskursive · discursive techniques
Technikprognose, Prognose techn.-wissenschaftlichen Fortschritts · technological forecasting
Technikwahl · choice of technique
Technischer Fortschritt · technical progress, technological advance
Technischer Fortschritt, arbeitsvermehrender, Harrod-neutraler t.F · labour-augmenting progress
Technischer Fortschritt, kapitalvermehrender, Solow-neutraler t.F · capital-augmenting process
Technologie · technology
Technologie, alternative/angepaßte · intermediate technology
Technologie, kapitalintensive · capital-intensive technology
Technologie, moderne · advanced technology
Technologiefolgenabschätzung · technology assessment
Technologieregime, Wissensbedingungen einer Produktion · technological regime
Technologieskepsis (etwa durch Aufweisen negativer Folgen) · technology arrestment, ~harassment
Technologietransfer · transfer of technology
Teilbarkeit · divisibility
teile und herrsche · divide and reign
Teilgruppe aus einer größeren Grundgesamtheit, wobei die Gruppeneinteilung durch bestimmte Merkmale bzw. Merkmalskombinationen bestimmt ist · cluster
Teilhaber, stiller · sleeping partner
Teilkostenrechnung · direct costing
Teilmenge · subset
Teilwert · value to the business
Teilzahlung · part payment
Teilzahlungsbedingungen · regulations on hire purchase terms
Teilzahlungsgeschäft · intallment credit business
Teilzahlungskredit · installment credit
Teilzeitarbeiter · part-time worker
Telearbeit · telecommuting
Telebanking, Abwicklung von Bankgeschäften über Telekommunikation · cyberbanking
Tender-Verfahren (Wertpapierzuteilung) · tendering
Terminabschluß · forward contract
Termindevisen · forward exchange
Termineinlagen · time deposits, deposit accounts
Termineinlagen-Hereinnahme · collection of fixed-term deposits
Termingeld · time money/deposit, term money, forward rate
Termingeschäft · forward transaction, dealings for the account (settlement)
Termingeschäft, (Waren-), um sich vor preisbedingten Verlusten zu schützen · hedge
Termingeschäfte mit Finanzwerten (Wechselkurse, Zinssätze etc.) derivates · financial derivates
Termingeschäfts-Aktiva: standardisierte Mengen von Anleihen, Aktien, Währungen oder Edelmetallen, die auf einen künftigen Zeitpunkt hin gehandelt werden zur Absicherung von Kurs- und Zinsrisiken · financial futures
Terminguthaben, Kündigungsguthaben, Termingeld · deposit notice
Terminkäufe · advance buying
Terminkonto · deposit account
Terminkontrakt · futures contract, contract for futures
Terminkurs · forward rate
Terminmarkt · forward market, future market
Terminpreis (Warenbörse) · forward price
Terminverkauf · forward sales
Terminwaren · futures
Testierfreiheit · freedom of bequest
Testpackung · bread board model

Teufelskreis, circulus vitiosus · vicious circle
Theke, Schalter, Ladentisch · counter
Thema, Diskussionspunkt, Gesprächsgegenstand · topic
Theologie der Befreiung · liberation theology
Theoretiker · theorist
Theorie · theory → Analyse
Theorie der sozio-technischen Systeme · theory of socio-technical systems
Thesaurierungsfonds z.B. thesaurierte Sparraten plus Zinsen, Restabschreibung · sinking fund
Thesaurierungsmittel, Wertaufbewahrungsmittel · store of value
These · thesis
Tiefeninterview · depth interview (market research)
Tiefpunkt · nadir
Tiefpunkt einer Baisse · bear point
Tiefpunkt, Talsohle der Konjunktur · trough
Tiefstand, absoluter · all-time low
Tiefstpreis, absoluter · rock-bottom price
Tiefstzinspolitik · ultra-cheap money policy
Tilgung · amortization, acquittance, redemption
Titel → Eigentum
Tochtergesellschaft · affiliated company
Tochtergesellschaft (ab 50% Beteiligung) · subsidiary
Totalschaden (Seeversicherung) · actual total loss
Totalschaden · total loss
Touristendevisen → Reisemark
Trägheitseffekt → Sperrklinkeneffekt
Transaktionen, autonome (Zahlungsbilanz-) · autonomous transactions, autonomous movements
Transaktionen, unterstellte · imputed transactions
Transaktionsfrequenz, Transaktionshäufigkeit · transactions frequency
Transaktionskasse · money in circulation
Transaktionskasse, Umsatz, Transaktionsgeld · transaction balances
Transaktionskosten · transaction cost(s)
Transaktionsmotiv (Kassenhaltung) · transactions motive, → Geldnachfrage
Transaktionsnachfrage nach Geld · transaction demand for money
Transaktionsvolumen · volume of transactions
Transferanteil (einer Entwicklungshilfeleistung, z.B. Kredite mit Niedrigstzinsen) · grant element, concessionary element
Transfereinkommen, Nicht-Leistungseinkommen · transfer income
Transferökonomie · grant economy
Transferökonomie-Theorie · grants economics
Transferpreise, konzerninterne Preise · transfer prices
Transferproblem · transfer problem
Transferzahlungen · transfer payments
Transferzahlungen, laufende · current transfers/transfer payments
Transformation, Umwandlung · transformation
Transformationskurve Produktionskapazitätskurve, Produktionsmöglichkeitskurve · transformation curve, production indifference curve, production possibility curve
Transformationsproblem (Marx) · transformation problem
Transithandel · merchanting trade (GB)
Transitorische Aktiva · deferred charges
Transport, Beförderung, Wagen · carriage

Transportarbeitergewerkschaft · teamsters' union (USA)
Transportkosten · transport costs, transfer costs
Transportunternehmen · haulage contractor, truckage company
Transportverlust infolge schlechter Verpackung · spillage
Trassat · drawee
Tratte · draft
Treibhauseffekt · greenhouse effect
Trend, säkularer, langfristige Entwicklung · secular trend
Trendumkehr · trend reversal
Trennbarkeit · separability
Trennsystem (Form des Finanzausgleichs) · separation of tax sources
Treuhänder · trustee, custodian, fiduciary
Treuhänderschaft, Treuhandvermögen, Treuhandfonds, Trust, Kartell (US) · trust
Treu und Glauben · bona fide
trigonometrisch · trigonometric(al)
Trittbrettfahrer · free rider
Trucksystem, Naturalentlohnung · payment-in-kind
Trugschluß, Fehlschluß · fallacy
Trust, Großkonzern in einer Branche · trust

U

Überakkumulation · overaccumulation
Überangebot · excess supply, surplus supply
Überbau (Marx) · superstructure
Überbeschäftigung · over-full employment, hyperemployment
Überbesetzung, personelle · overmanning
Überbewertung · overvaluation
Überblick, Erhebung, Aufbereitung und Analyse von Daten · survey
Überbrückungsanleihe, vorläufiger Schuldschein · interim bond
Überfluß · affluency
Überflußgesellschaft (Galbraith) · affluent society
Übergangsfinanzierung · accomodation
Überfluß und Mangel · plenty and dearth
Übergangsländer · countries in transition
Übergangsperiode · transition period
Übergangspfad, Übergang zwischen Gleichgewichtsniveaus · traverse between equilibrium levels
Übergangsregelung · transitional arrangement
Übergewinnsteuer, Kriegsgewinnsteuer · excess profits tax
Überinvestitions-, Überproduktionstheorie · over-investment theory
Überkapazität · excess capacity, overcapacity
überkapitalisieren · overcapitalize
Überkreuzverflechtung · interlocking directorate
Überliquidität · excess liquidity
Übernahme eines Unternehmens durch ein anderes · takeover
Übernahmeangebot, öffentliches · takeover bid
überparteilich i. S. v. Zweiparteienvertretung · bipartisan
Überproduktion · overproduction
Überprüfung des finanziellen Status · means test
Überprüfung, empirische, von Theorien · empirical testing
Überschlagrechnung, Schätzung · approximation
Überschuß der Einnahmen über die Ausgaben · surplus a) Bezeichnung des Gewinns der nationalisierten Industrien b) Gegensatz zu einem staatlichen Budgetdefizit c) Zunahme der Devisenreserven d) die Produktionsmenge übersteigt bei gegebenen Preisen die Nachfrage

Überschußkapazität · surplus capacity
Überschußkapazitäts-Theorem · excess capacity theorem
Überschußnachfrage · excess demand
Überschußreserven, freie Reserven (Banken) · free reserves (US), excess reserves
Übersegmentierung → Marktzersplitterung · oversegmentation
Übersicht → Umfrage
Überspartheorie (Theorie des Unterkonsums infolge ungleichmäßiger Einkommensverteilung) · over-saving theory
Überspringen von Stufen einer Entwicklung, eines Ablaufs z. B. von Produktgenerationen, Gehaltsstufen usw. · leap-frogging
Überstunden · overtime (work)
Überstunden machen · work overtime
Überstunden-Lohn · overtime pay
Überstundenverweigerung · overtime ban
Übertrag eines Verlustes · loss carry-over
Übertragung → Zession
Übertragungen, einseitige (Zahlungsbilanz) · unrequited exports
Übertragung, unwiderrufliche und unbedingte · irrevocable and unconditional transfer
Übertragung, vorläufige · provisional transfer
Übertragungsbilanz, Schenkungsbilanz · unilateral transfers
Übertragungsglied, Stellglied · transducer
Übervorrat(shaltung) · overstock
Überwachung, Inspektion, Kontrolle · inspection
Überwachungs- und Kontrollkosten · monitoring costs
Überwälzung einer Steuer · shifting of a tax, diffusion of taxation
Überweiser · transferor
Überweisung · remittance, credit transfer
Überweisungsauftrag → Banküberweisung
Überweisungssystem · funds transfer system (FTS)
Überzeichnung (Anleihe) · over-subscription
Überziehen eines Arguments, einer Propagandakampagne und drgl. · overkill, overselling
Überziehungskredit · bank overdraft, overdraft facilities
Umfang → Bereich
Umfrage, Übersicht · survey
Umgruppierung der Arbeitskraft · regrouping/reallocating of labo(u)r
Uminvestition · exchange of asset
Umladekosten · handling charge
Umladung, Umschlag(en) · transhipment
Umlagekosten · joint costs
Umlageverfahren (der Sozialversicherung) · current income financing, pay-as-you-go
Umlaufgeschwindigkeit · velocity of circulation, transactions velocity, income velocity of money
Umlaufkapital · floating capital, working capital, circulating capital
Umlaufrendite · current/net yield, yield on bonds outstanding
Umlaufvermögen (Bilanz) · current assets, circulating capital
Umrüstkosten · changeover costs
Umsatz, Erlös · turnover, revenue
Umsatz, zu versteuernder · taxable turnover, taxable transactions
Umsatzausgleichssteuer · countervailing duty
Umsatzerträge · sales revenue
Umsatz-Kosten-Diagramm, in dem der Schnittpunkt von Umsatz- und Gesamtkostenkurve die Gewinnschwelle markiert · break-even chart
Umsatzmaximierung (verstanden als Alternative zur Gewinnmaximierung) · sales/revenue maximization

Umsatzrendite, Anteil des Nettoeinkommens am Erlös · net income ratio
Umsatzsteuer (Allphasen-) · turnover tax, cascade tax
Umsatzsteuer (auf einzelnen Stufen) · sales tax
Umsatzsteuer, allgemeine · general sales tax
Umschlagsrate des Betriebsvermögens: Quotient aus Gesamtertrag und Betriebsvermögen · asset turnover rate
Umschuldung: Schuldenumwandlung in Investitionskapital durch Schuldenrückkauf · debt-equity swap
Umschuldungskredit · deposit facility
Umschüler · dilutee
Umschulung · occupational retraining
Umschulung, berufliche · vocational rehabilitation
Umsetzung (organisierte), von Arbeitskräften · redeployment
Umstiegskosten der Umstellung auf umweltvertägliche Produktionsverfahren · incremental costs
Umstrukturierung, Neuorganisierung · restructuring
Umverteilung von Einkommen und Vermögen · redistribution of income and wealth
Umverteilungsinzidenz, Eintritt eines Redistributionseffekts · reallocative incidence
Umwandlung von Schulden in Investitionskapital durch Schuldenrückkauf · debt-equity swap
Umwandlung, Umstellung · conversion, transformation
Umwegproduktion (unter Einsatz von Produktionsmitteln) · roundabout methods of production
Umwelt · environment
Umweltbewußtsein · environmental/ ecological awareness
Umweltbundesamt · Federal Environment Agency, Department of the Environment
Umweltgift · environmental pollutant
Umweltkriminelle · environmental vandal
Umweltökonomie · environmental economics
Umweltpolitik · environmental policy
Umweltschonende Gesellschaftsordnung (energie- und rohstoffsparend) · conserver society
Umweltschützer · environmentalist, ecologist, conservationist
Umweltschutz · environmental protection, conservation
Umweltschutzapostel · eco-nut
Umweltschutzauflagen · environmental restrictions
Umweltschutzinvestitionen, die zusätzlich erfolgen, also noch keinen umweltfreundlicheren Produktionsprozeß bedeuten · end-of-pipe treatment
Umweltschutzkooperation: Erbringung von Vermeidungsleistungen der Industrieländer im Umweltschutz durch den Einsatz umweltfreundlicher Techniken in Entwicklungsländern · joint implementation
Umweltschutzverschiebung: Verlagerung von Umweltschutzmaßnahmen aus den Industrieländern in die Entwicklungsländer, wie dort mit gleichem/geringerem Mitteleinsatz angeblich höhere Umweltschutzeffekte zu erreichen sind · joint implementation
Umweltsteuer · exology tax
Umwelttechnik, nachsorgende · end-of-the-pipe technique
Umweltverschmutzung · environmental pollution; pollution, contamination
Umweltwirkungs-Analyse · environmental impact analysis
Umweltzerstörung · destruction of the environment
Umweltzustand · state of the world

Umzugsbetreuung(sdienste) · relocation service
Unbekannte (math.) · unknown
Unfähigkeit; Rechts-, Geschäftsunfähigkeit · incapacity
Unfall am Arbeitsplatz → Betriebsunfall
Unfallverhütung · accident prevention
Unfallversicherung (betriebliche) · workmen's compensation insurance
Unfallversicherung · accident insurance
Ungeklärte Posten der Zahlungsbilanz · balance of unclassified transactions
Ungeklärte Posten, Restposten (der Zahlungsbilanz) · errors and omissions, residual error
Ungleichgewicht · disequilibrium, imbalance
Ungleichgewichts-Theorie · theory of disequilibrium, anti-equilibrium analysis
Ungleichgewichtstransaktion Wirtschaftliches Handeln bei Ungleichgewichtspreisen, z.B. Mengeneffekte statt Preiseffekte bei Nachfrageverschiebung · false trading
Ungleichheit · inequality
Ungüter (Sozialkosten) · discommodities, bads, disproducts
Unmöglichkeitstheorem · impossibility theorem (Arrow)
unrentabel · uneconomical
Unscharfe Menge · fuzzy set
Unselbständige, abhängig Beschäftigte · employed persons
Unsicherheit (im Gegensatz zum Risiko) · uncertainty
Unsichtbare Hand (A. Smith) · hidden hand, invisible hand
Unteilbarkeit (der Produktionsfaktoren) · indivisibility, discontinuity
Unterbau (Marx) · basis
Unterbeschäftigung, versteckte Arbeitslosigkeit · underemployment, disguised unemployment
Unterbewertung · undervaluation
Unterentwicklung · underdevelopment
Unterernährung · malnutrition
Unterfangen, Unternehmen · undertaking
Untergebenenzahl: Zahl der unmittelbar Untergebenen · span of control
Untergebener · subordinate
Untergrenze (absolute) · bottom (stop)
Untergrundwirtschaft → Schattenwirtschaft · underground economy
Unterhalt (Lebens-) · subsistence
unterkapitalisiert · undercapitalized
Unterkonsum(tions)theorie · underconsumption theory
Unterlagen, Aufzeichnungspapiere · records, → Daten
Unternehmen · firm, enterprise
Unternehmen ohne eigene Rechtspersönlichkeit · unincorporated enterprise
Unternehmen, öffentliche, (gemischte Wirtschaft) · public enterprise
Unternehmen, repräsentatives (A. Marshall) · representative firm
Unternehmensanalyse, vertriebs- und marktpolitische · marketing audit
Unternehmensaufgabe, unmittelbare (eigentliche) (z.B. Produktion, Absatz) · line function, operating function
Unternehmensauskauf (i.d.R. kreditfinanziert) · Leveraged Buyouts (LBO)
Unternehmensbeherrschung durch Holding-Gesellschaften · pyramiding
Unternehmensbeherrschung durch Minderheitsaktionäre bzw. eine kleine relative Stimmrechtsmehrheit · (hypothesis of) minority control
Unternehmensberater · business consultant, management consultant
Unternehmensberatung(sfirma) · business consultants
Unternehmensfinanzierung · business finance

Unternehmensforschung · operations research
Unternehmensführung durch Zielvorgaben · management by objectives (MBO)
Unternehmensführung, partizipative · participative management
Unternehmensgleichgewicht · equilibrium position of the firm
Unternehmensgründung, Anleihebegebung · flotation
Unternehmensgründung, rechtliches Verfahren der Unternehmensgründung · incorporation
Unternehmensoptimum · firm optimum
Unternehmensplanung (langfristige) · corporate planning
Unternehmenssektor · business sector
Unternehmensspiel · operational games, business games
Unternehmensstrategie · corporate strategy
Unternehmenstheorie, verhaltensorientierte · behavioural theory of the firm
Unternehmensübernahme, anormale: Übernahme öffentlicher ~, durch Privatfirmen, Kauf des großen durch das kleine Unternehmen · reverse take-over
Unternehmenszentrale → Hauptniederlassung**Unternehmer** · businessman, entrepreneur, employer
Unternehmergewinn · profit
Unternehmerlohn, kalkulatorisches Unternehmergehalt · earnings of management
Unternehmerregime, Innovationen in derselben Branche · entrepreneurial regime
Unternehmertum · entrepreneurship
Unternehmerverband, amerikanischer · ABA (American Business Association), CBI (Confederation of British Industry
Unternehmerwirtschaft, Kapitalismu · private enterprise, free enterprise
Unterschlagung · misapplication
Unterstützungsgebiete · assisted area
Unterstützungsleistung der öffentlichen Hand, Sozialfürsorge · welfar payment
Untersuchung · investigation, → Analyse
Unterveranlagung, steuerliche · undercharge of tax
unwirtschaftlich · unecomomical
Urabstimmung · rank and file vote
Urkunde, Dokument · document
Urlaubsgeld · holiday allowance vacation allowance
Urproduktion, Grundleistungssektor extractive production, primary secto
Ursache und Wirkung · cause and effect
Ursprung (Koordinaten-) · origin
Ursprüngliche Akkumulation (Marx) · primitive accumulation
Ursprungszeugnis (Zoll) · certificate of origin
Urteilsvermögen, intuitives · taci knowledge
Usancenkurs · cross rate
U-Schätze, U-Schein (unverzinsliche Schatzanweisung) · non-interest-bearing Treasury Bond
Utilitarismus · utilitarianism

V

Valorisationsmaßnahmen · valorization schemes
Valutarisiko · venture of exchange
Valutierungstag · value date
Variable · variable
Variable, abhängige · explained variable
Variable, diskrete · discontinuous variable, discrete variable
Variable, duale · dual variable

Variable, endogene · endogeneous variable
Variable, erklärende/unabhängige · explanatory variable
Variable, exogen oder durch dynamische Funktionen bestimmte, in einem simultanen Gleichungssystem · predetermined variable
Variable, exogene · exogenous variable
Variable, monetäre, währungspolitische Größe · monetary variable
Variable, Nichtbasis- (Lineare Programmierung) · non-basic variable
Variable, unabhängige · independent/ autonomous/explanatory variable
Variable, verzögerte · lagged variable
Varianz · variance (of a sample)
Variationsrechnung · variations
Veränderung des Steuersatzes · variation of the tax rate
Veränderung, technische · technological change
Veräußerung von unrentablen oder für das Unternehmen unpassenden Betrieben bzw. Betriebsteilen · divestment
Veranlagungsbescheid · notice of assessment
Verantwortung · responsibility
Verantwortung, soziale · social responsibility
Verband, Vereinigung, Gesellschaft · association, federation
Verbesserungsinvestition · capital deepening
Verbilligung. (Eines Wertpapierportefeuilles durch Zukauf bei sinkenden Kursen) · averaging
Verbindlichkeit, langfristige · long-term liability
Verbindlichkeiten · accounts payable, liabilities
Verbindlichkeiten, langfristige · fixed liabilities
Verbindung, Kontakt · contact
Verbindungsglied · link
Verbrauch i.S. von Ausgaben · expenditures
Verbrauch, öffentlicher · government consumption
Verbrauch, privater · private consumption
Verbraucher · consumer
(Verbraucher-)Abholmarkt · cash-and carry ware house
Verbraucherausgaben · consumer expenditures
Verbraucherforschung · consumer research
Verbraucherkredit · consumer credit
Verbraucherpreisindex, Lebenshaltungskosten-Index · cost-of-living index, consumer price index
Verbraucherschutz · consumer protection
Verbraucherschutzklauseln im US-Wettbewerbsrecht · Fair Trade Regulation Rules (USA)
Verbraucherwerbung · consumer advertising
Verbrauchsfunktion · consumption function
Verbrauchsgüter (des Konsums) · disposables, consumer nondurables
Verbrauchskurve, Konsumlinie · consumption line
Verbrauchsprinzip der Besteuerung (z.B. Mineralölsteuer) · benefit taxation
Verbrauchssteuer · expenditure tax, excise duty
Verbrauchs- und Umsatzsteuern · sales taxes, purchase tax
Verbundvorteile, die sich durch Koppelung eines Geschäftsbereichs mit anderen Unternehmensbereichen ergeben · economies of scope
Verdrängung (z. B. zwischen Kreditnehmern) · crowding out
Verdrängung privater Kreditnehmer durch öffentliche Kreditaufnahme · crowding out

Verdrängungswettbewerb · predatory competition
Verdrängungswettbewerb Absatzpolitisches Erringen eines höheren Marktanteils · market positioning
Vereinbarung · agreement
Vereinheitlichung · standardization
Vereinigungsmenge · union set
Verelendung der Arbeiterklasse · impoverishment of the working class
Verelendung, wachsende (Marx) · immiserization, increasing misery
Verelendungsgesetz (Marx) · law of the increasing misery of the working class
Verfahren, Ablauf · procedure
Verfahrensregeln, -vorschriften · procedures
Verfassung · constitution
Verfassungsänderung durch Ergänzungen (US) · amendments (to the Constitution)
Verfassungsvertrag · constitutional contract
Verflechtung, personelle, von Unternehmensvorständen · interlocking directorship, interlocking directorate
Verflechtungsbeziehung zwischen Ländern, Modellen usw · linkage
Verflechtungseffekte · linkage effects
Verflechtungseffekte, rückwärtsgerichtete/vorwärtsgerichtete · backward/forward linkage effects
Verflechtungskoeffizient, Input-Output-Koeffizient · input-output coefficient
Verflechtungsstruktur, industrielle · input-output structure
Verfrachter → (Ab)sender
Verfügungsrechte, Eigentumsrechte · property rights
Vergangenes, endgültig Verlorenes · bygones
Vergeltung(smaßnahme) bei Handelsprotektionismus · retaliation
Vergeltungszoll Ausgleichszoll (i.S. einer Einfuhrausgleichssteuer), Retorsionszoll · countervailing duty, retaliatory tariff
Vergesellschaftung, Sozialisierung · socialization
Vergiftung der Luft · pollution of air
Vergleich, außergerichtlicher · out-of-court settlement
Vergleich, intersubjektiver · interpersonal comparison
Vergleichs-/Erfolgsmaßstab (Leistungsvergleich mit Konkurrenten oder anderen Branchen) · benchmark, benchmarking
Vergünstigung, Nutzen, Ertrag, · benefits
Vergütung, Erstattung · reimbursement
Verhältnis → Beziehung
Verhalten(sweise) · behaviour
Verhalten, abgestimmtes · collusion
Verhalten, Handlung, Erfüllung, Leistung · performance
Verhaltensgleichung · behavioral equation
Verhaltensgrundsätze, Richtlinien · code of practice, code of conduct
Verhaltenskoeffizient · behavioral coefficient
Verhaltensmodell · behavioural model
Verhaltensprämisse · behavioural assumption
Verhandlung(sprozeß) · bargaining
Verhandlungsausschuß, gemeinsamer · joint negotiation committee, joint negotiation panel
Verhandlungskompromiß, Koppelungsgeschäft · package deal
Verhandlungspfad, Kette von Preisangebot und Gegengebot · bargaining path
Verhandlungsrecht · negotiating right
Verhandlungsstärke · bargaining power
Verjährungsfrist · limitation period
Verkauf um jeden Preis · high-pressure selling

Verkauf von kompletten Systemen · system selling
Verkauf, Vertrieb, Absatz · sale
Verkäufer · vendor, seller
Verkäuferkredit → Kaufkredit
Verkäufermarkt · sellers' market
Verkaufsargumentation · purchase proposition
Verkaufs-, Absatzaußendienst einer Firma · sales force
Verkaufsautomat · vending machine
Verkaufsautomat für verpackte Ware · slot machine
Verkaufsbedingungen · conditions of sale
Verkaufsbezirk · sales territory
Verkaufsförderung die über traditionelle Anzeigenwerbung hinausgeht (z.B. Schaufenster- u. Verkaufsraumwerbung) · sales promotion
Verkaufsförderungsmethoden · promotional mix
Verkaufsgespräch · sales talk
Verkaufskampagne · sales drive
Verkaufskosten · selling costs
Verkaufsleiter · sales manager
Verkaufsleitung · sales-management
Verkaufsmethoden, aggressive · hard selling
Verkaufspersonal · sales people
Verkaufspolitik → Absatzpolitik
Verkaufsraumwerbung, gesamte, des Einzelhandels · merchandising
Verkaufsstelle, wo ein Käufer konkret mit dem Warenangebot konfrontiert ist · point of purchase
Verkehrseinrichtungen · transportation facilities
Verkehrsgleichung (Fisher's), Quantitätsgleichung · exchange equation, quantity equation, equation of exchange
Verkehrswert · market value
Verkehrte Form (Marx) · reverse form
Verkettung · chaining
Verknappung → Mangel
Verlängerung, Ausdehnung · prolongation, extension
Verlag · publishers
Verlagsindustrie, Verlagsystem · putting out system
Verlagsystem → Heimarbeit · outwork, home work
Verlaufsanalyse → Sequenzanalyse
Verlaufsstatistik · flow statistic
Verleger · publisher
Verlust · loss
Verlust, unrealisierter · paper loss
Verlustabzug · loss relief
Verlustausgleichssubvention, Einkommenszuschuß (Landwirtschaft) · deficiency payments
Verlustrücktrag · loss carryback, carryback
Verlustsaldo · adverse balance
Verlustvortrag · loss carryover
Vermächtnis · bequest, legacy
Vermächtnis, Erbe · bequest
Vermieter · landlord
Vermietung von Kapital- und Gebrauchsgütern · renting
Vermittler · mediator, intermediary
Vermögen i.S. Gesamtheit des ertragbringenden Vermögens einschließlich der beruflichen Befähigung eines Individuums bzw. eines Landes · wealth
Vermögen, Erbschaft · estate
Vermögen, immaterielles · intangible assets
Vermögen, leicht liquidierbares · near money
Vermögen, Vermögensgegenstand → Eigentum
Vermögensabgaben · capital levies
Vermögensänderung(skonto) der volkswirtschaftlichen Gesamtrechnung · gross saving and investment accounts (US), capital formation
Vermögensgegenstände, materielle · tangible assets, tangible property
Vermögensgewinn · capital gain

Vermögensgewinnsteuer · capital gains tax
Vermögenspolitik · asset-formation policy
Vermögensposten · asset(s)
Vermögensrechnung, Vermögensveränderungskonto · investment account
Vermögensschadenrecht · law of tort (GB)
Vermögensstatus, Rechnungsaufstellung (US), Vermögenslage-Bericht · financial statement
Vermögenssteuer · net worth tax
Vermögensteuer, allgemeine · wealth tax
Vermögenssteuer · (personal) property taxes
Vermögenssubstanzsteuer · capital levy
Vermögensverteilung · distribution of wealth
Vermögenswert · asset
Vernichtungspreis · predatory pricing
Vernichtungswettbewerb · cut-throat competition
Verpachtung von Fabrikationsanlagen · plant-lease
Verpackungsgestaltung · packaging
Verpächter · lessor
Verpflichtung · obligation
Verrechnung(sverkehr) · clearing
Verrechnung, Clearing · clearance
Verrechnung von Abschlüssen · trade netting
Verrechnungskonto · offset account
Verrechnungspolitik, -system-vereinbarung · netting policy
Verrechnungspreis · internal price
Verrechnungsscheck · crossed check (GB), collection-only cheque (check)
Versand, Lieferung · shipment, shipping, dispatch, delivery
Versandabteilung · forwarding department
Versandhändler · direct merchant
Versandhaus · mail order firm
Versandvorschriften · forwarding instructions
Verschiebung · shift
Verschiebung einer Kurve/Funktion shift of a curve/function
Verschleiß, geplanter · planned obsolescence, built-in obsolescence
Verschleiß, moralischer (Marx) · moral depreciation
Verschmelzung · merger, amalgamation, integration
Verschmelzung von Konkurrenzfirmen · horizontal integration
Verschrottungsrate (makroökonomische) · drop-out rate of capital
Verschuldung, öffentliche, Staatsschuld · national debt
Verschuldungsgrad · debt-equity ratio, debt ratio
Verschuldungsquote eines Unternehmens (Verbindlichkeiten zum Grundkapital) · debt to equity ratio
Verschwendung, Überfluß · prodigality
Verseuchung der Flüsse · contamination of rivers
Versicherung, eidesstattliche → Affidavit
Versicherungsagent · underwriting manager
Versicherung(sbeiträge), lohnabhängige · earnings-related insurance scheme
Versicherungsgeschäft · insurance business
Versicherungsmathematiker · actuary
Versicherungsnehmer · policy-holder
Versicherungspolice · insurance policy
Versicherungsprämie · premium, insurance premium
Versicherungsschutz · (insurance) coverage
Versicherungssumme · sum insured
Versicherungsverein auf Gegenseitigkeit · friendly society, fraternal insurance

Versorgungsbetrieb, öffentlicher · public utility
Versorgungsengpaß · supply bottle neck
Versorgungslücke (speziell bei Nahrungsmitteln), Hungersnot · famine
Versorgungsunternehmen, öffentliche · public utilities
Verstaatlichung · nationalization
Verstädterung · urbanization
Verstärker · amplifier
Versteigerung, Verkauf auf einer Auktion · sale by auction
Versuchs-(Studie) · pilot (study)
Versuch und Irrtum-Verfahren · trial and error-method
Verteiler · distributor
Verteilung, normale, Normalverteilung · normal distribution
Verteilung, schiefe (anormale) · skewed distribution
Verteilung, schlechte → Fehlverteilung
Verteilung, Theorie der nicht-optimalen · maldistributionist theory
Verteilung, ungleichmäßige · uneven distribution
Verteilungsansatz der Volkseinkommensrechnung · earnings-and-cost approach, factor-earnings approach
Verteilungsgerechtigkeit · distributive justice, economic justice
Verteilungskorrektur · distributional adjustment
Verteilungspolitik · policy of income distribution
Verteilungsquoten, funktionale · factor shares, distributive shares
Verteilungstheorie · theory of distribution
Vertrag, langfristiger · long-term contract
Vertragsannahme · acceptance of contractual offer
Vertragsbruch · breach of contract
Vertragsfreiheit · freedom of contract
Vertragshändler · authorized dealer
Vertragskosten · bonding costs
Vertragspartner · parties to the contract
Vertragsrecht · law of contract
Vertragssumme eines Bausparvertrags, einer Lebensversicherung etc · target amount
Vertragswerkstätte mit Markenbindung; analog: Vertragsgaststätte (einer Brauerei), Geschäft mit Vertriebsbindung etc · tied garage, tied public house, tied shop etc.
Vertrauensbereich, -intervall · confidence interval
Vertrauensgüter: Güter mit extrem ungleicher Informationsverteilung zwischen Anbietern und Nachfragern · credence goods
Vertrauensintervallgrenze · confidence limit
Vertrauenskrise, Vertrauensmangel · crisis of confidence, lack of confidence
Vertrauensleute, gewerkschaftliche (sinngemäß, aber oft mit weitreichenderen Funktionen), Betriebsobleute · shop stewards
Vertreter (Firma) · representative, salesman
Vertreter, gesetzlicher · legal representative
Vertriebskosten · cost of sales, distribution cost, selling cost
Vertriebsplanung, Verkaufspolitik, Vertrieb · merchandising
Vertriebsstelle, Absatzpunkt · outlet, point of sale
Vertriebssystem, Absatzwege · channels of distribution
Vertriebssysteme, Kombination der, bzw. Absatzwege · distribution mix
Veruntreuung · peculation
Verursacherprinzip · polluter-pays principle
Vervielfachung der gleichen Produktionsanlage (konstante Grenzerträge) · replication

Vervielfältigungsmaschine · mimeograph, duplicator
Verwahrstelle · depository
Verwaltung, Behörde, Regierung · administration
Verwaltungs- oder Herrschaftsstruktur eines Unternehmens · corporate governance (US)
Verwaltungsaktien d.h. eine Aktiengesellschaft darf unter gewissen Bedingungen eigene Aktien aufkaufen (US); GB: Staatsanleihe · treasury stock
Verwaltungsaufwand · administrative expense
Verwaltungsrat · administrative council
Verwaltung und Allgemeines · A & G (administration and general)
Verwendung(srechnung) des BSP · GNP use
Verwendungsrechnung des Volkseinkommens · expenditure approach, flow-of-fund approach
Verwerfen einer Theorie · abandonment of a theory
Verwirkung · forfeiture
Verzerrung · distortion
Verzerrung durch einen Verzögerungseffekt (z.B. in einer Schätzfunktion) · distributed lag bias
Verzerrung, systematischer Fehler, Neigung · bias
verzinsliche Anleihen, variabel · floating rate notes
Verzinsung, einfache · simple interest
Verzögerung, zeitliche · time lag
Verzögerungseffekt, periodenübergreifender · distributed lag
Verzollung, Zoll-Abfertigung · clearance
Vetternwirtschaft → Parteibuchwirtschaft
Vieh · livestock
Vieleck, magisches · magic polygon
Vielfaches, ganzzahliges · integer multiple
Vierteljahreszahlen · quarterly figures
Vierter Stand · fourth estate
Volkseinkommen · aggregate income; national income
Volkseinkommensanalyse, -theorie · national income analysis
Volksfront · popular front
Volksgesundheit · national health
Volksvermögen · national wealth
Volkswirt(in), Volkswirtschafter(in) · economist
Volkswirtschaft · economy
Volkswirtschaft, geschlossene · closed economy
Volkswirtschaft, offene · open economy
Volkswirtschaftliche Gesamtrechnung (VGR) · social accounting, national accounting (OECD-Länder), Material Product System (MPS) (frühere RgW-Länder), national accounts statistics, social accounts, economic accounting → Blue Book
Volkswirtschaftliches Rechnungswesen · economic accounting, social accounts
Volkswirtschaftslehre · political economy, economics
Volkswirtschaftslehre, angewandte · applied economics
Volkswirtschaftstheorie · economic theory
Volkszählung · census of population, population census
Vollbeschäftigung · full employment
Vollbeschäftigungsgleichgewicht · full employment equilibrium
Vollbeschäftigungslücke Differenz zwischen faktischem und Vollbeschäftigungseinkommen · gross national product gap
Vollbeschäftigungsproduktion · capacity output
Vollkosten · full cost
Vollkostenrechnung (Preispolitik) · absorption-costing, full-cost pricing, full cost principle

Vollkostenrechnungsanalyse · contribution analysis
Vollmacht · commercial power of attorney
Vollmacht, Stellvertretung · proxy
Vollzugsplanung · action planning
Vorarbeiter, Werkmeister · foreman
Vorausbestellung → Vorverkauf
Voraussetzung · precondition
Vorauswerbung, werbende Ankündigung künftiger Produktgenerationen · pre-announcing
Vorauszahlung · payment in advance, prepaid premium, cash before delivery (C.B.D.)
Vorerzeugnisse · products for further processing, semi-manufactured goods, intermediate goods
Vorgabeleistung · standard output
Vorgabezeit · standard time (for a job), time allowed
Vorgabezeit-System · work-factor-system, basic motion time system
Vorgänge/Umsätze, laufende · current transactions
Vorgang, Prozeß · process
Vorgesetzten-Untergebenen-Linie → Anweisungsbeziehung
Vorhersage, Voraussage · forecast, prediction
Vorhersagedaten (Konjunkturbefragungen) · anticipatory data
Vorkauf(srecht) · pre-emption
Vorlaufzeit (z.B. zwischen Auftragserteilung und Liefertermin) · lead-time
Vorleistung · (intermediate) input
Vorleistungen, substituierbare · substitutional inputs
Vorleistungsanteil, Vorleistungskoeffizient · input coefficient, production coefficient
Vormundschaftsbeihilfe · guardian's allowance
Vormundschaftsgericht · court of protection
Vorprüfung · pretest
Vorräte · stores
Vorräte (Lager-) · inventories
Vorräte anlegen · stockpile
Vorrang → Priorität
Vorratsbewertungsverfahren · methods of inventory valuation → first-in-first out → highest-in-first-out → last-in-first-out
Vorratslager (staatliche) · stockpile
Vorratslager (strategische) · buffer stocks
Vorrichtung, Gerät · device
Vorschlagswesen, betriebliches · Employee Suggestion Schemes
Vorschriften · regulation
Vorsichtsmaßnahme, Sicherstellung, Vorkehrung · safeguard
Vorsichtsmotiv (Kassenhaltung) · precautionary motive
Vorsichtsprinzip · principle of caution
Vorsitz · chair
Vorsitzender · chairman
Vorsorge, Vorbedacht, Voraussicht · forethought
Vorsorgeprinzip · principle of prevention
Vorstand (eines Unternehmens) · board of directors, management board, executive board, board of management
Vorstandsmitglied · board member
Vorstandsmitglied, Mitglied der Geschäftsleitung, Geschäftsführer · executive director
Vorstandssitzung · board meeting
Vorstandsvorsitzender · board chairman; president (US), managing director (GB)
Vorstellung einer Person, Einführung eines Produkts · introduction
Vorsteuer · input tax
Vorsteuerabzug · deduction of input tax
Vorteil, Gewinn, Nutzen · gain, benefit
Vorteil, komparativer · comparative advantage

Vorteile, soziale, i.S. externer Effekte · social benefits
Vorteilsausgleich → Gegenseitigkeitsprinzip
Vortrag aus früherer Periode (z.B. Angebot aus Vorjahresernte) · carry-over
Vorumsätze · intermediate transactions
Vorurteil · prejudice
Vorverkauf, Vorausbestellung · advance booking
Vorversammlung · caucus
Vorwahlnummer → Chiffre
Vorwarnsystem · prewarning system
Vorzugsaktie mit Gewinnbeteiligung (i.d.R. für Betriebsangehörige) · participating preference share (GB)
Vorzugsaktien · preference shares, preferred stock (US)
Vorzugszoll · preferential duty
Vulgärökonomie · vulgar (bourgeois) political economy
Vulgarisierung · vulgarisation

W

Wachstum · growth
Wachstum, bereinigtes (reales) · net growth
Wachstum, exponentielles · exponential growth
Wachstum, exportinduziertes · exportled growth
Wachstum, gleichgewichtiges · balanced growth
Wachstum, konstantes, d.h. mit konstanter Rate (Modell) · steady-state growth
Wachstum mit Innovationen, die der sinkenden Investitionsrentabilität entgegenwirken · growth in a learning state
Wachstum, nachhaltiges · sustained growth
Wachstum ohne Innovationen (sinkende Investitionsrentabilität) growth in an unlearning state
Wachstum, ungleichgewichtiges · unbalanced growth
Wachstum, wirtschaftliches · economic growth
„Wachstum auf des Messers Schneide", Problem des ~ (Wachstumstheorie) · knife-edge problem
Wachstumsbeitrag · growth contribution
Wachstumsbranche, -industrie · sunset industry
Wachstumsgrad · growth term
Wachstumsindustrie · sunrise industry
Wachstumsindustrien (technologische) (z.B. Elektronik) · science-based industries
Wachstumsmentalität · growth mentality
Wachstumsmodelle · growth models
Wachstumspessimisten, „Untergangsschule" · doom school
Wachstumspfad, instabiler · knife-edge equilibrium
Wachstumspol · growth pole, growth point
Wachstumsrate · growth rate, rate of growth
Wachstumsrate, durchschnittliche ~ pro Jahr · annual average growth rate (AAGR)
Wachstumsrate, erwünschte/gerechtfertigte · warranted rate of growth
Wachstumsrate, natürliche · natural rate of growth
Wachstumsrückgang, -retardierung slow-down, → Abschwung
Wachstumssektor · leading sector
Wachstumstheorie, neoklassische neoclassical growth theory
Wachstumsübertragung, internationale · international transmission of growth
Wählerschaft, die Wähler, Kurfürstenwürde · electorate

Währung · currency
Währung, bewirtschaftete, d.h. nicht frei konvertier- und transferierbare · blocked currency
Währung, frei konvertierbare · free currency
Währung, harte · scarce currency, hard currency
Währung, manipulierte · fiat currency, managed currency
Währung, schwache · weak currency
Währung, überbewertete · overvalued currency
Währung, unterbewertete · undervalued currency
Währung, weiche, instabile · shaky currency
Währungs- bzw. Kursverfall → Abwertung
Währungseinheit · money unit
Währungsfonds, Internationaler (IWF) · International Monetary Fund (IWF)
Währungsfonds (Interventionsfonds des britischen Schatzamtes zur Wechselkursregulierung) · equalization account
Währungsgeschichte · monetary history
Währungsgold · stock of monetary gold
Währungskonferenz · monetary conference
Währungskrise · monetary crisis
Währungsmetall · bullion
Währungspolitik · monetary policy
Währungsreform (Neufestsetzung der Geldeinheit) · monetary reform, currency reform
Währungsreserven eines Landes incl. eventueller Währungskredite · gold and foreign exchange reserves, monetary reserves
Währungsreserven, gesamte internationale · international liquidity
Währungsschlange · currency snake
Währungsspekulant · currency speculator
Währungssystem, internationales · international monetary system
Währungsunion · monetary union
Wagenpark, rollendes Material, speziell die beweglichen Betriebsmittel der Eisenbahn · rolling-stock
Wagnis → Risiko
Wahlhandlungstheorie · choice-theory
Wahlrecht · suffrage, franchise
Wahlrecht, politisches, Lizenzvergabe · franchise
Wahrnehmung, selektive · selective perception
Wahrscheinlichkeit · probability
Wahrscheinlichkeitsrechnung · probability calculus
Wahrscheinlichkeitsstichprobe · probability sample
Wahrscheinlichkeitstheorie · theory of probability
Wahrscheinlichkeitsverteilung · probability distribution
Walrassche Gleichgewichtspreisbildung · recontracting, taîtonnement, auction
Wandelanleihe · convertible debentures
Wandelschuldverschreibungen · convertible bonds
Wanderarbeiter → Gastarbeiter
Wanderungssaldo, negativer · net outmigration
Wanderungssaldo, positiver · net inmigration
Ware · commodity
Waren, abgepackte · packaged goods
Waren, homogene · homogeneous goods
Waren, leicht verderbliche · perishable goods
Waren mit hoher Umschlagsgeschwindigkeit · fast-moving consumer goods (FMCG)
Waren unter Zollverschluß · bonded goods

Warenbegleitschein · consignment note
Warenbestand · stock-in-trade
Warenbestandsaufnahme · physical stocktaking
Warenbestandsmenge · stock level
Warenbörse · commodity exchange, produce market, produce exchange
Warendiebstahl-Verluste · shrinkage
Wareneingangskonto · a/p (account purchases)
Warenexport · export of goods
Warenfetischismus · fetichism of commodities, commodity fetichism
Warengeld · commodity money
Warenhandel · visible trade
Warenhaus · department store
Warenhilfeprogramm · commodity aid program
Warenimport · import of goods, merchandise import (US)
Warenkorb · basket of commodities
Warenkorb (Indexberechnung) · mix of goods, market basket
Warenlager, Vorräte · inventories
Warenmetamorphose (Marx) · metamorphosis of commodities
Warenproduktion, einfache · simple commodity production
Warenrembourskredit · commercial acceptance credit
Warenreservewährung · commodity reserve currency
Warenrückstände, Arbeitsrückstände · backlog
Warensortiment · line of goods
Warenterminmarktkontrakte, · futures
Warentest · product test
Warenvergleichstest · comparison test
Warenverlust, einkalkulierter · leakage
Warenverteilung, physische · physical distribution
Warenwechsel, Handelswechsel · trade bill
Warenzeichen, eingetragenes · registered trademark
Warenzeichen, Markenzeichen trade mark, brand
Warnstreik · token strike
Warteschlange · queue, queuing waiting-line
Warteschlangenmodell · queuing model
Warteschlangen-Theorie · queuing theory, waiting-line theory
Wartetheorie des Zinses · abstinence theory of interest
Wartung, Instandhaltung · maintenance, servicing
Wartungsschicht · maintenance shift
Wechsel, angenommener → Akzept
Wechsel, bankfähiger · bankable bill
Wechsel, Tratte · bill of exchange
Wechsel, verbürgter · accomodation bill
Wechselbanken · discount houses (GB)
(Wechsel-)Begünstigter · accomodation party
Wechselbürge · accomodation party
Wechsel-Einzugsermächtigung · drawing authorization
Wechselforderungen · bills receivable
Wechselkurs · rate of exchange, exchange rate, par of exchange, currency rate
Wechselkurs, gleitender · flowing exchange rate
Wechselkursänderung, mittelfristig garantierte, geplante · crawling peg
Wechselkursänderung, stufenweise, stufenflexibler Kurs · crawling peg, dynamic peg, sliding peg, sliding parity
Wechselkurse, feste · fixed exchange rates, pegged rates
Wechselkurse, freie/flexible · fluctuating exchange rates, floating exchange rates, flexible rates
Wechselkurse, multiple · multiple exchange rates

Wechselkurspolitik · exchange rate management, exchange rate policy
Wechselkursrisiko · foreign-exchange rate risk
Wechselkursstabilisierung (durch Zentralbankinterventionen am Devisenmarkt) · pegging the exchanges
Wechselverbindlichkeiten · bills payable
Wechselwähler · swing voter
Wegwerfprodukte → Einweggüter
Weißbuch · white paper
Weiterbildung, innerbetriebliche · in-company training
Weiterbildung von Führungskräften · management education
Weiterbildungsinstitut, Fortbildungsinstitut · further training institution
Wellen, kurze (Kitchin) · minor cycle
Wellen, lange (Kondratieff) · long cycle
Wellen, mittlere (Juglar) · major cycle
Weltbank · World Bank, International Bank for Reconstruction and Development
Welthandel · world trade
Welthandelsorganisation · World Trade Organization (WTO)
Weltwährungsfonds · International Monetary Fund (IMF)
Weltwährungsreserven · international liquidity
weltweite Zulieferung · global sourcing
Weltwirtschaft · world economy
(Welt)Wirtschaftsgipfel · economic summit
Weltwirtschaftskrise (1929 – 1932) · (the) Great Depression
Wendepunkt · turning point, turnaround, landmark
Wendepunkt (Funktion) · inflection point
Werbeabteilung · advertising department
Werbeagentur · advertising agency
Werbeaufwand durch Sachleistungen · below-the-line promotion expenditure
Werbeberater · advertising consultant
Werbeforschung · advertising research
Werbekampagne · advertising campaign
Werbekosten (Marketing) · advertising expenses
Werbemittel-Mix, · communications mix
Werbende Schulden (öffentlicher Kredit) · reproductive debt
Werbe-Spot · spot, commercial
Werbeträger, Medien · media, advertising media
Werbeträgeranalyse · media analysis
Werbeträger-Wirkungsforschung · media research
Werbewirkungsanalyse · audience measurement
Werbezettel → Prospekt
Werbung · advertising, sales promotion
Werbung am Verkaufsort · point-of-sale advertising
Werbung, unterschwellige · subliminal advertising
Werbung, vergleichende · comparative advertising
Werbungsausgaben, Werbungskosteadvertisement expenditures
Werbungskosten (steuerlich abzugsfähig) · expenses in employment
Werkmeister → Vorarbeiter
Werkstatt · work room, workshop
Werkvertrag · contract for services
Werkvertrag-Nehmer/Verpflichteter · independent contractor
Werkvertrag zu einem Pauschalpreis · lump sum contract
Wert · value
Wert, abgeleiteter → Ableitung
Wert, abgeschriebener · written-down value
Wert, absoluter · absolute value/level
Wert, fiktiver · notional value

Wert, wertberichtigter → Buchwert
Wert, zu versteuernder · rateable value
Wertanalyse · value analysis
Wertaufbewahrungsmittel · store of value
Wertaustauschsystem · exchange-for-value settlement system
Wertberichtigung des Anlagevermögens, Anlage-Abschreibungen · depreciation reserve, accumulated depreciation
Wertberichtigung des Vorratsvermögens · inventory valuation adjustment
Wertberichtigung(sgröße) · valuation item
Wertentwicklung · performance
Werterhöhung → Aufwertung
Wertform, allgemeine (Marx) · general form of value
Wertform, einfache (Marx) · elementary form of value
Wertform, entwickelte (entfaltete) (Marx) · expanded form of value
Wertform, relative (Marx) · relative form of value
Wertfreie Tatsache · value-free fact
Wertgesetz · law of value
Wertmanagement: Methoden und Strategien für eine wertorientierte Unternehmensführung · value management
Wertmaß (Geldfunktion) · measure of value
Wertmaßeinheit, Wertvergleichsgröße · unit/standard measure of value
Wertminderung · drepreciation, capital loss, impairment of value
Wertpapier · security
Wertpapier mit steigender oder kumulativer Zinszahlung (z.B. Kapitalsparbuch, Sparkassenbrief) · deferred bond
Wertpapierbörse Amerikanische · ASE (American Stock Exchange)
Wertpapiere mit vereinbartem Einlösungstermin · redeemable securities
Wertpapiere, rediskont- und lombardfähige · eligible papers
Wertpapiergesicherte Forderungen Asset-Backed Securities (ABS)
Wertpapierhandels, Bezeichnung für ein computerisiertes System des Ariel (GB, London), Instinct (US New York)
Wertpapierinvestition, speziell Darlehensvergabe · debt investment
Wertpapiermarkt für kurzfristige Wertpapiere (Wechsel Schatzwechsel); oft synonym zu Geldmarkt (money market) benutzt · discount market
Wertpapierportefeuille eines Investors · investment portfolio
Wertpapiertransaktionen ohne Beratung · discount brokerage
Wertpapierunterlegte Kredite (Geldkapitalbeschaffung durch Ausgabe handelbarer Wertpapiere) · securitization
Wertpapierverwahrstelle, zentrale central securities depository (CSD)
Wertpapierverwaltung · portfolio management
Wertparadoxon · paradox of value
Wertschöpfung · value added, net output
Wertschöpfung des verarbeitenden Gewerbes · Gross Product Originating · GPO (US)
Wertschöpfungsanteil, inländischer, eines Produkts · domestic content
Wertsicherungsklausel, Gleitklause → Indexbindung · escalator clause, monetary correction
Wertsteuer · ad valorem tax, levy
Wertsubstanz · substance of labour
Werturteil · value judgment
Wertzoll · ad valorem duty
Wertzuschreibung → Aufwertung
Wertzuwachs i.S. der realisierten Wertsteigerung eines Aktivums · capital gains

Wertzuwachs, Wertschöpfung · value added

Wesentliche (das), wesentliche Punkte · essentials

Wesentliches → Wesen → Natur der Dinge

Wesen und Erscheinung · essence and phenomenon, essence and appearance

Wettbewerb, atomistischer · atomistic competition

Wettbewerb, Konkurrenz · competition

Wettbewerb, monopolistischer · monopolistic competition

Wettbewerb, unfairer ~ im Außenhandel (Export von Arbeitslosigkeit durch Exportüberschüsse) · beggar my neighbour policy

Wettbewerb, unlauterer · unfair competition

Wettbewerb, unvollständiger · imperfect competition

Wettbewerb, vollständiger · perfect competition

Wettbewerbsbeschränkung · restraint of trade, restrictive practices

Wettbewerbsfähigkeit · competitiveness

Wettbewerbsfähigkeit, internationale · international competitiveness

Wettbewerbsintensität · intensity of competition

Wettbewerbsmarkt · competitive market

Wettbewerbsnachteil · competitive disadvantage

Wettbewerbspreis · competitive price

Wettbewerbsverzerrung · falsification of competition

Wettbewerbsvorteil · competitive advantage, differential advantage

Wettbewerbswirtschaft · competitive economy

White-Plan (IWF) · White Plan, American Plan

Widerlegung → Falsifikation

Widerruf der Vollmacht · revocation of authority

Widerspruch · contradiction

Widerspruch, antagonistischer · antagonistic contradiction

Wiederaufarbeitung von Produkten zwecks Wiederverwendung · rebuilding, re-conditioning, re-manufacturing

Wiederauffüllung (eines Vorrats) · replenishment

Wiederbeschaffungskosten · recovery cost; replacement cost

Wiederbeschaffungswert · replacement value

Wiedereingliederung in das zivile Arbeitsleben · resettlement in civil employment

Wiederverkaufspreis · resale price

Wiederverwendbarkeit · reusability

Wilder Streik · unauthorized strike, wildcat strike

Willensfreiheit · free will, freedom of (the) will

Wirkung · effect

Wirkungsgrad · efficiency term

Wirkungslosigkeit, Unwirtschaftlichkeit, Unfähigkeit · inefficiency

Wirtschaft · economy

Wirtschaft, gelenkte · controlled economy

wirtschaftlich · economic

Wirtschaftlichkeit, ökonomisch effiziente Allokation · economic efficiency, operating efficiency

Wirtschaftsausschuß (Betriebsverf.-Gesetz) · economic committee

Wirtschaftsdemokratie · industrial democracy

Wirtschaftseinheit, Wirtschaftssubjekt · (economic) unit

Wirtschaftsentwicklung einer Volkswirtschaft (beurteilt nach den Größen des magischen Vierecks) · economic performance

Wirtschaftsflüchtling · economic refugee

Wirtschaftsgeographie · economic geography
Wirtschaftsgeschichte · economic history
Wirtschaftskreislauf · circular flow of the economy
Wirtschaftskrieg · economic warfare
Wirtschaftskrise · economic crisis
Wirtschaftsordnung · economic system, economic order
Wirtschaftsordnung, gemischte · mixed economy
Wirtschaftsplanung, staatliche · central planning, state planning
Wirtschaftspolitik · economic policy
Wirtschaftspolitik, projektionsorientierte Gegensteuerung, um unerwünschte Trends umzubiegen · forestalling (policy)
Wirtschaftsprüfer → Rechnungsprüfer
Wirtschaftsprüfer-Bericht · auditor's report
Wirtschaftsrat (britischer) (seit 1961), dem Staat, Verbraucher, Gewerkschaften und Arbeitgeber angehören · NEDDY (= National Economic Development Council)
Wirtschaftsreform · economic reform
Wirtschaftsstruktur · economic structure
Wirtschaftsstufen (historische Schule), ökonomische Entwicklungsstufen (Marx) · stages of economic development
Wirtschaftssubjekt → Wirtschaftseinheit
Wirtschaftssystem · economic system
Wirtschaftssystem, kapitalistisches · capitalist economy
Wirtschaftstheorie, positive (im Gegensatz zur normativen Ökonomie) · positive economics
Wirtschaftswachstum · economic growth
Wirtschaftswissenschaft · economics
Wirtschaftswunder · economic miracle
Wirtschaftszweig · branch of industry; sector of the economy, industry
Wissen, kodifiziertes, formales · codified knowledge
wissensbasiert · knowledge-based
wissensbasiertes System · knowledge-based system
Wissenschaft, beschreibende (z.B. Statistik) · descriptive science (J. B. Say)
Wissenschaft von den Wirkungen der Dinge aufeinander, wozu Politische Ökonomie zählt · experimental science (J. B. Say)
Witwenbeihilfe · widow's allowance
Witwenrente · widow's pension
Wochenauszug der Bank von England · weekly return
Wohl, öffentliches, Gemeinwohl · public interest
Wohlbefinden · well-being
Wohlergehen, Wohlfahrt · welfare
Wohlfahrt, soziale · social welfare
Wohlfahrtseffekte · welfare effects
Wohlfahrtseffekte des Außenhandels · gains from trade
Wohlfahrtsfonds · welfare fund
Wohlfahrtsindikator · welfare indicator
Wohlfahrtsökonomie · welfare economics
Wohlfahrtsprogramm · social-welfare program(me)
Wohlfahrtsstaat · welfare state
Wohlfahrtstheorie, Wohlfahrtsökonomik · welfare economics
Wohlfahrtszahlungen, Sozialhilfe · welfare benefits
Wohlstandsfunktion, gesellschaftliche bzw. soziale · social welfare function
Wohlstandsverluste durch Außenhandelswachstum · immiserizing growth
Wohltätigkeitsorganisation · charitable organisation
Wohltätigkeitstransfers in einer Volkswirtschaft · charity market

Wohnbevölkerung · home population (GB), non-institutional population (US)
Wohnungsbau · residential construction
Wohnungsbau, kommunaler · municipal housing
Wohnungsbau, sozialer, Sozialwohnungen · low-cost housing, council housing (GB)
Wohnungsbau, Wohnungswesen, Wohnmöglichkeiten · housing
Wohnungsbaudarlehen · home loan
Wohnungsbaugesellschaft (gemeinnützige) · building society (GB)
Wohnungsbaugesetz · housing act
Wohnungsbauinvestition(en) · residential investment
Wohnungsbaupolitik · housing policy
Wohnungsbestand · stock of housing
Wohnungsnot, Wohnungsmangel · housing shortage
Wohnungssanierung · housing rehabilitation
Wucher (Zins-) · usury
Wucherbedingungen · usurious terms
Wucherer · usurer
Wurzelgleichung · radical equation

X

X-Effizienz (Leibenstein), unternehmerische, technologische Effizienz · x-efficiency

Z

Zähler · numerator
Zahl, ganze (math.) · integer
Zahlenfolge · array
Zahltag, Erfüllungsdatum einer Verpflichtung · pay-day
Zahlung, konstante jährliche → Annuität
Zahlungen, internationale · international payments
Zahlungsaufforderung, befristete ~ an einen Urteilsschuldner unter Andro hung eines Konkursverfahrens · bankruptcy notice
Zahlungsaufforderung, dringende · dun
Zahlungsausgleich, internationaler · international settlements
Zahlungsausgleichskonto · settlement account
Zahlungsausgleichsstelle · settlement institution
Zahlungsbedingungen · terms of payment
Zahlungsbilanz · balance of payments, foreign balance, external account
Zahlungsbilanz, aktive · balance of payments surplus
Zahlungsbilanz, ausgeglichene, Zahlungsbilanzgleichgewicht · balance of payments in equilibrium; Leistungsbilanz, laufende Rechnung · current account, current balance of payments; Kapitalbilanz · capital account
Zahlungsbilanzdefizit · external deficit, balance of payments deficit, adverse balance
Zahlungsbilanztheorie · balance of payments theory
Zahlungsbilanzüberschuß · external surplus, balance of payments surplus
Zahlungsbilanzüberschuß, laufender · active balance
Zahlungseinstellung · suspension of payments
Zahlungsempfänger · payee, recipient
Zahlungsfähigkeit · solvency, ability to pay
Zahlungsfähigkeit, Lebensfähigkeit · viability
Zahlungsintervalleffekt · payment interval effect
Zahlungsmittel (gesetzliches) · legal tender

Zahlungsrhythmuseffekt · payment-pattern-effect
zahlungsunfähig · insolvent
Zahlungsunfähigkeit, Ausfall · default
Zehnergruppe · Group of Ten
Zehnter · tithe
Zeichen · token
Zeichnung → Subskription
Zeichnungsangebot (Aktien) in einer Zeitungsanzeige · prospectus
Zeichnungsberechtigung Unterschriftsvollmacht · procuration
Zeile (einer Matrix) · row
Zeilenvektor · row vector
Zeitabhängigkeit der Nachfrage- und Angebotselastizität · time and elasticity
Zeitallokation · allocation of time
Zeitarbeit · temporary work/employment, time-work
Zeithorizont, Entscheidungszeitraum, zeitlicher Entscheidungsrahmen · time horizon
Zeitlohnsatz · time rate
Zeitmessungs-Methoden · methods-time measurement (MTM)
Zeitpfad, Verlaufsstruktur · time path
Zeitpräferenz · time preference
Zeitpräferenzkurve des Haushalts, (Fisher-Diagramm) · Fisher diagram
Zeitpräferenzrate · rate of time preference
Zeitpräferenztheorie des Zinses · time preference theory of interest
Zeitpunktplanung · timing
Zeitraumplanung · pacing
Zeitreihe · time series
Zeitreihe von Erwartungsgrößen · expectational series
Zeitstudie (Refa) · time and motion study
Zeitvorgabe · time scale
Zensus · census
Zentralbank · central bank
Zentralbankgeld · high-powered money, federal funds
Zentralbankgeldmenge · central bank money stock
Zentralbankkredit der Bank von England · lender of last resort (GB)
Zentralbanknoten · central bank notes, government bank notes, Federal Reserve Notes
Zentralbankpolitik · central bank policy
Zentralbankzins, Rediskontsatz · bank rate, minimum lending rate (GB)
Zentrale Orte (Christaller) · central-places
Zentraleinheit des Rechners · CPU: central processing unit
Zentralen Orte, Hierarchie der · central-place hierarchy
Zentralen Orte, Theorie der · central-place theory
Zentrale Plan(wirtschafts)behörde · Central Planning Board (O. Lange)
Zentralisierung · centralization
Zentralismus · centralism
Zentralplanung · central planning
Zentralregierung · central government
Zentralwerte · measures of central tendency
Zerlegung, Disaggregierung · decomposition
Zerstörung, schöpferische (Schumpeter) · creative destruction
Zession, Übertragung, Zuweisung · assignment
Zeugnis, Bescheinigung · certificate
Ziehung · drawing
Ziehungsrechte (Sonder-) · (special) drawing rights
Ziel · goal, target, objective, aim
Ziele, wirtschaftliche und soziale · economic and social objectives
Zielbestimmung, -findung · goal determination
Zielfunktion, Bewertungsfunktion · objective function, valuation function
Zielgrößenbestimmung · target-setting

Zielgruppe · target audience
Zielkonflikt · goal conflict
Zielkonflikt i.S. substituierbarer Alternativen (z.B. Inflation/Beschäftigung) · trade-off, conflict of objectives
Zielmarkt · target market
Zielpreis-System (im Unterschied zu Grenzkosten-Preisbildung) · target-pricing
Zielprojektion · target projection
Zielsetzung, quantifizierte (Präzisierung von objectives) · target
Zielvariable · explained variable, target variable
Zielverzinsung, Zielzinssatz · target rate of return on investment
Zielwert · target value
Ziffer · digit
Zins · interest
Zins, administrierter (Zentralbank) · administered rate of interest
Zins, einfacher · simple interest
Zins, interner · internal rate of return, rate on investment
Zins, kalkulatorischer · implicit/imputated interest
Zins, natürlicher · natural rate of interest, natural interest rate
Zins, realer · real interest
Zinsausgleichssteuer (auf ausländische Wertpapiererträge) · interest equalisation tax
Zinsbelastung, feste ~ des Unternehmens (Summe aus Anleihezins und Vorzugsdividende) · prior charges
Zinsberechnungsmethode s. Eurozinsmethode · day-count convention
Zinsbuchungen (in der Zahlungsbilanz) nach Entstehungszeitpunkt · accrued interest principle
Zinsempfindlichkeit · interest sensitivity
Zinsen, aufgelaufene · accrued interest
Zinsertrag · interest yield, yield on capital
Zinseszinsen · compound interest
Zinsfuß, -satz · standard of interest, rate, interest rate
Zinskapital (Marx) · interest-bearing capital
Zinskondition (bei internationalen Krediten), Zinsalternative i.S. von Zuschlägen zu alternativ wählbaren Referenzgrößen (wie Prime-Rate, Libor u.a.) · spreads
Zinslast · burden of interest
Zinsstreubreite · spread
Zinsstruktur · term structures of interest rates
Zinssubvention · subsidy on interest
Zinstender · variable-rate tender
Zinsunabhängigkeit, Bezeichnung für die ~ von Sparen und Investieren (Keynes) · inconsistency
Zinsverbot · prohibition of interest
Zirkulationsperiode des Kapitals · circulation period of capital
Zivilrecht, bürgerliches Recht · civil law
Zoll · custom, duty, tariff
Zoll, Preisliste, Gebührentarif · tariff
Zoll(satz), diskriminierender · discriminating duty
Zoll, spezifischer · specific duty
Zoll (Wert-) · ad valorem duty
Zollager · entrepôt
Zollbehörde · customs
Zolldeklaration · customs entry (UK)
Zollerklärung · declaration
Zollermittlung, Zollwertfeststellung · method of customs valuation
Zollgesetze (-gebung) · tariff legislation
Zollgutlager · bonded warehouse
Zollpolitik · customs policy
Zollrückvergütung z.B. bei Wiederausfuhr · customs drawback
Zollsatz · customs duty
Zollschranke · tariff barrier
Zollunion · customs union
Zollverschlußgüter · bond

Zubehörmonopol monopolistische Praxis, den Käufer zum Kauf von Komplementärgütern desselben Herstellers zu veranlassen (z.B. Film und Entwicklung) · full-line forcing
Zufall · random
Zufallsabhängigkeit, Eventualausgaben, Kontingenz · contingency
Zufallsauswahl · random selection, random access
Zufallsfehler · random error
Zufallsgewinn · windfall gains
Zufallsgröße, stochastische Variable · stochastic variable
Zufallsprinzip · randomisation, by chance
Zufallssteuerung, Anwendung des Zufallprinzips · randomisation
Zufallsstichprobe · haphazard sample, random sample
Zufallsvariable · variate
Zufallsvariable, -größe, stochastische Größe · random variable, error variable, chance variable
Zufluß · influx
Zufluß ausländischen Kapitals · influx of foreign capital
Zugangssperren (zum Markt) · barriers to entry
Zugriff · access
Zugriff, direkter · direct access
Zugriffszeit (EDV) · access time
Zukunftseinkommen, diskontiertes · discounted future income stream
Zulassung von Wertpapieren zum amtlichen Börsenverkehr · quotation
Zulieferindustrie · related industry
Zulieferung zum Zeitpunkt der Verwendung in der Produktion · just in time (JIT)
Zunft · guild
Zuordnungsproblem, Erkennungsproblem · assignment problem
Zurechnung · imputation
Zurechnungstheorie (österreichische Grenznutzenschule) · imputation theory
Zuruf, Geschäfte auf (Börse) · callove
Zusammenarbeit · collaboration
Zusammenbruch (Bank, Börse) · crash (of a bank, of a stock market)
Zusammenbruch, Betriebsstörung breakdown
Zusammenhang, Übereinstimmung coherence
Zusammenspiel · interplay
Zusatzabgabe · surcharge
Zusatzbeitrag · additional contributio
Zusatzleistungen, lohnunabhängige Einkommensteile, z.B. betriebliche Sozialleistungen · fringe benefits
Zusatznachfrage (infolge zusätzliche Käufer) · competitive demand
Zusatzsteuer · surtax, surcharge
Zuschlag · surcharge
Zuschlagskalkulation · cost plus, target pricing, markup pricing
Zuschuß, Hilfszahlung · grant
Zuverlässigkeit · reliability
Zuwachs · gain
Zuwachsrate · rate of increase, rate of increment, growth rate
Zuwachsrate der Geldmenge · monetary growth rate
Zuwanderung, regionale · in-migration
Zuwendungen, naturale · benefits in kind
Zwangsanleihe · forced loan
Zwangsbewirtschaftung der Arbeitskraft · compulsion of labour
Zwangsklauseln (Vertrag) · restrictive covenant
Zwangsschlichtung, staatliche · compulsory arbitration by the government
Zwangssparen · compulsory saving, forced saving, involuntary saving, forced frugality
Zwangsversicherung · compulsory insurance
Zweckbindung von Mitteln · earmarking

Zweckrationalität · rational with respect to a stated end/purpose
Zweigniederlassung, Nebenstelle, Zweig · branch, subsidiary, establishment
Zweigstelle · outlet, branch
zweistellig · double-digit
Zweitbesten, Theorie des · second-best theory, theory of second-best
Zwischenbericht · interim report
zwischenbetriebliche Zusammenarbeit · inter-firm cooperation
Zwischendividende · interim dividend
Zwischenhändler, Handelsmann · middleman, distributor
Zwischenhändler, Vermittler · intermediary, middleman
Zwischenkredit, Überbrückungsanleihe · bridging loan
Zwischenprodukte, Vorleistung · intermediate products, intermediate output
Zwischenschein → Interimsschein
Zyklus · cycle
Zyklusspitze, Konjunkturgipfel · peak

Aktuelle Neuerscheinungen

M. Perlitz

Internationales Management

3. A. 1997. 699 S. 142 Abb.
DM 49,80/öS 364,–/sFr 46,–
(UTB 1560)

Jörn Altmann

Wirtschaftspolitik

Eine praxisbezogene Einführung

6. A. 1995, XXXIV/600 S., 355 Abb.,
DM 32,80/öS 239,–, sFr 30,50
(UTB 1317)

Jörn Altmann

Volkswirtschaftslehre

Einführende Theorie mit praktischen Bezügen

5. A. 1997, ca. 350 S., 144 Abb.,
DM 29,80/öS 218,–/sFr 27,50
(UTB 1504)

A. Wagner

Mikroökonomik

Volkswirtschaftliche Strukturen I

4. A. 1997, ca. 400 S., ca. 45 Abb.,
ca. DM 34,80/öS 254,–/sFr 32,50
(UTB 1517)

D. Cansier

Wirtschaftspolitik

Eine praxisbezogene Einführung

2. A. 1996, 410 S., 73 Abb., 9 Tab.,
DM 42,80/öS 312,–/sFr 39,50
(UTB 1749)

U. Heilemann/H. Gebhardt/
H. D. v. Loeffelholz

Wirtschaftspolitische Chronik der Bundesrepublik 1960–1995

1996, 269 S., 6 Tab.,
DM 29,80/öS 218,–/sFr 27,50
(UTB 1778)

F. X. Bea/J. Haas

Strategisches Management

2. A. 1997, 632 S., 129 Abb.,
DM 49,80/öS 364,–/sFr 46,–
(UTB 1458)

I. Schmidt

Wettbewerbspolitik und Kartellrecht

Eine Einführung

5. A. 1996
DM 49,80/öS 364,–/sFr 46,–
(ISBN 3-8282-0018-4)

Preisänderungen vorbehalten

Lucius & Lucius Stuttgart

Der Informatik-Bestseller in völliger Neubearbeitung!

H. R. Hansen

Wirtschaftsinformatik I

Grundlagen betrieblicher Informationsverarbeitung

7., völlig neu bearbeitete und stark erweiterte Auflage
XVI, 1186 S., 453 Abb., kt. DM 36,80/öS 269,–/sFr 34,–
(UTB 802, ISBN 3-8252-0802-8)

Die Neuauflage eines wirklichen Bestsellers
(über 300.000 verkaufte Exemplare!)

„Die herausragenden Merkmale dieses Buches sind die didaktisch sorgfältige Aufbereitung des Stoffes, die Vollständigkeit und die Aktualität der Aussagen. Zahlreiche Beispiele aus der betrieblichen Praxis und graphische Darstellungen unterstützen den Leser. Der Autor geht nicht nur auf die Hard- und Software ein, sondern betont gerade den organisatorischen, ökonomischen und gesellschaftlichen Zusammenhang." *Online-Journal für Informationsverarbeitung*

„Es gibt wohl kaum ein anderes Buch, das derart umfassend, aktuell und didaktisch aufbereitet die Vielfalt von Hardware- und Softwarekomponenten betrieblicher Informationssysteme präsentiert. Die zugrundeliegenden Konzepte sowie die Einbettung in das organisatorische und methodische Umfeld werden gut verständlich beschrieben. ... Ein umfassendes Werk mit einem umschlagbaren Preis-Leistungsverhältnis!" *Wirtschaftsinformatik*

In Vorbereitung: **Arbeitsbuch Wirtschaftsinformatik I**
EDV Begriffe und Aufgaben
von H. R. Hansen

5., völlig neu bearb. Auflage 1997
ca. 800 S., kt., ca. DM 34,80/öS 254,–/sFr 32,50

Lucius & Lucius Stuttgart

Für Ihre Notizen

Für Ihre Notizen

Für Ihre Notizen